सामाजिक सर्वेक्षण
SOCIAL SURVEY

सामाजिक सर्वेक्षण
SOCIAL SURVEY

लेखक
ज्योति वर्मा

डिस्कवरी पब्लिशिंग हाउस
नई दिल्ली–110 002

प्रथम संस्करण: 2007
पुनर्मुद्रण-2011

ISBN: 978-93-5056-678-7
डिस्कवरी पब्लिशिंग हाउस
4831/24, अन्सारी रोड, दरियागंज
नई दिल्ली—110 002
दूरभाष—23279245
फैक्स—23253475
e-mail: dphbooks@rediffmail.com
dphtemp@indiatimes.com

मुद्रक
मेहरा ऑफसैट प्रेस
दिल्ली

प्राक्कथन

आज भारत तथा अन्य सभी देशो में समाजशास्त्र का एक महत्वपूर्ण स्थान है। स्नातक एवं स्नातकोत्तर स्तरों के अतिरिक्त यह विषय आई॰ए॰एस॰, पी॰सी॰एस॰ स्तर की परिक्षाओं के लिए भी परिक्षार्थीयों के लिए एक लोकप्रिय विषय है। यह पुस्तक भारतीय समाज की पृष्ठभूमि पर लिखी गई है। यह पुस्तक विद्यार्थीयों को अविधारणाऐं समझाने मे सहायक सिद्ध होगी। यह पुस्तक बी॰ए॰ प्रथम वर्ष के छात्रों के लिए विश्वविद्यालय अनुदान आयोग द्वारा निर्धारित नवीन पाठ्यक्रमानुसार लिखी गई है। इस पुस्तक में स्नातक स्तर पर समाजशास्त्र का, उसमे प्रयोग होने वाली प्रमुख अवधारणाओं का तथा उसके केन्द्रीय विषय-मानव समाज के विभिन्न पक्षों का प्रारिम्भक परिचय सरल व स्पष्ट भाषा में सजोया गया है। किसी भी विषय की परिचयात्कम पाठ्य पुस्तक पूर्णत: मौलिक नही हो सकती क्योकि उसका उदेश्य विद्यार्थीयों को उस विषय से सम्बन्धित मूल अवधारणाओं और इन अवधारणाओं के प्रणेता विधानों का परिचय देना होता है। हम उन समस्त विधानों के श्रेणी है जिनके विचार प्रत्यक्ष तथा अप्रत्यक्ष रूप मे इस पुस्तक को सार्थक रूप देने मे सहायक होते है। विभिन्न विश्वविद्यालयों मे समाजशास्त्र के अध्ययन मे लगे अपने विद्वान सहयोगी साथियों से विन्रम निवेदन है कि सदैव की भाँति हमारे इस प्रथम संस्करण का भी निष्पक्ष मूल्यांकन करे और अपने सुझावों से हमको अनुगृहित करें।

–लेखक

विषय-सूची

1

सामाजिक घटनाएं एवं अध्ययन
(Social Phenomena and Study)

प्रस्तावना (Introduction)

सामाजिक घटनाओं का अध्ययन करने से पहले यह जान लेना अतिआवश्यक है कि सामाजिक घटनाओं का अर्थ एवं प्रकृति क्या है। साधारणत: हम घटनाओं को प्रमुख रूप से दो भागों में बांट सकते हैं–सामाजिक तथा प्राकृतिक। प्राकृतिक घटनाओं का अध्ययन प्राकृतिक विज्ञानों जैसे, भौतिकशास्त्र, रसायनशास्त्र, प्राणिशास्त्र तथा वनस्पतिशास्त्र, आदि के द्वारा किया जाता है। प्राकृतिक घटनाओं की यह विशेषता है कि ये नियमित, निश्चित, पूर्व समान और वस्तुनिष्ठ होती हैं। यही कारण है कि प्राकृतिक घटनाओं का यथार्थ और वैज्ञानिक अध्ययन किया जा सकता है। अपने वैज्ञानिक ज्ञान के आधार पर मानव ने प्राकृतिक घटनाओं पर काफी नियन्त्रण प्राप्त कर लिया हैं और उसने बहुत प्रगति की है। आज मानव प्राकृतिक घटनाअं के बारे में निश्चित भविष्यवाणी करने में समर्थ है।

सामाजिक घटनाओं की प्रकृति प्राकृतिक घटनाओं की प्रकृति से अलग होती है। ये अमूर्त, गुणात्मक, जटिल, परिवर्तनशील, विविध एवं व्यक्तिनिष्ठ होती हैंए अत: इनका वैज्ञानिक अध्ययन एक कठिन कार्यक है। इनका अध्ययन तो दार्शनिक आधार पर ही किया जा सकता है। प्राकृतिक घटनाओं की तरह न तो इन पर प्रयोग व परीक्षण ही किया जा सकता है और न ही इनके बारे में कोई भविष्यवाणी ही की जा सकती है।

सामाजिक घटनाओं की अपनी विशिष्ट प्रकृति के कारण ही समाजशास्त्र के एक यथार्थ विज्ञान के रूप में विकसित होने में कठिनाई आती रही है। हम यहां सामाजिक घटना की विशेषताओं और प्रकृति का उल्लेख करेंगे ताकि इसके बारे में अधिक से अधिक जानकारी ली जा सके।

सामाजिक घटनाओं की विशेषताएं

विशेषताएं

(1) **कर्मविषयता का अभाव** (Lack of Objectivity) : प्राकृतिक घटनाओं का अध्ययन हम पूर्ण तटस्थता के साथ कर सकते हैं। अध्ययनकर्ता के विचारों, भावनाओं, मूल्यों और आदर्शों का प्राकृतिक घटना पर कोई प्रभाव नहीं पड़ता है। इसके विपरीत सामाजिक घटनाओं का अध्ययन पूर्ण तटस्थ एवं अलग रहकर नहीं किया जा सकता। अध्ययनकर्ता के स्वयं सामाजिक घटनाओं का एक अंग होने के नाते उसकी स्वयं की पसन्द-नापसन्द, आदर्शों, मूल्यों, विचारों, विश्वासों तथा पूर्वाग्रहों का अध्ययन वैज्ञानिक और पक्षपातरहित नहीं रह पाता। **गुडे** एवं **हाट** ने लिखा है,"मानवीय व्यवहार का अध्ययन मात्र अन्य अवलोकनकर्ताओं द्वारा ही मौलिक रूप में अवलोकित होने वाले तथ्यों को ये सदा विकृत कर देते हैं, अतः इनके विषय में सत्य की प्राप्ति के लिए वैषयिक कार्य-प्रणालियां नहीं हो सकतीं।" **जॉन मेज** ने भी लिखा है, "यह सच है कि समाजशास्त्री भौतिक विज्ञानवेत्ता के समान अपनी प्राक्कल्पना को वैषयिक परीक्षण के आधार पर अन्तिम रूप से कभी स्वीकार कर सकेगा और न कभी उसका तिरस्कार ही और न कभी ऐसा प्रमाण प्रस्तुत कर सकेगा जो इन अस्पष्ट भावनाओं तथा उद्देश्यों से परे हो।"

(2) **सार्वभौमिकता का अभाव** (Lack of Universality) भौतिक घटनाओं में सार्वभौमिकता का गुण पाया जाता है। अग्नि की जला देने की और पानी की गीला कर देने की शक्ति सार्वभौमिक है जबकि सामाजिक घटनाओं में सार्वभौमिकता का अभाव पाया जाता है। उदाहरण के लिए, विभिन्न देशों के रीति-रिवाजों, पारिवारिक संरचना, विवाह, नातेदारी, आदि में अनेक विषमताएं पायी जाती हैं। सामाजिक घटनाओं में सजातीयता के अभाव के कारण भी उनका वैज्ञानिक अध्ययन नहीं किया जा सकता। फिर भी कई सामाजिक घटनाएं 'सर्वत्र एक-सी ही होती हैं।' उदाहरणार्थ, सभी समाजों में परिवार, विवाह, नातेदारी, आदि की संस्थाएं पायी जाती हैं, चाहे उनके स्वरूप व प्रकार में भिन्नता ही क्यों न हो। अतः सामाजिक घटनाओं का वैज्ञानिक अध्ययन भौतिक घटनाओं की भांति ही सम्भव है।

(3) **गतिशील प्रकृति** (Dynamic Nature) : प्राकृतिक विज्ञानों की विषय-वस्तु के जड़ अथवा अचेतन से उनमें परिवर्तन बहुत ही नगण्य होते हैं। उदाहरण के लिए, पृथ्वी की गुरुत्वाकर्षण शक्ति के कारण पेड़

से टूटकर फल नीचे गिरते हैं। ऐसा पहले भी हाता था, आज भी होता है और भविष्य में भी होता रहेगा। इस प्रकार भौतिक वस्तुओं एवं घटनाओं में स्थिरता का गुण पाया जाता है जबकि मानव स्वभाव परिवर्तनशील है। मानव मे रीति-रिवाज, परम्पराएं, विश्वास, मूल्य और आदर्श में सदैव परिवर्तन होता रहता है। **गुडे** एव **हाट** के अनुसार, मनुष्य का व्यवहार एक समय से दूसरे समय में इतना परिवर्तित होता रहता है कि उसके बारे में किसी भी प्रकार की वैज्ञानिक व सही भविष्यवाणी नहीं की जा सकती। स्पष्ट है कि सामाजिक घटनाएं स्थिर नहीं होतीं। अत: सामाजिक घटनाओं के बारे में जो बात भूतकाल में सत्य थी, वह वर्तमान में असत्य हो सकती है। जो सिद्धान्त आज सत्य हैं, वे भविष्य में असत्य हो सकते हैं। किन्तु इसका यह तात्पर्य नहीं कि सामाजिक घटनाओं का वैज्ञानिक अध्ययन नहीं किया जा सकता है। समाजशास्त्र में सामाजिक घटनाओं के सन्दर्भ में अनेक वैज्ञानिक अध्ययन हुए हैं तथा हो रहे हैं, अनेक सिद्धान्तों का निर्माण हुआ है और होता रहेगा।

(4) **अमूर्तता** (Abstractness) : सामाजिक घटनाओं की यह विशेषता है कि वे अमूर्त होती हैं। उन्हें हम भौतिक वस्तुओं की तरह छूकर, सूंघकर, सुनकर अथवा चखकर ज्ञात नहीं कर सकते। इसलिए उनकी विशेषताओं को जानना अत्यन्त कठिन कार्य है। दूसरे शब्दों में ज्ञानेन्द्रियों द्वारा उनका प्रत्यक्ष अवलोकन एवं अध्ययन नहीं किया जा सकता। उदाहरण के लिए, हम मानव के विचारों, आदर्शों मूल्यों भावनाओं, आदि का जो कि अमूर्त है, इन्द्रियों द्वारा प्रत्यक्ष अवलोकन नहीं कर सकते। यही कारण है कि सामाजिक घटनाओं के बारे में हमारा ज्ञान सीमित है। उन्हें हम प्रतीकात्मक रूप से शब्दों द्वारा ही ज्ञात कर सकते हैं। वर्तमान में समाजशास्त्र में अनेक ऐसी प्रविधियां हैं जिनके द्वारा हम सामाजिक घटनाओं को माप सकते हैं और अमूर्त होते हुए भी उनका अध्ययन कर सकते हैं।

(5) **जटिलता** (Complexity) : सामाजिक घटनाएं जटिल होती हैं। इसका कारण यह है कि सामाजिक घटनाओं की विषय-वस्तु मानवीय सामाजिक सम्बन्ध है जो कि बहुत ही जटिल होते हैं। स्वयं मनुष्य के स्वभाव और व्यवहार में भी अनेक विचित्रताएं देखने को मिलती हैं। उसके मन, वचन और कर्म में भी भिन्नता पायी जाती है। वह जैसा सोचता है वैसा कहता नहीं वह जैसा कहता है वैसा करता नहीं। इन जटिलताओं के कारण ही मानव व्यवहार को समझना बहुत कठिन है। इस सन्दर्भ में **जार्ज लुण्डबर्ग** ने लिखा है, "सम्भवत: मानव समूह व्यवहार की सर्वाधिक महत्वपूर्ण

आवृत्ति-मूलक बाधा इसकी विषय-सामग्री की जटिलता है। अपने भौतिक तथा सामाजिक प्रभावों के अत्यन्त संवेदनशील तथा असंख्य सांस्कृतिक मनोवैज्ञानिक एवं स्वभाव सम्बन्धी विशेषताओं के कारण मानव समूह इतना अधिक जटिल एवं दुर्बोध्य प्रतीत होता है कि व्यक्ति का मस्तिष्क ही चकरा जाता है तथा उस अथाह जटिलता में मानव समूह के व्यवहारों के क्रमों, व्यवस्थाओं तथा नियमों की खोज करने का प्रयास ही नहीं कर पाता। इसी सन्दर्भ मे **गुडे** एवं **हाट** ने भी लिखा है, "मनुष्य का व्यवहार इतना छल-कपट से परिपूर्ण, सूक्ष्म तथा जटिल होता है कि उसका वैज्ञानिक पद्धति के आधार पर वर्गीकरण करना कठिन है। उदाहरण के लिए, एक अधिकारी आफिस में बड़े कठोर अनुशासन वाला हो सकता है, परन्तु, वही व्यक्ति परिवार में दब्बू व्यवहार वाला हो सकता है। इस प्रकार मानव व्यवहार में होने वाले परिवर्तन सामाजिक घटना को बहुत अधिक जटिल बना देते हैं।

किन्तु, इसका यह अर्थ नहीं कि सामाजिक घटनाओं का वैज्ञानिक अध्ययन नहीं किया जा सकता। सामाजिक घटनाओं की जटिलता के बावजूद भी वैज्ञानिक पद्धतियों द्वारा हम उनका अध्ययन कर सकते हैं। **जार्ज लुण्डबर्ग** लिखते हैं, "सामाजिक घटनाएं अव्यवस्थित एवं अर्थहीन केवल सामान्य अवलोकनकर्ताओं के लिए हैं, हम जितना अधिक उसका अध्ययन करते हैं उतना ही व्यवहार सुव्यवस्थित तथा व्यावहारिक हो जाता है। स्पष्ट है कि किसी वस्तु की सरलता या जटिलता हमारे ज्ञान पर निर्भर है। उदाहरण के लिए, एक समाजशास्त्री के लिए रसायनशास्त्र के सिद्धान्त जटिल हो सकते हैं, किन्तु रसायनशास्त्री के लिए नहीं। **लुण्डवर्ग** लिखते हैं, कि एक छोटे से बच्चे को परिवार में बोली जाने वाली भाषा अत्यधिक जटिल मालूम होती है जबकि परिवार के अन्य सदस्यों के लिए नहीं। इस प्रकार सरलता और जटिलता एक सापेक्ष तथ्य हैं। ज्यों-ज्यों हमारे ज्ञान में वृद्धि होती जाती है त्यों-त्यों जटिलता सरलताओं में परिवर्तित होती जाती है। मानव समाज की जटिलता अधिकांशतः उसके सम्बन्ध में हमारी अज्ञानता का ही परिणाम है। इस जटिलता को सुलझाने के लिए वैज्ञानिकों ने दो उपाय बताये हैं—प्रथम, परिस्थिति का सरलीकरण और द्वितीय, अधिक संख्यक तथ्यों का अध्ययन करने के लिए आवश्यक प्रविधियों का विकास। किसी विज्ञान की परिपक्वता का माप इस आधार पर किया जा सकता है कि उपर्युक्त किसी एक या दोनों तरीकों को अपनाने में उसे कितनी सफलता मिली एक या दोनों तरीकों को अपनाने में उसे कितनी सफलता

मिली है। सामाजिक घटनाओं के अध्ययन में उसकी जटिलता के बावजूद भी वैज्ञानिक पद्धतियों का प्रयोग किया गया है।

(6) **एकरूपता का अभाव** (Lack of Homogeneity) : भौतिक घटनाओं की भांति सामाजिक घटनाएं एकरूप नहीं होतीं। देशकाल एवं परिस्थितियों के अनुसार उनमें भिन्नताएं पायी जाती हैं। एक व्यक्ति हिन्दू धर्म को मानता है तो दूसरा ईसाई धर्म को, एक शाकाहारी है तो दूसरा मांसाहारी, एक पूंजीवाद और प्रजातन्त्र में विश्वास करता है तो दूसरा साम्यवाद और तानाशाही में। इस प्रकार सामाजिक घटनाओं में एकरूपता और निश्चितता नहीं पायी. जाती। कुछ विद्वानों का मत है कि एकरूपता और निश्चितता नहीं पायी जाती। कुछ विद्वानों का मत है कि एकरूपता के अभाव में सामाजिक घटनाओं का वैज्ञानिक अध्ययन नहीं किया जा सकता है, किन्तु वास्तविकता यह है कि ऊपरी तौर पर भिन्नता दिखायी देने के बावजूद भी उनमें एक प्रकार की एकरूपता पायी जाती है। समाज का निर्माण करने के लिए लोगों के सम्बन्धों, व्यवहारों, उद्देश्यों, आकांक्षाओं एवं विचारों में समानता का होना आवश्यक हैं। समानता और भिन्नता दोनों ही समाज के लिए आवश्यक हैं। मात्र एकरूपता के आधार पर सामाजिक घटनाओं को वैज्ञानिक अध्ययन के लिए अनुपयुक्त ठहराना उचित नहीं।

(7) **गुणात्मकता** (Qualitativeness) : सामाजिक घटनाओं की प्रकृति गुणात्मक है, इसलिए उनका निश्चित, यथार्थ एवं वास्तविक अध्ययन कठिन है। हम भौतिक वस्तुओं की भांति गणनात्मक रूप से उन्हें माप नहीं सकते। उदाहरण के लिए, हम प्रेम, सहयोग, घृणा, धर्म, संघर्ष, आधुनिकीकरण, परम्परा, आदि की बातें कर सकते हैं, किन्तु इन्हें गणनात्मक रूप से माप नहीं सकते। इसी प्रकार से लोगों के मूल्यों, विश्वासों, विचारों, मनोवृत्तियों और आदर्शों, आदि का अध्ययन करते समय इनका परिणात्मक माप नहीं कर सकते। यह जानना भी एक कठिन कार्य है कि किसी व्यक्ति का व्यवहार कितना अच्छा या बुरा है, दो व्यक्ति के बीच मित्रता कितनी गहरी है, माता-पिता और सन्तानों के बीच सम्बन्धों में कितनी प्रगाढ़ता है, पति-पत्नी के बीच कितना प्रेम है, दो विरोधियों में परस्पर कितनी घृणा है, आदि। स्पष्ट है कि सामाजिक घटनाएं गुणात्मक हैं, गणनात्मक नहीं। इस सन्दर्भ में **लुण्डबर्ग** ने उचित ही लिखा है, **"निश्चयात्मक विज्ञान अपनी इकाइयों, मापों और पारिभाषिक शब्दों में लगातार परिमाणात्मक बनते जा रहे हैं, जबकि समाज विज्ञान की अधिकांश सामग्री गुणात्मक है। तथा परिमाणात्मक विवेचना के अनुपयुक्त है।"** अपनी

गुणात्मक प्रकृति के कारण ही समाजशास्त्र तथा अन्य समाज-विज्ञानों पर यह आरोप लगाया जाता है कि वे अपनी विषय-सामग्री को मापने में असमर्थ हैं।

उपर्युक्त विवेचना से स्पष्ट है कि तथ्यों को गुणात्मक और गणनात्मक दो भागों में बांटा गया है, किन्तु यह विभाजन उपयुक्त प्रतीत नहीं होता है। प्रारम्भ में प्रत्येक विज्ञान गुणात्मक होता है, किन्तु जैसे-जैसे उसकी प्रगति होती जाती है, ज्यों-ज्यों उसकी माप की प्रणालियों का विकास होता जाता है, त्यों-त्यों वह घटनाओं को गणनात्मक रूप में मापने में समर्थ होता जाता है। समाजशास्त्र में भी यह प्रवृत्ति देखी जा सकती है। समाजशास्त्र में सामाजिक अनुसन्धान के क्षेत्र में सांख्यिकीय प्रणालियों एवं गणनात्मक माप पर जोर दिया जा रहा है। आज कई ऐसी विधियों का विकास कर लिया गया है जो गुणात्मक तथ्यों को गणनात्मक रूप में प्रकट करती हैं। प्रत्येक विज्ञान मे गुणात्मक एवं गणनात्मक दोनों ही पद्धतियां पायी जाती हैं। गुणात्मकता एक सापेक्ष तथ्य है और यह विज्ञान के विकास के लिए विशिष्ट स्तर का प्रतीक भी है।

(8) **भविष्यवाणी की अक्षमता** (Unpredictibility of Social Phenomenon): सामाजिक घटनाओं के बारे में भविष्यवाणी करना एक कठिन कार्य है। इसका कारण यह है कि सामाजिक घटनाएं अनिश्चित और परिवर्तनशील होती हैं। सामाजिक नियम इतने सीमित और अपूर्ण होते हैं कि उनके आधार पर पूर्वानुमान लगाना और भविष्यवाणी करना प्राय: असम्भव प्रतीत होता है। यदि भविष्यवाणी कर भी दी जाती है तो वह अक्षरश: सत्य प्रतीत नहीं होती।

इसके विपरीति प्राकृतिक घटनाओं के बारे में भविष्यवाणी करना अपेक्षाकृत आसान हैं उदाहरण के लिए, हम कह सकते हैं कि पानी गर्म करने पर भाप बनेगी, लकड़ी को आग में डालने पर जलेगी, कागज को पानी में डालने पर गीला होगा, किन्तु सामाजिक घटनाओं के बारे में निश्चयपूर्वक ऐसा नहीं कहा जा सकता। उदाहरण के लिए, एक व्यक्ति को गाली देने पर वह कैसा व्यवहार करेगा, यह तय नहीं है। वह गाली दे सकता है, चांटा मार सकता है या शान्त भी रह सकता है, व्यक्ति का व्यवहार उसकी संस्कृति, आदर्शों, शिक्षा, मूल्यों, समय, स्थान और सामाजिक परिस्थितियों पर निर्भर करेगा। स्पष्ट है कि सामाजिक घटनाओं के बारे में निश्चित भविष्यवाणी नहीं की जा सकती। यदि हम गहराई से देखें तो ज्ञात होगा

कि प्राकृतिक घटनाओं के बारे में भी निश्चित भविष्यवाणी सम्भव नहीं है। आज जिस भौतिक नियम को हम सत्य मानते हैं, नवीन खोज से वह भविष्य मे असत्य सिद्ध हो जाता है। हम सामाजिक घटना के बारे में भविष्यवाणी इसलिए नहीं कर पाते हैं कि हमारा वर्तमान ज्ञान सीमित है, न कि ऐसा करना सम्भव नहीं है। सामाजिक घटनाओं के बारे में अनेक भविष्यवाणियां की गयीं और वे बहुत कुछ सीमा तक उतरी हैं। उदाहरण के लिए, नगरीकरण और औद्योगीकरण के बढ़ने के साथ-साथ संयुक्त परिवार और जातिप्रथा में विघटन होगा, परिवार के टूटने से बाल-अपराध बढ़ेगे, स्त्री शिक्षा के प्रसार के साथ-साथ समाज में उनकी प्रस्थिति ऊंची उठेगी, आदि। यदि किसी विशेष परिस्थिति के कारण सामाजिक घटनाओं के बारे में की गयी भविष्यवाणी सत्य नहीं हो पाती है तो इस आधार पर किसी विषय को अवैज्ञानिक भी नहीं कहा जा सकता। इस सन्दर्भ में **लुण्डबर्ग** ने लिखा है, "सामूहिक व्यवहार ऊपरी तौर पर अनिश्चित इसीलिए ज्ञात होता है क्योंकि उस पर प्रभाव डालने वाले विभिन्न कारकों तथा उनके प्रभाव का हमें ठीक ज्ञान नहीं होता, किन्तु सामाजिक घटना के बारे में ज्यो-ज्यों हमारा ज्ञान बढ़ता जायेगा।, त्यों-त्यों हम विभिन्न कारकों की उपस्थिति और उनके प्रभावों को जान सकेंगे तथा हम उनका पूर्वानुमान अधिक शुद्धता के साथ कर सकेंगे।"

उपर्युक्त कथनों से स्पष्ट है कि सामाजिक घटनाओं का अध्ययन प्राकृतिक घटनाओं की भांति तटस्थ रहकर नहीं किया जा सकता। चूंकि प्राकृतिक विज्ञानों की विषय-वस्तु निर्जीव वस्तु होती है अत: उनके अध्ययन में तटस्थता और अलगाव सम्भव है, किन्तु समाजशास्त्र की विषय-वस्तु सामाजिक सम्बन्ध और सामाजिक घटना है, जिनका व्यक्ति स्वयं एक अभिन्न अंग है, अत: वह तटस्थ रहकर निरपेक्ष भाव से उनका अध्ययन नहीं कर सकता। **चार्ल्स वियर्ड** ने सच ही लिखा है कि समाज-वैज्ञानिक कभी भी अपने सामाजिक संसार में तटस्थ नहीं रह सकता, क्योंकि समाजशास्त्री समाज की प्रथाओं, परम्पराओं, धर्म, परिवार, संस्थाओं, मूल्यों, आदि का अध्ययन करता है और वह स्वयं ही इन सब में भाग लेता है। इस दृष्टि से ये सामाजिक घटनाएं आत्मनिष्ठता (Subjectivity) लिए होती हैं जिनके बारे में समाजशास्त्री का अपना दृष्टिकोण भी होता है।

इस आपत्ति के बाबजूद भी समाज-वैज्ञानिक सामाजिक घटनाओं का यथार्थ अध्ययन करने, उन्हें भौतिक घटनाओं की ही भांति मापने, आदि के लिए प्रयत्नशील हैं। आज अनेक ऐसी विधियों और प्रविधियों का विकास कर लिया गया है जिनके

सहारे सामाजिक घटनाओं का अधिकाधिक वैषयिक एवं वैज्ञानिक अध्ययन किया जा सकता है।

सामाजिक घटनाओं की उपर्युक्त विशेषताओं के अतिरिक्त यह भी कहा जाता है कि *इनका प्रयोगशाला में अध्ययन नहीं किया जा सकता है।* किन्तु यह आरोप भी गलत है, प्रयोगशाला कोई चहारदीवारी तक ही सीमित नहीं होती है, सम्पूर्ण समाज ही सामाजिक घटनाओं की प्रयोगशाला है। यह भी कहा जाता है कि सामाजिक घटनाएं *स्वतन्त्र एवं अनिश्चित होती हैं,* उन्हें मानव नियन्त्रण में नहीं लाया जा सकता। किन्तु यह बात तो अनेक प्राकृतिक तथ्यों पर भी लागू होती है। सूर्य, चन्द्र, तारे, पृथ्वी, ऋतुएं क्या मानव के नियन्त्रण में हैं? फिर भी जब इनका वैज्ञानिक अध्ययन किया जा सकता है तो सामाजिक घटनाओं का अध्ययन क्यों नहीं किया जा सकता। सामाजिक घटनाओं के बारे में यह भी कहा जाता है कि इनमें *कार्य-कारण सम्बन्ध नहीं पाया जाता।* किन्तु यह आरोप भी निराधार है, हम सामाजिक घटनाओं की व्याख्या भी कार्य-कारण के आधार पर करते हैं।

हमने यहां सामाजिक घटना की विभिन्न विशेषताओं एवं प्रकृति का उल्लेख किया, यदि इन्हें निरपेक्ष रूप से स्वीकार कर लिया जाये तो समाजशास्त्र एक विज्ञान नहीं रह जायेगा और इसमें वैज्ञानिक पद्धतियों का प्रयोग भी नहों हो पायेगा। किन्तु ये विशेषताएं सापेक्ष हैं। समाजशास्त्र अभी अपने विकास-काल में है। ज्यों-ज्यों इसमें अधिकाधिक परिशुद्ध एवं वैज्ञानिक प्रविधियों का विकास होगा, सामाजिक घटनाओं का भी यथार्थ, कर्मविषयक और वैज्ञानिक अध्ययन सम्भव हो पायेगा।

सामाजिक घटनाओं के अध्ययन में वैज्ञानिक पद्धति का उपयोग (Use of Scientific Method in Studying Social Phenomena)

आधुनिक युग में सामाजिक घटनाओं के अध्ययन में वैज्ञानिक विधि को ही विश्वसनीय माना जाता है। सामाजिक घटनाओं के अध्ययन में वैज्ञानिक विधि का प्रयोग क्यों व कैसे किया जाता है, इसका उल्लेख करने से पूर्व विज्ञान एवं वैज्ञानिक-पद्धति किसे कहते हैं, यह जान लेना आवश्यक है।

विज्ञान अपने आप में कोई विषय-सामग्री नहीं होकर एक ऐसी सामग्री है जिस वैज्ञानिक पद्धति (Scientific Method) को काम में लेते हुए प्राप्त किया गया हो। जहां प्राकृतिक विज्ञान में वैज्ञानिक पद्धति का सहारा लिया जाता है, वहां सामाजिक विज्ञानों में भी सामाजिक घटनाओं को समझने हेतु इसी पद्धति का उपयोग किया जाता है। अतः किसी भी विषय-सामग्री या ज्ञान-भण्डार को विज्ञान बनाने में इस बात का विशेष महत्व है कि उसे कैसे प्राप्त किया गया है, किस पद्धति को काम में लिया गया है। यदि वैज्ञानिक-पद्धति कही सहायता से सामाजिक घटनाओं

और विषय-सामग्री को प्राप्त करने का प्रयत्न किया जाता है तो इसे विज्ञान कहा जायेगा। **स्टुअर्ट चेज** ने लिखा है कि विज्ञान का सम्बन्ध पद्धति से है न कि विषय-सामग्री से। इस बात को अन्य शब्दों में व्यक्त करते हुए **प्रो. ग्रीन** ने लिखा है कि विज्ञान का अर्थ तथ्यों की खोज करने वाले तरीके से लिया जाता है। स्पष्ट है कि जिस किसी विषय में वैज्ञानिक पद्धति का प्रयोग किया जाता है वही विषय विज्ञान है, चाहे वह प्राकृतिक विज्ञानों के क्षेत्र में हो या सामाजिक विज्ञानों के क्षेत्र में।

कुछ लोगों का कहना है कि सामाजिक अनुसन्धान को वैज्ञानिक नहीं माना जा सकता क्योंकि सामाजिक घटनाओं की प्रकृति बहुत जटिल है, सामाजिक घटनाएं बदलती रहती है, सामाजिक घटनाओं में सार्वभौमिकता का अभाव पाया जाता है, सामाजिक घटनाओं को नापा-तोला नहीं जा सकता तथा सामाजिक घटनाओं के कार्य-कारण सम्बन्धों को ज्ञात नहीं किया जा सकता है। यह भी कहा जाता है कि सामाजिक विज्ञानों के पास प्रयोगशाला नहीं है, वे सार्वभौमिक नियमों का प्रतिपादन नहीं कर सकते, वे भविष्यवाणी करने में असमर्थ हैं। ऐसी स्थिति में सामाजिक विज्ञानों और उनके क्षेत्र में किये जाने वाले सामाजिक अनुसन्धानों को कैसे वैज्ञानिक माना जा सकता है। वास्तविकता यह है कि आज विभिन्न सामाजिक विज्ञानों में सामाजिक घटनाओं के अध्ययन हेतु वैज्ञानिक पद्धति का प्रयोग किया जाता है। इसकी सहायता से तथ्य एकत्रित किये जाते हैं, उन तथ्यों के आधार पर नियमों का प्रतिपादन किया जाता है और ये नियम सार्वभौमिक होते हैं। ऐसी स्थिति में यह कहा जा सकता है कि सामाजिक विज्ञानों एवं सामाजिक अनुसन्धान की प्रकृति वैज्ञानिक है। समाजशास्त्र और इसके क्षेत्र में होने वाले अनुसन्धानों की प्रकृति भी वैज्ञानिक है क्योंकि इनमें विज्ञान की सभी विशेषताए पायी जाती हैं। विज्ञान के प्रमुख तत्व या विशेषताएं निम्नलिखि है: (i) अवलोकन, (ii) सत्यापन तथा वर्गीकरण, (iii) सामान्यीकरण, (iv) भविष्यवाणी, (v) वैज्ञानिक प्रवृत्ति। हम यहां यह देखने का प्रयास करेंगें कि सामाजिक घटनाओं के अध्ययन में वैज्ञानिक विधि का उपयोग किस प्रकार किया जाता है :

(1) **नियमों में सार्वभौमिकता** : यद्यपि समाजशास्त्रीय नियमों की प्रकृति सामाजिक होती है, परन्तु फिर भी उनमें सार्वभौमिकता का गुण पाया जाता हैं और इसी कारण ये नियम वैज्ञानिक नियमों के अन्तर्गत आते हैं। सामाजिक घटनाओं से सम्बन्धित जिन नियमों का समाजशास्त्र में प्रतिपादन किया जाता है वे मुख्यत: सार्वभौमिक होते हैं। इसका तात्पर्य यह है कि एक-सी प्रकृति के समाजों में समान कारण सदैव समान प्रभाव को ही जन्म देंगे। यह बात अनेक समाजशस्त्रीय नियमों के आधार पर स्वयं

प्रमाणित हो चुकी है। उदाहरणार्थ, औद्योगीकरण एवं नगरीकरण में वृद्धि के साथ-साथ संयुक्त परिवार टूटेगे, विघटित परिवार अपराधियों को जन्म देंगे तथा स्त्री-शिक्षा के प्रसार के साथ-साथ स्त्रियों की स्थिति तुलनात्मक रूप से उन्नत होगी, आदि।

(2) **कार्य-कारण के सम्बन्ध पर आधारित** : समाजशास्त्रीय अध्ययनों में कार्य-करण सम्बन्धों की विवेचना की जाती है, प्राप्त तथ्यों के आधार पर सामान्यीकरण किया जाता है, नियम प्रतिपादित किये जाते है। उन नियमों का परीक्षण और पुनर्परीक्षण किया जाता हैं, समाज-विज्ञानों के क्षेत्र में प्रतिपादित नियमों में सार्वभौमिकता का गुण पाया जाता है। समाजशास्त्रीय अध्ययनों की सहायता से न केवल वर्तमान घटनाओं की विवेचना और व्याख्या ही की जाती है बल्कि भविष्य में घटित होने वाली सम्भावित घटनाओं का उल्लेख भी किया जाता है। समाजशास्त्र ने अपने अध्ययनों के आधार पर भविष्यवाणी करने की क्षमता का काफी विकास कर लिया है। अत: हम कह सकते हैं कि चूंकि सामाजिक अनुसन्धानों में वैज्ञानिक पद्धति का प्रयोग किया जाता है, अत: इनकी प्रकृति वैज्ञानिक है।

(3) **केवल वास्तविक घटनाओं का अध्ययन** : समाजशास्त्रीय अध्ययनों में 'क्या है' में रुचि ली जाती है, न कि 'क्या होना चाहिए' में। तात्पर्य यह है कि समाजशास्त्र में घटनाओं का वस्तुनिष्ठ तरीके से अध्ययन किया जाता है, उनका यथार्थ चित्रण किया जाता है। उदाहरण के रूप में, जब दहेज-प्रथा पर समाजशास्त्रीय दृष्टिकोण से विचार किया जाता है तो यही बताया जाता है कि दहेज प्रथा का वर्तमान स्वरूप कया है, इसके लिए उत्तरदायी कारण क्या हैं, किन परिस्थितियों ने इसे प्रोत्साहन दिया, इस प्रथा का लोगों पर क्या प्रभाव पड़ता है, इसके परिणाम क्या हैं, आदि। समाजशास्त्री अपने अध्ययन में दहेज-प्रथा से सम्बन्धित इन बातों की ही विवेचना करता है,वह यह नहीं कहता है कि इस प्रथा को बन्द किया जाना चाहिए अर्थात वह उपदेशात्मक या आदर्शात्मक बातें नही कहता है।

(4) **सामाजिक घटनाओं का अध्ययन वैज्ञानिक पद्धति पर आधारित** : समाजशास्त्र में सामाजिक घटनाओं के अध्ययन में वैज्ञानिक-पद्धति का प्रयोग किया जाता है। इनमें तथ्य-संकलन के लिए सामाजिक सर्वेक्षण-पद्धति, वैयक्तिक जीवन-अध्ययन पद्धति, समाजमिति, अवलोकन, साक्षात्कार, अनुसूची, प्रश्नावली, आदि का उपयोग किया जाता है। इनमें ऐतिहासिक, तुलनात्मक, सरंचनात्मक-प्रकार्यात्मक पद्धतियों का सहारा भी लिया जाता

है। इनमें से उपयुक्त पद्धतियों का प्रयोग करते हुए तथ्य एकत्रित किये जाते हैं, सामाजिक घटनाओं का अध्ययन किया जाता है।

(5) **नियमों की परीक्षा एवं पुनर्परीक्षा :** प्राकृतिक घटनाओं के अध्ययन में वैज्ञानिक पद्धति का उपयोग इसलिए किया जा सकता है क्योंकि अध्ययन के आधार पर नियमित नियमों की परीक्षा एवं पुनर्परीक्षा की जा सकती है। सामाजिक घटनाओं के अध्ययन में अवलोकन विधि का प्रयोग करते हुए कार्य-कारण सम्बन्धों का पता लगाया तथा समाजशास्त्रीय नियमों का प्रतिपादन किया जाता है। इन नियमों की प्रमाणिकता की जांच कभी भी की जा सकती है। एक स्थान पर बाल-अपराध को प्रोत्साहन देने में जो परिस्थितियां उत्तरदायी होती हैं, वे ही परिस्थितियां किसी अन्य स्थान पर इसके लिए उत्तरदायी होंगी। इस प्रकार बाल-अपराध के कारणों की सुगमता से जांच की जा सकती है।

(6) **भविष्यवाणी की क्षमता :** समाजशास्त्री विभिन्न प्रकार के अनुसन्धानों के द्वारा केवल वर्तमान सामाजिक घटनाओं के अध्ययन के आधार पर भविष्य की सम्भावनाओं पर भी प्रकाश डालता है। उदाहरणार्थ, एक समाज वैज्ञानिक सामाजिक घटनाओं के वैज्ञानिक अध्ययन के आधार पर न केवल वर्तमान की ही व्याख्या कर पायेगा वरन् उसके आधार पर भविष्य के सम्बन्ध में भी बतला सकेगा। इसे हम परिवार के उदाहरण द्वारा भली-भांति समझ सकते हैं। वैज्ञानिक पद्धति का प्रयोग करते हुए जब हम वर्तमान में पारिवारिक संगठन का अध्ययन करेंगे और उनमें होने वाले परिवर्तनों का पता लगायेंगे तो यह भविष्यवाणी भी की जा सकेगी कि आगे आने वाले समय में पारिवारिक संगठन का स्वरूप क्या होगा। स्पष्ट है कि समाजशास्त्रीय अध्ययनों में भविष्य की परिस्थितियों का पूर्वानुमान सुगमता से लगाया जा सकता है।

उपर्युक्त विवेचन के आधार पर हम कह सकते हैं कि सामाजिक घटनाओं के अध्ययन में भी वैज्ञानिक पद्धति का प्रयोग उसी प्रकार से किया जा सकता है जिस प्रकार से भौतिक विज्ञानों में भौतिक घटनाओं के अध्ययन में किया जाता है, किन्तु यह भी सत्य है कि सामाजिक घटनाओं की प्रकृति गुणात्मक होने से उनके बारे में ऐसे निश्चित निष्कर्ष एवं सिद्धान्त प्राप्त नहीं किए जा सकते जैसे भौतिक विज्ञानों में प्राप्त किए जाते हैं।

2

वैयक्तिक अध्ययन
(Case Study)

प्रस्तावना (Introduction)

वैयक्तिक अध्ययन पद्धति का ही एक रूप है जिसमें किसी व्यक्ति, संस्था या समुदाय के बारे में पूर्ण एवं गहन जानकारी प्राप्त की जाती है। वैयक्तिक अध्ययन पद्धति का प्रयोग अति प्राचीन समय से ही किया जा रहा है। प्राचीन समय में इतिहासकार प्रसिद्ध ऐतिहासिक पुरुषों के जीवन वृतान्त एवं महत्वपूर्ण घटनाओं के उल्लेख के लिए करते थे। समाजशास्त्र में वैयक्तिक अध्ययन-पद्धति का प्रयोग सर्वप्रथम हरबर्ट स्पेन्सर ने किया था, किन्तु व्यवस्थित एवं वैज्ञानिक रूप में इसका प्रयोग करने का श्रेय चार्ल्स लीप्ले को है। लीप्ले ने फ्रांस में परिवारों के आय-व्यय के बजट के अध्ययन के लिए इसी विधि का सहारा लिया।

आधुनिक समय में वैयक्तिक अध्ययन-पद्धति का प्रयोग मनोचिकित्सकों द्वारा मानसिक रोगियों, अपराधियों तथा उद्दण्ड एवं अनुशासनहीन युवकों के उपचार हेतु किया गया है। समाज-वैज्ञानिकों ने इस विधि का प्रोग समाज के प्रतिभाशाली व्यक्तियों, नेताओं, कलाकारों, लेखकों, कवियों, उपन्यासकारों एवं समाज-सुधारकों के सम्पूर्ण जीवन-वृतान्त का अध्ययन करने तथा सांस्कृतिक एवं सामाजिक समूहों जैसे परिवार, राजनीतिक दल, गैंग, जनजाति तथा किसी संस्था जैसे अस्पताल, गिरजाघर, औद्योगिक संगठन, सरकारी विभाग एवं लघु समुदायों के अध्ययन में बहुत किया है। वैयक्तिक अध्ययन-पद्धति में अध्ययन की जाने वाली इकाई के व्यक्तिगत जीवन से सम्बन्धित गहनतम एवं गुणात्मक जानकारी प्राप्त की जाती है।

एम.ई. वाटसन के अनुसार जब हम किसी ईकाई के विशेष पहलू अथवा उसके सम्पूर्ण क्षेत्र तथा सामाजिक अन्तर्सम्बन्धों को सांस्कृतिक पृष्ठभूमि में रखकर उससे सम्बन्धित तथ्यों का संकलन करते हैं तो उसे वैयक्तिक अध्ययन कहते है। चूंकि इस विधि के द्वारा मानव व्यवहार का सूक्ष्म, गहन, विशिष्ट और विस्तृत विवरण

प्राप्त किया जाता है, इसी कारण बर्गेस ने इस विधि को **सामाजिक सूक्ष्मदर्शक यन्त्र** (Social Microscope) कहा है। हम यहां वैयक्तिक पद्धति के विभिन्न पक्षों पर विचार करेंगे।

वैयक्तिक अध्ययन पद्धति : अर्थ एवं परिभाषा (Case Study Method: Meaning and Definition)

विभिन्न विद्वानों ने वैयक्तिक अध्ययन-पद्धति को इस प्रकार परिभाषित किया है:

बीसेन्ज और **बीसेन्ज** के अनुसार, "वैयक्तिक अध्ययन-पद्धाते गुणात्मक विश्लेषण का एक रूप हैं, जिसमें एक व्यक्ति, एक परिस्थिति या संस्था का सावधानी पूर्वक तथा पूर्ण विश्लेषण किया जाता है।" **श्रीमती वी.पी. यंग** के शब्दों में, "वैयक्तिक अध्ययन-पद्धति किसी एक सामाजिक इकाई चाहे वह एक व्यक्ति, एक परिवार, एक संस्था, एक सांस्कृतिक समूह अथवा सम्पूर्ण समुदाय क्यों न हो, के जीवन की खोज तथा विश्लेषण की पद्धति है।"

गिडिंग्ज के अनुसार, "अध्ययन किया जाने वाला वैयक्तिक विषय केवल एक व्यक्ति अथवा उसके जीवन की एक घटना अथवा विचारपूर्ण दृष्टि से एक राष्ट्र या इतिहास का एक युग भी हो सकता है।"

ओडम तथा **जोचर** के अनुसार, "वैयक्तिक अध्ययन एक प्रविधि है जिसके द्वारा प्रत्येक वैयक्तिक कारक चाहे वह संस्था हो अथवा एक व्यक्ति या समूह के जीवन की पूर्ण घटना हो, का विश्लेषण उस समूह की किसी भी अन्य इकाई के सन्दर्भ में किया जाता है।"

उपर्युक्त परिभाषाओं से स्पष्ट है कि *वैयक्तिक अध्ययन पद्धति के अन्तर्गत किसी एक सामाजिक इकाई से सम्बन्धित सभी पक्षों का व्यापक, सूक्ष्म तथा गहन अध्ययन किया जाता है*। अध्ययन की जाने वाली यह सामाजिक इकाई कोई भी व्यक्ति, समूह संस्था, समुदाय, जाति, राष्ट्र, सांस्कृतिक-क्षेत्र अथवा इतिहास का एक युग भी हो सकता है।

वैयक्तिक अध्ययन की विशेषताएं (Characteristics of Case Study)

विभिन्न परिभाषाओं से वैयक्तिक अध्ययन पद्धति की निम्नांकित विशेषताएं प्रकट होती हैं :

(1) **गुणात्मक अध्ययन** (Qualitative Study) : इस विधि में इकाई के सन्दर्भ में गुणात्मक तथ्यों का अध्ययन किया जाता है न कि संख्यात्मक का। दूसरे शब्दों में इकाई के बारे में आंकड़ों और संख्या पर कोई ध्यान नहीं दिया जाता, निष्कर्ष भी संख्याओं में प्रकट नहीं किये जाते। इसमें इकाई

का जीवन-इतिहास और वर्णनात्मक उल्लेख तैयार किया जाता हैं इसमें व्यक्ति के जीवन के घटना, प्रेरक तत्वों, आशाओं एवं आकांक्षाओं, आदि का अध्ययन किया जाता है जिन्हें संख्याओं में प्रकट नहीं किया जा सकता।

(2) **कारकों का अध्ययन** (Study of Casual Factors) : वैयक्तिक अध्ययन पद्धति में किसी इकाई या समस्या को प्रभावित करने वाले कारकों एवं परिस्थितियों का पता लगाया जाता है। किसी ऐतिहासिक घटना के घटित होने के पीछे कौन-कौन से कारण उत्तरदायी रहे हैं, उनको ज्ञात किया जाता है। व्यक्ति के जीवन को एक विशिष्ट मोड़ देने में कौन से कारक प्रेरणादायक रहे हैं, उनका पता लगाना इस विधि की प्रमुख विशेषता है।

(3) **अध्ययन की एक विशिष्ट इकाई** (A Specific Unit of Study) : वैयक्तिक अध्ययन पद्धति में अनुसन्धानकर्ता किसी एक विशिष्ट इकाई का अध्ययन करता है। यह इकाई कोई व्यक्ति, परिवार, समूह संस्था, समुदाय, जाति, उपजाति अथवा कोई एक विशिष्ट समस्या अथवा इतिहास का कोई एक युग भी हो सकता है। इस सन्दर्भ में एक बात महत्वपूर्ण है कि अध्ययन की जाने वाली इकाई छोटी होने पर उसका अध्ययन गहन एवं सुविधापूर्वक किया जा सकता है।

(4) **गहन अध्ययन** (Intensive Study) : वैयक्तिक अध्ययन पद्धति के अन्तर्गत इकाई के बारे में सूक्ष्म एवं गहन जानकारी प्राप्त की जाती है। सम्बन्धित इकाई का उसके भूतकाल से लेकर वर्तमान तक का काल-क्रम में अध्ययन किया जाता है। ऐसे अध्ययनों में इकाई का ऐतिहासिक अध्ययन होने के कारण समय भी अधिक लगता है और धन भी। गहन अध्ययन के लिए समस्या के सभी पक्षों एवं घटनाओं का सम्बन्ध ज्ञात किया जाता है।

(5) **सम्पूर्ण अध्ययन** (Whole Study) : वैयक्तिक अध्ययन में किसी इकाई अथवा घटना के किसी एक पक्ष का नहीं, वरन् उसके समस्त पहलुओं का अध्ययन किया जाता है। इसमें इकाई के समस्त जीवन को ही अध्ययन का केन्द्र बनाया जाता है। इसमें व्यक्ति या संस्था के सामाजिक, धार्मिक, राजनीतिक, आर्थिक, सांस्कृतिक, मनोवैज्ञानिक, भौगोलिक एवं दार्शनिक सभी पक्षों का अध्ययन किया जाता है। **गुडे** एवं **हाट** ने भी लिखा है, "यह ऐसी विधि है जो किसी सामाजिक इकाई को सम्पूर्णता में देखती है।" **श्रीमती पी.वी. यंग** ने भी लिखा है, "इसमें वैयक्तिक तथ्यों को उनके सम्पूर्ण जीवन-चक्र के रूप में संकलित किया जाता है।"

(6) **सम्पूर्ण पद्धतियों का प्रयोग** (Use of all Methods) : इस अध्ययन विधि

में सम्पूर्ण अध्ययन पद्धतियों का सहारा लिया जाता है जिससे कि अध्ययन में गहनता आती है तथा अनुसन्धानकर्ता की कुशलता में भी वृद्धि होती है। **गुडे** एवं **हाट** लिखते हैं, "विभिन्न प्रकार के ऐतिहासिक तथ्यों को प्राप्त करने में वैयक्तिक अध्ययन पद्धति के अन्तर्गत अध्ययनकर्ता संगठन के द्वारा प्रयोग में ली जाने वाली सभी प्रविधियों एवं साधनों जैसे गहन साक्षात्कार, प्रश्नावली, आत्म-इतिहास, प्रलेख अन्य व्यक्तियों के द्वारा व्यक्तिगत अध्ययन, पत्र, आदि का प्रयोग कर सकता है।"

वैयक्तिक अध्ययन पद्धति की आधारभूत मान्यताएं

वैयक्तिक अध्ययन में एक अथवा कुछ इकाइयों के अध्ययन से प्राप्त निष्कर्षों को समग्र (Universe) पर लागू किया जाता है अर्थात् विशेष अध्ययनों के आधार पर सामान्य निष्कर्ष निकाले जाते हैं। इसका कारण है वैयक्तिक अध्ययन की कुछ आधारभूत मान्यताएं। ये मान्यताएं निम्नांकित हैं :

(1) **समय तत्व का प्रभाव** (Influence of Time Factor) : मानवीय व्यवहार तथा किसी घटना के अध्ययन में समय भी एक महत्वपूर्ण तत्व है। समाज में जो कुछ भी आज घटित हो रहा है, वह भूतकाल की अनेक घटनाओं एवं प्रभावों का प्रतिफल है। किसी भी घटना या परिस्थिति के पीछे अतीत का इतिहास छिपा होता है। अत: किसी घटना को समझने के लिए उसके पूर्व की घटनाओं एवं इतिहासों को जानना आवश्यक है। वैयक्तिक अध्ययन में किसी घटना को काल-क्रम में कार्य-करण सम्बन्धों के आधार पर देखा जाता है। उदाहरण, के लिए, किसी व्यक्ति के अपराधी, डाकू नेता, अभिनेता, सामाजिक कार्यकर्ता बनने में समय-समय पर किन कारकों का प्रभाव पड़ा है, इसे ज्ञात किया जाता है।

(2) **सम्पूर्ण अध्ययन** (Whole Study) : वैयक्तिक अध्ययन पद्धति में किसी एक इकाई अथवा घटना के किसी एक पक्ष का नहीं वरन् उससे सम्बन्धित सभी पक्षों का अध्ययन में यद्यपि समय अधिक लगता है, किन्तु जीवन की सम्पूर्णता में ही वास्तविक अध्ययन सम्भव हो पाता है।

(3) **परिस्थितियों की पुनरावृत्ति** (Repetition of Conditions) : मानव व्यवहार परिस्थितियों से प्रभावित होता है। एक ही परिस्थिति बार-बार घटित होती है और एक इकाई के सम्पूर्ण अध्ययन द्वारा यह ज्ञात किया जा सकता है कि मनुष्य एक ही परिस्थिति में किस प्रकार का व्यवहार करता है। एक ही परिस्थिति अन्य लोगों के जीवन में भी बार-बार आ सकती है। अत: उसके प्रभाव का अनुमान एक ही इकाई का सूक्ष्म एवं

गहन अध्ययन करके लगाया जा सकता है।

(4) **मानव व्यवहार की समानता** (Similarity of Human Behaviour) : वैयक्तिक अध्ययन की यह मान्यता है कि मानव व्यवहार में मौलिक एकता पायी जाती है। मनुष्यों में ऊपरी और बाह्य असमानताएं होने पर भी उनकी मूल प्रकृति, प्रवृत्तियों एवं प्रेरक शक्तियों में समानता पायी जाती है। समान स्थितियों में सभी मनुष्यों का व्यवहार एक जैसा होता है। उद्‌विकासवादियों की भी मान्यता है कि मानव जाति में मानसिक समानता पायी जाती है। इसी आधार पर वैयक्तिक अध्ययन द्वारा निकाले गये निष्कर्ष सभी पर लागू किये जाते हैं।

(5) **सामाजिक घटनाओं की जटिलता** (Complexity of Social Phenomena) : सामाजिक जीवन की घटनाएं जटिल होती है और मानव के परिवर्तनशील स्वभाव के कारण उन्हें समझना कठिन है। मानव व्यवहार के अमूर्त होने के कारण उसे ज्ञात करना एक कठिन कार्य है। किन्तु मानव व्यवहार की जटिलता का अध्ययन वैयक्तिक अध्ययन विधि द्वारा किया जा सकता है। इस दृष्टि से यह एक महत्वपूर्ण विधि है।

वैयक्तिक अध्ययन के प्रकार (Types of Case Study)

अध्ययन की प्रकृति के आधार पर वैयक्तिक अध्ययन को दो श्रेणियों में विभक्त किया जा सकता है :

(1) **समुदाय का वैयक्तिक अध्ययन** (Case Study of a Community) : इसके अन्तर्गत किसी समूह, संस्था, जाति या समुदाय का एक इकाई के रूप में अध्ययन किया जाता है। **श्रीमती यंग** का भी मत है कि वैयक्तिक अध्ययन में सम्पूर्ण समुदाय की खोज की जाती है। इस प्रकार के अध्ययन में बौद्धिक कुशलता, अनुभव एवं सतर्कता की आवश्यकता होती है। एक समुदाय का वैयक्तिक अध्ययन उसकी आन्तरिक स्थिति का पूर्ण रूप से अध्ययन हेतु सामग्री संकलन की व्यवस्थित पद्धति है। इसके लिए उन्हीं साधनों का प्रयोग किया जाता है जो साधन एक व्यक्ति के वैयक्तिक अध्ययन के लिए प्रयुक्त किये जाते हैं।

(2) **व्यक्ति का वैयक्तिक अध्ययन** (Case Study of an Individual) : इस प्रकार के अध्ययन में एक व्यक्ति के बारे में समस्त सूचनाएं एकत्रित की जाती हैं। इसमें उसके जीवन का प्रारम्भ से लेकर अब तक के जीवन के इतिहास का अध्ययन किया जाता है। इस प्रकार के अध्ययन में उन सभी घटनाओं, परिस्थितियों एवं पृष्ठभूमि की जानकारी प्राप्त की जाती है

जिन्होंने परिस्थितियों एवं पृष्ठभूमि की जानकारी प्राप्त की जाती है जिन्होंने व्यक्ति के परिवार में उसके सदस्यों, पड़ोस, मित्रमण्डली, पत्र, डायरी, आत्मकथा, लेख, संस्मरण, जीवन-इतिहास, आदि स्रोतों से जानकारी प्राप्त की जाती है। इस प्रकार इस विधि में व्यक्ति के सम्पूर्ण सामाजिक जीवन तथा पृष्ठभूमि एवं प्रभावक कारकों का अध्ययन कर निष्कर्ष निकाले जाते हैं।

वैयक्तिक अध्ययन की प्रक्रिया (प्रणाली)

वैयक्तिक अध्ययन एक सुनियोजित एवं व्यवस्थित अध्ययन है। इसमें अध्ययन की जाने वाली इकाई के बारे में सूक्ष्म, गहन एवं विस्तृत जानकारी प्राप्त की जाती है। इस विधि से अध्ययन करने के लिए निनम्नलिखित चरणों (प्रक्रिया) से गुजरना पड़ता है :

(1) **निर्धारक कारक** (Determinant Factors) : वैयक्तिक अध्ययन में उन कारकों का भी अध्ययन किया जाता है जो किसी घटना के घटित होने के लिए उत्तरदायी रहे हैं। ये कारक दो प्रकार के होते हैं :

(i) **प्रमुख कारक** : ये वे कारक हैं जो किसी घटना के घटित होने के लिए मूल रूप से उत्तरदायी रहे हैं। उदाहरण के लिए, व्यक्ति को अपराधी बनाने के लिए उसके साथियों का योगदान अथवा गरीबी प्रमुख कारक हो सकता है।

(ii) **सहायक कारक** : ये वे कारक हैं जो प्रमुख कारकों की सहायता करते हैं। उदाहरण के लिए, व्यक्ति को अपराधी बनाने में गरीबी के अतिरिक्त पुलिस का अत्याचार, माता-पिता का उपेक्षापूर्ण व्यवहार एवं मानसिक तनाव, आदि सहायक कारक के रूप में कार्य कर सकते हैं।

(2) **समस्या का विवरण** (Statement of the Problem) : इस पद्धति के अन्तर्गत सर्वप्रथम समस्या के प्रत्येक पक्ष की स्पष्ट व्याख्या की जाती है, उसके बारे में भूत एवं वर्तमान की समस्त सूचनाओं का संकलन किया जाता है। समस्या के बारे में जिन पक्षों की व्याख्या करनी होती है, उनका पहले से ही निर्धारण कर लिया जाता है। समस्या का वर्णन और उसकी व्याख्या इस विधि का प्रथम सोपान है। इस चरण में निम्नांकित बातों पर विशेष ध्यान दिया जाता है :

(i) **अध्ययन समस्या का चयन** (Selection of Cases) : इसके अन्तर्गत सर्वप्रथम यह तय किया जाता है कि किन व्यक्तिगत विषयों

पर अध्ययन किया जाएगा। ये व्यक्तिगत विषय तीन प्रकार के हो सकते हैं (अ) साधारण, (ब) विशेष, तथा (स) असाधारण।

(ii) **इकाइयों के प्रकार एवं संख्या का निर्धारण** (Determination of Types and Number of Units) : अध्ययन विषय के चयन के बाद अध्ययन के लिए इकाइयों की संख्या एवं उनके प्रकारों को तय किया जाता है। यह भी तय किया जाता है कि अध्ययन की इकाई व्यक्ति, परिवार, समूह, संस्था अथवा समुदाय में से क्या होगी और इनकी कितनी संख्या होगी।

(iii) **विश्लेषण का क्षेत्र** (Scope of Analysis) : इकाइयों की संख्या निर्धारित करने के बाद यह तय किया जाता है कि समस्या के किन-किन पक्षों का अध्ययन किया जाएगा। इसके अन्तर्गत इकाई को प्रभावित करने वाले कारकों और उनसे प्रभावित होने वाले तत्वों का भी विश्लेषण किया जाता है।

(3) **विश्लेषण एवं निष्कर्ष** (Analysis and Conclusion) : वैयक्तिक अध्ययन की पद्धति का अन्तिम चरण संकलित तथ्यों एवं सूचनाओं के आधार पर घटना विश्लेषण करना और निष्कर्ष निकालना है। निष्कर्षों के आधार पर ही सामान्यीकरण किया जाता है। विश्लेषण के दौरान घटना के बारे में कार्य-कारण सम्बन्ध ज्ञात किया जाता है। इसमें तथ्यों का वर्गीकरण, संकेतीकरण एवं सारणीयन किया जाता है। साथ ही समस्या का निदान और उपचार भी प्रस्तुत किया जाता है। इसमें अध्ययनकर्ता द्वारा अध्ययनकर्ता द्वारा अध्ययन की कमियों एवं भविष्य की सम्भावनाओं का भी उल्लेख किया जाना चाहिए।

(4) **घटनाओं का काल-क्रम** : समस्या की विवेचना के बाद विभिन्न घटनाओं के घटित होने के क्रम को ज्ञात किया जाता है। यह भी ज्ञात किया जाता है कि इस दौरान क्या-क्या परिवर्तन घटित हुए। घटनाओं के उतार-चढ़ाव के द्वारा भविष्य में होने वाले परिवर्तनों को समझा जाता है।

वैयक्तिक अध्ययन पद्धति के यन्त्र एवं प्रविधियां

वैयक्तिक अध्ययन पद्धति के द्वारा किसी एक सामाजिक इकाई का गहन एवं सूक्ष्म अध्ययन किया जाता है। इसके लिए सूचनाओं के संकलन हेतु अनेक यन्त्रों एवं प्रविधियों का प्रयोग किया जाता है, इनमें से प्रमुख हैं–डायरियां, पत्र, जीवन इतिहास तथा प्रलेख। हम यहां इन सभी का संक्षिप्त में उल्लेख करेंगे।

(1) **पत्र** (Letters) : पत्रों के माध्यम से व्यक्ति अपनी भावनाओं एवं विचारों का आदान-प्रदान करते हैं। पत्र कई बार व्यक्ति के एक विषय पर उसके दृष्टिकोण का चित्रण करते हैं। पत्रों के माध्यम से एक व्यक्ति के दूसरे व्यक्ति के साथ सम्बन्धों का ज्ञान होता है। पत्रों के अन्तर्गत व्यक्ति के जीवन की अन्तरंग सामग्री भी उपलब्ध होती है जो कुछ निश्चित तथ्यों पर प्रकाश डालती है। पत्रों में जीवन की कुछ वास्तविक घटनाएं भी लिखी जाती हैं। पंडित नेहरू ने श्रीमती इन्दिरा गांधी को पत्रों के माध्यम से ही भारत और विश्व इतिहास की अनेक घटनाओं का ज्ञान कराया था। ये पत्र पहले "पिता के पत्र पुत्री के नाम" और बाद में "विश्व इतिहास की एक झलक" शीर्षक से पुस्तकों के रूप में प्रकाशित हुए। पत्रों के माध्यम से हम व्यक्ति के मनोभावों, मित्रता, शत्रुता, प्रेम, घृणा, आशा, निराशा, जीवन के मूल्य, तनाव, विश्वास और महत्वाकांक्षाओं को ज्ञात कर सकते हैं। महापुरुषों के पत्र उनकी मृत्यु के पश्चात् भी प्राचीन संग्रहालयों में उपलब्ध होते हैं। यदि हम व्यक्ति के जीवन के बारे में वास्तविक एवं महत्वपूर्ण अनुभवों एवं विचारों को जानना चाहते हैं तो उसके द्वारा लिखे हुए पत्र एक महत्वपूर्ण साधन हैं। जीवन की कटु अनुभूतियों एवं मधुर स्मृतियों की वास्तविक एवं विश्वसनीय जानकारी हमें पत्रों के माध्यम से ही मिल सकती है।

(2) **जीवन-इतिहास** (Life History) : वैयक्तिक अध्ययन में सर्वाधिक महत्वपूर्ण सूचना स्रोत, जीवन-इतिहास है। इसके अन्तर्गत जीवन से सम्बन्धित लिखित तथ्य होते हैं जिनमें घटनाओं की श्रृंखला, उनका समूहों तथा सांस्कृतिक मूल्यों के साथ सम्बन्ध ज्ञात होता है। इसमें व्यक्ति स्वयं अपनी भाषा में अपने जीवन की घटनाओं तथा अनुभवों का वर्णन करता है। इसमें जीवन के विकास का ऐतिहासिक वर्णन मिलता है। जीवन-इतिहास को परिभाषित करते हुए **जॉन मेज** ने लिखा है, "जीवन-इतिहास का तात्पर्य विस्तृत आत्मकथा से है, परन्तु व्यावहारिक अर्थ में इसके अन्तर्गत किसी भी जीवनी सम्बन्धी सामग्री को सम्मिलित किया जा सकता है।" एक जीवन-इतिहास में प्रधानतया निम्न बातों पर प्रकाश डाला जाता है :

(i) पारिवारिक पृष्ठभूमि,

(ii) वे पारिवारिक दशाएं व घटनाएं जिन्होंने व्यक्ति के जीवन को प्रभावित एवं परिवर्तित किया,

(iii) परिस्थितियों के प्रति की प्रतिक्रिया का विश्लेषण,

(iv) जीवन की महत्वपूर्ण घटनाएं जिन्होंने व्यक्ति को प्रेरणा एवं प्रोत्साहन दिया अथवा व्यक्ति के जीवन में निराश उत्पन्न की,

(v) सम्पूर्ण जीवन के अनुभव,

(vi) प्रभावशाली व्यक्ति,

(vii) व्यक्ति की मनोवृत्तियां तथा आशाएं, तथा

(viii) तत्कालीन परिस्थिति के अनुसार भविष्य के प्रति व्यक्ति की धारणा।

(3) **डायरी** (Diaries) : कई व्यक्तियों को अपने जीवन की दैनिक घटनाओं को डायरी में लिखने की आदत होती है। डायरियों से हमें लोगों के जीवन की गोपनीय बातों की जानकारी मिलती है, साथ ही व्यक्ति के जीवन की महत्वपूर्ण घटनाओं का काल-क्रम के अनुसार विवेचन प्राप्त होता है। डायरी से हमें प्रमुख घटनाओं का वर्णन, आय-व्यव के आंकड़े, महत्वपूर्ण पते एवं विभिन्न विषयों पर व्यक्ति के विचार, आदि ज्ञात होते हैं। ये व्यक्ति के व्यक्तिगत अनुभवों को भी प्रकट करते हैं। साथ ही इनसे व्यक्ति के सामाजिक सम्पर्क का ब्यौरा भी मिलता है। डायरियों द्वारा हमें जो जानकारी प्राप्त होती है, उसे हम साक्षात्कार एवं अन्य विधियों द्वारा भी ज्ञात नहीं कर सकते। इस प्रकार डायरियां व्यक्ति के जीवन के वास्तविक तथ्यों को भी उजागर करती हैं। इनके द्वारा व्यक्ति की भावनाओं, गोपनीय तथ्यों किसी विषय के बारे में प्रतिक्रियाओं, संकल्पों, मनोवृत्तियों, सफलताओं तथा विफलताओं की भी जानकारी मिलती है।

(4) **प्रलेख** (Documents) : डायरी, पत्र तथा जीवन-इतिहास के अतिरिक्त वैयक्तिक विषयों के अध्ययन में कुछ अन्य स्त्रोतों जैसे व्यक्तिगत प्रलेखों, आदि का भी उपयोग किया जाता है। इसमें आत्मकथाएं, स्कूल व कालेज के रिकार्ड,वंशावली, पुस्तकों, पत्रिकाओं, सरकारी तथा गैर-सरकारी विज्ञप्तियों, साहित्यिक सामग्रियों, भूत एवं वर्तमान से सम्बन्धित अनुसन्धान-प्रतिवेदनों, आदि को सम्मिलित किया जा सकता है। आलपोर्ट ने इसके बारे में लिखा है, "ये (व्यक्तिगत प्रलेख) आत्म प्रदर्शन करने वाले ऐसे तथ्य हैं जो इच्छापूर्वक अथवा अनिच्छिापूर्वक लेखक के मानसिक जीवन की संरचना, गत्यात्मकता एवं कार्य करने के बारे में प्रत्यक्ष सूचनाएं देते हैं।" इनके द्वारा व्यक्ति के जीवन दर्शन, सामाजिक सम्बन्धों एवं व्यक्तित्व पर प्रभाव पड़ता है।

व्यक्तिगत प्रलेखों के अतिरिक्त कुछ अन्य स्रोतों से भी वैयक्तिक अध्ययन-विषय के बारे में जानकारी प्राप्त की जा सकती है। ये स्रोत द्वैतीयक स्रोत कहलाते हैं। इनके अन्तर्गत सरकारी रिकॉर्ड, पुलिस तथा न्यायालय के रिकांर्ड, जनगणना रिकांर्ड, बीमा कार्ड, आयकर रिकॉर्ड, प्रकाशित साहित्य, मित्रों एवं सम्बन्धियों से साक्षात्कार एवं अवलोकन, आदि को सम्मिलित किया जा सकता है। इनके अतिरिक्त संस्मरण, केस से सम्बन्धित वंशावली, फोटोग्राफ एलबम, नक्शे, चार्ट, प्रमाणपत्र, समाचार-पत्रों में छपी खबरें, आदि भी व्यक्ति के बारे में महत्वपूर्ण सूचना स्रोत हैं।

वैयक्तिक अध्ययन पद्धति के गुण (महत्त्व)
(Merits (Importance) of Case Study-Method)

वर्तमान में सामाजिक अनुसन्धान में वैयक्तिक अध्ययन-पद्धति का प्रयोग अधिक होने लगा है। किसी प्रश्नावली को तैयार करने से पूर्व तथा मुख्य साक्षात्कार के संचालन से पूर्व अनुसन्धानकर्ता अनेक व्यक्तिगत मामलों की जानकारी प्राप्त करना उपयोगी मानते हैं। **लुण्डबर्ग** वैयक्तिक अध्ययन पद्धति को वैज्ञानिक पद्धति की सहायक व्यवस्था मानते हैं। वे लिखते हैं, "वैयक्तिक पद्धति स्वयं में बिल्कुल एक वैज्ञानिक पद्धति नहीं है वरन् वैज्ञानिक कार्य-प्रणाली में एक सोपान है।" वर्तमान में मनोचिकित्सा-विज्ञान का विकास वैयक्तिक अध्ययनों तथा उनके सफल उपचारों के कारण ही हुआ है। चिकित्सा विज्ञान में रोग के निदान की आधारभूत विधि वैयक्तिक अध्ययन ही है। समाजशास्त्र, सामाजिक सेवा कार्य, मानवशास्त्र, मनोविज्ञान, शिक्षाशास्त्र एवं अर्थशास्त्र के क्षेत्र में तो इस विधि का प्रयोग दिनोंदिन बढ़ता ही जा रहा है। विचलित व्यवहार एवं समस्यात्मक व्यवहारों की जानकारी के लिए तो यह सर्वोतम विधि है। **गोफमेन** तो इस विधि को समाज विज्ञान की एकमात्र गहन एवं विश्वसनीय विधि मानते हैं। हम यहां वैयक्तिक अध्ययन-पद्धति के लाभों, उपयोगिता, गुणों तथा महत्व का उल्लेख करेंगे।

(1) **महत्वपूर्ण अध्ययन यन्त्रों के निर्माण में सहायक** (Useful for Preparing Important Study Tools) : वैयक्तिक अध्ययन पद्धति के द्वारा जो उपकल्पनाएं निर्मित की जाती हैं, उनसे कई महत्वपूर्ण यन्त्रों के निर्माण में सहायता मिलती है। प्रश्नावली, अनुसूची तथा साक्षात्कार पथ-प्रदर्शिका के निर्माण के पूर्व वैयक्तिक अध्ययन कर लेना उपयोगी होता है। इससे अध्ययनकर्ता को यह विश्वास हो जाता है कि उसने समस्त उपयोगी एवं सम्बन्धित सामग्री को अध्ययन यन्त्रों में सम्मिलित कर लिया है।

(2) **वैयक्तिक मनोवृत्तियों की जानकारी** (Knowledge About Personal Attitudes) : वैयक्तिक अध्ययनों के द्वारा हमें व्यक्ति के विचारों, मूल्यों,

मनोवृत्तियों, व्यवहारों एवं धारणाओं के बारे में जानकारी प्राप्त होती है। ऐसी जानकारी व्यक्ति की सामान्य प्रकृति को समझने के लिए आवश्यक है।

(3) **सूक्ष्म अध्ययन** (Microscopic Study) : इस विधि के द्वारा किसी भी इकाई का गहन एवं सूक्ष्म अध्ययन किया जा सकता है। इसलिए ही बर्गेस इसे 'सामाजिक सूक्ष्मदर्शक यन्त्र' कहते हैं। इसके द्वारा समस्या के सामान्य तथा विशिष्ट सभी पक्षों का अध्ययन विधि से हमारा बोध-ज्ञान विकसित होता है तथा यह जीवन के प्रति स्पष्ट अन्तदृष्टि प्रदान करती है। यह व्यवहार का अध्ययन अप्रत्यक्ष एवं अमूर्त रूप से नहीं वरन् प्रत्यक्ष रूप से करती है।"

(4) **उपकल्पनाओं का स्रोत** (Source of Hypothesis) : इस विधि के द्वारा जो निष्कर्ष निकाले जाते हैं, उनसे महत्वपूर्ण उपकल्पनाओं का निर्माण किया जा सकता है। परिस्थितियों एवं व्यक्तियों की प्रकृति की जानकारी प्राप्त कर सामान्यीकरण किया जाता है जो नवीन उपकल्पनाओं को जन्म देते हैं। **गुडे** एवं **हाट** लिखते हैं, "यह प्रायः सत्य होता है कि वैयक्तिक अध्ययन के द्वारा प्रदान की गयी अन्तदृष्टि की गहराई से बाद में वृहत् स्तर पर आयोजित अध्ययनों के लिए लाभप्रद उपकल्पनाएं निकल सकेंगी।"

(5) **अनुसन्धान के प्रारम्भिक स्तर में उपयोग** (Use in Early Exploratory Stage) : किसी बड़े अध्ययन को प्रारम्भ करने से पूर्व प्रारम्भिक स्तर पर कुछ वैयक्तिक इकाइयों की जानकारी प्राप्त कर लेना आगे अनुसन्धान की दृष्टि से उपयोगी होता है। इससे अनेक प्रकट और अप्रकट तथ्यों की जानकारी प्राप्त हो जाती है। कुछ विद्वान इसे 'तथ्य संकलन की एकल विधि' भी कहते हैं। वैयक्तिक अध्ययनों से हमें इकाइयों की प्रकृति एवं समग्र के निर्धारण में भी सहायता मिलती है।

(6) **घटनाओं की निरन्तर तस्वीर** (Continuous Picture of Events) : वैयक्तिक अध्ययन में किसी व्यक्ति अथवा घटना की काल-क्रम के अनुसार निरन्तरता बताई जाती है। समयानुसार उसमें आने वाले उतार-चढ़ाव एवं परिवर्तनों की क्रमबद्ध तस्वीर इस विधि द्वारा खींची जा सकती हैं समाज में चलने वाली दीर्घकालीन प्रक्रियाओं को भी इस विधि के द्वारा जान पाना सरल है। इस प्रणाली के द्वारा वैयक्तिक घटना या स्थिति की भूतकालीन अवस्था का ज्ञान प्राप्त किया जा सकता है। भूतकालीन क्रम को समझे बिना किसी भी समाज का अध्ययन अधूरा ही रहेगा।

(7) **सामान्यीकरण का आधार** (Basis of Generalization) : यह विधि सामान्यीकरण का सफल आधार प्रदान करती है। विभिन्न इकाइयों के गहन, सूक्ष्म एवं विस्तृत अध्ययन के आधार पर सामान्यीकरण प्राप्त किय जाते हैं, जिन्हें समग्र पर लागू किया जा सकता है।

(8) **सामग्री की पूर्णता** (Complete Material) : वैयक्तिक अध्ययन इस दृष्टि से भी उपयोगी है कि इसके द्वारा इकाई के बारे में पूर्ण जानकारी प्राप्त की जाती है तथा इसके द्वारा जो सामग्री संकलित की जाती है, वह किसी अन्य विधि द्वारा नहीं की जा सकती।

(9) **तुलना एवं वर्गीकरण का आधार** (Basis of Comparison and Classification): वैयक्तिक अध्ययनों के द्वारा इकाइयों के गुणों की जानकारी प्राप्त हो जाती है। अत: समूह विशेष के अध्ययन हेतु उसे उपयुक्त वर्गों में विभक्त किया जा सकता है, जिससे विभिन्न इकाइयों एवं वर्गों में तुलना करना तथा विरोधी इकाइयों को ज्ञात करना सरल हो जाता है।

(10) **दीर्घ प्रक्रियाओं का अध्ययन** (Studu of Long Processes) : **गुडे** एवं **हाट** का मत है कि "व्यक्तिगत प्रलेखों के द्वारा प्रक्रियाओं का प्रारम्भिक अध्ययन सरल होता है। वैयक्तिक अध्ययन में हम व्यक्ति के जीवन में घटित होने वाली विभिन्न प्रक्रियाओं का परिचय पाते हैं। व्यक्ति के समाजीकरण की प्रक्रिया अथवा उसके अपराधी या सफल व्यवसायी बनने में उसे किन-किन प्रक्रियाओं से गुजरना पड़ा, इसका ज्ञान तथा व्यक्ति के जीवन में परिवर्तन की प्रक्रिया की जानकारी प्राप्त करने का सर्वाधिक उपयोगी तरीका वैयक्तिक अध्ययन ही है।

(11) **विभिन्न विधियों का प्रयोग** (Use of Various Techniques) : गुडे एवं हाट लिखते हैं, "विभिन्न प्रकार की सूचनाएं प्राप्त करने में वैयक्तिक अध्ययन के अन्तर्गत अनुसन्धानकर्ता, संगठन के द्वारा प्रयोग की जाने वाली प्रविधियों, एवं साधनों, उदाहरणस्वरूप गहन साक्षात्कार, प्रश्नालियों, आत्म-कथा, प्रलेख, अन्य व्यक्तियों के द्वारा अध्ययन-प्रतिवेदन तथा पत्रादि, का प्रयोग कर सकता है।

(12) **मनोवैज्ञानिक अध्ययनों में सहायक** (Helpful in Psychological Studies) : वैयक्तिक अध्ययन-पद्धति के द्वारा मनोवैज्ञानिक अध्ययन करना उपयोगी सिद्ध हुआ है। निदानात्मक मनोविज्ञान, औद्योगिक मनोविज्ञान, मनोविकृति-विज्ञान, आदि से सम्बन्धित समस्याओं के अध्ययन में यह विधि अत्यधिक उपयोगी समझी जाती है।

(13) **नये अनुभवों का ज्ञान** (Knowledge of New Experiences) : **गुडे** एवं **हाट** का मत है, "अधिकांश सर्वेक्षण कार्य की सीमा निश्चित होने के कारण वास्तव में अनुसन्धानकर्ता विश्लेषण स्तर पर विस्तृत अनुभव प्राप्त करता है जब प्रश्नों के अर्थों की गहरी छान-बीन की जाती हैं।" वैयक्तिक अध्ययन में अनुसन्धानकर्ता को व्यक्ति की मनोवृत्तियों, मूल्यों, विचारों और विश्वासों तथा उन्हें प्रोत्साहित एवं परिवर्तित करने वाले कारकों की जानकारी प्राप्त होती है जो अध्ययनकर्ता के अनुभव को व्यापक बना देती है। शोधकर्ता का परिपक्व अनुभव भावी अनुसन्धानों के सफल संचालन की गारण्टी प्रदान करता है।

(14) **जीवन के प्रभावक कारकों का अध्ययन** (Study of Dominant Factors of Life) : वैयक्तिक अध्ययन द्वारा व्यक्ति क कई तथ्यों का उद्‌घाटन एवं ज्ञान प्राप्त होता है। इसके द्वारा व्यक्ति की क्रियाओं के निर्धारक कारकों, उनका प्रभाव तथा घटनाओं के बारे में कार्य-कारण सम्बन्धों को ज्ञात किया जा सकता है। वैज्ञानिक अध्ययन के लिए यह आवश्यक है कि हम घटना का कार्य-कारण के सन्दर्भ में देखें।

चिकित्सा विज्ञान में भी इस विधि का प्रयोग किया जाता है। मूलतः यह विधि चिकित्सा विज्ञान में ही प्रयुक्त की जाती थी, जिसमें चिकित्सक रोगी की आरम्भ से अब तक की शारीरिक स्थिति एवं स्वास्थ्य की जानकारी प्राप्त कर रोग का निदान ढूंढता है। वैयक्तिक अध्ययन पद्धति द्वारा **प्रशासकों** को भी अपने प्रशासन के सन्दर्भ में *उपयोगी सूचनाएं प्राप्त होती हैं।*

वैयक्तिक अध्ययन द्वारा सांख्यकीय तथ्यों को सही परिप्रेक्ष्य में रखा जाता है। व्यक्तियों के गुणों से सम्बन्धित अनुसन्धान में भी इस विधि का प्रयोग किया जाता है और वैज्ञानिक तथा व्यवस्थित जानकारी हेतु सांख्यिकीय प्रयोग भी किए जाने लगे हैं। इस प्रकार विभिन्न दृष्टिकोणों से वैयक्तिक अध्ययन सामाजिक अनुसन्धानों में अपना महत्वपूर्ण स्थान रखता है।

वैयक्तिक अध्ययन विधि के दोष (सीमाएं)
(Limitations and Demerits of Case Study Method)

वैयक्तिक अध्ययन पद्धति के जहां कई लाभ, गुण और उपयोग हैं, वहीं यह दोषों से भी मुक्त नहीं है। कई विद्वान तो इसे अध्ययन की वैज्ञानिक विधि भी स्वीकार नहीं करते। **लुण्डबर्ग** का मत है कि वैयक्तिक अध्ययन पद्धति अपने आप में कोई वैज्ञानिक विधि नहीं है वरन् वैज्ञानिक कार्यविधि का एक प्रथम चरण मात्र है। **प्रो. रीडबेन** ने इस विधि पर प्रहार करते हुए लिखा है कि यह विधि अवैयक्तिक,

सार्वभौमिक नैतिकता-रहित, व्यावहारिकता-रहित तथा पुनरावृत्तिमूलक घटनाओं को उपलब्ध नहीं करा सकती है। हम यहां वैयक्तिक अध्ययन-पद्धति के दोषों तथा सीमाओं का उल्लेख करेंगे।

(1) **अनुसन्धानकर्ता का पक्षपात** (Bias of Investigator) : इस विधि का एक प्रमुख दोष यह है कि इसमें अध्ययनकर्ता के पक्षपात की सम्भावना रहती है। लम्बे समय तक इकाइयों के सम्पर्क में रहने के कारण अध्ययनकर्ता उनसे प्रभावित होता है और स्वयं भी उन्हें प्रभावित करता है। ऐसी स्थिति मं वास्तविक तथ्यों को भावात्मक लगाव के कारण तोड़-मरोड़कर भी प्रस्तुत किया जाता है। परिणामस्वरूप प्राप्त निष्कर्ष अवैज्ञानिक एवं पक्षपातपूर्ण हो जाते हैं।

(2) **सामग्री की विश्वसनीयता की जांच असम्भव** (Impossibility of the Test or Reliability of Data) : इस प्रणाली का एक दोष यह है कि इसके द्वारा प्राप्त तथ्यों की विश्वसनीयता की जांच करना सम्भव नहीं है। कई तथ्यों के बारे में स्वयं व्यक्ति के अतिरिक्त अन्य लोगों को जानकारी नहीं होती और न ही इकाइयों की तुलना किन्हीं अन्य इकाइयों से ही की जा सकती है।

(3) **दोषपूर्ण सामान्यीकरण** (Wrong Generalizations) : वैयक्तिक अध्ययन पद्धति द्वारा कुछ इकाइयों के बारे में सामग्री तो काफी प्राप्त कर ली जाती है, किन्तु इन थोड़े से अध्ययनों के आधार पर प्राप्त सामान्यीकरणों को समग्र पर लागू करना अनुसन्धान के मौलिक सिद्धान्त के विरुद्ध है। इसका एक कारण यह भी है कि थोड़ी-सी इकाइयों को विशाल क्षेत्र के प्रतिनिधि के रूप में स्वीकार नहीं किया जा सकता, अत: वैयक्तिक अध्ययन-पद्धिति द्वारा प्राप्त सामान्यीकरण सीमित और अवैज्ञानिक कहे जा सकते हैं।

(4) **सीमित अध्ययन** (Limited Study) : वैयक्तिक अध्ययन में केवल कुछ इकाइयों का चयन करके अध्ययन किया जाता है, इसलिए इस विधि के द्वारा विस्तृत क्षेत्र का अध्ययन सम्भव नहीं है। समग्र की प्रत्येक इकाई का गहन अध्ययन करने में यह विधि सर्वथा अनुपयुक्त है।

(5) **अवैज्ञानिक विधि** (Un-scientific Method) : इस विधि में कुछ इकाइयों के अध्ययन के आधार पर ही निष्कर्ष निकाले जाते हैं और उन्हें समग्र पर लागू किया जाता है। साथ ही इसमें सूचना-संकलन की प्रक्रिया भी संगठित और नियमित नहीं होती। इसमें व्यक्ति के जीवन सम्बन्धी सूचनाओं

का सत्यापन और प्रमापीकरण भी सम्भव नहीं है, अतः इसे अवैज्ञानकि पद्धति कहा जा सकता है। इसमें प्राप्त सामग्री का परीक्षण एवं पुनर्परीक्षण भी सम्भव नहीं है।

(6) **अत्यधिक खर्चीली एवं समय लेने वाली विधि** (Most Expensive and Time Consuming Method) : वैयक्तिक अध्ययन प्रणाली अत्यधिक खर्चीली और समय लेने वाली पद्धति है, क्योंकि इसमें किसी भी इकाई का गहन अध्ययन करने के लिए उससे सम्बन्धित जीवन-इतिहास, आत्मकथा, डायरी, पत्र एवं साक्षात्कार, आदि द्वारा सूचना एकत्रित करने में काफी समय की आवश्यकता होती है। गुडे एवं हाट का मत है कि मामले एकत्रित करने में समय लगता है तथा पूर्णता के साथ अध्ययन करने को तत्पर लोगों को ढूंढना भी कठिन होता है। साथ ही यह विधि बहुत खर्चीली है।

(7) **दोषपूर्ण जीवन-इतिहास** (Defective Life-histories) : चूंकि जीवन-इतिहास स्वरचित होता है, अतः इसमें घटनाओं का उल्लेख अलंकारिक भाषा में किया जाता है। कई बार व्यक्ति काल्पनिक घटनाओं का भी उल्लेख कर देता है तथा सामाजिक मर्यादा के विपरीत पाये जाने वाले तथ्यों का उल्लेख नहीं करता। ऐसी स्थिति में जीवन-इतिहास यथार्थ सूचनाएं नहीं दे पाते।

(8) **निदर्शन का अभाव** (Lack of Sampling) : इस विधि में निदर्शन का प्रयोग नहीं किया जाता, संख्या कम होने से इकाइयों का उद्देश्यपूर्ण चयन किया जाता है। **गुडे** तथा **हाट** लिखते हैं, "अनुसन्धानकर्ता को सामान्यतः यह विश्वास होता है कि इकाइयों का चयन प्रतिनिधित्वपूर्ण है, उसे यह भी विश्वास होता है कि निदर्शन पद्धति के अभाव में पक्षपात का प्रश्न ही नहीं उठता है।"

(9) **दोषपूर्ण रिकॉर्ड** (Defective Recprds) : वैयक्तिक विषयों में प्राप्त सामग्री को विश्वसनीय नहीं कहा जा सकता क्योंकि कई बार रिकॉर्ड अपूर्ण एवं त्रुटिपूर्ण होते हैं और यदि वे असावधानीपूर्वक लिखे गए हैं तब तो वे यथार्थ स्थिति के विपरीत जानकारी देते हैं। उदाहरणार्थ, पुलिस के रिकॉर्ड में एक व्यक्ति को अपराधी दर्ज किया गया है। उपयुक्त गवाह के अभाव में तथा धन की कमी एवं रिश्वत न दे पाने के कारण यदि उसे जेल में रहना पड़ता है तो इसका यह तात्पर्य नहीं है कि वह वास्तव में अपराधी है।

(10) **अध्ययनकर्ता का अधिक आत्मविश्वास** (Over-Confidence of Researcher) : वैयक्तिक अध्ययनकर्ता को यह भ्रम हो जाता है कि उसे सभी बातों की पूर्ण जानकारी है। इसलिए उसके द्वारा संकलित गलत तथ्य भी उसे सही प्रतीत होते हैं। ऐसी स्थिति में वह अनुसन्धान द्वारा प्राप्त तथ्यों पर अत्यधिक विश्वास कर लेता है और उनकी पुनर्परीक्षा भी नहीं करता है। इससे अनुसन्धान में गलत सामग्रियों का समावेश हो जाता है। **गुडे** एवं **हाट** लिखते हैं, "अनुसन्धानकर्ता में अपने निष्कर्ष के प्रति अधिक विश्वास पैदा हो जाता है, जिसके कारण वह अनुसन्धान प्रारूप के आधारभूत सिद्धान्तों की अवेहलना करने के लोभ में नहीं बच सकता है।"

उपर्युक्त कमियों के अतिरिक्त कई बार उन प्रलेखों, पत्रों, डायरियों एवं जीवन-इतिहास को प्राप्त करना भी कठिन होता है जो व्यक्ति के बारे में पूर्ण जानकारी प्रदान करते हैं। इस विधि के द्वारा सामाजिक व्यवहार के बारे में आवश्यक सामग्री का संकलन सरल नहीं है।

वैयक्तिक अध्ययन विधि तथा सांख्यिकी एवं सर्वेक्षण विधियां

सामाजिक घटना पर वैयक्तिक अध्ययन एवं सांख्यिकी तथा सर्वेक्षण विधियां भिन्न-भिन्न दृष्टिकोणों से विचार करती हैं। वैयक्तिक अध्ययन में सामाजिक घटनाओं के कारकों, उनके पारस्परिक सम्बन्धों एवं क्रम को ज्ञात किया जाता है जबकि सर्वेक्षण में समिति कारकों के अध्ययन द्वारा घटनाओं की आवृत्ति, प्रवृत्ति एवं स्वरूप को ज्ञात किया जाता है। इन विधियों में निम्नांकित अन्तर हैं :

(1) वैयक्तिक अध्ययन पद्धति में भावात्मक प्रभाव अधिक होता है, अतः उसमें निश्चितता कम पायी जाती है जबकि सांख्यिकी तथा सर्वेक्षण पद्धति संख्यात्मक होने के कारण अधिक निश्चित होती है और उसके निष्कर्ष सांख्िकीय नियमों पर आधारित होते हैं।

(2) सांख्यिकी एव सर्वेक्षण विधि में अनेक इकाइयों में से निदर्शन द्वारा अध्ययन हेतु कुछ इकाइयों का चयन किया जाता है जबकि वैयक्तिक अध्ययन विधि में निदर्शन विधि का प्रयोग नहीं होता है।

(3) वैयक्तिक अध्ययन विधि में घटना और इकाइयों को भूतकाल और ऐतिहासिक परिप्रेक्ष्य में देखा जाता है ज़बकि सर्वेक्षण एवं सांख्यिकी विधि में घटनाओं का वर्तमान सन्दर्भ में अध्ययन किया जाता है।

(4) वैयक्तिक अध्ययन विधि गुणात्मक एवं वर्णनात्मक है, इसमें अनुसन्धान के तथ्यों को संख्या में प्रकट नहीं किया जाता है जबकि सर्वेक्षण एवं

सांख्यिकी विधियां संख्यात्मक एवं विश्लेषणात्मक होती हैं जिनके निष्कर्ष संख्या में प्रकट किए जा सकते हैं।

(5) वैयक्तिक अध्ययन विधि एक इकाई का गहन एवं सूक्ष्म अध्ययन करती है, अत: यह सूक्ष्मदर्शी विधि (Microscopic Method) है जबकि सर्वेक्षण विधि एवं सांख्यिकी में समस्या से सम्बन्धित विस्तृत क्षेत्र में तथ्यों का संकलन किया जाता है, अत: यह वृहद्-विधि (Macroscopic Method) है।

(6) वैयक्तिक अध्ययन पद्धति के निष्कर्ष, सामान्य ज्ञान एवं तर्क पर आधारित होते हैं, जबकि सांख्यिकी एवं सर्वेक्षण के निष्कर्ष गणितीय आधार पर होते हैं।

इन दोनों विधियों में अन्तर होने के बावजूद भी ये दोनों परस्पर एक-दूसरे की पूरक हैं। सर्वेक्षण विधि द्वारा निकाले गए निष्कर्षों की सत्यता की परख कुछ इकाइयों के गहन अध्ययन द्वारा की जा सकता है। दूसरी ओर एक इकाई के जीवन-इतिहास के तथ्यों का मूल्यांकन विशाल क्षेत्र के सर्वेक्षण से प्राप्त निष्कर्षों द्वारा किया जा सकता है। **श्रीमती पी.वी.यंग** ने लिखा है, सांख्यिकीय एवं वैयक्तिक अध्ययन पद्धति अधिकांशत: एक-दूसरे की सहायक हैं क्योंकि इनमें से प्रत्येक पद्धति एक ही सामाजिक स्थिति को विभिन्न दृष्टिकोणों से देखती हैं तथा उस स्थिति में प्रभाव डालने वाले सामाजिक कारकों पर पृथक रूप से बल देती हैं।" इसी सन्दर्भ में **गुडे** एवं **हाट** ने भी लिखा है, "सांख्यिकी शास्त्री और वैयक्तिक कार्यकर्ता अपनी प्रविधियों की श्रेष्ठता के प्रति लड़ने की बजाय एक-दूसरे से ऋणी के रूप में लाभ उठा सकते हैं।"

वैयक्तिक अध्ययन विधि के उपर्युक्त विवेचन से स्पष्ट है कि इस विधि की सहायता से किसी इकाई का गहन एवं सूक्ष्म अध्ययन किया जाता है। **प्रो. रीड बेन** ने लिखा है कि विस्तृत रूप में जीवन-इतिहास के अध्ययन द्वारा हमें कुछ लाभप्रद उपकल्पनाएं और साथ ही कुछ ऐसे तथ्य जो उपकल्पनाओं की परीक्षा कर सकें, प्राप्त होते हैं, जिनके बिना सामान्य नियमों पर आधारित सामाजिक विज्ञान अत्यधिक प्रतिबन्धित हो जाएगा। वर्तमान में सामाजिक विज्ञानों के अध्ययन में यह एक उपयोगी पद्धति है।

3

वैज्ञानिक पद्धति के सिद्धान्त, अवधारणा एवं परिकल्पना (Constituents of Scientific Method, Concept and Hypothesis)

वैज्ञानिक दृष्टिकोण का मूल्य (Value of Scientific Attitude)

कोई व्यक्ति एक पुष्प को देखकर उसकी सुगन्ध का आनन्द लेता है, कोई उसकी सुन्दरता पर काव्य रचना करता है, कोई उसकी बनावट देखता है। प्रत्येक का ढंग अपनी-अपनी रुचि पर निर्भर करता है। बहुधा यह रुचि जन्मजात होती है, इसमें परिवर्तन लाना कठिन होता है। पर, फिर भी, रुचि को पहचान कर उसे किसी सार्थक लक्ष्य की ओर मोड़ देना शिक्षक का एक स्वाभाविक कर्त्तव्य होना चाहियें यही बात विज्ञान शिक्षण में भी है। विज्ञान शिक्षण का सबसे महत्त्वपूर्ण उद्देश्य छात्र में वैज्ञानिक दृष्टिकोण उत्पन्न करना है जिसके परिणामस्वरूप उसका जीवन के प्रति दृष्टिकोण व्यावहारिक एवं आलोचनात्मक बन सके। वह किसी भी पूर्वाग्रह से ग्रसित न हो तथा जीवन में आने वाली प्रत्येक समस्या को व्यवस्थित ढंग से कार्य-कारण (Cause and effect) सम्बन्ध स्थापित करते हुए उसे सुलझाने का प्रयास करे अर्थात् जीवन में उसका दृष्टिकोंण प्रयोजनवादी हो जाये।

वैज्ञानिक दृष्टिकोण से अभिप्राय है—आलोचनात्मक निरीक्षण (Critical observation), मस्तिष्क की व्यापकता (Open mindedness), अन्धविश्वासों और मिथ्या विश्वासों से मुक्ति (Free from Superstitions and False Beliefs) आदि। यदि ऐसे दृष्टिकोण विद्यार्थी में एक बार विकसित हो जायें तो इससे विद्यार्थी को जीवन-पर्यन्त लाभ पहुचता है। वैज्ञानिक दृष्टिकोण का प्रभाव मनुष्य की जीवनचर्या पर भी पड़ता है। उसके दैनिक व्यवहार में वह सावधानी, वह विश्लेषण रहता है जो दूसरों के ह्दय में उसके प्रति आदर की भावना को जन्म देता है। यदि शिक्षक

के व्यक्तित्त्व में यह दृष्टिकोण स्वयं नहीं है तो वह अपने विद्यार्थियों में इस दृष्टिकोण की चिंगारी प्रज्वलित नहीं कर सकता। कहा है–'Example is better than precept.'

संक्षेप में, वैज्ञानिक दृष्टिकोण वाले व्यक्ति में निम्नलिखित विशेषतायें पाई जाती हैं–

(i) प्राकृतिक रहस्यों के प्रति कुतूहल रखना।

(ii) कार्य-कारण सम्बन्ध खोजना।

(iii) कथन के पीछे छिपी मान्यताओं के प्रति सचेत रहना।

(iv) केवल प्रत्यक्ष प्रमाण पर आधारित तथ्यों की जांच करना।

(v) ऐसी परिकल्पनाओ को भी नकार देना जो प्रत्यक्ष प्रमाणों का विषय न हों।

(vi) साक्ष्य मिलने पर अपनी धारणाओं में परिवर्तन के लिए तुरन्त तत्पर हो जाना।

(vii) वैज्ञानिक दृष्टिकोण वाला व्यक्ति संसार के व्यावहारिक कार्यों में असफल सिद्ध होता है क्योंकि वह हमेशा सत्य की खोज में ही ध्यानमग्न रहता है।

वैज्ञानिक पद्धति का उद्देश्य किसी भी घटना के बारे में वास्तविकता व सत्य की खोज करना होता है। इसके लिए एक वैज्ञानिक को सर्वप्रथम तथ्यों का संकलन करना होता है। तथ्यों के व्यवस्थित विश्लेषण के आधार पर वह सिद्धान्तों व अवधारणाओं का निर्माण करता है। तथ्य और सिद्धान्त सामाजिक शोध के दो प्रमुख आधार हैं। किन्तु किन्हीं भी सिद्धान्तों का प्रतिपादन करना एवं उन्हें समझना तभी सम्भव होता है जब हम इनसे सम्बन्धित अवधारणाओं को जान लें। अवधारणाओं से अध्ययन कार्य में बहुत सुविधा हो जाती है क्योंकि किसी भी घटना, परिस्थिति या प्रक्रिया को हम अवधारणा के माध्यम से एक या दो शब्दों में ही सरलतापूर्वक समझ सकते हैं। अवधारणाएं सिद्धान्तों के प्रतिपादन को सरल बना देती हैं। सामाजिक शोध में वस्तुनिष्ठता अथवा वैज्ञानिकता बनाए रखने के लिए तथ्य, सिद्धान्त और अवधारणाओं को सही अर्थों में जानना आवश्यक होता है। इस सन्दर्भ में **गुडे** तथा **हाट** ने कुछ ऐसी सावधानियों का उल्लेख किया है जो एक शोधकर्ता को ध्यान में रखनी चाहिए, वे हैं :

(1) एक शोधकर्ता को यह ध्यान में रखना चाहिए कि तथ्य और सिद्धान्त परस्पर विरोधी नहीं होते वरन् एक-दूसरे से सम्बन्धित होते हैं।

(2) सिद्धान्त कोई मनमाना विचार अथवा अटकलबाजी नहीं है वरन् यह पूर्णतया तथ्यों पर आधारित होता है।

(3) एक वैज्ञानिक का सम्बन्ध सिद्धान्त एवं तथ्य दोनों से घनिष्ठ रूप से होता है क्योंकि इनकी समुचित जानकारी एवं उपयोग के बिना उसका सारा अध्ययन अर्थहीन हो सकता है।

इस सन्दर्भ में हम यहां तथ्य, सिद्धान्त एवं अवधारणा की परिभाषा, विशेषताओं एवं पारस्परिक सम्बन्धों को जानने का प्रयत्न करेंगे।

तथ्य (Fact)

तथ्य की परिभाषा एवं विशेषताएं
(Definition and Characteristics of Fact)

चूंकि सामाजिक अनुसन्धान का प्रमुख उद्देश्य किसी घटना अथवा विषय से सम्बन्धित तथ्यों का संकलन करना एवं उनके विश्लेषण के आधार पार सार्थक निष्कर्ष निकालना होता है इसलिए वैज्ञानिक अध्ययन का सारा दारोमदार वास्तविक तथ्यों पर ही निर्भर होता है। प्रश्न उठता है कि तथ्य किसे कहते हैं? सामान्यत: तथ्य का अर्थ किसी भी ऐसी घटना के सन्दर्भ से है जो निश्चित और स्पष्ट होने के साथ-साथ वास्तविक रूप में घटित हुई हो तथा जिसकी वास्तविकता में किसी प्रकार की शंका न की जाती हो। विभिन्न समाज वैज्ञानिकों द्वारा तथ्यों की भिन्न-भिन्न व्याख्या के कारण ही कई बार इसका अर्थ भ्रामक हो जाता है इसलिए **श्रीमती पी. वी. यंग** ने लिखा है– "यह एक ऐसा शब्द है जिसको परिभाषित करना बहुत कठिन है।" हम यहां विभिन्न विद्वानों द्वारा दी गई तथ्य की परिभाषाओं का उल्लेख करेंगे :

अमरेकिन कॉलेज शब्दकोश में तथ्य को परिभाषित करते हुए लिखा गया है–तथ्य वह है 'जो वास्तव में घटित हुआ है।' (What has really happened)। **श्रीमती पी. वी. यंग** के अनुसार तथ्य केवल मूर्त चीजों तक ही सीमित नहीं हैं। वरन् सामाजिक विज्ञान में विचार, अनुभव तथा भावनाएं भी तथ्य हैं। वे तथ्य को परिभाषित करते हुए लिखती हैं–"तथ्यों को ऐसे भौतिक या शारीरिक, मानसिक या उद्वेगात्मक घटनाओं के रूप में देखा जाना चाहिए जिनकी निश्चितता की परीक्षा की जा सके और जिन्हें सत्य के रूप में स्वीकार किया जा सके।"

थॉमस और **जैननकी** ने लिखा है कि "तथ्य स्वयं में एक भाववाचक शब्द है।"

गुडे तथा **हाट** के अनुसार, "तथ्य एक ऐसा अनुभवसिद्ध अवलोकन है जिसकी सत्यता की परीक्षा की जा सके।"

फेयरचाइल्ड के अनुसार, "तथ्य एक ऐसी घटना है जिसके अवलोकन तथा अनुमाप के विषय में सभी के बीच बहुत अधिक सहमति पाई जाती है।"

दुर्खीम सामाजिक तथ्य को एक वस्तु के रूप में देखते हैं और इसी आधार पर उनका वैज्ञानिक अध्ययन करने पर बल देते हैं।

उपर्युक्त परिभाषाओं के आधार पर निष्कर्ष रूप में हम यह कह सकते हैं कि तथ्य एक ऐसी घटना है जो वास्तव में घटित हुई हो तथा जिसका अवलोकन करना व अनुभव करना सम्भव हो। तथ्यों की विशेषताओं व प्रकृति के आधार पर हम उन्हें और अधिक स्पष्ट रूप से समझ सकते हैं।

तथ्य की विशेषताएं

(1) **थॉमस** तथा **जैननकी** का कथन है कि एक तथ्य किसी विशेष घटना अथवा प्रक्रिया को पूर्णरूप से स्पष्ट नहीं करता बल्कि, उसके किसी पक्ष को ही स्पष्ट करने में सहायक होता है।

(2) तथ्य एक स्थिति या घटना की वास्तविकता है जिसको सभी लोग सच मान सकते हैं। अगर किसी को सन्देह है तो वह उसकी जांच (Verification) कर सकता है।

(3) तथ्यों का मानवीय अनुभवों से घनिष्ठ सम्बन्ध होता है।

(4) तथ्य सदैव मूर्त ही नहीं होते बल्कि अमूर्त भी हो सकते हैं।

(5) तथ्यों के सामाजिक स्वरूप को स्पष्ट करते हुए **दुर्खीम** लिखते हैं– "सामाजिक तथ्य व्यवहार का वह पक्ष है जिसका निरीक्षण वस्तुनिष्ठ रूप में सम्भव है और जो कि एक विशेष ढंग से व्यवहार करने को बाध्य करता है।" श्री दुर्खीम के अनुसार सामाजिक तथ्य की दो प्रमुख विशेषताएं हैं–एक तो बाह्यता और दूसरी बाध्यता।

(6) तथ्य कोई भी वह घटना है जो वास्तव में घटित हुई हो वास्तविक रूप में विद्यमान हो।

(7) तथ्य का सम्बन्ध सत्य से है यह एक ऐसी घटना है जिसे अधिकांश अध्ययनकर्ताओं द्वारा एक वास्तविकता के रूप में स्वीकार किया जा सकता है।

(8) प्रत्येक तथ्य कुछ वास्तविकताओं पर आधारित होता है।

(9) तथ्य एक ऐसी घटना है जिसे कि भाष्य की दुनिया में सच कहकर स्वीकार किया जाता है।

सामाजिक तथ्यों के अन्तर्गत हम उन सभी क्रियाओं, घटनाओं, विचारों तथा अनुभवों को सम्मिलित करते हैं जो व्यक्ति को ढंग से व्यवहार करने के लिए बाध्य करते हैं।

सिद्धान्त क्या है (What is Theory)

सिद्धान्त के अर्थ एवं प्रकृति को भली-भांति समझने की दृष्टि से यह आवश्यक है कि सर्वप्रथम यह जान लिया जाये कि सिद्धान्त क्या है। **पारसी एस. कोहन** (Percy S. Cohen) ने लिखा है कि सिद्धान्त शब्द एक खाली चैक की भांति है जिसका सम्भावित मूल्य उस चैक को काम में लेने वाले व्यक्ति पर निर्भर करता है। किसी कथन को सिद्धान्त कह देने का तात्पर्य कोहन के अनुसार उसके मूल्य को बढ़ा देना है कि वह (कथन) मात्र तथ्यों से अधिक है। यदि तथ्य सिद्धान्त के रूप में स्थापित नहीं हो पाते तो उनका कोई महत्व शेष नहीं रह जाता है। तथ्य तो घटित होने वाली विशिष्ट घटनाओं के बारे में ऐसे कथन मात्र हैं जिनके सत्य होने का विश्वास किया जाता है। सिद्धान्त विशिष्ट घटनाओं से सम्बन्धित नहीं होकर घटनाओं की सम्पूर्ण श्रेणियों याश्रृंखलाओं से सम्बन्धित होते हैं। यदि कोई यह कहता है कि उसने पेड़ से पत्ती को गिराते हुए देखा, तो वह एक तथ्य (Fact) बता रहा है। यदि कोई यह कहता हैं कि उसने पेड़ों से पत्तियों को गिरते हुए देखा तो उसने विशिष्ट घटनाओं से सम्बन्धित अनेक कथनों को एक साथ जोड़ा है जो कि एक जटिल तथ्य है। लेकिन यदि वह यह कहता है कि सभी पत्तियों के बारे में जो कुछ कर रहा है, उसने सब कुछ अवलोकित नहीं किया है। कोई भी सब पत्तियों को गिरते हुए देख भी नहीं सकता। क्योंकि गिरने वाली पत्तियां असंख्य हैं, अनन्त हैं।

कोहन ने बताया है कि यह सच है कि सभी सिद्धान्त तथ्यों से परे जाते हैं, उनसे आगे निकल जाते हैं, परन्तु सभी कथन जो तथ्यों से आगे निकल जाते हैं सिद्धान्त नहीं हैं। यह इस कारण कि तथ्यों से परे जाकर व्यक्ति अनुमान लगाता है और ऐसे अनुमान को उपकल्पना (Hypothesis) कहते हैं। इस उपकल्पना को सिद्धान्त नहीं कहा जा सकता क्योंकि यह तो मात्र विशिष्ट घटनाओं या घटनाओं के विशिष्ट संकुलों के बारे में बतलाती है। इस उपकल्पना की निरीक्षण-परीक्षण के आधार पर जांच की जाती है, प्राप्त तथ्यों का वर्गीकरण किया जाता है, फिर आवश्यक अवधारणाओं को निर्मित किया जाता है और तत्पश्चात् सम्बन्धित तथ्यों की व्याख्या की जाती है। ऐसा सब कुछ करने के बाद सम्पूर्ण घटना का आनुभविक सामान्यीकरण किया जाता है। जो इस प्रकार की सभी घटनाओं के लिए सत्य होता है यह सब कुछ करने पर ही एक सिद्धान्त का निर्माण होता है।

मर्टन (Merton) की मान्यता है कि केवल उसी दशा में, जबकि अवधारणाएं एक योजना के रूप में अन्त:सम्बन्धित हो जाती हैं, एक सिद्धान्त पनपना प्रारम्भ होता है। अवधारणा का अर्थ स्पष्ट करते हुए गिब्स (Willard Gibbs) ने लिखा

है कि अवधारणाएं वे स्वरूप हैं जिनमें परीक्षण के परिणाम व्यक्त किये जा सकते हैं। इन दोनों को मिलाने या संयुक्त करने पर हम सिद्धान्त तक पहुंच जाते हैं। अत: स्पष्ट है कि किसी परीक्षण का व्यक्त करने वाले कथनों (अवधारणाओं) के एक विशिष्ट सन्दर्भ-सरंचना में अन्त:सम्बन्धित स्वरूप को ही सिद्धान्त कहा जाता है। इस बात को अन्य शब्दों में इस प्रकार भी व्यक्त किया जा सकता है कि सिद्धान्त एक विशिष्ट सन्दर्भ-संरचना में अवधारणाओं का एक सामान्य जोड़ या परिसम्बन्ध है। स्वयं मर्टन ने लिखा है कि समाजशास्त्रीय सिद्धान्त तार्किक रूप से अन्त:सम्बन्धित ऐसे **तर्कवाक्यों के समूह** को कहते हैं जिनसे की आनुभविक या प्रयोगसिद्ध समानताओं का पता लगाया जा सकता है।

लूमिस (Loomis) ने सिद्धान्त को परिभाषित करते हुए बताया है, "तर्कसंगत ढंग से अन्त:सम्बन्धित, वे अवधारणाएं जिन्हें कि वैज्ञानिक के अवलोकनों (निरीक्षणों) द्वारा सुझाये गये तर्कवाक्यों (Propositions) में सम्मिलत किया गया हो, एक सिद्धान्त निर्मित करते हैं।" इस परिभाषा में सिद्धान्त की तीन प्रमुख विशेषताओं पर जोर दिया गया है:

(i) सिद्धान्त की कुछ अवधारणाओं का एक संयुक्तीकरण हैं;

(ii) ये अवधारणाएं तर्कसंगत ढंग से अन्त:सम्बन्धित होती हैं;

(iii) इन अवधारणाओं को वैज्ञानिक द्वारा निरीक्षण एवं सामन्यीकरण के आधार पर सुझाये गये कुछ तर्कवाक्यों में शामिल किया जाता है।

पारसन्स (Parsons) ने बताया है।, "सिद्धान्त कुछ ज्ञात तथ्यों से निकाले गये सामान्यीकरण (Generalization) से बनता है और वह इस अर्थ में कि कौन-से सामान्य कथनों को ज्ञात तथ्यों के समूह द्वारा तर्कसंगत माना जायेगा।" स्पष्ट है कि सिद्धान्त निर्माण हेतु प्रयोगसिद्ध तथ्यों से कुछ सामान्य निष्कर्ष निकाले जाते हैं और उन्हें कुछ सामान्य कथनों के माध्यम से व्यक्त किया जाता है। ज्ञात तथ्य-समूह द्वारा ही इन कथनों का औचित्य प्रमाणित किया जाता है। अत: सिद्धान्त के निर्माण हेतु प्रयोग सिद्ध तथ्यों से सामान्यीकरण किया जाता है। स्वयं पारसन्स ने बताया कि सिद्धान्त को खड़े होने के लिए किसी अनुभववादी आधार की आवश्यकता है। पारसन्स द्वारा प्रस्तुत सिद्धान्त की परिभाषा से स्पष्ट है कि सर्वप्रथम वास्तविक तथ्यों के निरीक्षण परीक्षण के आधार पर कुछ अवधारणाए विकसित की जाती हैं, तत्पश्चात् उन अवधारणाओं को तर्कपूर्ण ढंग से संयुक्त किया जाता है, फिर भी सम्पूर्ण घटना के सम्बन्ध में सामान्यीकरण किया जाता है। इसी सामान्यीकरण के आधार पर एक सिद्धान्त निर्मित किया जाता है।

टिमाशेफ (Timasheff) ने बताया है कि "एक सिद्धान्त कुछ ऐसे तर्कवाक्यों (Propositions) का एक समूह है जो आदर्श रूप में निम्नलिखिति शर्तों को पूरा करते हैं:

प्रथम, तर्कवाकयों को निश्चित परिभषित अवधारणाओं के रूप में प्रस्तुत किया गया हो;

द्वितीय, तर्कवाक्य पारस्पर एक-दूसरे के साथ सामंजस्यपूर्ण हों;

तृतीय, तर्कताक्य ऐसे हों ताकि उनसे मौजूदा सामान्यीकरण निगमनात्मक तौर पर (Deductively) निकाले जा सकें;

चतुर्थ, तर्कवाक्य निश्चित रूप से फलदायक हों अर्थात् वे आगे के अवलोकनों एवं सामान्यीकरणों को मार्ग दिखाने वाले हों ताकि ज्ञान का क्षेत्र आगे बढ़े।"

टिमाशेफ की उपर्युक्त परिभाषा से स्पष्ट है कि सिद्धान्त कुछ सुसंगत तर्कवाक्यों का अन्तःसम्बन्धित समूह हैं, और ये तर्कवाक्य निश्चित अवधारणाओं के रूप में व्यक्त किये जाते हैं, इसे मौजूदा सामान्यीकरण निकाले जाते हैं और ये आगे के अवलोकनों एवं सामान्यीकरणों का मार्ग दिखाते हैं।

यहां हमें यह ध्यान में रखना है कि सिद्धान्त अवलोकनों एवं सामान्यीकारणों से केवल कठोर आगमन (Induction) के माध्यम से निर्मित नहीं किये जा सकते। सिद्धान्त का निर्माण एक रचनात्मक उपलब्धि है, और क्षेत्र में कार्य कर रहे सभी विद्वान सिद्धान्त निर्मित करने में सफल हो जायें, यह आवश्यक भी नहीं है। निर्मित किये गये प्रत्येक सिद्धान्त का सत्यापन (Verification) भी आवश्यक है। प्रारम्भिक रूप से सिद्धान्त को सत्यापित मान लिया जाता है यदि कोई भी ज्ञात तथ्य या सामान्यीकरण उसको खण्डित करता हुआ मालूम नहीं पड़ता। यदि कोई खण्डन या अंसगति हो, तो अन्तरिम या कामचलाऊ सिद्धान्त को या तो रद्द कर दिया जाता है अथवा उसे संशोधित कर दिया जाता है। आनुभाविक क्षेत्र में कोई भी सिद्धान्त अन्तिम नहीं होता है। अनुभाविक क्षेत्र में कोई भी सिद्धान्त अन्तिम नहीं होता है। परिस्थितियों के बदलने एवं नये तथ्यों के प्राप्त होने पर सिद्धान्त परिवर्तित करना और नया सिद्धान्त निर्मित करना आवश्यक हो जाता है।

सिद्धान्त की कुछ प्रमुख विशेषताएं (Characteristics) इस प्रकार है :

(1) सिद्धान्त परीक्षण योग्य होने चाहिए। व्यावहारिक जीवन में परीक्षण के बाद खरा उतरने पर ही सिद्धान्त, सिद्धान्त का दर्जा प्राप्त करता है।

(2) सिद्धान्त कामचलाऊ (Provisional) होते हैं। कोई भी सिद्धान्त सनातन नहीं होता, उसमें परिवर्तन होता रहता है। सिद्धान्त का निर्माण तथ्यों और

अवधारणाओं से होता है। जब इनमें परिवर्तन आता है तो सिद्धान्त भी परिवर्तित होते हैं।

(3) एक सिद्धान्त एक व्यवस्थित प्रतीकात्मक रचना है। इसमें तथ्य की अनिवार्यता सम्मिलित नहीं है। सिद्धान्त-निर्माण एक रचनात्मक उपलब्धि है तथा इसमें प्रमाण से परे गुणात्मक छलांग सम्मिलित है।

(4) एक सिद्धान्त ठीक से परिभाषित अवधारणाओं तथा तार्किक रूप से अन्त:सम्बन्धित तर्कवाक्यों (Interconnected propositions) द्वारा निर्मित होता है।

(5) एक सिद्धान्त अपनी प्रकृति से ही कामचलाऊ या अन्तरिम (Provisional) होता है। वह संशोधन की दृष्टि से सदैव खुला है और यह संशोधन नवीन अन्तर्दृष्टि तथा प्रमाणों पर निर्भर करता है। समाजशास्त्रीय सिद्धान्त के लिए न तो यह सम्भव है और न ही उचित है कि वह अन्तिम प्रतिपादन (Formulation) हो।

(6) सिद्धान्त प्रारम्भिक तरीके से जांच-योग्य है, अर्थात् वह ज्ञात तथ्यों तथा उपलब्ध प्रमाणों के समूह के अनुरूप होता है।

(7) सिद्धान्त सार्वभौमिक भी हो सकते है और नहीं भी। जो सिद्धान्त सार्वभौमिक होते हैं, वे सामान्यत: सभी स्थानों पर लागू होते हैं।

(8) सिद्धान्त ऐसा व्यवस्थित प्रतिपादन (सूत्रीकारण–Formulation) है जिसके अन्तर्गत मानवतावादी परम्परा–Humanistic Tradition (मीमांसात्मक, रचनात्मक, आदि) की आवश्यकतओं का वैज्ञानिक परम्परा–Scientific Tradition [माप, कठोर आगमन (Induction), भविष्यवाणी की शक्ति, आदि] की मांगों से सामंजस्य बैठाया जाता है।

(9) सिद्धान्त समय-सापेक्ष होते हैं। इसका तात्पर्य यह है कि कोई सिद्धान्त सामान्यत: सदैव के लिए प्रभावशाली नहीं होता। 20 वर्ष पूर्व बना कोई सिद्धान्त परिस्थितिों के बदल जाने या नवीन तथ्यों के प्राप्त होने पर अपनी उपयोगिता या प्रभाव खो सकता है। ऐसी स्थिति में उसको परिवर्तित करने की आवश्यकता रहती है।

(10) सिद्धान्त स्वयं में अमूर्त होते हैं। अनुसन्धानकर्ता जाति, विवाह, नातेदारी, धर्म, परिवार, नगर, गांव, व्यवसाय, आदि अनेक सामाजिक-सांस्कृतिक प्रसंगों को देखता है। इन प्रसंगों के साथ व्यक्तियों, स्थानों, आदि का जो उल्लेख होता है, उससे परे या मुक्त होकर अमूर्तिकरण किया जाता है, यही सिद्धान्त है।

(11) सिद्धान्त इस प्रकार के हों कि उन्हें आनुभविक स्तर पर गलत सिद्ध किया जा सके। कुछ लोग मानते हैं कि एक बार जब सिद्धान्त निर्मित हो जाता है तो वह सदैव सत्य होता है, वह कभी गलत नहीं होता। किन्तु यह विचार त्रुटिपूर्ण है। आनुभविक परीक्षण के आधार पर उसे गलत भी सिद्ध किया जा सकता है। सिद्धान्त में संशोधन, परिमार्जन एवं परिवर्तन सम्भव है। परमाणु सिद्धान्त में पहले पमाणु को अविभाज्य माना गया बाद में इसे विभाज्य माना गया।

(12) कई समाजशास्त्रीय सिद्धान्त समाज की प्रकृति या आवश्यकताओं को ध्यान में रख कर बनाये जाते हैं। अत: यह आवश्यक नहीं है कि सभी देशों के सिद्धान्त समान हों। कुछ सिद्धान्त अवश्य ऐसे हो सकते हैं जो सभी समाजों में लागू हों जैसे दुर्खीम का आत्महत्या का सिद्धान्त (Durkheim's Theory of Suicide)।

(13) सभी सिद्धान्त भविष्यवाणी करने योग्य नहीं होते। जिन सिद्धान्तों के माध्यम से भविष्यवाणी की जाती है, वह (भविष्यवाणी) सही सिद्ध हो, यह आवश्यक नहीं है।

(14) सभी सिद्धान्त व्यावहारिक दृष्टि से उपयोगी नहीं होते। कुछ सिद्धान्तों का निर्माण तो ज्ञान-कोष की वृद्धि की दृष्टि से किया जाता है जबकि कई सिद्धान्त सामाजिक समस्याओं के समाधान हेतु निर्मित किये जाते हैं।

(15) सिद्धान्त में आनुभविकाता होनी चाहिए।

(16) सिद्धान्त में प्रयुक्त अवधारणाओं में तार्किक सम्बन्ध पाया जाता है। ऐसा न होने पर वे केवल कथन मात्र रह जाएंगे।

वर्तमान आवश्यकता इस बात की है कि समाजशास्त्रीय सिद्धान्तों को वैज्ञानिक विधियों के अनुरूप सत्य प्रमाणित होना है। इसके साथ ही वर्तमान समय की गम्भीर समस्याओं जैसे, सामाजिक तनाव, कुंठा, हिंसा, छात्र असन्तोष, अलगाव, सामाजिक तनाव, कुंठा, हिंसा, छात्र असन्तोष, अलगाव, सामाजिक व्यवहार के प्रेरक कारकों तथा राष्ट्रीय एवं अन्तर्राष्ट्रीय परिस्थितियों को ध्यान में रखकर समाजशास्त्रीय सिद्धान्तों का निर्माण समय की मांग है।

सिद्धान्तों के प्रकार (वर्गीकरण)
(Types of Theories (Classification)

समाजशास्त्र में जिन सिद्धान्तों का विकास हुआ है, वे सभी पूर्णत: समान या समरूप नहीं माने जा सकते। कुछ सिद्धान्तों में परिशुद्धता की मात्रा अन्य की तुलना में अधिक होती है। कुछ सिद्धान्त काफी शुद्ध होते हैं जबकि कुछ अन्य परीक्षण-योग्य।

तात्पर्य यह है कि सभी सिद्धान्तों की प्रकृति एक जैसी नहीं होती। सिद्धान्तों की प्रकृति एवं प्रवृत्ति को ध्यान में रखकर **परसी एस. कोहन** ने सिद्धान्तों के चार प्रकार बताये है :

(1) **विश्लेषणात्मक सिद्धान्त** (Analytic Therories) : इस प्रकार के सिद्धान्त एसे कई स्वयंसिद्ध कथनों (Axiomatic Statements) से बनते हैं जो परिभाषा की दृष्टि से सत्य होते हैं तथा जिनसे अन्य कथन निकाले जाते हैं। ये सिद्धान्त वास्तविक संसार के बारे में शायद ही कुछ बताते हैं। इस प्रकार के सिद्धान्त तर्कशास्त्र एवं गणित में पाये जाते हैं।

(2) **आदर्शात्मक** (Normative Theories) इस प्रकार के सिद्धान्त ऐसी आदर्श स्थितियों के समूह को विस्तृत करते हैं जिनकी हम आकांक्षा (Aesthetics) में पाये जाते हैं। ये सिद्धान्त गैर-आदर्शात्मक प्रकृति के सिद्धान्तों के साथ अक्सर जुड़ जाते हैं और तब इनसे वैचारिकीयों (Ideologies) तथा कलात्मक सिद्धान्तों (Artistic Priniples) का निर्माण होता है।

(3) **वैज्ञानिक सिद्धान्त** (Scientific Theories) : एक वैज्ञानिक सिद्धान्त आदर्श रूप में एक सर्वव्यापी एवं आनुभविक कथन होता है जो दो या अधिक प्रकार की घटनाओं के बीच कारणात्मक सम्बन्ध पर जोर देता है। सरलम रूप में यह कहा जा सकता है कि जब 'अ' नामक घटना घटित होती है, तब 'ब' नामक घटना भी घटित होगी। वैज्ञानिक सिद्धान्त की प्रमुख विशेषताएं इस प्रकार हैं:

प्रथम, वैज्ञानिक सिद्धान्त सार्वभौमिक (Universal) होता है क्योंकि वह ऐसी दशाओं के बारे में बतलाता है जिनमें कोई घटना या घटना का कोई प्रकार घटित होता है।

द्वितीय, वैज्ञानिक सिद्धान्त आनुभविक (Empirical) या प्रयोगसिद्ध होता है। इसका यह तात्पर्य नही है कि वैज्ञानिक सिद्धान्त केवल आनुभविक अवलोकनों की ही उपज (Product) है। आनुभविक अवलोकन कुछ विशिष्ट घटनाओं से सम्बन्धित होते हैं जबकि सिद्धान्त सार्वभौमिक रूप से लागू होते हैं। अत: सिद्धान्त केवल कुछ घटनाओं के बारे में कथन मात्र नहीं हो सकते। वैज्ञानिक सिद्धान्त इस अर्थ में आनुभाविक होते हैं कि उनसे ऐसे कथनों को निकाला जा सकता है जो विशिष्ट घटनाओं के बारे में है और जिनकी जांच अवलोकन द्वारा की जा सकती है।

एक सिद्धान्त को आनुभविक तभी माना जाता है यदि उसका परीक्षण किया जा सके। सिद्धान्त के परीक्षण योग्य होने क लिए आवश्यक है कि उसने

ऐसे कथन निकाले जा सकें। जिनकी सत्यता की जांच अवलोकनों द्वारा की जरा सके। यदि वे कथन अवलोकनों के अनुरूप नहीं है अर्थात् उनके विपरीत हैं तो ऐसी दशा में सिद्धान्त को परिवर्तन अथवा रद्द कर दिया जाता है। **के. आर. पोपर** (K. R. Popper) ने ठीक ही कहा है कि "एक सिद्धान्त आनुभविक है यदि यह सिद्धान्त रूप में, आनुभविक अवलोकन द्वारा खण्डित किया जा सके।"

तृतीय, एक वैज्ञानिक सिद्धान्त कारणात्मक (Causal) होना चाहिए। इसका तात्पर्य यह है कि वैज्ञानिक सिद्धान्त को यह स्पष्ट: बताना चाहिए कि घटना के कुछ प्रकारों के घटित होने के लिए कुछ दशाएं पर्याप्त हैं, या कि इसके लिए कुछ दशाएं अनिवार्य हैं। वैज्ञानिक सिद्धान्त की इस कारणात्मक विशेषता के सम्बन्ध में विद्वानों में मत-भिन्नता है:

(i) कुछ विद्वानों का कहना है कि सभी वैज्ञानिक सिद्धान्तों का कारणात्मक स्वरूप होता है;

(ii) अन्य का कहना है कि वैज्ञानिक सिद्धान्तों का कोई कारणात्मक स्वरूप नहीं होता;

(iii) कुछ का मानना है कि सभी वैज्ञानिक सिद्धान्तों का कारणात्मक स्वरूप होता है क्योंकि विज्ञान इस बात की विशेषत: व्याख्या करता है कि घटनाएं क्यों कैसे घटित होती हैं।

(4) **तात्विक सिद्धान्त** (Metaphysical Theories) : तात्विक सिद्धान्तों की मुख्य विशेषता यह है कि ये वस्तुत: परीक्षण-योग्य नहीं होते, यद्यपि, उनका मूल्यांकन किया जा सकता है। कुछ तात्विक सिद्धान्तों का विज्ञान से कुछ भी लेना-देना या मतलब नहीं होता जबकि कुछ अन्य स्पष्टत: विज्ञान के अंग होते हैं। तात्विक सिद्धान्त ऐसी उपयोगी मान्यताएं निर्मित करते हैं जो सुझावात्मक भूमिका अदा करती हैं। इससे वैज्ञानिक सिद्धान्तों के विकास में सहायता मिलती है। ऐसे तात्विक सिद्धान्तों में 'प्राकृतिक प्रवरण का सिद्धान्त (Theory of Natural Selection) प्रमुख हैं।

सिद्धातों के प्रकार्य (महत्व)
(Functions of Importance of Theories)

सिद्धान्तों के प्रकार्य (Functions) निम्नलिखित हैं :

(1) **सिद्धान्त सामग्री को तथा उनके संबंधों को सुविधाजनक अवधारणत्मक-योजना में व्यवस्थित करता है** (Theory systematizes

matters and their relationships into convenient conceptual scheme) : सिद्धान्त अवलोकित नियमितताओं तथा सामाजिक समानताओं की व्याख्या ही नहीं करता, बल्कि, वह नियमों को भी सरल बनाता है और तथ्यों के ढेर को व्यवस्थित करता है। अन्य शब्दों में सिद्धान्त चरों (Variables) के बीच संबधों को एक अवधारणात्मक सन्दर्भ-ढांचे (Conceptual framework) में प्रस्तुत करता है।

(2) **सिद्धान्त हमारे ज्ञान में अन्तरालों (खाली जगह–Gaps) को बताता है और उन्हें भरने की दृष्टि से विस्तृत सामान्यीकरण प्रस्तुत करता है** ('Theory points to gaps in our knowledge and seeks to fill them with extensional generalizations') अब्राहम कापलैन (Abraham Kaplan) ने लिखा है, "महत्वपूर्ण क्या है कि नियम प्रचारित करते हैं जब वे एक सिद्धान्त में संयुक्त हो जाते है: सिद्धान्त घटक, धाय तथा धर्मपिता एक में सब कुछ समाहित करता है। सिद्धान्त की इस सेवा को 'सिद्धान्त का स्वत: शोध प्रकार्य (Heuristic function of theory) के रूप में जाना जाता है।"

(3) **सिद्धान्त विशिष्ट आनुभविक निष्कर्षों तथा सामान्य समाजशास्त्रीय उन्मुखताओं के बीच एक संबंध स्थापित करता है और ऐसा करके शोध की अर्थपूर्णता (उपयोगिता) को बढ़ाता है** (Theory establishes a linkage between specific emirical findings and general sociological orientations, thus, enhancing the meaningfulness of research) : एकाकी अध्ययनों के असम्बन्धित निष्कर्ष उस समय नवीन अर्थ ग्रहण कर लेते हैं जब उन्हें सही समाजशास्त्रीय परिप्रेक्ष्य में रखा जाता है। सिद्धान्त विशिष्ट आनुभविक सामान्यीकरणों तथा वृहद् समाजशास्त्रीय उन्मुखताओं (Orientaions) के बीच मध्यस्थ के रूप में काम करता है।

(4) **सिद्धान्त सम्भावित समस्याओं की ओर इंगित करते हैं तथा नवीन अन्वेषणात्मक अध्ययन सुझाते हैं** (Theory suggests potential problems and produces new investigative studies) : फ्रान्सिस अब्राहम (Francis Abraham) ने ठीक ही कहा है कि एक फलदायक सिद्धान्त उपकल्पनाओं का भण्डार है तथा समाजशास्त्रीय अन्वेषण की प्रक्रिया के लिए प्रेरणा का निरन्तर स्रोत है बहुत से आनुभविक अन्वेषणों से सिद्धान्त निर्माण (Throry-building) में सहायता मिलती है।

(5) **सिद्धान्त तथ्यों की भविष्यवाणी करते हैं** (Theory paredicts facts) अन्तदृष्टि संबंधी ज्ञान, ऐतिहासिक विश्लेषण तथा सामाजिक समानताओं के अवलोकन पर आधारित एक सैद्धान्तिक व्यवस्था भविष्यवाणी के लिए आधार प्रदान करती है। प्रवृत्ति-कथन (Tendency-statements) शोध की उपयोगिता को और अधिक बढ़ा देते हैं क्योंकि इनसे अन्वेषण की दिशा में आगे बढ़ने में मदद मिलती है।

(6) **अर्थ प्रदान करने में, सिद्धान्त सत्य को प्रमाणित करता है** (In providing meaning, the theory also attests to truth) उपकल्पना की जांच उसे सिद्धान्त में ठीक बैठाने से भी उसी रूप में होती है जिस रूप में उसे तथ्यों मं ठीक से बैठाने में होती है। इसी प्रकार सिद्धान्त न केवल स्थापित नियमों द्वारा समर्थित होता है बल्कि, उनकी स्थापना में भी महत्वपूर्ण भूमिका निभाता है।

(7) **सिद्धान्त शोध का मार्गदर्शन करता है तथा अध्ययन किये जाने वाले तथ्यों के क्षेत्र को सीमित कर देता है** (Theory giudes research and narrows down the range of facts of be studied) : सिद्धान्त उपकल्पनाएं प्रदान करता है, अन्वेषण को दिशा देता है तथा शोधनकर्ता की कुछ चरों (Variables) की ओर ध्यान देने में मदद करता है।

प्रत्येक सिद्धान्त के वैज्ञानिक नियम होते हैं, इन नियमों से ही उपकल्पनाएं बनायी जाती हैं। प्रत्येक सिद्धान्त उपकल्पनाओं के निर्माण में सहायक होता है। इसे हम उदाहरण द्वारा प्रकट कर सकते हैं। दुर्खीम ने सामाजिक दृढ़ता के सिद्धान्त का प्रतिपादन करते हुए कहा कि समाज में सावयवी और यान्त्रिक दो प्रकार की दृढ़ताएं पायी जाती है। सावयी दृढ़ता का उदाहरण आधुनिक नगरीय एवं औद्योगिक समाज हैं जबकि यान्त्रिक दृढ़ता आदिम एवं ग्रामीण समाजों में पायी जाती है उसमें आत्महत्याएं कम होती हैं। इसी आधार पर यह निष्कर्ष निकाला कि नगरीय समाजों की तुलना में ग्रामीण एवं आदिम समाजों में आत्महत्याएं कत पायी जाती हैं क्योंकि ये समाज नगरीय समाजों क़ी तुलना में अधिक सुदृढ़ हैं।

(8) **सिद्धान्त अवधारणाओं के विश्लेषण में सहायक होते हैं** (Therories are helpful in analysing concepts) : उदाहरण के लिए, मर्टन ने प्रकार्य की अवधारणा में इकाई द्वारा सम्पूर्ण को दिया जाने वाले योगदान को प्रकार्य माना है। इससे पूर्व प्रकार्य का प्रयोग कई अर्थों में किया जाता रहा है। इससे पूर्व प्रकार्य का प्रयोग कई अर्थों में किया जाता रहा है, जैसे, उत्सव,

समारोह, व्यवसाय, कर्ता तथा गणितीय अर्थ में चरों की पारस्परिक निर्भरता आदि। मर्टन ने प्रकार्य के इन परम्परागत अर्थों को प्रकार्य के सिद्धान्त में नहीं रखा। इस प्रकार से सिद्धान्त अवधारणाओं को स्पष्ट करते हैं।

(9) **सिद्धान्त अन्वेषण या जांच के यन्त्र के रूप में काम करते हैं** (Theories serve as tools of inquiry) : वे शोध-प्रारूप (Research design) के प्रतिपादन में, प्रयोग करने में एवं तथ्यों के मापन तथा परिणाम निर्धारित करने में मदद करते हैं। यह सिद्धान्त का साधन के रूप में प्रयुक्त होने संबंधी प्रकार्य है।

(10) **सिद्धान्त के आधार पर मॉडल बनाए जाते हैं** (Models are constructe on the basis of theroy) : समाजशास्त्र में सिद्धान्त को आधार मानकर उसके मौलिक तत्वों के आधार पर मॉडल बनाए जाते हैं और मॉडल को वास्तविक जीवन के अध्ययन पर लागू किया जाता है। मर्टन में प्रकार्यवादी सिद्धान्त के आधार पर प्रकार्यात्मक मॉडल बनाया जिसमें ग्यारह मद (Items) रखे गए। कई विद्वान मॉडल एवं सिद्धान्त में कोई वास्तविकता नहीं हाते वरन् वास्तविकता के सदृश होते हैं, ये वास्तविकता की अनुकृति मात्र होते हैं।

सारांश के रूप में हम कह सकते हैं किस एक सिद्धान्त का मूल्यांकन इस रूप में नहीं किया जाता कि वह उर्वरक (उत्पादक–Productive) है या इस रूप में वह क्या उत्तर देता है। वास्तव में एक सिद्धान्त का मूल्य या उपयोगिता उन अनेक प्रश्नों में है जो वह उठाता है। एक उर्वरक सिद्धान्त सम्भावित समस्याएं सुझाता है, लाभदायक उपकल्पनाएं उत्पन्न करता है, नवीन परिप्रेक्ष्य प्रस्तुत करता है तथा समाजशास्त्रीय अन्वेषण का मार्गदर्शन करता है। स्पष्ट है कि सिद्धान्त अपने आप में साध्य (Ends) हैं, और साथ ही अन्य साध्यों की दृष्टि से साधन (means) भी हैं।

तथ्य एवं सिद्धान्त में सम्बन्ध (Relation Between and Theory)

तथ्य एवं सिद्धान्त की अवधारणा को समझने से स्पष्ट होता है कि इन दोनों के बीच घनिष्ठ सम्बन्ध है। सिद्धान्त निर्माण में तथ्यों की भूमिका तथा तथ्यों की उपयोगिता को बनाए रखने में सिद्धान्त की भूमिका को स्पष्ट करने से ही तथ्य व सिद्धान्त के पारस्परिक सम्बन्ध को समझा जा सकता है।

सिद्धान्त निर्माण में तथ्यों की भूमिका

सिद्धान्तों का निर्माण तथ्यों के आधार पर ही होता है। उपयोगी तथा प्रामाणिक तथ्यों के अभाव में सिद्धान्त निर्माण की कल्पना भी नहीं की जा सकती। विभिन्न

समाजशास्त्री स्वीकार करते हैं कि तथ्य ही सिद्धान्त के प्राण और रक्त हैं। **गुडे** एवं **हाट** ने सिद्धान्त निर्माण के क्षेत्र में तथ्यों की तीन महत्वपूर्ण भूमिकाओं का उल्लेख किया है। जिसके आधार पर सिद्धान्त से इनके सम्बन्ध को समझा जा सकता है:

(1) **सिद्धान्तों को पुन: परिभाषित करने तथा उन्हें स्पष्ट करने में भी तथ्यों की एक महत्वपूर्ण भूमिका है।** उदाहरण के लिए, कुछ समय पहले तक ही यह सिद्धान्त मान्य था कि 'बाल अपराध का प्रमुख कारण टूटे हुए परिवार हैं।' अनेक शोध कार्यों द्वारा ऐसे तथ्य प्रकाश में आए जिनसे इस सिद्धान्त की प्रामाणिकता संदिग्ध हो गई। ऐसी स्थिति में स्पष्ट करना आवश्यक हो गया कि टूटे परिवार से हमारा क्या तात्पर्य है, किन दशाओं में टूटे परिवार बाल अपराध को प्रोत्साहन देते हैं। स्पष्ट है तथ्य ही वह आधार है जो नई परिकल्पनाओं के निर्माण में सहायक होते हैं तथा अध्ययन को एक अपयोगी दिशा प्रदान करते हैं

(2) **तथ्य सिद्धान्त के निर्माण में सहायक होते हैं।** इस सन्दर्भ में मर्टन (Merton) ने लिखा है "एक स्वस्थ सिद्धान्त का निर्माण तथ्यों के उत्तम भोजन से ही होता है।" मानव के इर्द-गिर्द घटनाएं घटित होती रहती हैं और मानव इन घटनाओं का नियोजित अथवा अनियोजित रूप से अवलोकन करता रहता है। ऐसे अवलोकन से कई बार ऐसे तथ्य प्राप्त हो जाते हैं जिनके आधार पर सिद्धान्त निर्माण करना सम्भव हो जाता है। इस दशा को हम आविष्कार (Discovery) कहते हैं। मर्टन के अनुसार सिद्धान्त निर्माण का सम्बन्ध उन तथ्यों से है जो अवलोकन कर्ता की जिज्ञासु प्रवृत्ति के फलस्वरूप प्राप्त होते हैं। कोई तथ्य जब सिद्धान्त की पुष्टि करने के लिए एकत्रित किए जाते हैं। तब सामान्यत: वे सिद्धान्त निर्माण में अधिक सहायक होते हैं। **गुडे** एवं **हाट** लिखते हैं कि "तथ्य किसी सिद्धान्त का सूत्रपात तभी कर सकता है जब अध्ययनकर्ता तथ्य और सिद्धान्त के पारस्परिक प्रभाव के बारे में जागरूक हो।"

(3) **तथ्य विद्यमान सिद्धान्त को अस्वीकार करने अथवा उनका पुन: प्रतिपादन करने का आधार है।** सामाजिक शोध निरन्तर चलने वाली प्रक्रिया है और शोध के दौरान नये तथ्य सामने आते हैं। ऐसी स्थिति में आवश्यक है कि नए तथ्यों के सम्बन्ध में सिद्धान्त को भी नया रूप दिया जाए। उदाहरण के लिए, कार्ल मार्क्स का "सामाजिक परिवर्तन का सिद्धान्त" मार्क्स से पहले कई समाजशास्त्रियों ने यह सिद्धान्त प्रतिपादित किया, किन्तु मार्क्स ने नवीन तथ्यों के आधार पर सामाजिक परिवर्तन

प्रक्रिया को एक नया रूप दिया। जो पहले के सभी सिद्धान्तों से भिन्न था। इसी प्रकार दुर्खीम ने "आत्महत्या के सिद्धान्त" को नवीन तथ्यों के आधार पर प्रतिपादित किया। स्पष्ट है कि सिद्धान्तों का परिषकर करने में भी तथ्यों की भूमिका महत्वपूर्ण है।

तथ्यों के लिए सिद्धान्तों की भूमिका

तथ्य सिद्धान्तों से प्रभावित होते हैं। सिद्धान्तों के अभाव में तथ्य निरर्थक है। **गुडे** एवं **हाट** ने सिद्धान्त की पांच महत्वपूर्ण भूमिकाओं को स्पष्ट करके तथ्य एवं सिद्धान्त की पारस्परिक निर्भरता को स्पष्ट किया है:

(1) **सिद्धान्त की सहायता से ही ज्ञान के नवीन क्षेत्र की जानकारी प्राप्त की जा सकती है**। **गुडे** तथा **हाट** ने लिखा है कि अपराधी व्यवहार तथा अपराध के कारणों को लेकर पहले जो सिद्धान्त विकसित हुए थे वे मुख्यत: निम्न वर्ग से प्राप्त होने वाले तथ्यों पर ही आधारित थे। इन सिद्धान्तों ने यह दिशा भी दी कि मध्यम वर्ग तथा उच्च वर्गों से प्राप्त होने वाले तथ्य भी नए सिद्धान्त प्रतिपादित करने में सहायक हो सकते हैं। इस आधार पर सदरलैण्ड ने श्वेतसन अपराध के सिद्धान्त को प्रस्तुत किया।

(2) **तथ्यों का संक्षिप्तीकरण करने के क्षेत्र में भी** सिद्धान्तों की प्रमुख भूमिका होती है। संक्षिप्तीकरण करते समय कुछ महत्वपूर्ण तथ्यों के छूट जाने का भय रहता है ऐसी स्थिति में सिद्धान्त एक ऐसा आधार प्रदान करता है जिसके द्वारा तथ्यों को व्यवस्थित और संक्षिप्त रूप दिया जाता है। सिद्धान्त अध्ययनकर्ता की सम्पूर्ण चिन्तन-व्यवस्था को प्रभावित करता है।

(3) **सिद्धान्त ही तथ्यों के विस्तार की सीमा सुनिश्चित करता है:** सिद्धान्त की मुख्य भूमिका यह है कि वह अध्ययन किए जाने वाले तथ्यों की स्थिति का निर्धारण करता है। सिद्धान्त ही यह हैं कि अध्ययनकर्ता को किन-किन तथ्यों पर अपना ध्यान केन्द्रित करना है तथा किस विधि से कुछ विशेष तथ्यों का समुचित अध्ययन किया जा सकता है। सिद्धान्त की सहायता से कम समय व कम धन द्वारा विश्वसनीय सामग्री प्राप्त हो जाती है।

(4) **सिद्धान्त कर दूसरा कार्य तथ्यों का वर्गीकरण करने तथा उनके आधार पर नवीन अवधारणाओं को विकसित करने के लिए** एक दृढ़ आधार प्रदान करना है। अध्ययन के अन्तर्गत शोधकर्ता को यदि पहले से ही किसी सिद्धान्त और उससे सम्बन्धित अवधारणाओं का ज्ञान नहीं होता तो तथ्यों के सामने आ जाने पर वह उनका समुचित वर्गीकरण तथ विश्लेषण नहीं कर पाता।

(5) **सिद्धान्त तथ्यों के बारे में भविष्यवाणी करने में भी सहायक होते हैं।** जब सिद्धान्तों का निर्माण अतीत के अनेक अनुभवों के आधार पर किया जाता है तो उनकी सहायता से भविष्य में प्राप्त होने वाले तथ्यों की प्रकृति को समझना भी सरल हो जाता है। अध्ययन के दौरान नवीन तथ्य सामने आते रहते हैं, उनका वास्तविक बोध तब तक सम्भव नहीं हो सकता जब तक किसी स्थापित सिद्धान्त के सन्दर्भ में उनका मूल्यांकन न किया जाए।

अवधारणा (Concept)

प्रत्येक विज्ञान में कुछ अवधारणाएं अवश्य होती हैं, इन अवधारणाओं के माध्यम से अनुसन्धान में निकाले गए निष्कर्षों को प्रकट किया जाता है। एक अनुसन्धानकर्ता विभिन्न तथ्यों के बीच अन्त:सम्बन्धों का अध्ययन करता है अथवा किसी घटना या व्यवहार के प्रतिमान को वह एक या दो शब्दों की सहायता से दर्शाने का प्रयत्न करता है। तथ्यों का यह वर्ग ही अवधारणा के नाम से जाना जाता है। **सेल्टिज** एवं **अन्य** ने लिखा है कि अवधारणा अवलोकित घटनाओं की सहायता से उपकल्पनाओं का अवलोकन एवं सिद्धान्तों का निर्माण किया जा सकता है। प्राकृतिक विज्ञानों की अवधारणाएं सामाजिक विज्ञानों की तुलना में अधिक स्पष्ट हैं। सामाजिक विज्ञानों में प्रयुक्त अवधारणाएं अधिकांशत: हमारी बोलचाल की प्रचलित भाषा से ग्रहण की गई हैं अत: यह आवश्यक है कि हम इनके अर्थ और विशेषताओं को स्पष्ट रूप से परिभाषित करें, व्याख्या करें। इसी सन्दर्भ में हम यहां अवधारणा की परिभाषा पर विचार करेंगे।

अवधारणा की परिभाषा (Definition of Concept)

विभिन्न विद्वानों ने अवधारणा को निम्नांकित प्रकारों से परिभाषित किया है:

मैक्लीलैण्ड के अनुसार, "एक अवधारणा, विभिन्न प्रकारों के तथ्यों का लघु प्रतिनिधित्व है। इसका उद्देश्य उनेक घटनाओं को एक सामान्य शीर्षक के अन्तर्गत सम्मिलित करके सोच की प्रक्रिया को सरल बनाना है।"

गुडे एवं **हाट के** अनुसार, "अवधारणाएं एक अमूर्त सार है जो यथार्थता के किसी विशेष पक्ष का प्रतिनिधित्व करता है।"

पी. वी. यंग के अनुसार, "तथ्यों के प्रत्येक नए वर्ग को जिसे कि अन्य वर्गों से कुछ निश्चित विशेषताओं के आधार पर पृथक् कर लिया गया हो, को एक नाम या एक लेबल दे दिया जाता है, संक्षेप में हम उसे अवधारणा कहते हैं। वास्तव में एक अवधारणा तथ्यों के एक वर्ग या समूह की एक संक्षिप्त परिभाषा है।"

फेयर चाइल्ड के अनुसार अवधारणाएं वे विशिष्ट मौखिक संकेत है जो कि एक वैज्ञानिक निरीक्षण एवं चिन्तन के आधार पर निकाले गए सामान्यकृत विचारों को स्पष्ट करने के लिए प्रयुक्त किए जाते हैं।"

नेचमियास एवं **नेचमियास** के अनुसार, "एक अवधारणा एक अमूर्त संकेत है जो एक वस्तु, वस्तु के गुणों अथवा एक निश्चित घटना का प्रतिनिधित्व करती है।"

शैरेग क्लेरेन्स के अनुसार, "अवधारणाएं वे शब्द अथवा संकेत हैं जो किसी सिद्धान्त को एक शब्दावली प्रदान करते हैं तथा उसकी विषय-वस्तु का बोध कराते हैं।"

उपर्युक्त परिभाषाओं के आधार पर हम कह सकते हैं कि एक अवधारणा किसी वस्तु, प्रघटना अथवा तथ्य के बारे में किया गया अमूर्त निरीक्षण है। दसूरे शब्दों में जब हम अनेक विशेषताओं को एक शब्द द्वारा व्यक्त करते हैं तो वह शब्द अवधारणा कहलाता है। उदाहरण के लिए, 'जाति' एक अवधारणा है जिसके अन्तर्गत अनेक अवधारणाएं समाहित हैं; जैसे ये वंशानुगत हैं, इसकी सदस्यता जन्मजात है, एक जाति के सदस्य अपनी ही जाति में विवाह करते हैं, प्रत्येक जाति का परम्परागत व्यवसाय होता है, खान-पान के नियम होते हैं तथा जाति में उच्चता एवं निम्नता का सोपान पाया जाता है आदि। जब एक समाजशास्त्री दूसरे समाजशास्त्री से वार्तालाप करता है और वह जाति शब्द का प्रयोग करता है तो इसका अर्थ दूसरा समाजशास्त्री उसी अर्थ में समझता है।

समाजशास्त्र में इस प्रकार से अनेक अवधारणाओं का उदाहरण लिया जा सकता है; जैसे समाज, संस्कृति, प्रस्थिति, भूमिका, समुदाय, संस्था, समूह, वर्ग, नेतृत्व, शक्ति आदि।

अवधारणा की विशेषताएं (Characteristics of Concept)

विभिन्न परिभाषाओं के आधार पर हम अवधारणाओं की निम्नांकित विशेषताओं का उल्लेख कर सकते हैं:

(1) अवधारणा केवल एक सारांश नहीं है बल्कि, यह तथ्यों के किसी एक वर्ग का संक्षेप में स्पष्ट करने वाला प्रतीक हैं।

(2) अवधारणाएं ही वह मुख्य आधार हैं जिनकी सहायता से उपयोगी परिकल्पनाओं का निर्माण किया जा सकता है।

(3) अवधारणाओं के एक समूह की एक ऐसी संक्षिप्त परिभाषा होती है जिसे एक दो शब्दों में व्यक्त किया जाता है।

(4) अवधारणा सिद्धान्त का संक्षिप्त रूप नहीं होती वरन् तथ्यों के एक वर्ग की विशेषताओं को संक्षेप में बताने वाला तथ्य होता है।

(5) अवधारणा में आवश्यकतानुसार परिवर्तन भी होता रहता है।

(6) अवधारणा का एक तार्किक आधार होता है और उसका निर्माण प्रत्यक्ष ज्ञान, वास्तविक निरीक्षण व यथार्थ अनुभव के बल पर होता है।

(7) अवधारणा किसी व्यवहार प्रतिमान की सम्पूर्ण व्याख्या नहीं होती उसका संकेत मात्र होती है।

(8) अवधारणा का निर्माण वैज्ञानिक चिन्तन के आधार पर होता है।

(9) अवधारणा किसी विशेष व्यवहार प्रतिमान को अभिव्यक्त करने वाला एक संक्षिप्त और व्यवस्थित वक्तव्य है।

(10) अवधारणा की प्रकृति परिवर्तनशील होती है क्योंकि समय, स्थान एवं उपकरणों के परिवर्तन तथा नए तथ्यों की प्राप्ति के साथ इसमें अक्सर परिवर्तन करना आवश्यक हो जाता है।

अवधारणा का महत्व (Importance of Concept)

वैज्ञानिक अन्वेषण का अन्तिम उद्देश्य सामान्य सिद्धान्तों के निर्माण करना होता है जो वास्तव में एक उच्च-स्तरीय अमूर्तता की अवधारणात्मक योजना होती है। कोई न कोई अनुसन्धानकर्ता जो अनुभव-जन्य अवलोकन करना चाहता है तथा अपने अवलोकन का विश्लेषण करना चाहता है तो उसे अवधारणत्मक संरचना का सहारा लेना पड़ता है। समाजशास्त्र जिसमें कि कई अवधारणात्मक शब्दों को सामान्य बोलचाल की भाषा से लिया गया है, जैसे–परिवार, विवाह, जाति, वर्ग, नातेदारी, आदि उनका अर्थ समाजशास्त्र में सामान्य अर्थों से भिन्न है, इसलिए अवधारणाएं सुस्पष्ट होनी चाहिए।

मर्टन का कथन है कि सिद्धान्त अवधारणाओं से बनते हैं। अवधारणाएं स्वयं में सिद्धान्त नहीं होतीं; जब विभिन्न अवधारणाएं परस्पर तार्किक रूप से जुड़कर उपकल्पनाओं का निर्माण करती हैं तो घटना की व्याख्या एवं विश्लेषण करने में सक्षम होने पर सिद्धान्तों का निर्माण होता है।

अवधारणाएं किसी भी प्रघटना, स्थिति एवं अनुभव का संक्षिप्तीकरण करके एक शब्द अथवा शब्द-समूह के माध्यम से अभिव्यक्त करने का तरीका हैं। उदाहरण के लिए, हम व्यक्तित्व, भीड़ एवं समूह की विभिन्न विशेषताओं को इन अवधारणाओं के माध्यम से अभिव्यक्त करते हैं, अतः अवधारणाओं के माध्यम से अभिव्यक्ति सम्भव होती है।

अनुसन्धान में अवधारणाओं के माध्यम से प्रघटनाओं को समझने में सहायता मिलती है।

अवधारणाएं सिद्धान्त निर्माण में प्रमुख भूमिकाएं निभाती हैं। अवधारणा का प्रत्येक शब्द सामाजिक जगत के एक विशेष पक्ष को व्यक्त करता है जिस किसी विशिष्ट लक्ष्य की दृष्टि से महत्वपूर्ण समझा जाता है।

अवधारणाएं विषय की विशिष्ट भाषा का निर्माण करती हैं जिसके माध्यम से संचार सम्भव हो जाता है। अवधारणाएं का प्रयोग करने वाले एक अवधारणा का अर्थ समान अर्थ में ही समझते हैं। इसी सन्दर्भ में **गुडे** एवं **हाट** ने लिखा है, किसी भी विज्ञान से सम्बन्धित अवधारणाओं को अत्यधिक विशिष्ट अर्थ में सम्प्रेषण योग्य होना चाहिए। उन्हें किसी भी प्रकार से अस्पष्ट अथवा सन्देहपूर्ण नहीं होना चाहिए। बल्कि, उनकी रचना इस प्रकार की होनी चाहिए कि उनका निर्माण करने वाली सभी इकाइयों को समझा जा सके।"

इसी अवधारणा के वास्तविक अर्थ के सम्प्रेषण पर ही उसकी उपयोगिता और सफलता निर्भर है।

सिद्धान्त निर्माण की दृष्टि से अवधारणाओं का अमूर्तिकरण आवश्यक है। अमूर्त अवधारणाओं के माध्यम से ही सिद्धान्त निर्मित कर विशिष्ट आनुभाविक प्रघटनाओं के घटित होने को दर्शाया जा सकता है।

अवधारणाओं का महत्व दर्शाते हुए **गुडे** एवं **हाट** ने लिखा है कि अवधारणा को **विकसित** करने की प्रक्रिया अनुभवजनित ज्ञान को प्राप्त करने व उससे निष्कर्ष निकालने में सहायक सिद्ध होती हैं। तथ्यों के एक वर्ग या समूह के गुणों का समझना, उनका अध्ययन करना, उन्हें व्यवस्थित और पृथक करना अवधारणाओं के माध्यम से सम्भव होता है। अवधारणाएं हमारे विचारों को पनपाने की दृष्टि से आवश्यक हैं।

एक अनुसन्धानकर्ता जब नवीन तथ्य संकलित करता है तो वह यह अनुभव करने लगता है कि तथ्यों के वास्तविक अंर्थ को स्पष्ट किए बिना उनका समुचित संचार सम्भव नहीं है और यह कार्य केवल अवधारणाओं के विकास से ही हो सकता है। इस प्रकार से अवधारणाएं वैज्ञानिक पद्धति का ही एक अंग है जिनके समुचित प्रयोग के बिना सामाजिक शोध को वस्तुनिष्ठ रूप नहीं दिया जा सकता। अन्त में हम **मर्टन** के शब्दों में कह सकते हैं कि "हमारा अवलोकन तथा एकत्रित तथ्य कितने ही महत्वपूर्ण क्यों न हों किन्तु अवधारणाओं के अभाव में किसी भी शोध का कोई महत्त्व नहीं है।"

परिकल्पना (Hypothesis)

किसी भी अनुसन्धान और सर्वेक्षण की समस्या के चुनाव के बाद अनुसन्धानकर्ता समस्या के बारे में 'कार्य-कारण सम्बन्धों (Cause and Effect Relationship) का पूर्वानुमान लगा लेता है या पूर्व चिन्तन कर लेता है। यह पूर्व चिन्तन या पूर्वानुमान ही प्राक्कल्पना, परिकल्पना या उपकल्पना (Hypothesis) कहलाती है। उदाहरण के लिए, हम 'भारत में बढ़ती हुई अपराध-प्रवृत्ति' नामक समस्या का अध्ययन करना चाहते हैं। इस समस्या के कार्य-कारण सम्बन्धों के बारे में हम सामान्य ज्ञान एवं अनुभव के आधार पर यह अनुमान लगाते हैं कि *"निर्धनता ही बढ़ती हुई अपराध-प्रवृत्ति के लिए प्रमुख कारण है।"* हमारा यह कथन ही हमारे अध्ययन विषय की प्राक्कल्पना कहलायेगी। हम अपने अध्ययन में यह देखने का प्रयास करेंगे कि निर्धनता और अपराध के बीच क्या सम्बन्ध है? क्या हमारा पूर्वानुमान सही है अथवा नहीं? यह कामचलाऊ अनुमान या पूर्वचिन्तन हमारे अध्ययन कार्य को आधार प्रदान करेगा और उसे आगे बढ़ायेगा। हमारे वास्तविक अध्ययन के बाद हमारी यह उपकल्पना या प्राक्कल्पना को सही साबित करना नहीं होता है, वरन् वास्तविक तथ्यों के आधार पर वैज्ञानिक सत्य को ढूंढना होता है। प्राक्कल्पना निर्माण का उद्देश्य तो विषय से सम्बन्धित तथ्यों को संकलित करना और शोधकर्ता का मार्गदर्शन करना तथा उसे अनिश्चय के अन्धकार में भटकने से रोकना है।

सामाजिक अनुसन्धान में प्राक्कल्पना की उपयोगिता को दर्शाते हुए **कोहेन** तथा **नागेल** लिखते हैं, "किसी भी गवेषणा में हम एक पग भी आगे नहीं बढ़ सकते जब तक कि हम उसको जन्म देने वाली कठिनाओं के सुझावात्मक स्पष्टीकरण अथवा समाधान से प्रारम्भ न करें। ऐसे प्रारम्भिक स्पष्टीकारण कुछ विषय-वस्तु द्वारा तथा हमारे पूर्व ज्ञान द्वारा हमें सुझाव प्रस्तुत करते हैं। जब वे प्रस्तावों के रूप में सूत्रबद्ध कर लिये जाते हैं तो उन्हें प्राक्कल्पना कहा जाता है।" **गुडे** एवं **हाट** ने भी लिखा है, "प्राक्कल्पना अनुसन्धान और सिद्धान्त के बीच एक आवश्यक कड़ी है जो ज्ञान वृद्धि की खोज में सहायक होती है।" प्राक्कल्पना के निर्माण के अभाव में किसी प्रकार का प्रयोग एवं वैज्ञानिक अनुसन्धान असम्भव है।

स्पष्ट है कि प्राक्कल्पनाएं सिद्धान्त के क्षेत्रों में पाये जाने वाले ऐसे कथनों को कहते हैं जिन्हें परीक्षण की कसौटी पर कसा जा सकता है। एक प्राक्कल्पना दो या दो से अधिक चरों (Variables) के बीच पाये जाने वाले सम्बन्धों का अनुभवात्मक रूप से परीक्षण करने योग्य कथन है। प्राक्कल्पना एक तीक्ष्ण अनुमान है जिसका प्रतिपादन तथा अस्थायी स्वीकृत अवलोकित तथ्यों अथवा दशाओं की व्याख्या करने और अनुसन्धान का आगे मार्गदर्शन करने के लिए किया जाता है।

सामाजिक घटनाओं के अध्ययनों को वैज्ञानिक रूप प्रदान करने में प्राक्कल्पना का निर्माण अति आवश्यक है। यह सफल अनुसन्धान की एक आवश्यक शर्त है। विभिन्न परिभाषाओं के आधार पर हम प्राक्कल्पना को और भी अधिक उत्तमता से समझ सकते हैं।

प्राक्कल्पना की परिभाषा एवं अर्थ (Definition and Meaning of Hypothesis)

विभिन्न विद्वानों ने प्राक्कल्पना को निम्न प्रकार परिभाषित किया है:

'वेबस्टर न्यू इण्टरनेशनल डिक्शनरी ऑफ दी इंगलिश लेंग्वेज' के अनुसार, "प्राक्कल्पना एक विचार, दशा या सिद्धान्त होती है जोकि सम्भवत: बिना किसी विश्वास के मान ली जाती है जिससे कि उससे तार्किक परिणाम निकाले जा सकें और ज्ञात या निर्धारित किये जाने वाले तथ्यों की सहायता से इस विचार की सत्यता की जांच की जा सके।"

लुण्डबर्ग के अनुसार, "एक प्राक्कल्पना एक कामचलाऊ सामान्यीकरण है, जिसकी सत्यता की परीक्षा अभी बाकी है।"

गुडे एवं **हाट** के अनुसार, "प्राक्कल्पना एक ऐसी मान्यता होती है जिसकी सत्यता सिद्ध करने के लिए उसका परीक्षण किया जा सकता है।"

पी.वी. यंग के अनुसार, "एक कार्यवाहक विचार जो उपयोगी खोज का आधार बनता है, कार्यवाहक प्राक्कल्पना माना जाता है।"

बोगार्डस के अनुसार, "एक प्राक्कल्पना एक प्रस्थापना (Proposition) है जिसका परीक्षण किया जाना है।"

पीटर एच.मन्न के शब्दों में, "प्राक्कल्पना एक कामचलाऊ अनुमान है।"

टाउन सैण्ड के अनुसार, "प्राक्कल्पना अनुसन्धान की समस्या के लिए सुझाया गया उत्तर है।"

एम.एच. गोपाल के अनुसार, "यह ज्ञात व प्राप्त तथ्यों के सामान्य अवलोकन पर आधारित एक कार्यकारी अस्थायी उपचार अथवा हल होती है जो कि कुछ विशेष घटनाओं को समझने व अन्य खोज में मार्गदर्शन के लिए अपनायी जाती है।"

उपर्युक्त परिभाषाओं से स्पष्ट है कि *प्राक्कल्पना एक ऐसा पूर्व विचार, निष्कर्ष, कथन, सामान्यीकरण, अमूर्तीकरण, अनुमान या प्रस्थापना है जिसे अनुसन्धानकर्ता अपनी शोध की समस्या हेतु निर्मित करता है और उसकी सत्यता की जांच करने के लिए आवश्यक सूचनाओं का संकलन करता है। एक प्राक्कल्पना विभिन्न चरों* (Variables) *के बीच सम्बन्धों को स्थापित करती है प्राक्कल्पना सामाजिक अनुसन्धान*

और खोज को आधार प्रदान करती है, नवीन ज्ञान प्राप्ति की प्रेरणा प्रदान करती है। प्राक्कल्पना की तुलना हम ध्रुव तारे या कुतुबनुमा से कर सकते हैं जो अध्ययनकर्ता का मार्गदर्शन करती है और उसे सही दिशा बताती है। प्राक्कल्पना के अभाव में अनुसन्धान के क्षेत्र में हम एक कदम भी आगे नहीं बढ़ सकते।

एक अच्छी प्राक्कल्पना की विशेषताएं (Qualities of a Good Hypothesis)

प्राक्कल्पनाएं केवल ख्याली पुलाव तथा मीठे सपने नहीं होने चाहिए वरन् ऐसी होनी चाहिए जिनका प्रयोग हम अनुसन्धान में कर सकें। एक उत्तम और उपयोगी प्राक्कल्पना में निम्नांकित विशेषताएं अथवा गुण होने चाहिए :

(i) **सिद्धान्त-समूह से सम्बन्धित** (Related to Body of Theory) : **गुडे** एवं **हाट** कहते हैं कि सामाजिक अनुसन्धान के नौसिखिये विद्यार्थी इस नियम की अक्सर अवेहलना कर जाते हैं कि उनकी प्राक्कल्पना किसी सिद्धान्त से सम्बद्ध नहीं होती। सामान्यत: वे ऐसे विषय का चयन करते हैं जो उन्हें रुचिकर तथा आकर्षक प्रतीत होता है। वे इस बात का भी ध्यान नहीं रखते कि उनका अनुसन्धान कार्य पूर्व प्रचलित किसी सिद्धान्त को गलत प्रमाणित करने अथवा उसकी पुष्टि करने या उसे संशोधित करने में सहायक होगा या नहीं। वे लिखते हैं, "एक विज्ञान तभी संचयी बन सकता है। यदि वह उपलब्ध तथ्यों तथा सिद्धान्त समूह पर पूर्णतया लागू होता है। यदि प्रत्येक अध्ययन एक पृथक् सर्वेक्षण के रूप मे होगा तो विज्ञान का विकास नहीं हो सकता।" प्राक्कल्पनाएं और सिद्धान्त एक-दूसरे पर निर्भर हैं और विज्ञान के विकास के लिए प्राक्कल्पनाओं का निर्माण सिद्धान्तों के सन्दर्भ में ही किया जाना चाहिए।

(ii) **विशिष्टता** (Specificity) : एक प्राक्कल्पना को अध्ययन विषय के किसी विशिष्ट पहलू से सम्बन्धित होना चाहिए। सामान्य शब्दों में व्यक्त की गयी प्राक्कल्पना का परीक्षण करना कठिन होता है एवं उसका क्षेत्र भी विस्तृत एवं अनिश्चित होता है। ऐसी प्राक्कल्पनाएं तथ्य संकलन की दृष्टि से अनुपयोगी होती है। अत: यह आवश्यक है कि उपयोगी अध्ययन के लिए हम विशिष्ट और छोटी-छोटी प्राक्कल्पनाएं बनाएं जो हमें तथ्यों के संकलन में, शोध को व्यवस्थित करने में एवं निष्कर्ष निकालने में सहायता प्रदान कर सकें।

(iii) **सरलता** (Simplicity) : एक उत्तम प्राक्कल्पना में सरलता का गुण भी होना चाहिए। इसका तात्पर्य यह है कि उसमें अनावश्क रूप से अधिक कारकों को स्थान नहीं दिया जाना चाहिये। ऐसी स्थिति में प्राक्कल्पना

जटिल एवं परीक्षण के अयोग्य हो जाती है। **श्रीमती यंग** का मत है कि जो अनुसन्धानकर्ता अपनी समस्या से पूरी तरह परिचित है एवं सूझबूझ रखता है, वह प्राक्कल्पना का निर्माण आसानी से कर सकता है। वे लिखती हैं, "सरलता एक तेज धार वाला यन्त्र है जो व्यर्थ की प्राक्कल्पनाओं तथा विवेचनाओं को काट भी सकता है, अत: इसे विलियम आकम का उस्तरा (Occam's Razor) कहा गया है।' सरलता का यह अर्थ नहीं है कि प्राक्कल्पनाएं सामान्य जन के लिए भी बोधगम्य हों। बहुत अधिक सरल प्राक्कल्पनाएं घातक भी सिद्ध हो सकती हैं।

(vi) **स्पष्टता** (Clarity) : प्राक्कल्पना दो दृष्टि से स्पष्ट होनी चाहिए, एक भाषा की दृष्टि से तथा दूसरी अवधारणा की दृष्टि से। प्राक्कल्पना में प्रयुक्त शब्द और उनके कार्य तथा विचार स्पष्ट तथा भ्रमरहित होने चाहिए। जहां सम्भव हो विशिष्ट शब्दों की परिभाषा और व्याख्या भी दी जानी चाहिए। प्राक्कल्पना में प्रयुक्त शब्द ऐसे हों कि दूसरे लोग भी उनका सही अर्थ समझ सकें। प्राक्कल्पना की स्पष्टता अनुसन्धानकर्ता की सूझ-बूझ और अनुभव पर भी निर्भर करती है।

(v) **प्रयोगसिद्धता** (Empirical Referents) : प्राक्कल्पनाओं में इस प्रकार की अवधारणाओं का उपयोग होना चाहिए जिनकी सत्यता की जांच वास्तविक तथ्यों के आधार पर की जा सके। प्राक्कल्पना में किसी नैतिकता अथवा आदर्श का प्रस्तुत करने का प्रयत्न नहीं करना चाहिए अर्थात् उसमें 'अच्छे' और 'बुरे' जैसे शब्दों का प्रयोग नहीं किया जाना चाहिए। प्राक्कल्पनाएं वास्तविक तथा वैज्ञानिक आधार पर जांच करने योग्य होनी चाहिए। इस प्रकार की आदर्शात्मक प्राक्कल्पनाएं जैसे दहेज हिन्दु समाज पर एक कलंक है, संयुक्त परिवार वर्तमान परिस्थितियों में अनुपयोगी हैं, जीव हत्या पाप है, दान देना अच्छी बात है, आदि, शोध की दृष्टि से अनुपयुक्त मानी जाती हैं।

(vi) **उपलब्ध-प्रविधियों से सम्बद्ध** (Related to Available Techniques): प्राक्कल्पना का निर्माण करते समय इस बात का ध्यान रखना चाहिए कि उसकी सत्यता की परख उपलब्ध प्रविधियों के द्वारा हो सके। इसके लिए यह भी आवश्यक है कि अनुसन्धानकर्ता को उपलब्ध प्रविधियों की जानकारी हो। ऐसी प्राक्कल्पनाएं अनुसन्धान की दृष्टि से व्यर्थ मानी जाती हैं जिनके परीक्षण के लिए हमारे पास प्रविधियां उपलब्ध नह हों। इस सम्बन्ध में **गुडे एवं हाट** लिखते हैं कि "जो सिद्धान्तकार यह नहीं जानता

है कि उसकी प्राक्कल्पना की जांच के लिए कौन-कौन-सी प्रविधियां उपलब्ध हैं, वह उपयोगी प्रश्नों के निर्माण में असफल रहता है।" अत: स्पष्ट है कि प्राक्कल्पनाएं प्रचलित प्रवधियों की पहुंच में हों, किन्तु इसका यह तात्पर्य नहीं है कि हम प्राक्कल्पनाओं की जांच के लिए नवीन प्रविधियों का निर्माण नहीं कर सकते। वर्तमान में विभिन्न समस्याओं एवं प्राक्कल्प-नाओं के अध्ययन हेतु वैज्ञानिकों ने अनेक नवीन प्रविधियों को विकसित किया है।

प्राक्कल्पना के प्रकार (Types of Hypothesis)

समाजशास्त्र एवं समाज-विज्ञानों में अनेक प्रकार की प्राक्कन्पनाओं का प्रचलन है। सामाजिक तथ्यों, घटनाओं एवं समस्याओं की प्रकृति, अनुसन्धान के उद्देश्य एवं तथ्यों के प्रकार के आधार पर प्राक्कलपनाएं भी कई प्रकार की हो सकती हैं। विभिन्न विद्वानों ने भिन्न-भिन्न प्रकार की प्राक्कल्पनाओं का उल्लेख किया है। उनमें से कुछ का हम यहां उल्लेख करेंगे।

गुडे एवं **हाट** ने निम्नांकित तीन प्रकार की प्राकक्ल्पनाओं का उल्लेख किया है:

(1) **विश्लेषणत्मक चरों से सम्बन्धित** (Related to Analytical Variables): कुछ प्राक्कल्पनाएं विश्लेषणात्मक चरों के सम्बन्ध से सम्बन्धित होती हैं। कोई भी सामाजिक घटना अनेक कारकों का परिणाम होती है, फिर भी इनमे से कोई एक कारक ही प्रमुख कारक होता है और अन्य कारक सहायक होते हैं। उदाहरण के लिए, बाल-अपराध के लिए मनो-विश्लेषणवादी सिद्धान्तकार मानसिक विकृति और दुर्बलता को, तो वंशानुक्रमणवादी 'बुरे वंशानुक्रम' को उत्तरदायी मानते हैं। इस प्रकार की प्राक्कल्पना को कारणात्मक प्राक्कल्पना (Causal Hypothesis) भी कहते हैं। इसमें यह ज्ञात किया जाता है कि यदि किसी एक चर (कारक) में परिवर्तन होता है तो किस सीमा तक दूसरे चर (कारक) को प्रभावित करता है। उदाहरण के लिए, उत्तम फसल, उत्तम खाद, बीज, भूमि, पर्यावरण एवं पानी की पर्याप्त मात्रा पर निर्भर करती है। यदि इनमें से किसी एक कारक में परिवर्तन कर दिया जाता है तो फसल पर क्या प्रभाव पड़ेगा, यह जानने का प्रयत्न करना कारणात्मक प्राक्कल्पना है।

कुछ अन्य प्रकार की प्राक्कल्पनाएं (Some other types of hypothesis) कुछ प्राक्कलपनाओं का सम्बन्ध सकारात्मक कथनों से होता है जैसे, पुरुषों की अपेक्षा स्त्रियां अधिक दयालु होती हैं।

(i) **सकारात्मक कथनों से सम्बन्धित** (Related to Positive Statements) : कुछ प्राक्कल्पनाओं का सम्बन्ध सकारात्मक कथनों से होता है जैसे, पुरुषों की अपेक्षा स्त्रियां अधिक दयालु होती हैं। गरीबों की अपेक्षा धनवान अधिक अपराध करते हैं।

(ii) **नकारात्मक कथनों से सम्बन्धित** (Related to Nagative Statements) : इस प्रकार की प्राक्कल्पना में कथनों को नकारात्मक रूप में प्रस्तुत किया जाता है, जैसे पुरुषों की अपेक्षा स्त्रियां अधिक दयालु होती, गरीबों की अपेक्षा धनवान अधिक अपराध नहीं करते।

(iii) **शून्य कथनों से सम्बन्धित** (Related to Null Statements) : इस प्रकार की प्राक्कल्पना में सकारात्मक और नकारात्मक दोनों सम्भावनाओं को व्यक्त किया जाता है और परीक्षा द्वारा स्त्रियों की दयालुता में कोई अन्तर नहीं होता,गरीब एवं धनवान की अपराध प्रवृत्ति में कोई सार्थक अन्तर नहीं होता।

(iv) **कामचलाऊ प्राक्कल्पना** (Working Hypothesis) श्रीमती पी. वी. यंग ने ऐसे अपने अनुमान व अस्थायी महत्वपूर्ण विचारों की जो किसी अनुसन्धान का आधार बन सकते हैं, कामचलाऊ प्राक्कल्पना कहा है। कामचलाऊ प्रारम्भिक विचार होता है। ज्यों-ज्यों अध्ययनकर्ता को अनुभव होता जाता है, वह उसमें परिवर्तन एवं संशोधन करता जाता है। यह भी हो सकता है कि वह प्रारम्भिक विचार को पूरी तरह त्याग कर उसके स्थान पर नई प्राक्कल्पना बना ले। चूंकि यह विचार एक अस्थायी, कार्यवाहक और कामचलाऊ महत्व का होता है, इसलिए इसे कामचलाऊ या कार्यवाहक प्राक्कल्पना कहते हैं। उदाहरण के लिए, प्रारम्भ में भौतिक वैज्ञानिकों की मान्यता थी कि परमाणु अविभाज्य है, किन्तु बाद में अध्ययन के आधार पर उन्हें यह प्राक्कल्पना बदलनी पड़ी, जब यह ज्ञात हुआ कि परमाणु का और अधिक विभाजन सम्भव है।

(2) **अनुभावात्मक समानताओं से सम्बन्धित** (Related to Empirical Uniformities) : ये प्राक्कल्पनाएं मानव के सामान्य ज्ञान, तर्क वाक्य, दैनिक जीवन के अनुभवों, मान्यताओं, लोकोक्तियों, कहावतों, वक्तव्यों, वार्ताओं तथा विश्वासों पर आधारित होती हैं। उदाहरण के लिए, सामान्यत: ऐसी कहावतें प्रचलित हैं कि गंजा व्यक्ति धनवान होता है, पशुओं में सियार,

पक्षियों में कौआ, मनुष्यों में नाई तथा स्त्रियों में मालिन चतुर होते हैं। ऐसी प्राक्कल्पनाओं में समान तथ्यों की जांच करना ही अध्ययन का मुख्य बिन्दु होता है।

(3) **जटिल आदर्श-प्रारूपों से सम्बन्धित** (Concerned with Complex Ideal Types) : इस प्रकार प्राक्कल्पनाओं में प्राय: एक सामान्य तथ्य अथवा निष्कर्ष को पूर्वाधार मानकर अन्य तथ्यों की तर्कपूर्ण रूप से परीक्षा की जाती है। ऐसी प्राक्कल्पनाएं अल्पसंख्यक समूहों तथा पारिस्थिति की दशाओं (Ecological Conditions) सें सम्बन्धित उदाहरण के लिए, **बर्गेस** ने अपने अध्ययन में यह प्राक्कल्पना की थी कि "केन्द्रीभूत गोलाकार नगर विकास की प्रकृति के लक्षण होते हैं।" इस प्रकार की प्राक्कल्पनाओं का उद्देश्य आनुभविक एकरूपताओं में तार्किक रूप से निकाले गये सम्बन्धों की उपस्थिति का परीक्षण करना होता हैं। ऐसी प्राक्कल्पनाओं में विभिन्न कारकों के बीच तार्किक अन्तर्सम्बन्धों के आधार पर **निष्कर्ष** निकाले जाते हैं, इसलिए इन्हें सम्बन्धात्मक प्राक्कल्पनाओं (Relational Hypotheses) भी कहते हैं। चूंकि ये प्राक्कल्पनाएं तार्किक निष्कर्षों पर आधारित होती हैं, अत: ये सिद्धान्त निर्माण में भी सहायक होती हैं। **दुर्खीम** ने अपनी प्रसिद्ध कृति 'आत्महत्या' में निम्नांकित सम्बन्धात्मक प्राक्कल्पनाओं को विकसित किया था :

(अ) गांवों की अपेक्षा नगरों में आत्महत्या की दर अधिक पायी जाती है।

(ब) स्त्रियों की अपेक्षा पुरुष अधिक आत्महत्या करते हैं।

प्राक्कल्पना के स्त्रोत (Sources of Hypothesis)

एक अध्ययनकर्ता अनेक स्त्रोतों से प्राक्कल्पना ग्रहण कर सकता है। व्यक्ति अपनी स्वयं की सूझ-बूझ, विचारधारा, कल्पना अथवा अन्तर्दृष्टि के आधार पर भी प्राक्कल्पना का निर्माण कर सकता है। **लुण्डबर्ग** का मत है कि हम एक उपयोगी प्राक्कल्पना की खोज कविता, साहित्य-दर्शन, समाजशास्त्रीय साहित्य, मानव जाति शास्त्र एवं सिद्धान्तों में कर सकते हैं। **गुडे** एवं **हाट** ने प्राक्कल्पना के चार स्त्रोत बताए हैं–सामान्य संस्कृति, वैज्ञानिक सिद्धान्त, समरूपताएं तथा व्यक्तिगत अनुभव। हम यहां प्राक्कल्पना के प्रमुख स्त्रोतों का उल्लेख करेंगे।

(1) **अन्त:प्रज्ञा** (Intuition) : अनेक प्राक्कल्पनाओं का आधार मानव की अन्तर्दृष्टि अथवा अन्तरात्मा की आवाज होती है। जीवन की अनेक घटनाओं के प्रति हमारे निष्कर्ष अन्तर्दृष्टि पर ही आधारित हाते हैं। कई बार हम

लोगों को यह कहते हुए सुनते हैं–"मेरा मन ऐसा कहता है," यही उसकी अन्त:प्रज्ञा कही जा सकती है। अन्त:प्रज्ञा पर आधारित प्राक्कलपनाओं का कई बार परीक्षण करना बहुत कठिन होता है। महापुरुषों तथा आध्यात्मिक गुरुओं द्वारा अनेक निष्कर्ष अन्त:प्रज्ञा के आधार पर दिये जाते हैं।

(2) **वैज्ञानिक सिद्धान्त** (Scientific Theories) : कई प्राक्कल्पनाओं का आधार समाज में पूर्व-प्रचलित वैज्ञानिक सिद्धान्त होते हैं। अनुसन्धानकर्ता इन सिद्धान्तों पर ही कई अन्य सामान्यीकरण करते हैं और ये सामान्यीकरण ही प्राक्कल्पनाओं के रूप में ग्रहण कर लिए जाते हैं। मार्क्स के वर्ग-संघर्ष के सिद्धान्त पर ही समाज वैज्ञानिकों ने वर्ग से सम्बन्धित अनेक प्राक्कल्पनाओं का निर्माण किया है।

(3) **सामान्य संस्कृति** (General Culture) : प्रत्येक समाज की एक संस्कृति होती है, उसके सदस्यों की रहन-सहन, खान-पान और वस्त्र की शैली होती हैं, परिवार, विवाह, नातेदारी और सामाजिक संस्थाओं तथा आचरण के नियमों में एक एकरूपता पायी जाती है जोकि उनकी एक सामान्य संस्कृति का निर्माण करती है। यह समान्य संस्कृति भी प्राक्कल्पना के विकास में सहायक होती है। सामान्य संस्कृति के अन्तर्गत तीन बातें प्रमुख हैं–सांस्कृतिक पृष्ठभूमि, लोक विश्वास तथा सामाजिक परिवर्तन। हम यहां इन तीनों ही पक्षों का उल्लेख करेंगे–

(i) **सांस्कृतिक पृष्ठभूमि** (Cultrual Background) : सांस्कृतिक पृष्ठिभूमि भी विज्ञान के विकास और प्राक्कल्पनाओं के निर्मांग में महत्वपूर्ण भूमिका निभाती हैं एक देश की सांस्कृतिक पृष्ठभूमि इस प्रकार के वातावरण को जन्म देती है जो विज्ञान के उद्‌भव और विकास को प्रोत्साहित या हतोत्साहित करता है। आधुनिक भौतिक विज्ञानों का विकास और स्वयं समाजशास्त्र का विकास पश्चिमी देशों और अमरीका में ही क्यों अधिक हुआ, अन्य देशों में क्यों नहीं, इसका कारण भी उन देशों की सांस्कृतिक पृष्ठभूमि और सांस्कृतिक मूल्य हैं। अमरीका और भारत की सांस्कृतिक पृष्ठभूमि में भिन्नता होने के कारण दोनों देशों में निर्मित प्राक्कल्पनाएं भी भिन्न-भिन्न प्रकार की होती है। भारतीय संस्कृति में आध्यात्मवाद, धर्म, सामूहिकता, संयुक्त परिवार प्रथा, नातेदारी, जाति व्यवस्था, आदि का विशेष महतव है। इसलिए भारत में कोई भी प्राक्कल्पना इन पर आधारित हो सकती है। दूसरी ओर पश्चिमी समाजों में

व्यक्तिवाद का अधिक बोलबाला है। वहां जीवन के प्रत्येक क्षेत्र में व्यक्ति वादिता का महत्व दिया जाता है। वहां व्यक्तिगत सुख का सम्बन्ध कई बातों से जोड़ा जाने लगा हैं। वहां व्यक्तिगत सुख के प्रंसग को लेकर अनेक प्राक्कल्पनाएं बनायी गई हैं। दूसरी ओर भारत में सयुक्त परिवार, जाति-प्रथा, छूआछूत, जजमानी-प्रथा, पंचायत व्यवस्था, आदि को लेकर महत्वपूर्ण प्राक्कल्पनाएं बनायी गया हैं। उदाहरण के लिए, संयुक्त परिवार में पुरुषों की स्थिति निम्न होती है, उच्च जातियों की तुलना में निम्न जातियों की सामाजिक स्थिति निम्न होती है, आदि। स्पष्ट है कि सांस्कृतिक पृष्ठभूमि एक विशेष प्रकार की प्राक्कल्पना को जन्म देने में महत्वपूर्ण भूमिका निभाती है।

(ii) **लोक विश्वास** (Folk Belief) : प्रत्येक संस्कृति में कुछ ऐसी सामान्य मान्यताएं एवं विश्वास जाये जाते हैं जिनकी अभिव्यक्ति कहावतों, मुहावरों, दोहों, तुकबन्दियों, सूक्तियों, आदि के द्वारा होती है। चूंकि इनका प्रचलन समाज में एक लम्बे समय से होता है, अत: कई लोग तो इन्हें सहज रूप में स्वीकार कर लेते हैं। किन्तु ये कहावतें और विश्वास वास्तव में कहां तक सत्य हैं, यह जानने के लिए अनुसन्धानकर्ता इनमें से किसी को भी प्राक्कल्पना मानकर अध्ययन कर सकता है।

(iii) **सामाजिक परिवर्तन** (Social Change) : कोई भी समाज और संस्कृति स्थिर नहीं है। समय के साथ इनमें परिवर्तन होना स्वाभाविक है। यह परिवर्तन नई-नई प्राक्कल्पनाओं को भी जन्म देता है। उदाहारण के लिए, भारतीय समाज में होने वाले परिवर्तनों के सम्दर्भ में कुछ प्राक्कल्पनाएं इस प्रकार हो सकती हैं--भारत में ज्यों-ज्यों औद्योगीकरण एवं नगरीकरण बढ़ता जायेगा, संयुक्त परिवार टूटेंगे तथा जाति प्रथा का विघटन हेगा, शिक्षाा के प्रसार के साथ-साथ भारतीय समाज में स्त्रियों की प्रस्थिति उच्च होती जायेगी, प्रजातन्त्रीय मूल्यों के प्रसार के साथ-साथ समानता की भावना में वृद्धि होगी, आदि।

(4) **सादृश्यताएं** (Analogies) : कई बार समरूपताएं भी प्राक्कल्पनाओं को जन्म देती हैं। हरबर्ट स्पेन्सर ने सामाजिक सावयव (Social Organism) की कल्पना जीवों की शरीर रचना से ही ग्रहण की थी। वे समाज को

भी एक शरीर की ही भांति ही मानते हैं। जूलियन हक्सले का मत है कि किसी विज्ञान की प्रकृति के सम्बन्ध में किए गए अवलोकन, प्राक्कल्पनाओं के आधार हो सकते हैं। कुछ विशेष प्रकार के व्यवहार मानव और पशु के समान रूप से पाए जाते हैं। पेड़-पौधों तथा पशु-पक्षियों पर पड़ने वाले पर्यावरण के प्रभाव के आधार पर ही मानव समाज पर भी पर्यावरण के प्रभाव की समान कल्पना की गई। लूई पास्चर ने चेचक के टीके का आविष्कार गायों में होने वाले चेचक की सादृश्यता के आधार पर ही किया था।

(5) **अनुसन्धान एवं साहित्य** (Research and Literature) : कई बार हम अन्य व्यक्तियों द्वारा किए गए अध्ययनों के निष्कर्षों एवं सहित्य के आधार पर भी प्राक्कल्पना का निर्माण करते हैं। लुण्डबर्ग की मान्यता है कि हम कविता, साहित्य-दर्शन, समाजशास्त्र, जाति विज्ञान एवं वर्णनात्मक साहित्य तथा कलाकारों और चिन्तकों के मानव के सामाजिक सम्बन्धों पर आधारित सिद्धान्तों के आधार पर भी प्राक्कल्पनाओं का निर्माण कर सकते हैं।

(6) **व्यक्तिगत अनुभव** (Personal Experiences) : कई प्राक्कल्पनाएं व्यक्तिगत अनुभवों का भी परिणाम होती हैं। उदाहरण के लिए, लोम्ब्रोसो ने " अपराधी जन्मजात होते हैं, " इस प्राक्कल्पना को सैनिकों के अध्ययन से सम्बन्धित अपने व्यक्तिगत अनुभवों के आधार पर ही ग्रहण किया था। न्यूटन की पृथ्वी की गुरुत्वाकर्षण शक्ति की प्राक्कल्पना, डार्विन की अस्तित्व के लिए संघर्ष की प्राक्कल्पना तथा मालासि की जनसंख्या-वृद्धि की प्राक्कल्पना, आदि उनके व्यक्तिगत अनुभव का ही परिणाम है। इस प्रकार विविध घटनाओं या अवस्थाओं में एक अध्ययनकर्ता को जो विशेष अनुभूतियां होती हैं, उसी के आधार पर वह विभिन्न प्राक्कल्पनाओं को जन्म देता है।

प्राक्कल्पना का महत्व (Impotance of Hypothesis)

अनुसन्धान में प्राक्कल्पना के महत्व को अनेक प्रकार से दर्शाया गया है। विद्वान इसकी तुलना ध्रुव तारे एवं कुतुबनुमा से करते हैं तो कुछ समुद्र में जहाजों को रास्ता दिखलाने वाले प्रकाश स्तम्भ (Light House) से जो अनुसन्धानकर्ताओं और वैज्ञानिकों को भटकने से बचाते हैं। **मैक्स वेबर** का मत है कि प्राक्कल्पना से प्रत्येक वैज्ञानिक गवेषणा में नये प्रश्नों को प्रोत्साहन मिलता है। **गुडे** एवं **हाट** का मत है कि एक प्राक्कल्पना यह बताती है कि हम किसकी खोज कर रहे हैं।" उन्होंने आगे फिर लिखा है," अच्छे अनुसन्धान मे प्राक्कल्पना का निर्माण एक केन्द्रीय

चरण है।" **कोहेन** तथा **नागेल** लिखते हैं, "एक प्राक्कल्पना का प्रकार्य हमारी खोज में तथ्यों के बीच व्यवस्था लाने के लिए पथ-प्रदर्शन करना है।"

इस प्रकार स्पष्ट है कि किसी भी अनुसन्धान में प्राक्कल्पना के अभाव में निश्चयात्मक निष्कर्ष प्राप्त करना कठिन है। इसके अभाव में अध्ययनकर्ता अपने मार्ग से भटक सकता है। इसी के द्वारा वह सत्य और असत्य की पुष्टि करता है एवं विषय से सम्बन्धित वास्तविकता का पता लगाता है। प्राक्कल्पना के अभाव में अनुसन्धान पतवारविहीन जहाज की भांति होता है।

प्राक्कल्पना के महत्व की विवेचना हम निम्न प्रकार कर सकते हैं :

(1) **अध्ययन में निश्चितता लाना** (Bringing Definiteness in the Study): प्राक्कल्पना के द्वारा अध्ययन को सुनिश्चित बनाया जा सकता है। इससे अध्ययनकर्ता का यह ध्यान रहता है कि उसे कब कहां और कौन-सी सूचनाएं संकलित करनी हैं। इससे अनियमितता एवं अव्यवस्था की सम्भावना नहीं रहती।

(2) **अध्ययन के उद्देश्य का निर्धारण** (Determination of the Goal of the Study) : प्राक्कल्पना हमारे अध्ययन के उद्देश्य को निर्धारित करती है कि हमें किसकी खोज करनी है। अध्ययन के उद्देश्य का स्पष्ट करके ही हम उससे सम्बन्धित तथ्यों की गवेषणा करते हैं। प्राक्कल्पनाएं हम यह बताती हैं कि हमें किन तथ्यों का संकलन करना है और किन का नहीं, कौनसे तथ्य हमारे उद्देश्य के अनुरूप और सार्थक हैं तथा कौन से निरर्थक। **कोहेन** एवं **नागेल** लिखते हैं, "प्राक्कल्पना के अभाव में अनुसन्धान एक अनिश्चित तथा विचार हीन भटकाव की भांति है। उसके निष्कर्षों को सप्ष्ट अर्थ वाले तथ्यों के रूप में प्रकट नहीं किया जा सकता है।" अध्ययन के उद्देश्य हमारे संकलन स्रोतों का भी निर्धारण करते हैं।

(3) **निष्कर्ष निकालने में सहायक** (Helpful in Drawing Conclusions): प्राक्कल्पनाओं के आधार पर तथ्यों का संकलन किया जाता है और तथ्यों के आधार पर ही यह ज्ञात किया जाता है कि हमारी प्राक्कल्पनाएं सत्य हैं अथवा असत्य। दोनों ही स्थितियों में हमें सत्यान्वेषण करना होता है जो कि इसके अभाव में नहीं हो सकता। **नॉर्थ्रॉप** (Northrop) का मत है कि "किसी प्राक्कल्पना में विद्यमान तथ्य समस्या के समाधान भी हो सकते हैं, क्या वे वास्तव में समाधान हैं, यह जांच का कार्य है।"

(4) **उचित दिशा प्रदान करना** (Providing Suitable Direction) : प्राक्कल्पना अनुसन्धानकर्ता के लिए पथ-प्रदर्शक का कार्य करती है, उसे

इधर-उधर भटकने से रोकती है। इससे अध्ययनकर्ता का ध्यान मुख्य विषय पर ही टिका रहता है, प्राक्कल्पना उसे विभिन्न मार्गों में से केवल उचित और सही मार्ग पर ही ले जाती है। **वानडलेन** प्राक्कल्पना को ऐसे शक्तिशाली आकाशदीप के रूप में मानते हैं जो अनुसन्धानकर्ता का मार्ग प्रशस्त करता है। **पी.वी. यंग** लिखती हैं, "इस प्रकार प्राक्कल्पना का प्रयोग एक दृष्टिहीन खोज तथा अधाधुन्ध तथ्य-संकलन से रक्षा करता है जो बाद में अध्ययन-समस्या के लिए अप्रासंगिक और अनुपयुक्त सिद्ध हो सकते हैं।"

(5) **अध्ययन क्षेत्र को सीमित करना** (Restricting the Field of Study): **लुण्डबर्ग** के अनुसार प्राक्कल्पना के आधार पर, "हम जान बूझकर अपनी विचार शक्तियों को स्वीकार करते हैं और अपने अनुसन्धान के क्षेत्र को सीमित करके त्रुटियों की सम्भावना का कम रकने का प्रयास करते हैं।" प्राक्कल्पना अनुसन्धान कार्य की सीमा निर्धारित करके अध्ययनकर्ता का ध्यान अध्ययन विषय के एक विशिष्ट पहलू अथवा तथ्यों पर ही केन्द्रित करती है। दूसरे शब्दों में प्राक्कल्पना अध्ययन का एक निश्चित सीमा में बांध देती है। अध्ययनकर्ता के लिए यह सम्भव नहीं है कि वह एक विषय से सम्बन्धित सभी पक्षों का एक साथ अध्ययन करे। अत: यह आवश्यक है कि अध्ययन को विशिष्ट, यथार्थ और वैज्ञानिक बनाने के लिए उसे सीमित किया जाये।

(6) **तथ्यों के संकलन में सहायक** (Helpful in Collection of Facts) : प्राक्कल्पना अनुसन्धानकर्ता को समस्या से सम्बन्धित उपयुक्त तथ्यों को संकलित करने को प्रेरित करती है। प्रारम्भ में ऐसा भी हो सकता है कि वैचारिक अस्पष्टता के कारण हम तथ्यों के एक जंगल को एकत्रित कर लें। किन्तु बाद में उनमें से हमे कुछ विशिष्ट तथ्यों का ही चुनाव करना पड़ता है। इस कार्य में प्राक्कल्पना सहायक होती है। **एम.एच. गोपाल** ने लिखा है, "प्राक्कल्पना के बिना अध्ययनकर्ता अनावश्यक यहां तक कि व्यर्थ सामग्री भी एकत्रित कर सकता है और वास्तव में महत्वपूर्ण तथा लाभकारी तथ्य उसकी दृष्टि से छूट सकते हैं।"

(7) **सिद्धान्तों के निर्माण में सहायक** (Helpful in Formulation of Theories) **पीटर एच. मन्न** का मत है कि प्राक्कल्पना तथ्यों व सिद्धान्तों के बीच की कड़ी है। **एम. एच. गोपाल** के शब्दों में, "एक सिद्धान्त

तथा एक प्राकक्ल्पना के बीच का अन्तर प्रकार की अपेक्षा मात्रा का अधिक है, क्योंकि जब प्राक्कल्पना सत्य सिद्ध हो जाती है तथा स्थापित हो जाती है तो वह एक सिद्धान्त का भाग बन जाती है। एक प्रकार से ये एक-दूसरे से विकसित होते हैं।"

विलियम जॉर्ज ने लिखा है, "व्यावहारिक रूप से एक सिद्धान्त एक विस्तृत प्राक्कल्पना है, यह एक सरल प्राकक्ल्पना की अपेक्षा अधिक प्रकारों के तथ्यों से सम्बन्धित होती है।" किसी भी सामाजिक अनुसन्धान का प्रारम्भ हम प्राक्कल्पनाओं के आधार पर करते हैं। जब तथ्यों के आधार पर ये प्राक्कल्पनाएं सत्य सिद्ध हो जाती है तो वे सिद्धान्तों का रूप ले लेती हैं।

डा. सुरेन्द्र सिंह ने सम्बन्धित के निम्नांकित कार्यों (महत्व) का उल्लेख किया है–

(i) अनुसन्धान से सम्बन्धित विभिन्न प्रश्नों का स्पष्ट करना,

(ii) अनुसन्धान को उत्तेजना प्रदान करना,

(iii) अनुसन्धान की विधितन्त्रीय व्यवस्था को आधार प्रदान करते हुए निर्देशित करना,

(iv) प्रयोगात्मक प्रविधियों के मूल्यांकन की कसौटियां प्रदान करना,

(v) सिद्धान्त के निर्माण के लिए कार्यकारी उपकरण के रूप मे कार्य करना तथा,

(vi) निगम पद्धति का प्रयोग करते हुए निष्कर्ष निकालने में सहायता पहुंचाना।

उपर्युक्त विवेचना से प्राक्कल्पना का महत्व स्पष्ट हो जाता है फिर भी सदैव सभी वैज्ञानिक अध्ययन खोज और प्राक्कल्पनाओं से ही आरम्भ नहीं हुए हैं। न्यूटन का गुरुत्वाकर्षण का सिद्धान्त, पेनिसिलीन, एक्सरे, रेडियम और अनेक अन्य आविष्कार किसी प्राक्कल्पना के आधार पर नहीं वरन् संयोग का ही परिणाम है। फिर भी हम **गुडे** एवं **हाट** के इस कथन को स्वीकार करते हैं, "इस (प्राक्कल्पना) के अभाव में अनुसन्धान एक प्रकार से निरुद्देश्य अथवा अनिर्दिष्ट विचारहीन भटकता है।

प्राक्कल्पना की सीमाएं (Limitations of Hypothesis)

प्राक्कल्पनाएं सामाजिक अनुसन्धान में मार्गदर्शन की दृष्टि से महत्वपूर्ण हैं। फिर भी यदि इनका प्रयोग सावधानी से नहीं किया जाता है तो ये अध्ययन के लिए खतरा भी पैदा कर सकती हैं। इसके दोष या सीमाएं निम्नांकित है:

(1) **अध्ययनकर्ता का प्रतिष्ठा बिन्दु** (Prestige Point of the Investigator) : कई बार अध्ययनकर्ता अपनी प्राक्कल्पना को श्रेष्ठ व सही मान लेता है और उसके साथ अपने सम्मान को जोड़ लेता है। ऐसी स्थिति में वह प्राक्कल्पना के विपरीत यथार्थ तथ्यों को भी स्वीकार नहीं करना चाहता। यह स्थिति वैज्ञानिक सत्य तक पहुंचने में बाधक है।

(2) **प्राक्कल्पना आधारित तथ्य** (Hypothesis Based Facts) : प्रारम्भ में अध्ययनकर्ता प्राक्कल्पना के आधार पर ही तथ्यों का संकलन करता है, किन्तु उसे चाहिए कि वह वास्तविक तथ्यों के आधार पर अपनी प्राक्कल्पना में संशोधन एवं परिवर्तन कर ले। ऐसा न करने पर संकलित तथ्य हानिप्रद एवं व्यर्थ सिद्ध होते हैं। इस सन्दर्भ में **फ्राई** (Fry) ने लिखा है, "मात्र विशिष्ट प्रश्नों के सन्दर्भ में ही तथ्यों का संकलन नहीं करना चाहिए वरन् एक संस्था अथवा परिस्थिति की गवेषणा में प्रश्नों को सदैव सुझाव के रूप में समझना चाहिए।

(3) **प्राक्कल्पना में अटूट विश्वास** (Full Confidence in Hypothesis) : कई बार अध्ययनकर्ता प्राक्कल्पना को अपने अध्ययन का मार्गदर्शक न मानकर उसे सिद्ध करने के पक्ष में ही तथ्यों का संकलन करता है। ऐसी स्थिति में अध्ययन की वैज्ञानिकता समाप्त हो जाती है। इसलिए **पी. वी. यंग** ने लिखा है "एक अनुसन्धानकर्ता को अपनी प्राक्कल्पना की शुद्धता को स्थापित करने के उद्देश्य से अध्ययन का प्रारम्भ नहीं करना चाहिए।"

(4) **विशिष्ट अभिरुचियों तथा संवेगों का प्रभाव** (Influence of Specific Interests and Emotions) : कई बार अनुसन्धानकर्ता अपनी किसी विशिष्ट रुचि और संवेग के कारण एक विशेष अध्ययन-विषय का चुनाव करता है और उसके प्रति पक्षतापूर्ण रवैया अपनाता है, तब उसके द्वारा किया जाने वाला अध्ययन अवैज्ञानिक हो जाता है।

स्पष्ट है कि यद्यपि प्राक्कल्पनाएं अनुसन्धान के लिए उपयोगी होती हैं, फिर भी उनके प्रयोग में सावधानी बरतनी चाहिए। इस सन्दर्भ में **वैस्टावे** (Westa-way) ने उचित ही लिखा है, "प्राक्कल्पनाएं वे लोरियां हैं जो कि असावधान को गाना गाकर सुला देती है।" **पी.वी. यंग** लिखती हैं, "यदि अध्ययनकर्ता वास्तविक वैज्ञानिक भावना के आधार पर किसी विशेष परिस्थिति में तथ्यों को सिद्ध करने की ओर नहीं वरन् सीखने और समझने की ओर बढ़ता है, तब उसकी प्राक्कल्पना कोई निहित स्वार्थ नहीं बनेगी और यदि नवीन तथ्य उसकी प्राक्कल्पना को असत्य सिद्ध करते हैं तो उसकी ख्याति तथा प्रतिष्ठा को कोई आघात नहीं पहुंचेगा।"

प्राक्कल्पना निर्माण में प्रमुख कठिनाइयां
(Main Difficulties in Formulation of Hypothesis)

प्राक्कल्पना का निर्माण करना कोई सरल कार्य नहीं है। **गुडे** एवं **हाट** के अनुसार इसके अन्तर्गत दो प्रकार की कठिनाइयां आ सकती हैं–सैद्धान्तिक ढांचे से सम्बन्धित तथा अध्ययन प्रणालियों से सम्बन्धित।

(I) **सैद्धान्तिक ढांचे से सम्बन्धित** (Related to theoretical framework): प्राक्कल्पना के निर्माण में सैद्धान्तिक ढांचे से सम्बन्धित निम्नांकित कठिनाइयां आ सकती हैं:

(1) **ढांचे के तार्किक एवं कुशल प्रयोग का अभाव** (Lack of logical and efficiet use of frame): यदि सैद्धान्तिक ढांचा उपलब्ध है, किन्तु प्राक्कल्पना निर्माण में उसका प्रयोग तार्किक एवं कुशलतापूर्वक करने में अध्ययनकर्ता अक्षम है, तब भी सही प्राक्कल्पना का निर्माण नहीं किया जा सकता।

(2) **स्पष्ट ढांचे की अनुपस्थिति** (Absence of definite frame work): कई बार ऐसी स्थिति भी होती है कि अनुसन्धानकर्ता को विषय से सम्बन्धित सिद्धान्तों का ही ज्ञान नहीं होता है तब वह उपयुक्त प्राक्कल्पनाओं का निर्माण नहीं कर पाता। नवीन विज्ञानों के सन्दर्भ में यह बात अधिक खरी उतरती है।

(II) **अध्ययन प्रणालियों से सम्बन्धित** (Related to research techniques): वर्तमान वैज्ञानिक ज्ञान एव अनुसन्धान की प्रणालियों में बहुत अधिक वृद्धि हुई है जिनके बारे में सभी को जानकारी होना आवश्यक नहीं है। आज सामाजिक सम्बन्धों का अध्ययन एवं अभिव्यक्ति गणितीय सूत्रों में की जाने लगी है। कम्प्यूटर द्वारा अध्ययन में मदद ली जाती है। अत: यह आवश्यक है कि प्राक्कल्पनाओं के निर्माण में अध्ययनकर्ता अध्ययन प्रणालियों को भी ध्यान में रखे ताकि अध्ययन में समय, श्रम और धन की बचत की जा सके।

इनके अतिरिक्त कुछ अन्य कठिनाइयां इस प्रकार हैं :

(1) **सजातिवाद या समूह केन्द्रितता** (Ethnicentrism) : दूसरों की तुलना में अपने समूह, जाति, प्रजाति के प्रति व्यक्ति के मन मे संवेदनशीलता और भावात्मक लगाव होता है, जिसे सजातिवाद या समूह केन्द्रितता कहते हैं। ऐसी दशा में व्यक्ति अन्य समाजों, समूहों एवं संस्कृतियों की तुलना में अपने समाज, समूह, और संस्कृति

को श्रेष्ठ समझता है। ऐसी स्थिति में प्राक्कल्पना निर्माण में व्यक्ति का स्वयं का पक्षपात आना स्वाभाविक ही है। **पी. वी. यंग** ने प्राक्कल्पना के निर्माण के समय अध्ययनकर्ता को तीन बातों का ध्यान रखने का सुझाव दिया है:

(अ) अनुसन्धानकर्ता की तीक्ष्ण दृष्टि,

(ब) नियन्त्रित कल्पना शक्ति तथा रचनात्मक चिन्तन,

(स) सैद्धान्तिक ढांचे की उपलब्धता तथा उसका ज्ञान।

(2) **घटना की परिवर्तनशीलता** : सामाजिक घटनाओं की यह विशेषता है कि वे परिवर्तनशील हैं। जो स्थिति आज है, वह कल नहीं रहेगी। मानव के विचार, विश्वास, भावनाएं और मनोवृत्तियां बदलती रहती हैं, अतः उनके बारे में अनुमान लगाना कठिन है। मानव सम्बन्धों को प्रभावित करने वाले कारक एवं उनके पारस्परिक सम्बन्ध भी बदलते रहते हैं, अतः उनके बारे में प्राक्कल्पना का निर्माण करना कठिन कार्य है।

(3) **अध्ययनकर्ता का पक्षपात** : प्राक्कल्पना निर्माण में एक कठिनाई अध्ययनकर्ता की अभिनति या पक्षपात भी है। यदि वह किसी पूर्वाग्रह से ग्रसित है या किसी घटना के प्रति भावात्मक लगाव रखता है तो उसके द्वारा निर्मित प्राक्कल्पना के दोषपूर्ण एवं अवैज्ञानिक होने की सम्भावना रहती है।

अन्त में हम **कोहेन** के शब्दों में कह सकते हैं कि "जो विषय के पूर्व ज्ञान के अभाव में कोरे मस्तिष्क से अनुसन्धान कार्य आरम्भ करते हैं, उन्हें वैज्ञानिक उपलब्धियां बड़ी कठिनता से प्राप्त होती हैं। कुछ प्राप्त करने के लिए हमें विषय की पूर्ण जानकारी होनी चाहिए। किसी पूर्ण ज्ञान के अभाव में हम नही जान पाते कि किन तथ्यों को खोजना है तथा जांच हेतु क्या प्रासंगिक है? प्राक्कल्पना का निर्माण करते समय उपर्युक्त सभी बातों को ध्यान में रखना अत्यन्त आवश्यक है।

4

अनुसूची एवं अनुसंधान प्रारूप
(Schedule and (Research Design)

प्रस्तावना (Introduction)

सामाजिक अनुसन्धान तथा सर्वेक्षण में सर्वाधिक महत्वपूर्ण बात विषय से सम्बन्धित वैध एवं विश्वसनीय तथ्यों का संकलन है। तथ्यों के संकलन की एक प्रमुख विधि अनुसूची है। यद्यपि प्रश्नावली और अनुसूची में पर्याप्त समानता है, फिर भी अनुसूची की अपनी निजी विशेषताएं हैं। इसके द्वारा साक्षात्कार एवं अवलोकन पर नियन्त्रण रखा जाता है। अनुसूची वास्तव में प्रश्नों की एक लिखित सूची होती है, जिसे अनुसन्धानकर्ता सूचनादाता से पूछता जाता और भरता जाता है।

अनुसूची को उत्तदाता के पास डाक द्वारा नहीं भेजा जाता है। प्रश्नावली में आने वाले दोषों के दूर करने के लिए भी अनुसूची विधि का प्रयोग किया जाता है। अनुसूची प्राथमिक तथ्यों का संकलन करने की एक ऐसी विधि है, जिसमें अवलोकन, साक्षात्कार तथा प्रश्नावली तीनों की ही विशेषताओं एवं गुणों का समन्वय पाया जाता है।

अनुसूची के माध्यम से वैयक्तिक मान्यताओं, सामाजिक अभिवृत्तियों, विश्वासों, विचारों, व्यवहार प्रतिमानों, समूह व्यवहारों, आदतों तथा जनगणना, आदि से सम्बन्धित तथ्यों का संकलन किया जाता है। इसके द्वारा संगृहीत तथ्यों में एकरूपता लाकर उनका गुणात्मक एवं संख्यात्मक मापन सरलता से किया जा सकता है।

यही कारण है कि वर्तमान में सामाजिक सर्वेक्षणों एवं अनुसन्धानों में अनुसूची का प्रयोग दिनोंदिन बढ़ता ही जा रहा है। सूचना की सजातीयता के लिए आवश्यक है कि सभी क्षेत्रीय कार्यकर्ता समान प्रश्न पूछें एवं एक ही प्रकार की सूचनाएं एकत्रित करें, जिसके लिए अनुसूची एक प्रमुख उपकरण है।

अनुसूची का अर्थ एवं परिभाषा
(Meaning and deffintion of Schedule)

अनुसूची एक फार्म के रूप में है जिसमें अध्ययन विषय से सम्बन्धित प्रश्न एवं सारणियां होती हैं, जिसे क्षेत्रीय कार्यकर्ता सूचनादाता से पूछकर या व्यक्तिगत रूप से अवलोकन करके भरता है।

विभिन्न विद्वानों ने इसको निम्नांकित प्रकार से परिभाषित किया है :

बोगार्डस (Bogardus) के अनुसार, "अनुसूची उन तथ्यों को प्राप्त करने की एक औपचारिक विधि है जो स्थूल रूप में होते है तथा जिन्हें सरलता से देखा जा सकता है... इस प्रकार अनुसूची अध्ययनकर्ता द्वारा स्वयं ही भरी जाती है।"

गुडे एवं **हाट** (Goode and Hatt) के अनुसार, "अनुसूची उन प्रश्नों के समूह का नाम है जो साक्षात्कारकर्ता द्वारा किसी दूसरे व्यक्ति से आमने-सामने की स्थिति में पूछे और भरे जाते हैं।"

डां, एम. एच, गोपाल के अनुसार, "अनुसूची उन विभिन्न मदों की एक विस्तृत, वर्गीकृत, नियोजित तथा क्रमबद्ध सूची होती है जिसके विषय में सूचनाएं एकत्रित करने की आवश्यकता पड़ती है।"

मैककोर्मिक (McCormic) के अनुसार, "अनुसूची उन प्रश्नों की एक सूची से अधिक कुछ नहीं है, जिनका उत्तर देना उपकल्पना या उपकल्पनाओं की जांच के लिए आवश्यक प्रतीत होता है।"

उपर्युक्त परिभाषाओं से स्पष्ट है कि अनुसूची अध्ययन विषय से सम्बन्धित प्रश्नों की एक व्यवस्थित एवं वर्गीकृत सूची होती है जिन्हें अध्ययनकर्ता साक्षत्कार द्वारा सूचनादाता को पूछता और भरता जाता है।

अनूसूची की विशेषताएं (Characteristics of Schedule)

अनुसूची की विशेषताओं के आधार पर हम इसे और भी अच्छी तरह से समझ सकते हैं :

(1) इसमें घटनाओं का अवलोकन भी होता है।

(2) इसे अध्ययनकर्ता स्वयं भरता है न कि उत्तरदाता।

(3) इसमें साक्षात्कार, अवलोकन एवं प्रश्नावली तीनों विधियों की विशेषताओं का समन्वय पाया जाता है।

(4) अनुसूची अध्ययनकर्ता पर नियन्त्रण भी रखती है जिससे कि वह अध्ययन विषय से परे न हटे।

(5) इसका प्रयोग छोटे क्षेत्र के अध्ययन के लिए ही विशेष रूप से किया जाता है, किन्तु अपवाद रूप में बड़े क्षेत्रों में भी इसका प्रयोग किया जा सकता है।

(6) अनुसूची अध्ययन-समस्या से सम्बन्धित शीर्षक, उप-शीषर्क एवं प्रश्नों से सम्बन्धित एक व्यवस्थित तथा वर्गीकृत सूची होती है।

(7) इसे एक प्रपत्र अथवा फार्म के रूप में छपवाया जाता है जिसमें क्रमबद्ध रूप से प्रश्न रखे जाते हैं।

(8) इसे भरने के लिए अध्ययनकर्ता उत्तरदाता से प्रत्यक्ष व्यक्तिगत एवं आमने-सामने का सम्पर्क करता है।

(9) अनुसूची का प्रयोग शिक्षित एवं अशिक्षित दोनों ही प्रकार के उत्तरदाताओं के लिए किया जाता है।

(10) अनुसूची में प्रश्नों को एक निश्चित क्रम में रखा जाता है और उसी क्रम में पूछा जाता है उनमें क्रम परिवर्तन की छूट नहीं होती है।

अनुसूची के उद्देश्य (Objectives of a Schedule)

एम.एच. गोपाल ने अनुसूची के उद्देश्यों को बताते हुए लिखा है, "इसका प्रयोग सूचना-स्रोतों से प्रत्यक्ष रूप में निश्चित परिमाणात्मक तथा वैषयिक सूचना प्राप्त करने में होता है। कभी-कभी उदाहरणार्थ, एक पूर्वागामी सर्वेक्षण में इसे अनुसन्धान के प्रोत्साहन हेतु प्रयोग किया जा सकता है। यह प्रामाणिक तथा माप योग्य सूचनाएं प्रदान करती हैं।" इसके प्रमुख उद्देश्य निम्नांकित हैं :

(1) अनुसूची में अध्ययनकर्ता की स्मरण शक्ति पर भरोसा नहीं किया जाता, क्योंकि उसकी भी एक सीमा होती है। वह कुछ तथ्य भूल सकता है। इसलिए इसमें प्रश्न लिखित में होते हैं जिन्हें हाथों-हाथ सूचनादाता से पूछकर भरना होता है।

(2) अनुसूची का प्रमुख उद्देश्य प्रामाणिक, विश्वसनीय एवं यथार्थ सूचनाएं संकलित करना है।

(3) तथ्यों का एक व्यवस्थित क्रम में संकलन करना।

(4) अध्ययन-समस्या के बारे में वैषयिक सूचना संकलित करना।

(5) स्थानीय एवं क्षेत्रीय अध्ययन करना।

(6) इसमें अनावश्यक तथ्यों के संकलन से बचा जाता है।

(7) इसका उद्देश्य गुणात्मक तथ्यों को संख्यात्मक तथ्यों में प्रकट कर उन्हें अनुमापन योग्य बनाना है।

अनुसूची के प्रकार (Types of Schedule)

लुण्डबर्ग ने तीन प्रकार की अनुसूचियों का उल्लेख किया है–

(1) अभिवृत्तियों तथा विचारों का निर्धारण एवं मापन करने वाली अनुसूचियां,

(2) वस्तुनिष्ठ तथ्यों का एकत्रित करने वाली अनुसूचियां। इनके भी तीन प्रकार हैं–

(अ) अध्ययनकता के प्रत्यक्ष अवलोकन पर आधारित,

(ब) जिन व्यक्तियों के पास वांछित तथ्य उपलब्ध हैं, उनके साक्षात्कार पर आधारित,

(स) बिना साक्षात्कार के प्रश्नावलियों पर आधारित।

(3) सामाजिक संस्थाओं एवं संगठनों की स्थिति तथा कार्यों को जानने से सम्बन्धित अनुसूचियां। **श्रीमती पी. वी. यंग** ने चार प्रकार की अनुसूचियों का उल्लेख किया है :

(1) प्रलेख अनुसूची,

(2) मूल्यांकन अनुसूची,

(3) संस्था सर्वेक्षण अनुसूचियां।

(4) अवलोकन अनुसूची,

हम यहां अनुसूची के प्रमुख प्रकारों का उल्लेख करेंगे।

(1) **प्रलेख अनुसूची** (Document Schedule) : **श्रीमती यंग** के अनुसार, "इन अनुसूचियों का उपयोग ऐसी सामग्री का आलेखन करने के लिए किया जाता है, जिन्हें विभिन्न प्रकार के प्रलेखों, व्यक्तिगत जीवन इतिहासों तथा अन्य सामग्री से प्राप्त किया जाता है।" इस प्रकार की अनुसूचियों का उपयोग लिखित प्रलेखों जैसे आत्मकथा, डायरियों, सरकारी तथा गैर–सरकारी दस्तावेजों, आदि से प्रश्नों का उत्तर प्राप्त करने के लिए किया जाता है। इस प्रकार की अनुसूचियों का प्रयोग किसी विषय की प्रारम्भिक जानकारी प्राप्त करने के लिए किया जाता है जिनके बारे में लिखित प्रलेखों से सूचनाएं मिलने की सम्भावनाएं हों।

(2) **मूल्यांकन अनुसूची** (Rating Schedule) : इस प्रकार की अनुसूची का प्रयोग किसी विषय के बारे में लोगों की अभिवृत्ति, रुचि, राय, विश्वास तथा अनुमति, आदि के सांख्यिकीय मापन हेतु किया जाता है। सामाजिक समस्याओं एवं घटनाओं के मूल्यांकन, गुण–निर्धारण तथा तुलनात्मक

क्षमता जांचने के लिए भी इस प्रकार की अनुसूचियों का प्रयोग किया जाता है। समाजमितीय अध्ययनों (Sociometric Studies), समाजशास्त्र एवं मनोविज्ञान में भी इनका काफी प्रयोग हुआ है। इसमें सूचनादाता की पसंद-नापसंद तथा पक्ष-विपक्ष के विचारों को जाना जाता है।

(1) **अवलोकन अनुसूची** (Observation Schedule) : इस प्रकार की अनुसूची का प्रयोग अंध्ययनकर्ता अपने अवलोकन को लिखने के लिए करता है। इसमें वह सूचनादाता से प्रश्न नहीं पूछता है, वरन् घटनाओं का अवलोकन कर स्वयं ही प्रश्नों के उत्तरों को भर देता है। एक प्रकार से यह अवलोकन पथ-प्रदर्शिका (Observation guide) होती है। यह अनुसन्धानकर्ता पर नियन्त्रण रखती है और उसे किस प्रकार की सूचनाएं संकलित करनी हैं, इसका मार्ग-र्दशन भी करती है। इस प्रकार की अनुसूची का प्रयोग **डोराथी टामस** एवं शर्लेट बूट्कर द्वारा अपने अध्ययन में किया गया। इसके गुण निम्नांकित हैं :

(i) यह अनुसन्धानकर्ता का पुनः स्मरण की शक्ति प्रदान करती है।

(ii) यह विषयात्मक अभिलेख को सम्भव बनाती है।

(iii) यह प्रमापीकरण को सम्भव बनाती है।

(iv) यह विषय क्षेत्र को सीमित करने एवं आवश्यक तथ्यों पर ध्यान देने में सहायक होती है।

(3) **संस्था, सर्वेक्षण अनुसूची** (Institution Survey Schedule) : **श्रीमती पी.वी. यंग** के अनुसार, "किसी संस्था के किसी विशेष पक्ष, उसकी आन्तरिक एवं बाह्य समस्याओं तथा कार्यकलापों का अध्ययन किया जाता है। जनगणना के लिए इसी प्रकार की अनुसूचियों का प्रयोग किया जाता है। इस प्रकार की अनुसूचीयों से पंचायतों, सरकारी समितियों शिक्षण संस्थाओं, जेलों, आदि की कार्यप्रणाली का अध्ययन सरलता से किया जा सकता है।

(4) **साक्षात्कार अनुसूची** (Interview Schedule) : इस प्रकार की अनुसूंचियों में सूचनाएं प्रत्यक्ष साक्षात्कार के द्वारा एकत्रित की जाती हैं। इसमें निश्चित प्रश्न अथवा खाली सारणी दी हुई होती है, जिन्हें साक्षात्कारकर्ता सूचनादाता से पूछकर भरता है। इसके द्वारा साक्षात्कार को व्यवस्थित एवं क्रमबद्ध किया जाता है। इनसे प्राप्त सूचनओं का वर्गीकरण एवं सारणीयन बहुत आसान होता है। सहायक सूचनाओं की प्राप्ति, संगृहीत सामग्री की जांच अथवा अध्ययन को प्रारम्भ करने के लिए इस प्रकार की अुनसूची का प्रयोग किय जाता है। इस प्रकार की अनुसूची के प्रमुख लाभ इस प्रकार हैं–

(i) इसके द्वारा विश्वसनीय एवं प्रामाणिक सूचनाए प्राप्त होती हैं,

(ii) व्यक्तिगत सम्पर्क के कारण इसमें अनुसन्धानकर्ता सूचनादाता को सूचना देने के लिए प्रेरित कर सकता है,

(iii) इसमें प्राप्त सूचनाओं का सत्यापन हो जाता है,

(iv) कई घटनाओं का अवलोकन द्वारा भी सत्यापन हो जाता है,

(v) इसके द्वारा अशिक्षित उत्तरदाताओं से भी सूचनाएं प्राप्त की जा सकती हैं,

(vi) इसके द्वारा अध्ययनकर्ता की स्मरण शक्ति पर आवश्यकता से अधिक भरोसा करने की जरूरत नहीं पड़ती।

साक्षात्कार अनुसूची की कुछ सीमाएं भी हैं जैसे–

(i) इसमें उत्तरदाता से प्रश्नों के उत्तर प्राप्त किये जाते है, अतः उसे विचार-विमर्श व सलाह मशविरा का समय नहीं मिलता। ऐसी स्थिति में कई बार सूचनाएं यथार्थ, विश्वसनीय एवं प्रामाणिक नहीं हो पातीं।

(ii) सूचनाओं को लिखने में अध्ययकर्ता का पक्षपात आने की सम्भावना रहती है।

(iii) अनुसन्धानकर्ता सूचनाओं को लिखने एवं प्रश्नों के उत्तरों के निशान लगाने में त्रुटि कर सकता है।

(iv) इसके द्वारा सीमित क्षेत्र का ही अध्ययन हो सकता है।

(v) समय, श्रम एवं धन की दृष्टि से यह एक खर्चीली विधि है।

(vi) सभी सूचनादाताओं से सम्पर्क सम्भव नहीं हो पाता।

(vii) सर्वगुण सम्पन्न अनुसूची का निर्माण असम्भव है।

अनुसूची द्वारा सूचना-प्राप्ति
(Collecting Information Through Schedule)

केवल मात्र अनुसूची का निर्माण करने से ही सूचनओं का संकलन नहीं हो जाता वरन् इसके लिए विभिन्न स्तरों से गुजरना पड़ता हैं :

(1) **अनुसूचियों का सम्पादन** (Editing of Schedules) : अनुसूचियों की भलीभाति जांच के बाद उनका सम्पादन किया जाता है। सम्पादन में निम्न चरण अपनाए जाते है :

(i) **अनुसूचियों का वर्गीकरण** (Classification of Schedules) : क्षेत्र से अनुसूचियों के आ जाने के बाद उन्हें वगीकृत किया जाता है, उन्हें शीर्षकों के अनुसार अलग–अलग भागों में बांट दिया जाता है तथा उन पर सम्बन्धित चिटें लगा दी जाती हैं, साथ ही विभिन्न प्रविष्टियों की जांच भी करली जाती है।

(ii) **संकेतन** (Coding) : वर्गीकरण के पश्चात् विभिन्न प्रश्नों, प्रगणकों, क्षेत्रों को एक विशेष संकेत संख्या, (Code Number) दे दी जाती है तथा यह संकेत प्राय: संख्याओं के रूप में होता है। इन संकेतों के आधार पर ही अनुसूचियों को दूर से ही पहचाना जाता है। इसके बाद सूचनाओं का निर्वचन तथा निष्कर्ष निकाला जाता है और अध्ययन का प्रतिवेदन तैयार किया जाता है।

(2) **कार्यकर्ताओं का चुनाव** (Selection of Investigators) : उत्तरदाताओं के सम्पर्क स्थापित करने तथा अनुसूची के भरने के लिए प्रगणकों तथा कार्यकर्ताओं का चयन किया जाता है क्योंकि उनकी योग्यता, कुशलता तथा परिश्रम पर ही अनुसूची भरना और अध्ययन की सफलता निर्भर है। कार्यकर्ता अनुभवी, निष्पक्ष, कुशल, चतुर, ईमानदार, धैर्यवान एवं स्थानीय परिस्थितियों से परिचित होने चाहिए। कार्यकर्ताओं को अध्ययन क्षेत्र में भेजने से पूर्व प्रशिक्षित भी किया जाना चाहिए। इस दृष्टि से प्रशिक्षण शिविर तथा गोष्ठियों का अयोजन किया जाना चाहिए।

(3) **अनूसूची का पूर्व परीक्षण** (Pretesting of Schedule) : जिस प्रकार से प्रश्नावली द्वारा सूचना संकलित करने से पूर्व का उसका परीक्षण किया जाता है, उसी तरह से अनुसूची का भी पूर्व–परीक्षण किया जाता है। इससे प्रश्नों के सम्बन्ध में विभिन्न कमियों का पता लगता है तथा इससे उत्तरों में क्रम का अभाव, 'नहीं मालूम' वाले प्रश्न, उत्तर देने से मना करने वाले प्रश्न, अनिश्चित उत्तरों वाले प्रश्न, आदि के बारे में जानकारी प्राप्त होती है। इन कमियों को दूर करने के पश्चात् ही अनुसूची को प्रयोग में लिया जाता है।

(4) **उत्तरदाताओं का चुनाव** (Selection Responsdents) : अनुसूची का निर्माण करने के बाद सर्वप्रथम उन लोगों का चुनाव करना होता है जिनसे साक्षात्कार के द्वारा अनुसूची को भरा जाना है। उत्तरदाताओं का चुनाव जनगणना पद्धति अथवा निदर्शन पद्धति में से किसी के भी आधार पर किया जा सकता है।

(5) **सूचना संकलन** (Collection of Data) : कार्यकर्ताओं को प्रशिक्षण देने के बाद उन्हें संकलित करने के लिए क्षेत्र में भेजा जाता है। क्षेत्र में निम्नांकित तीन प्रकियाओं से गुजरना पड़ता है :

(i) **उत्तरदाता से सम्पर्क** (Contact with Respondents) : अनुसूची को भरने के लिए क्षेत्र कार्यकर्ताओ को सर्वप्रथम उत्तरदाताओं से सम्पर्क स्थापित करना पड़ता है इसके लिएउसे अपनी व्यवहार-कुशलता, नम्रता और प्रभावपूर्ण भाषा का उपयोग करना चाहिए ताकि उत्तरदाता सूचना देने के लिए तैयार हो जाए।

(ii) **साक्षात्कार** (Interview) : सूचनादाता से सम्पर्क के बाद विषय से सम्बन्धित सूचनाएं ज्ञात करने के लिए अध्ययनकर्ता सूचनादाता का साक्षात्कार लेता है। साक्षात्कार के दौरान अध्ययनकर्ता को अपनी कुशलता का परिचय देना चाहिए तथा साक्षात्कार को बोझिल न बनाकर रोचक बनाना चाहिए।

(iii) **सूचना-प्राप्ति** (Getting information) : साक्षात्कार के दौरान अध्ययनकर्ता का प्रमुख उद्देश्य विषय से सम्बन्धित विश्वसनीय एवं प्रामाणिक सूचनाएं संकलित करना होना चाहिए। कई बार सूचनादाता द्वारा जान-बूझकर गलत, अस्पष्ट और अशुद्ध सूचनाएं दे दी जाती हैं। इनसे बचने के लिए सूचनादाता के मन में विश्वास पैदा करना चाहिए।

(6) **अनुसूचियों की जांच** (Checking of Schedules) : जब अनुसन्धान का कार्य बड़े पैमाने पर होता है तो अध्ययनकर्ता भरी हुई अनुसूचियों को अध्ययन संस्थान अथवा कार्यालय में भेज देता है जहां उनकी जांच की जाती है। वहां यह देखा जाता है कि कोई सूचना छूट तो नहीं गई है अथवा गलत स्थान पर तो अंकित नहीं की गई हैं अस्पष्ट और अस्वच्छ लिखी हुई अनुसूचियों को पुन: अनुसन्धानकर्ता के पास भेज दिया जाना चाहिए।

अनुसूची तथा प्रश्नावली की तुलना
(Comparision of Schedule and Questionnaire)

अनुसूची तथा प्रश्नावली दोनों ही सामाजिक सर्वेक्षण एवं अनुसन्धान में तथ्य संकलन की महत्वपूर्ण विधियां हैं। ये दोनों एक-दूसरे की पूरक विधियां कहीं जाती हैं तथा अनेक विद्वानों ने इन दोनों शब्दों का एक-दूसरे के स्थान पर प्रयोग किया है। **एम. एच. गोपाल** ने तो प्रश्नावली को स्पष्ट रूप से अनुसूची का ही प्रतिरूप बताया है। इन दोनों उपकरणों में इतनी समानता है कि सामान्यत: लोग इन दोनों

उपकरणों में इतनी समानता है कि सामान्यतः लोग इन दोनों के लिए प्रश्नावली शब्द का ही प्रयोग करते हैं। जब छोटे क्षेत्र में स्थानीयं स्तर पर अनुसन्धानकर्ता द्वारा स्वयं सूचनादाता से सम्पर्क कर प्रश्नों को भरा जाता है तो उसे अनुसूची और यदि विशाल एवं दूरदराज क्षेत्र में फैले सूचनादाता के पास प्रश्नसूची को डाक द्वारा भेजा जाता है तो उसे प्रश्नावली कहा जाता है। इन दोनों में प्रमुख समानताएं इस प्रकार हैं :

(1) अनुसूची और प्रश्नावली दोनों ही अध्ययन विषय से सम्बन्धित प्रश्नों का एक व्यवस्थित समूह होती हैं।

(2) दोनों के प्रश्न निर्माण में समान सावधानियां रखी जाती हैं।

(3) दोनों का ही उद्देश्य अध्ययन विषय के बारे में गुणात्मक एवं संख्यात्मक तथ्यों का संकलन करना है।

(4) दोनों की शब्द रचना एवं प्रश्नों की भाषा में पर्याप्त समानता होती है।

(5) दोनों की बाह्य रचना, आकृति, लम्बाई, रूप-रंग तथा कागज में समानता पायी जाती है।

(6) दोनों के ही द्वारा प्राथमिक सूचनाएं संकलित की जाती हैं।

इन समानताओं के बावजूद भी प्रश्नावली तथा अनुसूची में कुछ आधारभूत अन्तर हैं :

अन्तर (Difference)

(1) **प्रत्युत्तर का प्रतिशत** : अनुसूची द्वारा प्राप्त प्रत्युत्तर की सम्भावना शत-प्रतिशत होती है, जबकि प्रश्नावली में यह प्रतिशत बहुत प्रयत्न करने पर भी 50 से अधिक नहीं हो पाता।

(2) **सूचना प्राप्ति** : अनुसूची के प्रश्नों का उत्तर अनुसन्धानकर्ता सूचनादाता से पूछकर स्वयं भरता है।

(3) **प्रयोग विधि** : अनुसूची का प्रयोग अनुसन्धानकर्ता साक्षात्कार के द्वारा करता है। वह सूचनादाता से स्वयं प्रश्न पूछता जाता है, जबकि प्रश्नालियों को सूचनादाता के पास डाक द्वारा भेजा जाता है और वे पुनः डाक द्वारा ही लौटायी जाती हैं।

(4) **शिक्षा के आधार पर** : अनुसूची का प्रयोग शिक्षित ओर अशिक्षित दोनों प्रकार के सूचनादाताओं के लिए किया जा सकता है जबकि प्रश्नावली केवल शिक्षित लोगों के लिए ही प्रयोग में लायी जा सकती है।

(5) **निदर्शन** : अनुसूची द्वारा अध्ययन करने के लिए चुना गया निदर्शन अधिक प्रतिनिधित्वपूर्ण होता है क्योंकि उसमें शिक्षित और अशिक्षित सभी प्रकार के सूचनादाता हो सकते हैं, जबकि प्रश्नावली में केवल शिक्षित उत्तरदाताओं का ही चयन किया जाता है, अत: वे समग्र का पूर्ण प्रतिनिधित्व नहीं करते।

(6) **अवलोकन** : अनुसूची का प्रयोग करने के दौरान अवलोकन भी किया जा सकता है, जबकि प्रश्नावली में इसका अवसर नहीं रहता।

(7) **सूचनादाता से सम्पर्क** : अनुसूची को भरने के लिए अनुसन्धानकर्ता को सूचनादाता से प्रत्यक्ष सम्पर्क करना पड़ता है जबकि प्रश्नावली में सम्पर्क नहीं किया जाता, वे तो डाक द्वारा भेज दी जाती हैं।

(8) **अध्ययन-क्षेत्र** : अनुसूची का प्रयोग छोटे एवं सीमित क्षेत्रों में स्थानीय स्तर पर किया जाता है, जबकि प्रश्नावली का प्रयोग विशाल एवं विस्तृत क्षेत्र के लिए किया जाता है जहां प्रश्नावलियों को डाक द्वारा भेजना सम्भव होता है।

(9) **अध्ययन की गहनता** : अनुसूची द्वारा प्राप्त सूचनाएं गहन, विस्तृत एवं विश्वसनीय होती हैं क्योंकि अध्ययनकर्ता की उपस्थिति के कारण प्रश्नों से सम्बन्धित कठिनाई समझा दी जाती है जबकि प्रश्नावली द्वारा सतही और मोटी-मोटी बातें ही ज्ञात की जा सकती हैं।

(10) **प्रश्न का उत्तर** : अनूसूची में प्रश्नों की रचना प्रगणक अथवा अनुसन्धान-कर्ता के स्तर से की जाती है, प्रश्नावली में सूचनादाता के स्तर से।

(11) **समय, श्रम एवं धन** : अनूसूची द्वारा किसी क्षेत्र का अध्ययन करने में अधिक समय, कार्यकर्ता एवं धन की आवश्यकता होती है, किन्तु प्रश्नावली में समय, कार्यकर्ता एवं धन की आवश्यकता अपेक्षतया कम होती है।

(12) **पक्षपात** : अनुसूची मे अनुसन्धानकर्ता सूचना लिखने में अपनी राय एवं पक्ष का प्रभाव डाल सकता है। वह सूचनादाता के विचारों को भी प्रभावित कर सकता है, जबकि प्रश्नावली में सूचनादाता स्वतन्त्र रूप से अपने विचार व्यक्त करता है, अत: उसमें पक्षपात आने के सम्भावना नहीं रहती।

(13) **व्याख्यात्मक टिप्पणियां** : प्रश्नावली में चूंकि अनुसन्धानकर्ता उपस्थित नहीं होता है, अत: तकनीकी शब्दों तथा इकाइयों को समझने के लिए व्याख्यात्मक टिप्पणियां तथा फुटनोट्स भी दिये जाते हैं जबकि अनुसूची में अनुसन्धानकर्ता स्वयं ही उपस्थित होता है, अत: इनकी आवश्यकता नहीं होती।

अनुसूची और प्रश्नावली में अन्तर के आधार पर किसी एक को दूसरे से श्रेष्ठ नहीं माना जा सकता। इनका सम्बन्ध अध्ययन-क्षेत्र, सूचनादाताओं की प्रकृति एवं उपयोग की भिन्नता से है और इन्हीं के आधार पर हमें यह तय करना होगा कि कौन-सी विधि को अपनाया जाय। भारत जैसे देश में यहां शिक्षा का अभाव और सांस्कृतिक भिन्नता बहुत है, अनुसूची का प्रयोग अधिक लाभप्रद है। विभिन्न विद्वानों ने अलग-अलग अध्ययनों में दोनों को ही उपयोगी पाया है। **रेमजे** ने यौन व्यवहारों के अध्ययन में अनुसूची को अधिक उपयोगी पाया। **फिंगर** ने यौन विश्वासों तथा कॉलेज छात्रों के व्यवहार के अध्ययन में प्रश्नावली एवं अनुसूची द्वारा समान रूप से उपयोगी सूचनाएं संकलित कीं। **एलिस** ने कांलेज छात्राओं के प्रेम सम्बन्धों की जानकारी प्राप्त करने में प्रश्नावली को अधिक उपयुक्त पाया। **फैंजन** तथा **लेजार्सफील्ड** ने साक्षात्कार व अनुसूची की तुलना में डाक-प्रेषित प्रश्नावली से अधिक अच्छे परिणाम प्राप्त किये।

अनुसूची के गुण (लाभ) (Merits or Advantages of schedule)

अनुसूची सामाजिक अनुसन्धान में संलग्न क्षेत्रीय कार्यकर्ताओं के लिए एक महत्वपूर्ण उपकरण है। इसे सामाजिक अनुसन्धान में बहुत ही उपयोगी प्रविधि माना जाता हैं इसका कारण इसकी निम्नांकित उपयोगिताएं, गुण अथवा लाभ हैं:

(1) **अनावश्यक तथ्यों से छुटकारा** : अनुसूची में ऐसे तथ्यों का संकलन नहीं किया जाता है, जिनका अनुसन्धान विषय से सम्बन्ध न हो।

(2) **प्राथमिक तथ्यों का संकलन** : अनुसूची द्वारा समस्या के बारे में प्राथमिक तथ्यों का संकलन सम्भव है।

(3) **प्रामाणिक एवं विश्वसनीय सूचनाएं** (Valid and Reliable Informations): अनुसूची में स्वयं अनुसन्धानकर्ता साक्षातकार तथा अवलोकन के आधार पर वैध तथा विश्वसनीय सूचनाओं को संकलित करता है।

(4) **साक्षात्कार एवं अवलोकन का लाभ** : अनुसूची में अवलोकन एवं साक्षात्कार दोनों विधियों का प्रयोग होने से इसमें दोनों विधियों के गुण पाये जाते हैं।

(5) **व्यक्तिगत सम्पर्क** (Personal Contact) : अनुसूची को भरने के लिए अनुसन्धानकर्ता सूचनादाता से व्यक्तिगत व आमने-सामने के सम्पर्क में आता है। इससे सूचनादाता के मन में अपनत्व की भावना पैदा हो जाती है और वह तथ्यों की सही-सही जानकारी दे देता है। अनुसन्धानकर्ता सूचनादाता के मन में अध्ययन से सम्बन्धित उत्पन्न भय, सन्देह और भ्रम को भी दूर कर देता है।

(6) **सूचनाएं लिखने की सुविधा** (Facility of Noting the Data) : अनुसूची द्वारा संकलित तथ्य हमारे पास लिखित रूप में उपलब्ध रहते हैं, अत: हमें अपनी स्मरणशक्ति एवं कल्पना पर आश्रित नहीं रहना पड़ता। क्या प्रश्न पूछने हैं, यह अनुसूची में पहले से ही लिखा होता है, अत: किसी सूचना के छूट जाने या भूल जाने की सम्भावना भी नहीं रहती।

(7) **सांख्यिकीय विश्लेषण सरल** (Satistical Analysis Easier) : अनुसूची में प्रश्नों की क्रमबद्धता एवं सारणियां होने के कारण प्राप्त सूचनाओं का सांख्यिकीय विश्लेषण सरलता से किया जा सकता है।

(8) **मानवीय तत्व की प्रधानता** (Prominence of Human Element) : अनुसूची में मानवीय तत्व प्रारम्भ से अन्त तक उपस्थित रहता है अत: सूचना संकलन की प्रक्रिया रोचक, आकर्षक एवं सरस हो जाती है। अध्ययनकर्ता व सूचनादाता परस्पर सम्पर्क में आते हैं एवं एक-दूसरे से कुछ ग्रहण करते हैं और अनुसन्धान मानवीय अनुसन्धान बन जाता है।

(9) **अधिकतम प्रत्युत्तर** (Maximum Response) : अनुसूची में चूंकि अनुसन्धानकर्ता स्वयं सूचनादाता के समक्ष उपस्थित होता है, अत: वह अधिकाधिक प्रत्युत्तर प्राप्त करने का प्रयत्न करता है। वह सूचनादाता को सूचना देने के लिए प्रेरणा भी देता है।

(10) **स्पष्टीकरण सम्भव** (Clarification Possible) : अनुसूची में अध्ययनकर्ता का सूचनादाता से प्रत्यक्ष सम्पर्क होता है, अत: वह प्रश्नों की भाषा में आने वाली कठिनाई, अस्पष्टता, आदि को स्पष्ट कर देता तथा सूचनादाता की शंकाओं एवं जिज्ञासाओं का भी निवारण कर देता है। ऐसा करके वह अधिकतम सूचनाएं प्राप्त करने में सफल हो जाता है।

(11) **अवलोकन की सुविधा** (Facility of Observation) : अनुसूची में अनुसन्धानकर्ता को प्रश्नों का उत्तर भरने के साथ-साथ अवलोकन की सुविधा भी रहती है। अत: वह घटनाओं की वास्तविकता को समझ सकता है। इसमें अध्ययनकर्ता की अवलोकन शक्ति में भी वृद्धि होती है।

(12) **सभी वर्गों के लिए उपयोगी** (Useful for all Strata) : अनुसूची का प्रयोग समाज के सभी वर्गों, चाहे वे शिक्षित हों या अशिक्षित, के लिए किया जा सकता है, क्योंकि अनुसन्धानकर्ता अपनी उपस्थिति के कारण अशिक्षितों को भी प्रश्नों को समझाकर सूचनाएं संकलित कर लेता है।

(13) **निदर्शन सम्बन्धी दोषों का निवारण** (Removal of Sampling Defects) : प्रश्नावली में तो अध्ययन के लिए समग्र में से केवल शिक्षित

लोगों को ही चुना जाता है, अत: समग्र का पूर्ण प्रतिनिधत्व नहीं हो पाता। किन्तु अनुसूची में सभी प्रकार के लोगों को अध्ययन सम्भव है, अत: निदर्शन में समुचित प्रतिनिधित्व न होने का दोष नहीं आ पाता।

(14) **दोषपूर्ण लिखावट से बचाव** : चूंकि अनुसूची में अनुसन्धानकर्ता स्वयं ही सूचनाओं को लेखबद्ध करता है, अत: वह दूसरों द्वारा लिखने पर आने वाले दोषों से बच जाता है तथा सामग्री को सरलता से समझ सकता है।

इस प्रकार अनुसूची अध्ययनकर्ता का मार्ग-दर्शन करती है व अनुसन्धान के क्षेत्रों का निर्धारण करने में सहायता देती है। इसके महत्व को प्रकट करते हुए **श्रीमती पी.वी. यंग** ने लिखा है, "अध्ययन के लिए अनुसूची एक पथ-प्रदर्शक, अध्ययन-क्षेत्र का निर्धारण करने वाला एक साधन, स्मरण शक्ति को बनाए रखने वाला उपकरण तथा तथ्यों को लेखबद्ध करने वाली एक सरल प्रविधि है।"

अनुसूची के दोष (सीमाएं)
(Demerits or Limitations of Schedule)

अनेक गुणों के होने के उपरान्त भी अनुसूची की निम्नांकित सीमाएं हैं :

(1) **एक जोखिम भरी प्रविधि** (A Risky Technique) : कई बार अनुसूची द्वारा अध्ययन जोखिमपूर्ण होता है। अनुसन्धानकर्ता का व्यवहार चाहे कितना ही विनम्र क्यों न हो, किन्तु कई बार भावात्मक तथा व्यक्तिगत जीवन से सम्बन्धित तथ्यों के संकलन में सूचनादाता के विरोध और आक्रोश की सम्भावना रहती है, यहां तक कि कई बार वे मारपीट पर भी उतारू हो जाते हैं।

(2) **सीमित क्षेत्र में उपयोग** (Used in a Limited Area) : अनूसूची का उपयोग केवल सीमित और छोटे क्षेत्र में ही हो सकता है। अधिक कार्यकर्ताओं की आवश्यकता होने तथा अधिक समय और धन खर्च होने के कारण बड़े क्षेत्रों के अध्ययन के लिए अनुसूची विधि अनुपयोगी रहती है।

(3) **सार्वभौमिक प्रश्नों का अभाव** (Lack of Universal Questions) : अनुसूची में ऐसे सार्वभौमिक प्रश्नों का निर्माण कठिन है जिन्हे सभी उत्तरदाता समान रूप से समझें ओर उत्तर दें। प्रश्नों की रचना करते समय पर्याप्त सावधानी रखने के बावजूद भी ऐसे प्रश्नों का निर्माण सरल नहीं है जो सभी बौद्धिक, शैक्षणिक तथा सांस्कृतिक स्तर के लोगों के लिए समान रूप से प्रयुक्त हो सकें।

(4) **सम्पर्क की समस्या** (Problem of Making Contacts) : आधुनिक जीवन इतना व्यस्त है कि सभी सूचनादाताओं से सम्पर्क कर पाना कठिन

है। व्यस्तता के कारण अध्ययनकर्ता को सूचनादाता के पास सम्पर्क के लिए बार-बार जाना होता है, फिर यह भी सम्भव नहीं है कि एक ही बार के सम्पर्क में सारी सूचनाएं संकलित कर ली जाएं। ऐसी स्थिति में सूचनाएं अपूर्ण ही रह जाती हैं।

(5) **अधिक समय और धन की आवश्यकता** (Highly Expensive and Time Consuming) : अनुसूची का प्रयोग करने के लिए अध्ययनकर्ता को प्रत्येक उत्तरदाता से सम्पर्क करना पड़ता है जिसके लिए बहुत अधिक समय की आवश्यकता होती है साथ ही कई अध्ययनकताओं की भी आवश्यकता होती है जिनके प्रशिक्षण, वेतन, आदि पर बहुत अधिक धन व्यय करना पड़ता है। इस प्रकार समय एवं धन की दृष्टि से अध्ययन की यह एक महंगी प्रणाली है।

(6) **संगठनात्मक समस्याएं** (Organisational Problems) : अनुसूची द्वारा अनुसन्धान का संचालन जब बड़े पैमाने पर करना हो तो कई कार्यकर्ताओं की आवश्यकता होती है। इन कार्यकर्ताओं को प्रशिक्षित करने, उनका मार्गदर्शन करने, उनके द्वारा बनी हुई अनुसूची की जांच करने, आदि के लिए एक बड़े संगठन की आवश्यकता होती है जिसका संचालन करने में अनेक प्रशासन सम्बन्धी समस्याएं आती हैं।

(7) **अनुसन्धानकर्ताओं की लापरवाही** (Negligence of Investigators) : कई बार अनुसन्धानकर्ता एवं परिगणक अध्ययन के प्रति लापरवाही बरतते हैं क्योंकि उनकी नियुक्ति अस्थायी तौर पर होती है। इसलिए वे अनुसन्धान कार्य में रुचि नहीं लेते और कई बार फर्जी तौर पर अनुसूचियों की खानापूर्ति कर देते हैं।

(8) **सूचनादाताओं का पक्षतापूर्ण व्यवहार** (Bias in Informant's Behaviour) : अनुसूची में अनुसन्धानकर्ता सूचना देने के लिए सूचनादाता को प्रेरित करता है, ऐसी स्थिति में कई बार सूचनादाता वही उत्तर देता है जो अनुसन्धानकर्ता पसन्द करता है। कई बार अध्ययनकर्ता प्रश्नों के उत्तर लिखने में अपने विचारों का भी प्रभाव डालता है। अध्ययनकर्ता की भाषा तथा शैली के आधार पर ही सूचनादाता के व्यवहार में पक्षपात आने की सम्भावना रहती है।

अनुसूची की उपर्युक्त सीमाओं के बावजूद भी सामाजिक अनुसन्धान तथा सर्वेक्षण में प्रमाणिक, विश्वसनीय तथा वैषयिक तथ्यों के संकलन में इसकी उपादेयता

अद्वितीय है और यह प्रणाली सदैव ही महंगी नहीं कही जा सकती। इसकी सफलता, इसकी उपयुक्त रचाना तथा अनुसन्धानकर्ता की कुशलता पर बहुत कुछ निर्भर करती है। वर्तमान में अनेक सरकारी तथा गैर-सरकारी अध्ययनों में इसका प्रयोग अधिकाधिक किया जाने लगा है।

अनुसूची का नमूना

कानपुर के औद्योगिक मजदूरों की आवासीय स्थिति का सर्वेक्षण करने हेतु निर्मित अनुसूची

(1) नाम...

(2) पता ...

(3) आयु...

(4) जाति...

(5) धर्म...

(6) शिक्षा का स्तर ...

(7) मासिक आय ...

(8) आप जिस कारखाने में काम करते हैं उसका नाम ...

(9) आपके साथ रहने वाले सदस्यों का विवरण

क्रम संख्या	**नाम**	**कर्मचारी से सम्बन्ध**	**आयु**	**अविवाहित अथवा विवाहित**
1				
2				
3				
4				
5				

(10) आपका मकान कच्चा है अथवा पक्का?

(11) आपका मकान निजी है या किराये का?

(12) यदि किराये का है तो आप मासिक कितना किराया देते हैं।

(13) आपका निवास कौन-सी मंजिल पर है?

(14) आपके पास कितने कमरे हैं?

कमरों की संख्या	लम्बाई	चौड़ाई	क्षेत्रफल
1			
2			
3			

(15) क्या रसोईघर की अलग व्यवस्था है? हां/नहीं

(16) स्नान घर की व्यवस्था अलग/सम्मिलित /बिल्कुल नहीं

(17) पाखाने की व्यवस्था अलग/सम्मिलित/बिल्कुल नहीं

(18) नल की व्यवस्था अलग/सम्मिलित/बिल्कुल नहीं

(19) बिजली की व्यवस्था है या नहीं ? हां/ नहीं है

(20) क्या आपके मकान में और भी परिवारर साथ रहते हैं ? हां/नहीं

(21) यदि हां तो उनके सदस्यों की कुल संख्या ?

(22) क्या आपके पास ऐसे कमरे हैं जिनमें सूर्य की रोशनी नहीं आती है ?

(23) क्या आपके पास ऐसे कमरे हैं जिनमें खिड़की एवं रोशनदान नहीं हैं ?

(24) आप की गर्मियों में सोने की व्यवस्था क्या है

(अ) कमरे में (ब) छत पर (स) सड़क पर

(25) आप कब से इस मकान में रह रहे हैं ?

माह ... वर्ष ...

(26) आपका मकान आपके कारखाने से कितना दूर है ?

(27) आप घर से कारखाना कैसे पहुंचते है ?

(अ) पैदल (ब) साइकिल

(स) बस (द) ट्रेन

(इ) अन्य कोई साधन

(28) क्या आपके कारखाने द्वारा श्रमिकों के लिए आवास-गृह की सुविधा है? हां/नहीं

(29) क्या यह सुविधा आपको भी दी गई ? हां/नहीं

(30) यदि दी गई तो आपने उसे प्राप्त क्यों नहीं किया?

(कारण)

1 2 3 4 5

(31) आप अपने वर्तमान आवास से किन बातों से सन्तुष्ट हैं ?

(32) आप अपने वर्तमान आवास से किन बातों को लेकर असन्तुष्ट हैं।

अनुसन्धान प्रारूप (Research Design)

सामाजिक शोध-अध्ययनों में कई आधारों पर भिन्नता पायी जाती है। कुछ शोध-कार्य किसी जिज्ञासा को शान्त करने के लिए, तो कुछ केवल ज्ञान-प्राप्ति के लिए किये जाते हैं, कुछ का लक्ष्य प्राक्कल्पनाओं का निर्माण तथा कुछ का किसी प्राक्कल्पना की सत्यता की जांच करना होता है। किसी शोध का लक्ष्य किसी घटना का यथार्थ चित्रण करना, किसी का सामाजिक समस्याओं के निराकरण हेतु विकल्पों का पता लगाना तथा कुछ का सामाजिक नियोजन एवं नियोजित परिवर्तन की प्रभावकता का पता लगाना और समाज-कल्याण व विकास कार्यक्रमों के सफल संचालन में योग देना है। इन विभिन्न लक्ष्यों या प्रयोजनों के आधार पर सामाजिक शोध या अनुसन्धान के निम्नलिखित प्रकार हो सकते हैं :

I. अन्वेषणात्मक अथवा निरूपणात्मक शोध (Exploratory or Formulative Research)

जब शोधकर्ता किसी सामाजिक घटना के पीछे छिपे कारणों को ढूंढ निकालना चाहता है ताकि किसी समस्या के सैद्धान्तिक एवं व्यावहारिक पक्ष के सम्बन्ध में पर्याप्त ज्ञान प्राप्त हो सके, तब अध्ययन के लिए जिस शोध का साहारा लिया जाता है, उसे अन्वेषणात्मक या निरूपणात्मक शोध कहते हैं। इस प्रकार के शोध का उद्देश्य किसी समस्या के सम्बन्ध में प्राथमिक जानकारी प्राप्त करके प्राक्कल्पना (Hypothesis) का निर्माण और अध्ययन की रूपरेखा तैयार करना है। **हंसराज** नामक विद्वान ने बताया है, "अन्वेषणात्मक शोध किसी भी विशेष अध्ययन के लिए प्राक्कल्पना का निर्माण करने तथा उससे सम्बन्धित अनुभव प्राप्त करने के लिए अनिवार्य है।" इस प्रकार के शोध द्वारा विषय अथवा समस्या का कार्य-कारण सम्बन्ध ज्ञात हो जाता है। परिणामस्वरूप, घटनाओं में व्याप्त नियमितता एवंशृंखलाबद्धता को स्पष्टत: समझा जा सकता है। इस प्रकार के शोध के माध्यम से शोध-विषय की उपयुक्तता का पता भी लगाया जाता है। उदाहरण के रूप में, यदि हम यह जानना चाहते हैं कि किशोरों एवं युवकों में विचलित व्यवहार या अपराधी व्यवहार के लिए कौन-कौन से कारण उत्तरदायी हैं तो इसके लिए हमें अन्वेषणात्मक शोध का सहारा ही लेना पड़ेगा।

इस प्रकार की शोध की सफलता के लिए कुछ अनिवार्य दशाओं का होना आवश्यक है। अन्य शब्दों में ऐसे शोध के लिए निम्नलिखित अनिवार्यताओं पर

विशेष रूप से ध्यान दिया जाना चाहिए :

(i) **सही सूचनादाताओं का चुनाव** (Selection of Proper Respondents): शोध की सफलता इस बात पर निर्भर करती है कि ऐसे सूचनादाताओं का चयन किया जाए जिनसे विषय के सम्बन्ध में ऐसी महत्वपूर्ण जानकारी मिल सके जो अध्ययन हेतु वास्तविक अन्तर्दृष्टि प्रदान कर सके। सूचनादाताओं का चुनाव प्रत्यक्ष एवं अप्रत्यक्ष दोनों ही विधियों के द्वारा किया जाना चाहिए। उदाहरण के रूप में, यदि ग्राम पंचायतों का अध्ययन करना है तो प्रत्यक्ष विधि के अन्तर्गत सरपंचों, पंचों तथा ग्राम पंचायतों से सम्बन्धित अधिकारियों व कर्मचारियों में से कुछ का चयन किया जाना चाहिए। अप्रत्यक्ष विधि के अन्तर्गत उन लोगों का चयन किया जाना चाहिए जो प्रत्यक्ष रूप से ग्राम पंचायत से सम्बन्धित तो नहीं है, परन्तु, जिसके पास इससे सम्बन्धित महत्वपूर्ण जानकारी है। ऐसे व्यक्तियों में स्कूल अध्यापकों, अन्य सरकारी कर्मचारियों तथा गांव के कुछ सम्मानित एवं समझदार नागरिकों को लिया जा सकता है। इससे विषय के विभिन्न पक्षों को समझने में मदद मिलेगी।

(ii) **अनुभव सर्वेक्षण** (Experience Survey) : यहां विषय से सम्बन्धित अनुभव रखने वाले लोगों का पता लगाना, अध्ययन हेतु उनका चुनाव करना, उनसे सम्पर्क स्थापित करना और उनके अनुभवों से लाभ उठाना इस प्रकार के शोध में आवश्यक है। कभी-कभी शिक्षा के अभाव, साधनों की सीमितता एवं कुछ अन्य कारणों से कुछ अनुभव प्राप्त व्यक्ति अपने अनुभवों को लिखित में मूर्तरूप नहीं दे पाते। ऐसे व्यक्तियों को खोज निकालना और उनके अनुभवों से विषय के सम्बन्ध में जानकारी प्राप्त करना शोधकर्ता के लिए नितान्त आवश्यक है। यह जानकारी उसके लिए पथ-प्रदर्शक के रूप में कार्य करेगी।

(iii) **उपयुक्त प्रश्न पूछना** (Proper Questioning) : शोधकर्ता की सफलता इस बात पर निर्भर करती है कि सूचना प्राप्ति हेतु प्रश्न बहुत सावधानीपूर्वक बनाये जायें। साथ ही किसी उपयुक्त विधि द्वारा प्रश्न पूछे जायें ताकि, विषय से सम्बन्धित सही जानकारी मिल सके। इसके अभाव में महत्वपूर्ण सूचनाएं उपलब्ध नहीं हो सकेंगी।

(iv) **अन्तर्दृष्टि-प्रेरक घटनाओं का विश्लेषण** (Analysis of Insight Stimulating Cases): विषय के विभिन्न पहलुओं के सम्बन्ध में शोधकर्ता का ज्ञान सामान्यत: सीमित होता है। इसी कमी को दूर करने हेतु आवश्यक

है कि सभी पहलुओं का गहनता के साथ अध्ययन एवं विश्लेषण किया जाये, सभी पक्षों को उजागर करने वाली घटनाओं का सूक्ष्म अवलोकन एवं अध्ययन किया जाये। ऐसा करने वे विषय के सम्बन्ध में एक ऐसी अन्तर्दृष्टि प्राप्त होगी जो शोधकार्य की सफलता के लिए अत्यन्त आवश्यक है।

(v) **सम्बद्ध साहित्य का अध्ययन** (Review of Pertinent Literature) : विषय से सम्बन्धित प्रकाशित एवं अप्रकाशित साहित्य का अध्ययन प्रथम अनिवार्यता है। इसके अभाव में हम विषय को सही रूप में नहीं समझ सकेंगे और न ही ठीक से प्राक्कल्पना का निर्माण कर पायेंगे। अतः आवश्यक है कि सर्वप्रथम विषय से सम्बन्धित उपलब्ध साहित्य का गहनता के साथ अध्ययन किया जाये। इससे श्रम, समय तथा व्यय में बचत होगी।

अन्वेषणात्मक शोध के प्रमुख कार्य

अन्वेषणात्मक शोध के प्रमुख कार्य इस प्रकार हैं:

(i) शोधकार्य को एक विश्वनीय रूप में प्रारम्भ करने हेतु आधार-शिला तैयार करना।

(ii) विज्ञान की सीमाओं का विस्तार कर उसके क्षेत्र को विकसित करना।

(iii) अध्ययन हेतु महत्वपूर्ण विषयों पर ध्यान केन्द्रित करने हेतु शोधकर्ता का प्रेरित करना।

(iv) पूर्व निर्धारित प्राक्कल्पनाओं का तात्कालिक दशाओं के सन्दर्भ में परीक्षण करना।

(v) महत्वपूर्ण सामाजिक समस्याओं की ओर शोधकर्ता के ध्यान को आकर्षित करना।

(vi) अन्तर्दृष्टि-प्रेरक घटनाओं का विश्लेषण करना एवं अध्ययन के नवीन क्षेत्रों को विकसित करना।

(vii) विभिन्न शोध-पद्धतियों के प्रयोग की उपयुक्तता की सम्भावना का पता लगाना।

(viii) शोधकार्य से सम्बन्धित निश्चितता की स्थिति को दूर कर उसे निश्चित स्वरूप प्रदान करना।

(ix) अनुसन्धान हेतु नवीन प्राक्कल्पनाओं को विकसित करना।

अन्वेषणात्मक शोध के उपर्युक्त कार्यों से स्पष्ट है कि यह उन आधारों को

प्रदान करता है जो सफल शोध-कार्य के लिए अत्यन्त महत्वपूर्ण हैं। इसी बात को स्पष्ट करने हेतु **सेलटिज** एवं उनके साथियों ने बताया है "अन्वेषणात्मक शोध (अनुसन्धान) उस अनुभव को प्राप्त करने के लिए आवश्यक है जो कि अधिक निश्चित शोध हेतु उचित प्राक्कल्पना (Hypothesis) के निर्माण में सहायक होगा।"

II. वर्णनात्मक शोध (Descriptive Research)

वर्णनात्मक शोध एक ऐसी शोध है जिसका उद्देश्य विषय या समस्या के सम्बन्ध में यर्थाथ या वास्तविक तथ्यों को एकत्रित कर उनके आधार पर एक विवरण प्रस्तुत करना है। सामाजिक जीवन से सम्बन्धित कई पक्ष ऐसे होते हैं जिनके सम्बन्ध में भूतकाल में कोई गहन अध्ययन नहीं किये गये। ऐसी दशा में यह आवश्यक हो जाता है कि सामाजिक जीवन से सम्बद्ध विभिन्न पक्षों के सन्बन्ध में जानकारी प्राप्त की जाये, वास्तविक तथ्य या सूचनाएं एकत्रित की जायें और उन्हें जनता के सम्मुख प्रस्तुत किया जाये। यहां मुख्य जोर इस बात पर दिया जाता है कि विषय से सम्बन्धित एकत्रित किये गये तथ्य वास्तविक एवं विश्वसनीय हों अन्यथा जो वर्णनात्मक होने के बजाय दार्शनिक ही होगा। यदि हमें किसी जाति समूह या समुदाय से सामाजिक जीवन के सम्बन्ध में कोई जानकारी प्राप्त नहीं है तो हमारे लिए आवश्यक है कि किसी वैज्ञानिक प्रविधि को काम में लेते हुए वास्तविक तथ्य एकत्रित किये जायें। तथ्यों को प्राप्त करने हेतु अवलोकन, साक्षात्कार, अनुसूची, प्रश्नावली अथवा किसी अन्य प्रविधि का प्रयोग किया जा सकता है। इन प्रविधियों के प्रयोग का उद्देश्य यही है कि यथार्थ सूचनाएं एकत्रित की जायें। ऐसे शोध में घटनाओं को यथार्थ रूप में चित्रित करने पर विशेष बल दिया जाता है।

वर्णनात्मक शोध की विशेषताएं

वर्णनात्मक शोध की प्रमुख विशेषताएं निम्नलिखित हैं :

(i) वर्णनात्मक शोध के विभिन्न चरण वैज्ञानिक विधि के चरणों के समान ही होते हैं। इसमें विषय का सावधानीपूर्वक चुनाव, उचित प्रविधियों का प्रयोग, निदर्शन-प्रणाली द्वारा उत्तरदाताओं का चयन, वास्तविक तथ्यों का संकलन तथा पक्षपात-रहित होकर परिणामों का विश्लेषण करना, आदि बातें आती हैं।

(ii) इस प्रकार की शोध (अनुसन्धान) में विषय या समस्या के विभिन्न पक्षों पर सविस्तार प्रकाश डाला जाता है।

(iii) यदि किसी विषय से सम्बन्धित कोई अध्ययन पूर्व में नहीं गया हो तो उसके अध्ययन के लिए वर्णनात्मक शोध को ज्यादा उपयुक्त समझा जाता है।

(iv) वर्णनात्मक अनुसन्धान में शोधकर्ता की भूमिका एक समाज-सुधारक या भविष्यवक्ता के रूप में नहीं होकर एक वैज्ञानिक अर्थात् निष्पक्ष अवलोकनकर्ता के रूप में होती है।

(v) इस प्रकार के अध्ययन में सामान्यत: किसी प्राक्कल्पना का निर्माण नहीं किया जाता।

शोध-कार्य में ध्यान देने योग्य बातें

वर्णनात्मक शोध में निम्नलिखित बातों का ध्यान देना अत्यन्त आवश्यक है।

(i) वर्णनात्मक शोध-कार्य काफी विस्तृत होता हैं, अत: उसे समयबद्ध एवं व्यय में मितव्ययतापूर्ण होना आवश्यक है। ऐसे अध्ययन में समय एवं धन की काफी आवश्यकता पड़ती है। अत: इस बात की सावधानी रखी जानी चाहिए कि अनावश्यक मदों पर श्रम, समय एवं धन को नष्ट नहीं किया जाये।

(ii) शोध-विषय या समस्या का चुनाव सावधानीपूर्वक इस प्रकार से किया जाना चाहिए कि उससे सम्बद्ध सभी आवश्यक एवं निर्भर-योग्य तथ्य एकत्रित किये जा सकें।

(iii) शोध-कार्य को वैज्ञानिक आधार प्रदान करने के लिए आवश्यक है कि तथ्यों के संकलन के लिए प्रविधियों का चुनाव पूर्ण सावधानी के साथ किया जाये।

(iv) वर्णनात्मक शोध में वस्तुनिष्ठ दृष्टिकोण बनाये रखने की अत्यन्त आवश्यकता है। इसका कारण यह है कि पक्षपात, मिथ्या झुकाव एवं पूर्वधारणा, आदि के अध्ययन में प्रवेश कर जाने की काफी सम्भावना रहती है। अपने अध्ययन-विवरण को वस्तुनिष्ठता की कीमत पर रोचक बनाने के लोभ से शोधकर्ता को अपने आपको बचाना चाहिए।

वर्णनात्मक शोध-कार्य के चरण

वर्णनात्मक शोध-कार्य के सफलतापूर्वक संचालन के लिए निम्नलिखित चरणों से गुजरना आवश्यक होता है :

(i) **प्रतिवेदन (रिपोर्ट) का प्रस्तुतीकरण** (Reporting) : यहां अध्ययन विषय के सम्बन्ध में तथ्य-युक्त विवरण एवं सामान्य निष्कर्ष प्रस्तुत किये जाते हैं। यहां इस प्रकार की भाषा का प्रयोग किया जाना चाहिए कि लोग उसका भिन्न-भिन्न अर्थ नहीं लगा सकें।

(ii) **आंकड़ों का संकलन एवं उनकी जांच** (Collection and Scrutiny of Data) अध्ययन की इकाइयों का किसी निदर्शन-पद्धति द्वारा चुनाव कर लेने के पश्चात् वैज्ञानिक प्रविधियों अर्थात् अवलोकन, साक्षात्कार, अनुसूची अथवा प्रश्नवली का सहारा लेते हुए आवश्यक तथ्य एकत्रित किये जाते हैं।

साथ ही उचित रीति से इन तथ्यों की जांच भी की जाती है ताकि अध्ययन में अनावश्यक बातें सम्मिलित नहीं हो सकें।

(iii) **तथ्य-संकलन की प्रविधियों का चुनाव** (Selection of the Techniques of Data Collection) : तथ्य-संकलन की विभिन्न प्रविधियों में से विषय या समस्या की प्रकृति के अनुरूप उपयुक्त प्रविधि का चुनाव शोध-कार्य को सफलतापूर्वक आगे बढ़ाने की दृष्टि से नितान्त आवश्यक है। इसके अभाव में विषय से सम्बद्ध प्रमाणिक तथ्यों एवं आंकड़ों को एकत्रित नहीं किया जा सकता।

(iv) **निर्दशन का चुनाव** (Selection of Samples) : समूह या समग्र की प्रत्येक इकाई का समय एवं साधनों की सीमितता के कारण अध्ययन किया जाना सम्भव नहीं होता। अत: सम्पूर्ण जनसंख्या में से निदर्शन की किसी उपयुक्त विधि की सहायता से कुछ प्रतिनिधि इकाइयों का चुनाव कर लिया जाता है। इन इकाइयों का अध्ययन कर जो निष्कर्ष निकाले जाते हैं, वे सम्पूर्ण जनसंख्या पर लागू होते हैं तथा साथ ही काफी विश्वसनीय भी होते हैं।

(v) **शोध के उद्देश्यों का प्रतिपादन** (Formulating the Objectives of the Study) : सर्वप्रथम शोध के उद्देश्यों को निर्धारित किया जाता है, तत्पश्चात् उद्देश्यों को स्पष्टत: परिभाषित किया जाता है। यहां शोध से सम्बद्ध मौलिक प्रश्नों को स्पष्ट किया जाता है। ऐसा करने से अनावश्यक तथ्यों के संकलन एवं धन व श्रम की बर्बादी को रोका जा सकता है।

(vi) **तथ्यों का विश्लेषण** (Analysis of Data) : इसका तात्पर्य यह है कि जिन तथ्यों को संकलित किया गया है, उनका समानता एवं भिन्नता के आधार पर अलग-अलग समूहों में वर्गीकरण किया जाता है, उनका सारणीयन किया जाता है। साथ ही तथ्यों की सांख्यिकीय विवेचना भी की जाती है। इस कार्य हेतु वस्तुनिष्ठ एवं प्रशिक्षित अध्ययनकर्ता का होना परम आवश्यक है।

III. परीक्षणात्मक शोध (प्रयोगात्मक शोध) (Experimental Research)

इसे प्रयोगात्मक शोध या व्याख्यात्मक शोध (Explanatory Research) के नाम से पुकारते हैं। **चेपिन** ने लिखा है, "समाजशास्त्रीय शोध में परीक्षणात्मक प्ररचना की अवधारणा नियन्त्रण की दशाओं के अन्तर्गत अवलोकन द्वारा मानवीय सम्बन्धों के अध्ययन की ओर संकेत करती है।" स्पष्ट है जिस प्रकार भौतिक विज्ञानों में विषय को नियन्त्रित अवस्थाओं में रखकर उसका अध्ययन किया जाता है, उसी प्रकार नियन्त्रित अवस्थाओं में अवलोकन-परीक्षण के द्वारा सामाजिक घटनाओं का अध्ययन करने को ही परीक्षणात्मक शोध कहते हैं। इस प्रकार के शोध में समाजिक घटनाओं के कुछ पक्षों या चरों (Variables) को नियन्त्रित कर लिया जाता है और शेष चरों पर नवीन परिस्थितियों के प्रभाव का पता लगाया जाता है।

इस प्रकार के शोध द्वारा यह ज्ञात किया जा सकता है कि किसी समूह, समुदाय, सामाजिक तथ्य, सामाजिक घटना, आदि पर किसी नवीन परिस्थिति का कैसा और कितना प्रभाव पड़ा है। यहां नियन्त्रित दशा में प्रयोग किया जाता है। इस प्रकार के शोध का अर्थ स्पष्ट करते हुए **चेपिन** ने बताया है, "प्रयोग नियन्त्रित दशाओं में किया जाने वाला अवलोकन मात्र है। जब केवल अवलोकन किसी समस्या को प्रभावित करने वाले कारकों का पता लगाने में असफल रहता है, तब वैज्ञानिक के लिए प्रयोग (Experiment) का सहारा लेना आवश्यक हो जाता है।" इसी बात को **श्री विमल शाह** ने इस प्रकार प्रस्तुत किया है, "प्रयोग शब्द शोध के उस भाग की ओर निर्देश करता है जिसमें कुछ चरों को नियन्त्रित कर लिया जाता है जबकि अन्य में परिवर्तन लाया जाता और उनके प्रभावों को नियन्त्रित चरों पर देखा जाता है।" स्पष्ट है कि प्रयोगात्मक या परीक्षणात्मक शोध का सामाजिक विज्ञानों में वही महत्व है जो भौतिक विज्ञानों में प्रयोगशाला-पद्धति का है।

परीक्षणात्मक शोध तीन प्रकार के होते हैं : प्रथम, पश्चात् परीक्षण; द्वितीय, पूर्व-पश्चात् परीक्षण; तथा तृतीय, कार्यान्तर (ऐतिहासिक)-तथ्य परीक्षण।

(1) **पूर्व-पश्चात् परीक्षण** (Before-After Experiment) : इस विधि के अन्तर्गत दो समूहों का चुनाव नहीं करके केवल एक ही समूह का चुनाव किया जाता है। यहां इस समूह का अध्ययन दो विभिन्न अविधियों में किया जाता है और पूर्व (Before) तथा पश्चात् (After) के अन्तर को ज्ञात किया जाता है। पूर्व और पश्चात् किये गये अध्ययन के आधार पर यह मापा जाता है कि पूर्व की अवस्था और बाद की अवस्था में क्या अन्तर आया। यह अन्तर ही नवीन परिस्थिति या कारक का प्रभाव (परिणाम) है।

उदाहरण के रूप में, अध्ययन के लिये एक गांव को चुन लिया जाता है जहां परिवार-कल्याण कार्यक्रमर (Family Welfre Programme) के प्रभावों को मापा जाता है। एक अनुसूची की सहायता से यह पता लगा लिया जाता है कि गांव वालों ने इस कार्यक्रम को कहां तक स्वीकार किया है। यह पूर्व (Before) की स्थिति है जिसे अध्ययन की दृष्टि से हम प्रथम स्तर कह सकते हैं। फिर इस गांव मे रेडियो, दूरदर्शन, ग्राम-सेवक, स्कूल-अध्यापक, डॉक्टर, नर्स, आदि की सहायता से लोगों को परिवार कल्याण कार्यक्रम की अच्छाइयों से भली-भांति परिचित कराया जाता है। इस काल को उपचार-काल या द्वितीय स्तर के नाम से जाना जा सकता है। एक निर्धारित अवधि के पश्चात् इस गांव का पूर्व में निर्मित अनुसूची की सहायता से पुनः अध्ययन किया जाता है। यह पश्चात् (After) की स्थिति है जिसे तृतीय स्तर माना जा सकता है। अब पूर्व की स्थिति और पश्चात् की स्थिति में अन्तर ज्ञात हो जायेगा। पूर्व की बजाय अब यदि गांव वाले परिवार-कल्याण कार्यक्रम को अधिक मात्रा में अपनाते हैं, स्वयं आगे आकर इस कार्यक्रम का लाभ उठाते हैं तो इसे उपचार-काल (द्वितीय स्तर) में किये गये प्रयत्न का परिणाम माना जायेगा।

(2) **पश्चात् परीक्षण** (After Experiment) : इसमें सर्वप्रथम समान विशेषताओं का एवं प्रकृति वाले दो समूहों को चुन लिया जाता है। इनमें से एक समूह नियन्त्रित समूह (Controled Group) और दूसरा समूह परीक्षणात्मक (Experi-mental Group) के नाम से जाना जाता है। नियन्त्रित समूह में किसी प्रकार का कोई परिवर्तन लाने का प्रयत्न नहीं किया जाता है, उसे किसी चर, कारक या नवीन परिस्थिति द्वारा बदलने का प्रयास नहीं किया जाता। परीक्षणात्मक समूह में किसी नवीन परिस्थिति का प्रभाव नहीं पड़ने दिया जाता है। कुछ समय पश्चात् परीक्षणात्मक-समूह पर नवीन कारक या परिस्थिति के प्रभाव को मापा जाता है। यदि नियन्त्रित और परीक्षणात्मक दोनों ही समूहों में समान परिवर्तन आते है तो इसका तात्पर्य यह हुआ कि नवीन कारक या परिस्थिति का परीक्षणात्मक-समूह पर कोई प्रभाव नहीं पड़ा, यदि नियन्त्रित-समूह की तुलना में परीक्षणात्मक-समूह में परिवर्तन अधिक होते हैं तो इसका अर्थ यह हुआ कि नवीन परिस्थिति या कारक का प्रभाव पड़ा है। यहां उदाहरण के रूप में, दो समान समूह या गांवों को लिया जा सकता है जिनमें बाल-विवाह का काफी प्रचलन हैं इनमें से एक समूह में जिसे परीक्षणात्मक समूह मान

लिया गया है, बाल-विवाह के विरुद्ध काफी प्रचार-प्रसार किया जाता है। कुछ समय के बाद इस समूह की तुलना नियन्त्रित समूह से की जाती है जिसमें ऐसा कोई प्रचार-प्रसार नहीं किया गया। यदि बाल-विवाह के प्रचलन की दृष्टि से इन दोनों में अन्तर देखने को मिले और परीक्षणात्मक-समूह में बाल-विवाहों की मात्रा काफी कम हो जाये, तो इसे नवीन कारक अर्थात बाल-विवाह विरोधी प्रचार-प्रसार का प्रभाव माना जायेगा।

(3) **कार्यान्तर (ऐतिहासिक) तथ्य परीक्षण** (Ex-post Fact Experiment): अतीत से सम्बन्धित तथ्यों या किसी ऐतिहासिक घटना का अध्ययन करने के लिए इस विधि का प्रयोग किया जाता है। अतीत की घटनाओं को दोहराया नहीं जा सकता, उनकी पुनरावृत्ति शोध-कर्ता के लिए सम्भव नहीं है। उन्हें न तो नियन्त्रित किया जा सकता और न ही उनमें कोई परविर्तन लाया जा सकता है। ऐसी स्थिति में शोध-विधि को काम में लेते हुए प्राचीन अभिलेखों के भिन्न-भिन्न पक्षों का तुलनात्मक अध्ययन करके महत्वपूर्ण निष्कर्षों तक पहुंचा जा सकता है, उपयोगी परिणाम निकाले जा सकते हैं। अभिलेखों की तुलना में महत्वपूर्ण परिणामों को मापना सम्भव हो पाता है। इस विधि द्वारा अध्ययन हेतु सामान्यत: दो ऐसे समूहों का चुनाव किया जाता है जिनमें से एक समूह में जिसका कि उसे अध्ययन करना है, कोई ऐतिहासिक घटना घटित हो चुकी होती है एवं दूसरा ऐसा समूह जिसमें वैसी कोई घटना घटित नहीं हुई है। इन दोनों समूहों की पुरानी परिस्थितियों के तुलनात्मक अध्ययन के आधार पर यह ज्ञात करने का प्रयास किया जाता है कि एक समूह विशेष में उस घटना के घटित होने के क्या कारण हैं, कौन-सी परिस्थितियों ने उस घटना के घटित होने में योग दिया है। इस विधि के द्वारा ऐतिहासिक घटना-चक्रों का पता लगाकर वर्तमान अवस्थाओं या घटनाओं के कारणों की खोज की जाती है।

इस विधि द्वारा अध्ययन का एक अन्य उदाहरण प्रस्तुत करना भी यहां उचित होगा। मान लिया कि हमें अनुसूचित जनजातियों पर विभिन्न कल्याण-कार्यक्रमों के प्रभाव का अध्ययन करना है। इसके लिए हमें ऐतिहासिक तथ्यों का चुनना पड़ेगा कि कल्याण-कार्यक्रमों की जानकारी किन-किन लोगों को है या इन कार्यक्रमों का लाभ किन्हें मिला है। फिर यह पता लगाना होगा कि जो लोग इन कार्यक्रमों से लाभान्वित हुए हैं, उनकी आयु क्या है, उनका शैक्षणिक स्तर क्या है, वे किस-किस जनजाति के सदस्य हैं, उनकी आजीविका का स्त्रोत क्या है, वे किस क्षेत्र के रहने

वाले हैं। ऐसे अध्ययन का लाभ यह होगा कि तुलना के आधार पर यह पता लगया जा सकेगा कि कल्याण-कार्यक्रमों का लाभ उठाने में कौन सी जनजातियां आगे हैं। जिन जनजातीय लोगों ने इन योजनाओं का लाभ उठाया है, वे शिक्षित हैं या अशिक्षित तथा वे प्रमुखत: किस आयु-समूह में आते हैं साथ ही यह भी ज्ञात हो सकेगा कि कार्यक्रम का लाभ उठाने वाले लोगों में प्रमुख कौन हैं, क्या वे कृषिक हैं, कृषि श्रमिक हैं, दस्तकारी का काम करने वाले हैं या कारखानों में काम करने वाले मजदूर हैं। कुछ समय के पश्चात इन्ही कारकों को ध्यान में रखते हुए उन्हीं लोगों का पुन: अध्ययन किया जायेगा और तत्पश्चात् तुलना के आधार पर महत्वपूर्ण निष्कर्ष निकाले जा सकेंगे।

IV. विशुद्ध शोध (Pure Research)

विशुद्ध अनुसन्धान (शोध) व्यावहारिक उपयोगिता को दृष्टि में रखकर नहीं किया जाता। किसी समस्या के कारणों को ढूंढ़ निकालना और उसका हल प्रस्तुत करना भी विशुद्ध शोध के अन्तर्गत नहीं आता है। विशुद्ध शोध तो 'ज्ञान के लिए ज्ञान' (Knowledge for Knowledge Sake) के लक्ष्य को लेकर आगे बढ़ता है। जब किसी घटना की खोज ज्ञान-प्राप्ति हेतु की जाय और वह भी वैज्ञानिक तटस्थता या वस्तुनिष्ठता बनाये रखकर तो उसे विशुद्ध, मौलिक या आधारभूत शोध कहते हैं। इस प्रकार के शोध-कार्य में नीति-निर्माण या उपयोगिता का दृष्टिकोण सम्मिलित नहीं होता है। विशुद्ध शोध का लक्ष्य किसी समस्या को हल करना या किन्हीं आवश्यकताओं की पूर्ति करना नहीं है बल्कि ज्ञान की प्राप्ति, मौजूदा ज्ञान-भण्डार में वृद्धि और पुराने ज्ञान का शुद्धिकरण है। स्त्य की खोज, रहस्यों को जानने की इच्छा, सामाजिक घटनाओं को समझने की लालसा ही शोध-कर्ता के प्रमुख लक्ष्य होते हैं, इसी दृष्टि में वह निरन्तर प्रयत्नशील रहता है। ज्ञान की प्रप्ति मौजूदा ज्ञान के परिमार्जन एवं परिवर्द्धन के लिए वैज्ञानिक प्रविधियों को काम में लेते हुए जो शोध-कार्य किया जाता है, उसे ही विशुद्ध या मौलिक शोध कहते हैं। इस प्रकार के शोध-कार्य द्वारा सामाजिक जीवन के सम्बन्ध में मौलिक सिद्धान्तों एवं नियमों की खोज की जाती है।

विशुद्ध सामाजिक शोध का उद्देश्य सामाजिक घटनाओं में कार्य-कारण सम्बन्धों का पता लगाना होता है। साथ ही इस प्रकार के शोध-कार्य द्वारा घटनाओं में निहित या घटनाओं को संचालित करने वाले नियमों का पता लगाया जाता है। प्रत्येक घटना चाहे वह प्राकृतिक हो या सामाजिक, कुछ निश्चित नियमों को खोज निकालना विशुद्ध शोध का प्रमुख लक्ष्य है। प्राकृतिक घटनाओं को संचालित करने वाले अनेक नियमों का पता प्राकृतिक वैज्ञानिकों द्वारा विशुद्ध शोध के माध्यम से ही लगाया

जाता है। समाजशास्त्र भी सामाजिक घटनाओं के पीछे छिपे नियमों को खोज निकालने की दिशा में प्रयत्नशील है। इन नियमों की खोज के लिए विशुद्ध शोध का सहारा लेना आवश्यक है।

सामाजिक जीवन एवं घटनाओं के सम्बन्ध में मौलिक सिद्धान्तों एवं नियमों की खोज विशुद्ध शोध का एक प्रमुख कार्य है। इस प्रकार की शोध द्वारा न केवल नवीन ज्ञान की प्राप्ति एवं ज्ञान का भण्डार में वृद्धि ही की जाती है बल्कि, पुराने ज्ञान का पुनः परीक्षण द्वारा शुद्धिकरण भी किया जाता है। विशुद्ध शोध के द्वारा यह पता लगया जाता है कि परिस्थितियों के बदल जाने से सिद्धान्त एवं नियम वर्तमान में ठीक हैं या नहीं हो सकता है कि वे सही उतरें। यह भी सम्भव है कि वर्तमान में बदली हुई परिस्थितियों में उनमें संशोधन करना पड़े। अतः नवीन सिद्धान्तों एवं नियमों का प्रतिपादन तथा पुरानों का सत्यापन विशुद्ध शोध का एक मुख्य लक्ष्य है।

विशुद्ध शोध सम्बन्धित विज्ञानों की प्रगति एवं विकास में काफी योग देता है। इस प्रकार के शोध-कार्यों से सम्बन्धित विज्ञान के लिए अवधारणाओं एवं शब्दावली का विकास होता है। विशुद्ध शोध के अन्तर्गत शोध-विधियों की उपुयक्तता की जांच की जाती है।

निष्कर्ष के रूप में हम कह सकते है कि विशुद्ध शोध के निम्नलिखित पांच उद्देश्य हैं : प्रथम, ज्ञान-प्राप्ति; द्वितीय, नियमों की खोज; तृतीय, सामाजिक संरचना की निर्मायक इकाइयों के प्रकार्यात्मक सम्बन्धों की जानकारी; चतुर्थ, नवीन अवधारणाओं का प्रतिपादन; पंचम, शोध-विधियों की उपयुक्तता की जांच।

विशुद्ध शोध के सम्बन्ध में कुछ लोगों का कहना है कि 'ज्ञान के लिए ज्ञान' की पिपासा आज के इस भौतिकवादी युग में निरर्थक है। लेकिन यह बात सही नहीं है। आज भी ऐसे अनेक वैज्ञानिक हैं जो सत्य की खोज में निरन्तर लगे हुए हैं, उनमें अपने शोध-कर्ता के प्रति लगन है, अपूर्व उत्साह है। यहां हमें इस बात को ध्यान में रखना है कि नवीन ज्ञान की प्राप्ति एवं घटनाओं के पीछे नियमों की खोज अन्ततः मानव कल्याण में सहायक ही होती है। विशुद्ध शोध द्वारा प्राप्त ज्ञान का प्रयोग व्यावहारिक शोध के अन्तर्गत किया जा सकता और किया जाता है।

V. व्यावहारिक शोध (Applied Research)

फेस्टिंगर तथा **काज** ने बताया है कि जब उपयोगितावादी दृष्टिकोण को लेकर उद्योग या प्रशासन के लिए तथ्यों का संकलन किया जाता है एवं नीति-निर्माताओं को इसकी आवश्यकता होती है तो इसे व्यावहारिक शोध के नाम से जाना जाता है। **होर्टन** तथा **हण्ट** ने बताया है कि जब किसी ऐसे ज्ञान की खोज के लिए

वैज्ञानिक पद्धति (Scientific Method) का प्रयोग किया जाता है जिसकी व्यावहारिक समस्याओं को हल करने में उपयोगिता है, तो इसे व्यावहारिक शोध कहा जाता है। ज्ञान के व्यावहारिक पक्ष पर जोर देते हुए **श्रीमती पी.वी. यंग** ने लिखा है, "ज्ञान की खोज का लोगों की आवश्यताओं एवं कल्याण के साथ एक निश्चित सम्बन्ध पाया जाता है। वैज्ञानिक यह मानकर चलता है कि समस्त ज्ञान मूलतः उपयोगी है, चाहे उसका उपयोग निष्कर्ष निकालने में या किसी क्रिया अथवा व्यवहार को कॉर्यान्वित करने में, एक सिद्धान्त के निर्माण में या एक कला को व्यवहार में लाने में किया जाये। सिद्धान्त तथा व्यवहार अक्सर आगे चलकर एक-दूसरे में मिल जाते है।" श्रीमती यंग के इस कथन से व्यावहारिक शोध की महत्ता स्पष्ट हो जाती है।

व्यावहारिक शोध का सम्बन्ध सामाजिक जीवन के व्यावहारिक पक्ष से है। इसका प्रयोग केवल सामाजिक समस्याओं को यथार्थ रूप में समझने के लिए ही नहीं किया जाता बल्कि सामाजिक नियोजन, समाज-कल्याण, स्वास्थ्य-रक्षा, समाज-सुधार, धर्म, शिक्षा, सामाजिक अधिनियम, मनोरंजन, आदि के सम्बन्ध में यथार्थ जानकारी प्राप्त करने के लिए भी किया जाता है। वर्तमान में तो उद्योग, व्यापार, प्रशासन, साम्प्रदायिक, प्रजातीय एवं अन्तर्राष्ट्रीय तनाव तथा अनुसूचित जातियों एवं जनजातियों की समस्या, आदि क्षेत्रों में व्यावहारिक शोध को उपयोगी माना जाता है। व्यावहारिक शोध में इन सबके सम्बन्ध में अध्ययन किया जाता है और तथ्यों की कारण सहित विवेचना की जाती है। इससे ज्ञान में वृद्धि होती है, सामाजिक समस्याओं एवं व्याधिकीय व्यवहार को समझने में मदद मिलती है। लेकिन यहां हमे यह ध्यान में रखना है कि व्यावहारिक शोध के अन्तर्गत समाज-सुधार, नीति-निर्धारण, सामाजिक नियाजन, सामाजिक समस्याओं का समाधान, आदि नहीं आते हैं। ये सब तो समाज-सुधारकों, नेताओं, प्रशासकों, अधिकारियों, आदि के क्षेत्र में आते हैं। व्यावहारिक शोध-कर्ता तो सामाजिक समस्याओं, व्याधिकीय परिस्थितियों तथा सामाजिक जीवन के विभिन्न पक्षों का यथार्थ चित्रण कर तर्कयुक्त ज्ञान के रूप में इनके कार्य में योग देता है।

व्यावहारिक शोध में भी उन्हीं प्रविधियों एवं उपकरणों का प्रयोग किया जाता है जिनका प्रयोग विशुद्ध शोध में किया जाता है। अतः व्यावहारिक शोध द्वारा प्राप्त ज्ञान व्यावहारिक जीवन से सम्बन्धित समस्याओं को हल करने में और सामाजिक घटनाओं को नियन्त्रित करने में काफी योग देता है। शोध-कर्ता अपने अध्ययन के निष्कर्षों या परिणामों के रूप में कुछ ऐसे सुझाव प्रस्तुत करता है जो समस्याओं के समाधान में काफी सहायक सिद्ध हो सकते हैं।

व्यावहारिक शोध की उपयोगिता एवं महत्व पर प्रकाश डालते हुए **स्टाउफर** ने लिखा है कि यदि समाज-विज्ञानों को अपना महत्व बढ़ाना है तो उन्हें अपने व्यावहारिक पक्ष को सफल बनाना होगा। **स्टाउफर** ने अन्यत्र लिखा है कि व्यावहारिक शोध सामाजिक विज्ञानों को तीन रूपों में महत्वपूर्ण योग देता हैं :

(i) कौन-से सामाजिक तथ्य किस प्रकार समाज के लिए उपयोगी हैं—इस बारे में विश्वनीय प्रमाणों को प्रस्तुत करके,

(ii) ऐसी प्रविधियों (Techniques) का उपयोग एवं विकास करके जोकि विशुद्ध शोध के लिए भी उपयोगी प्रमाणित हों तथा

(iii) ऐसे तथ्यों व विचारों को प्रस्तुत करके जो सामान्यीकरण (Generalization) की प्रक्रिया को आगे बढ़ाये।

विशुद्ध एवं व्यावहारिक शोध दोनों ही समाज के लिए उपयोगी हैं। विशुद्ध शोध में सामाजिक जीवन के सैद्धान्तिक पक्ष का, तो व्यावहारिक शोध में व्यावहारिक पक्ष का अध्ययन किया जाता है। ये दोनो ही प्रकार के शोध एक-दूसरे के विकास में योग देते है। जहां विशुद्ध शोध सिद्धान्त एवं नियमों को ज्ञात करता है, वहां व्यावहारिक शोध वास्तविक जीवन के सम्बन्ध में ज्ञान संकलित करता है। सिद्धान्त एवं नियम विभिन्न समस्याओं को समझने और उनके हल खोजने में मदद करते हैं जबकि उन सिद्धान्तों व नियमों की विश्वसनीय एवं प्रामाणिकता का पता व्यावहारिक शोध प्राप्त ज्ञान के आधार पर ही होता है।

व्यावहारिक शोध का विशुद्ध शोध को काफी महत्वपूर्ण योगदान है। व्यावहारिक शोध के अन्तर्गत प्राप्त किये गये नवीन तथ्य मौजूदा ज्ञान के संशोधन एवं परिवर्द्धन में योग देते है। साथ ही सिद्धान्तों के परीक्षण के लिए ये अवसर प्रदान करते हैं। व्यावहारिक शोध प्रत्येक विषय से सम्बन्धित अवधारणाओं का वास्तविक परिस्थितियों के सन्दर्भ में अध्ययन कर स्पष्ट करता है कि वे अवधारणाएं कहां तक उपयुक्त हैं। साथ ही व्यावहारिक शोध के अन्तर्गत जिन शोध-विधियों का विकास किया गया है, उनका विशुद्ध शोध-कार्य हेतु भी उपयोग किया जा सकता है।

विशुद्ध शोध का व्यावहारिक शोध को दिया जाने वाला योगदान भी किसी भी रूप में कम महत्वपूर्ण नहीं है। विशुद्ध शोध के आधार पर प्रतिपादित सिद्धान्त अनेक व्यावहारिक समस्याओं को हल करने में योग देते हैं। इससे समस्याओं की गहराई तक पहुंचने एवं समस्या के वास्तविक कारणों का पता लगाने में सहायता मिलती है। साथ ही विशुद्ध शोध किसी समस्या के हल के वैकल्पिक तरीके ढूंढ निकालने में भी योग देता है। आज सरकारी एवं गैर-सरकारी संस्थाओं में विशुद्ध

शोध के महत्व को स्वीकारा गया है और इसी के परिणामस्वरूप वहां शोध-विभाग देखने को मिलते हैं।

अन्त में हम यही कह सकते हैं कि विशुद्ध एवं व्यावहारिक दोनों ही प्रकार के शोध एक-दूसरे के पूरक है, एक-दूसरे के विकास में सहायक हैं। दोनों में निरन्तर अन्तः क्रिया होती रहनी चाहिए।

VI. क्रियात्मक शोध (Action Research)

क्रियात्मक शोध को व्यावहारिक शोध का ही एक प्रकार माना जा सकता है क्योंकि इसका सम्बन्ध भी शोध द्वारा प्राप्त ज्ञान के व्यावहारिक उपयोग से है। करीब 35 वर्ष पूर्व क्रियात्मक शोध का प्रारम्भ अमेरिका में हुआ। प्रो. कोलियर, लेविन तथा स्टेफन एम. कोरी ने क्रियात्मक शोध नामक अवधारणा को मूर्त रूप देने का प्रयास किया। इन लोगों की मान्यता है कि क्रियात्मक शोध के माध्यम से सामाजिक सम्बन्धों को ज्यादा अच्छा बनाया जा सकता है।

क्रियात्मक शोध के अर्थ को स्पष्ट करने की दृष्टि से **गुडे** एवं **हाट** ने लिखा है, क्रियात्मक शोध उस कार्यक्रम का एक भाग है जिसका कि लक्ष्य मौजूदा दशाओं को परिवर्तित करना होता है, चाहे वह गन्दी बस्ती की दशांए हों या प्रजातीय तनाव तथा पूर्वाग्रह हों, या किसी संगठन की प्रभावशीलता हो।"

मैकग्रेथ एवं उनके सहयोगियों ने बताया है कि क्रियात्मक शोध एक संगठित व खोजपूर्ण क्रिया है जिसका लक्ष्य व्यक्तियों या समूह से सम्बन्धित परिवर्तन एवं सुधार लाने हेतु उनका अध्ययन करना और साथ ही मौलिक परिवर्तन लाना है।

स्टेफन एम. कोरी ने क्रियात्मक शोध का अर्थ स्पष्ट करत हुए बताया है कि यह ऐसी प्रक्रिया है जिसके द्वारा व्यावहारिक कार्यकर्ता अपनी समस्या का इस दृष्टि से वैज्ञानिक तरीके से अध्ययन करते हैं ताकि वे आवश्यकतानुसार अपने निर्णयों एवं क्रियाओं को दिशा दे सके, उनमें परिवर्तन व सुधार कर सकें, उनका मूल्यांकन कर सकें।"

विद्वानों के उपर्युक्त कथनों से स्पष्ट है कि क्रियात्मक शोध में किसी सामाजिक समस्या या घटना के क्रियात्मक पक्ष पर ध्यान केन्द्रित किया जाता है। जब शोध अध्ययन के निष्कर्षों को किसी तात्कालिक या भविष्य की किसी योजना के अन्तर्गत मूर्तरूप देना हो तो उसे क्रियात्मक शोध नाम दिया जाता है। यदि शिक्षा-प्रणाली में आमूल-चूल परिवर्तन लाने की दृष्टि से कोई शोध-कार्य हाथ में लिया जाये और उसके आधार पर प्राप्त निष्कर्षों को लागू करने पर जोर दिया जाय तो उसे क्रियात्मक शोध कहा जायेगा। इसी प्रकार से बाल-अपराधियों को सुधारने एवं

गन्दी-बस्तियों की सफाई, आदि से सम्बन्धित कार्यक्रम भी क्रियात्मक शोध के अन्तर्गत आते हैं।

किसी सामाजिक दशा, स्थिति या समस्या को बदलने, उसमें सुधार करने या उसे हल करने हेतु साधन खोज निकालने के लिए क्रियात्मक शोध का सहारा लिया जाता है। इसमें तथ्यों को एकत्रित कर किसी समस्या के निवारण हेतु प्रयत्न किया जाता है। **क्रियात्मक शोध का लक्ष्य** परिवर्तन को नियोजित करना, व्याधिकीय या विघटनात्मक परिस्थितियों को नियन्त्रित करना व सुधार व कल्याण-कार्य को आगे बढ़ाना है। इसी हेतु, प्रामाणिक तथ्य एकत्रित किये और समाधान खोज निकाले जाते हैं। बन्धुआ मजदूरों, भूमिहीन कृषकों, कृषि-श्रमिकों तथा समाज के अन्य दुर्बल वर्गों की समस्याओं को हल करने तथा उन्हें चहुंमुखी विकास की दिशा में आगे बढ़ाने हेतु किसी कल्याण कार्यक्रम को सफलतापूर्वक संचालित करने के लिए क्रियात्मक शोध का ही सहारा लिया जाता है।

उपर्युक्त विवरण से स्पष्ट हे कि क्रियात्मक शोध समस्याओं से सम्बन्धित हैं। इसमें समस्याओं के अध्ययन के लिए वैज्ञानिक विधि का प्रयोग किया जाता है। इस प्रकार के शोध की प्रकृति निदनात्मक होती है। क्रियात्मक शोध के तीन प्रमुख प्रकार हैं : प्रथम, निदानात्मक क्रियात्मक शोध; द्वितीय, सहकारी क्रियात्मक शोध; तथा तृतीय, प्रयोगात्मक क्रियात्मक शोध। क्रियात्मक शोध में वैज्ञानिक विधि में प्रयुक्त होने वाले सभी चरणों का प्रयोग किया जाता है।

सारांश रूप में हम कह सकते हैं कि क्रियात्मक शोध में तात्कालिक उपयोग पर ध्यान दिया जाता है, न कि सिद्धान्त के विकास पर। इस प्रकार के शोध में वैज्ञानिक दृष्टिकोण सर्वत्र बनाये रखते हुए तात्कालिक समस्याओं के निराकरण, सामाजिक परिवर्तन को दिशा देने तथा सामाजिक नियोजन एवं समाज कल्याण से सम्बन्धित कार्यक्रमों के क्रियान्वयन पर जोर दिया जाता है।

VII. मूल्यांकनात्मक शोध (Evaluation Research)

आजकल अधिकांश देश नियोजित परिवर्तन की दिशा में आगे बढ़ रहे हैं। वे कल्याणकारी राज्य के रूप में अपनी भूमिका निभा रहे हैं। जो देश अपने लोगों की खुशहाली के लिए विकास कार्यक्रम पर अरबों-खरबों रुपया खर्च करता हैं, वह यह भी ज्ञात करना चाहता है कि आखिर उन कार्यक्रमों का उन लोगों पर क्या प्रभाव पड़ रहा है जिनके लिए वे बनाये गये हैं। आज गरीबी-उन्मूलन, स्वास्थ्य, आवास, परिवार कल्याण, अपराध, बाल-अपराध, समन्वित ग्रामीण विकास, आदि के क्षेत्र में अनेक शोध-कार्य इस उद्देश्य से चलाये जा रहे हैं कि इन कार्यक्रमों

की प्रभावशीलता का पता लगाया जा सके, यह ज्ञात किया जा सके कि लक्ष्यों एवं परिणामों में कहां तक साम्यता है, कहां तक इच्छित लक्ष्यों के अनरूप आगे बढ़ा जा सका है। इस प्रकार के शोध-कार्यों द्वारा किसी कार्यक्रम, किसी विकास योजना की सफलता-असफलता का मूल्यांकन किया जाता है। उदाहरण के रूप में डा. एस.सी. दुबे ने शमीरपेट नामक गांव के अपने अध्ययन के आधार बताया हैं कि वहा सामुदायिक विकास कार्यक्रम इच्छित मात्रा में जन-सहयोग प्राप्त नहीं कर सका है। कार्यक्रम में मानवीय कारकों की उपेक्षा की गयी है और इसी के फलस्वरूप, ग्रामीण लोगों ने उनके विकास हुतु प्रारम्भ की गई उत्तम से उत्तम योजनाओं को भी अस्वीकार कर दिया है। यह मूल्यांकनात्मक शोध का एक उदाहरण है। सन् 1960 से इस प्रकार के शोध की ओर भारत का झुकाव बढ़ा है। सामुदायिक विकास कार्यक्रमों की सफलता का पता लगाने हेतु, भारत सरकार ने स्थायी कार्यक्रम 'मूल्याकंन संगठन' की स्थापना की।

मूल्यांकनात्मक शोध के सम्बन्ध में विलियमसन, कार्प एवं **डालफिन** ने बताया है कि यह शोध वास्तविक जगत् में सम्पादित की गयी ऐसी खोज हैं जिसके माध्यम से यह मूल्यांकन किया जाता है कि व्यक्तियों के किसी समूह विशेष के जीवन में सुधार लाने के उद्देश्य से जो कार्यक्रम बनाया गया, वह अपने उद्देश्यों तथा उपलब्धियों के अन्तर कम से कम हो, वहां उस कार्यक्रम को उतना ही सफल माना जाता है। इस प्रकार का मूल्यांकन इस उद्देश्य से किया जाता है ताकि नियोजित परिवर्तन के विभिन्न कार्यक्रमों में आवश्यकतानुसार परिवर्तन किये जा सकें, उन्हें अधिक कारगर एवं सफल बनाया जा सके। इस प्रकार के शोध के द्वारा यह पता लगाया जाता है कि सामाजिक नियोजन एवं परिवर्तन के उद्देश्य से प्रेरित कार्यक्रम इच्छित उद्देश्यों की प्राप्ति में सफल क्यों नहीं हो रहा है और उसे सफल बनाने हेतु कदम उठाये जाने चाहिए। उपर्युक्त विवरण से स्पष्ट है कि सामाजिक नियोजन एवं परिवर्तन लक्ष्य से प्रेरित क्रियात्मक कार्यक्रमों की सफलता-असफलता को ज्ञात करने एवं उनकी प्रभावकता का पता लगाने हेतु जो खोज की जाती है, उसी को मूल्यांकनात्मक शोध कहते है। इस प्रकार के शोध व्यावहारकि शोध का ही एक प्रकार है। इन शोधों की व्यावहारिक उपयोगिता काफी है। इसका यह तात्पर्य नहीं है कि मूल्यांकन शोध का विशुद्ध शोध की दृष्टि से कोई महत्व नहीं है। इस प्रकार के शोध में उन सभी अध्ययन विधियों का प्रयोग किया जाता है जिन्हें विशुद्ध शोध में काम में लिया जाता है। इसमें किसी भी कार्यक्रम की प्रभावकता का पता लगाने के लिए लोगों के विश्वासों, विचारों, दृष्टिकोण, भावनाओं, आदि को जानने समझने के लिए समाजमितीय पैमानों को काम में लिया जाता है।

स्वतन्त्र भारत में अनेक सरकारी एवं गैर-सरकारी संस्थाएं मूल्यांकनात्मक शोध-कार्यों में लगी हुई है। व्यक्तिगत स्तर पर भी शोध-कर्त्ता इस प्रकार के शोध-कार्य में अपने आपको लगाये हुए हैं। जनगणना विभाग, स्वास्थ्य विभाग, शिक्षा विभाग, सर्वेक्षण एवं सांख्यिकीय विभाग विभिन्न कार्यक्रमों की सफलता का आंकलन करने हेतु समय-समय पर मूल्यांकनात्मक शोध का सहारा लेते हैं। इस प्रकार के शोध-कार्य में इस बात की सावधानी बरतना आवश्यक है कि अध्ययन पूर्णतः वैज्ञानिक होने के बजाय कहीं व्यक्तिपरक न हो जायें। किसी भी कार्यक्रम के प्रभाव का सही मूल्यांकन किया जाना चाहिए, किसी भी कार्यक्रम के प्रभाव का सही मूल्यांकन किया जाना चाहिए, किसी भी रूप में न तो कम और न ही ज्यादा, अन्यथा परिणाम निराशाजनक ही होंगे।

5

आंकड़ा संकलन : स्त्रोत एवं प्रकार
(Collection of Data : Sources and Types)

तथ्य (आंकड़ा) संकलन
(Collection of Data)

किसी भी सर्वेक्षण, शोध या अनुसन्धान के लिए सामग्री या तथ्यों का संकलन अत्यन्त आवश्यक है। जब तक शोध-विषय से सम्बन्धित तथ्यों के निश्चित प्रविधियों को काम में लेते हुए एकत्रित नहीं किया जायेगा, तब तक शोध (अनुसन्धान) के आधार पर कोई निष्कर्ष नहीं निकाले जा सकते और न ही किसी प्रकार के नियमों का ही प्रतिपादन किया जा सक्ता है। तथ्य-संकलन शोध-प्रक्रिया का एक महत्वपूर्ण चरण है। जिस प्रकार ईंट, चूना, पत्थर, सीमेण्ट, बजरी, लकड़ी, लोहे, आदि के बिना किसी भवन का निर्माण नहीं किया जा सकता, ठीक उसी प्रकार तथ्यों या सामग्री के बिना शोध का कार्य सम्पन्न नहीं किया जा सकता। किसी भी वैज्ञानिक निष्कर्ष तक पहुंचने एवं सामान्यीकरण तथा सैद्धान्तीकरण के लिए सूचनाएं प्राप्त करना, तथ्य एकत्रित करना, संख्यात्मक एवं गुणात्मक बातें मालूम करना आवश्यक है। उदाहरण के रूप में,यदि हम यह ज्ञात करना चाहते हैं कि किसी क्षेत्र विशेष के बालकों में अपराधी प्रवृत्ति अधिक पाई जाती है, बजाय किसी अन्य क्षेत्र के, तो ऐसी दशा में दोनों क्षेत्रों के बालकों का, वहां की सामाजिक, आर्थिक, राजनीतिक, धार्मिक परिस्थितियों का अध्ययन करना होगा, रहन-सहन की स्थिति, आजीविका के साधन, बालकों के समाजीकरण की प्रक्रिया, आदि के बारे में गहन जानकारी प्राप्त करनी होगी, इसी जानकारी या एकत्रित सूचनाओं, आंकड़ों, आदि के आधार पर शोध-कार्य को आगे बढ़ाया जा सकेगा, कुछ निष्कर्ष निकाले जा सकेंगे, सामान्यीकारण किया जा सकेगा। ये सब सूचनाएं, आंकड़े, जानकारी, आदि ही तथ्यों (Data) के अन्तर्गत आते हैं।

शोध हेतु प्रयुक्त किए जाने वाल तथ्यों को अध्ययनकर्ता मनमाने ढंग से एकत्रित नहीं करके विभिन्न उपकरणों एवं प्रविधियों की सहायता से संकलित करता है। वैज्ञानिक शोध के लिए इन तथ्यों का विश्वसनीय होना भी आवश्यक है और इस विश्वसनीयता को बनाए रखने के लिए शोधकर्ता वस्तुनिष्ठता के साथ तथ्यों को एकत्रित करता है। स्पष्ट है कि शोध या अनुसन्धान के लिए विश्वसनीय तथ्यों या सामग्री का होना नितान्त आवश्यक है।

तथ्य (सामग्री) का अर्थ (Meaning of Data)

तथ्य-संकलन के लिए शोधकर्ता में अवलोकन की चेतना का होना आवश्यक है, यद्यपि, यह सही है कि तथ्यों के अन्तर्गत सूचनादाताओं से विभिन्न प्रविधियों की सहायता से प्राप्त सभी प्रकार की सूचनाएं आती हैं। तथ्यों के अन्तर्गत उन बातों का सूचनाओं को सम्मिलत किया जाता है जो अवलोकन के योग्य हों और जिन्हें लिखित रूप में रखा जा सकता हो।

वैज्ञानिक ज्ञान की सीमाओं के विस्तार हेतु शोध-प्रयत्नों के आधार पर संकलित की गई साधारण-सी लगने वाली छोटी-छोटी सूचनाएं भी काफी लाभदायक होती हैं। इन्हीं संकलित सूचनाओं का तथ्य या सामग्री (Data) के नाम से पुकारते हैं। ऐसे ही तथ्यों या सामग्री के आधार पर वैज्ञानिक निष्कर्ष निकाले जाते तथा नियमों का प्रतिपादन एवं सिद्धान्तों का निर्माण किया जाता है।

तथ्य-संकलन प्रत्येक विज्ञान, चाहे वह भौतिक विज्ञान हो या सामाजिक विज्ञान, का लक्ष्य होता है। व्यवस्थित रूप में संकलित तथ्यों के आधार पर ही वैज्ञानिक नियमों का प्रतिपादन किया जा सकता है। तथ्य-संकलन से ही घटनाओं के कार्य-कारण सम्बन्ध हो जाना जा सकता है, कारण-प्रभाव (Cause and Effect) सम्बन्धों का पता लगाया जा सकता है। प्रत्येक विज्ञान में विविध घटनाओं के कारणों एवं प्रभावों को जानने का प्रयत्न किया जाता है। अतः हम कह सकते हैं कि विज्ञान की प्रगति तथ्यों पर ही निर्भर करती है। अन्य शब्दों में प्रत्येक विज्ञान तथ्यों के आधार पर ही आगे बढ़ता है, न कि कल्पनाओं के आधार पर।

अमरीकी कॉलेज शब्दकोश में तथ्यों का अर्थ स्पष्ट करने की दृष्टि से बताया गया है कि जो घटना वास्तव में घटित हुई है, जो कुछ घटा है, उसे तथ्य का नाम दिया जाता है। यहां हमें यह बात ध्यान में रखनी है कि भौतिक विज्ञानों की मूर्त घटनाएं मात्र ही सामाजिक विज्ञानों के तथ्य नहीं होती, बल्कि अमूर्त जैसे विश्वास, भावनाएं, मनोवृत्तियां या विचार, आदि भी तथ्यों के अन्तर्गत आते हैं।

उपर्युक्त विवेचन से स्पष्ट है कि *तथ्य* (Data) *का तात्पर्य ऐसी सभी सूचनाओं, सामग्री व आंकड़ों से है जो कि क्षेत्रीय-कार्य* (Field-Work) *और द्वैतीयक स्रोतों* (Secondary Sources) *के माध्यम से प्राप्त किए जाते हैं।*

तथ्यों के प्रकार (Types of Data)

प्रत्येक अध्ययन विषय या समस्या से सम्बन्धित तथ्य काफी विविधतापूर्ण होते हैं, कुछ तथ्य गुणात्मक तो कुछ परिमाणात्मक होते हैं। अध्ययन हेतु तथ्यों का संकलन कई प्रविधियों की सहायता से किया जा सकता है। अवलोकन-विधि, साक्षात्कार, अनुसूची, डाक द्वारा प्रेषित प्रश्नावली, आदि के माध्यम से तथ्य एकत्रित किए जा सकते हैं। कई बार अध्ययन-विषय की प्रकृति को ध्यान में रखते हुए कुछ ऐसे तथ्यों का उपयोग भी किया जाता है जिन्हें शोधकर्ता या उसके सहायकों ने स्वयं संकलित नहीं किया है बल्कि अन्य अध्ययनकर्ताओं ने अपने-अपने अध्ययन हेतु एकत्रित किया है। ऐसे तथ्य पुस्तकों, प्रतिवेदनों, पांडुलिपियों, डायरियों, जनगणना रिपोर्ट, आदि से प्राप्त किए जाते हैं। अतः तथ्य प्रमुखतः दो प्रकार के होते हैं :

प्रथम **प्राथमिक तथ्य** (Primary Data), तथा

द्वितीय, **द्वैतीयक तथ्य** (Secondary Data)।

प्राथमिक तथ्यों का संकलन प्रथम बार शोधकर्ता या उसके सहायकों द्वारा क्षेत्रीय कार्य के आधार पर किया जाता है। द्वैतीयक तथ्यों के अन्तर्गत वे तथ्य आते हैं जिनका संकलन किसी अन्य अध्ययनकर्ता, शोधकर्ता, किसी संस्थान या संगठन द्वारा किया गया है। अन्य अध्ययन-कर्ताओं द्वारा संकलित तथ्यों का उपयोग जब कोई शोधकर्ता करता है तो उस शोधकर्ता के लिए अन्यों द्वारा संकलित तथ्य द्वैतीयक तथ्य हाते हैं क्योंकि उसने या उसके सहायकों ने इन तथ्यों को प्रथम बार एकत्रित नहीं किया है। *यहां अब हम प्राथमिक एवं द्वैतीयक तथ्यों पर सविस्तार विचार करेंगे।*

(1) प्राथमिक तथ्य (सामग्री) (Primary Data)

वे सभी सूचनाएं, संगृहीत की गई सामग्री और आंकड़े जिन्हें शोधकर्ता ने अपने अध्ययन (शोध) हेतु स्वयं या अपने सहायकां की मदद से एकत्रित किया हो, प्राथमिक तथ्य कहलाते हैं। ये तथ्य प्रमुखतः क्षेत्रीय कार्य (Field-work) के आधार पर प्राप्त किए जाते हैं। **रॉबर्टसन तथा राइट** ने लिखा है, "वे तथ्य प्राथमिक होते हैं, जिन्हें एक विशेष शोध-समस्या को हल करने के लिए विशेष उद्देश्य हेतु संकलित किया गया हो।" स्पष्ट हैं क अनुसन्धान या शोध-समस्या से सम्बन्धित एकत्रित आंकड़े, सूचनाएं एवं सामग्री प्राथमिक तथ्य कहलाते हैं।

श्रीमती पी.वी. यंग–ने लिखा है "प्राथमिक तथ्य-सामग्री का तात्पर्य उन सूचनाओं व आंकड़ों से है जिनको पहली बार संकलित किया गया हो तथा जिनके संकलन का उत्तरदायित्व शोधकर्ता या अन्वेषणकर्ता का अपना है।" यहां यह बात स्पष्ट है कि प्राथमिक तथ्यों का संकलन या तो शोधकर्ता स्वयं करता है या अपनी देख-रेख में अपने सहायकों से कराता है, इस प्रकार की सामग्री या तथ्य क्षेत्रीय कार्य के आधार पर प्राप्त किए जाते हैं।

प्राथमिक तथ्यों (सामग्री) की उपर्युक्त विशेषताओं के कारण प्राथमिक सामग्री (तथ्य) को प्रथम-स्तरीय सामग्री (First-hand Data), क्षेत्रीय-सामग्री (Field Data) एवं आधार या मौलिक सामग्री (Basic Data) के नाम से पुकारते हैं। इस प्रकार की सामग्री का संकलन शोधकर्ता स्वयं या अपने सहायकों की मदद से या तो घटनाओं का सूक्ष्म अवलोकन करके करता है या शोध-विषय से सम्बन्धित लोगों से बातचीत करके, साक्षात्कार करके, अनुसूची या डाक द्वारा भेजी गई प्रश्नावली की सहायता से करता है। प्राथकिम सामग्री या तथ्य क्योंकि शोधकर्ता द्वारा प्रथम बार एकत्रित किए जाते हैं, इसलिए इन्हें प्राथमिक तथ्य कहते हैं। ये तथ्य नवीन और विश्वसनीय होते हैं। इन तथ्यों के अधिक विश्वसनीय होने का कारण यह है कि इन्हें शोधकर्ता नियन्त्रित रूप से अपनी प्राक्कल्पना के सत्यापन की आवश्यकता एवं अपने अध्ययन के उद्देश्यों को ध्यान में रखकर स्वयं संकलित करता है। यदि कोई शोधकर्ता ग्रामीण-नेतृत्व का अध्ययन करना चाहें तो उसे किसी ग्राम विशेष या कुछ ग्रामों के नेताओं का पता लगाना होगा। इसके पश्चात् उसे इन नेताओं के क्रिया-कलापों व विभिन्न गतिविधियों का निरीक्षण करना होगा। शोधकर्ता को इनसे सम्पर्क स्थापित कर बहुत-सी सूचनाएं या जानकारी प्राप्त करनी होगी। उसे यह मालूम करना पड़ेगा कि इन नेताओं ने सामूहिक हित के कौन-कौन से कार्य किए हैं। ये किस आयु-समूह में आते हैं, इनकी शैक्षणिक योग्यता क्या है, इनकी आजीविका के साधन क्या हैं, इनकी आर्थिक स्थिति कैसी है? ये सब सूचनाएं, जानकारी, आंकड़े शोधकर्ता स्वयं या कुछ सहायकों की मदद से एकत्रित करता है। इन्हीं सब एकत्रित तथ्यों को प्राथमिक तथ्य (Primary Data) कहते हैं।

(2) द्वैतीयक तथ्य (सामग्री) (Secondary Data)

वे सब सूचनाएं, आंकड़े एवं तथ्य जिन्हें शोधकर्ता अपने अध्ययन हेतु स्वयं संकलित नहीं करता बल्कि, जो पहले से ही प्रकाशित या अप्रकाशित रूप में उपलब्ध हैं, द्वैतीयक सामग्री या तथ्य कहलाते है। इनमें पत्र, डायरियां, आत्मकथाएं, पांडुलिपियां, सरकारी प्रतिवेदन, जनगणना रिपोर्ट, गजेटियर, प्रलेख, अभिलेख, आदि

आते हैं। इसका तात्पर्य यह है कि द्वैतीयक तथ्य पहले से ही उपलब्ध होते हैं जिनका उपयोग कोई शोधकर्ता अपने शोध-विषय की आवश्यकतानुसार करता है। किसी शोधकर्ता या संगठन द्वारा इस प्रकार की सामग्री या तथ्य से पहले संकलित किए हुए होते हैं। **श्रीमती पी.वी. यंग** के अनुसार, "द्वैतीयक तथ्य वे होते है जिन्हे मौलिक स्रोतों से एक बार प्राप्त कर लेने के पश्चात् काम में लिया गया हो एवं जिनका प्रसारण अधिकारी उस व्यक्ति से भिन्न होता है जिसने प्रथम बार तथ्य संकलन को नियन्त्रित किया था।" स्पष्ट है कि द्वैतीयक तथ्य वे होते हैं जिनका एकत्रीकारण स्वयं शोधकर्ता या उसके सहायकों द्वारा नहीं किया गया हो,

परन्तु जिसने किसी अन्य अध्ययन हेतु किसी व्यक्ति या संस्था द्वारा संकलित सामग्री का उपयोग किया हो। इस सामग्री या तथ्यों का उपयोग करने वाला इसके क्षेत्रीय संकलन से सम्बन्धित नहीं होता है। अन्य शब्दों में जब कोई शोधकर्ता, अन्य शोधकर्ता, संस्था, संगठन या किसी सरकारी या गैर-सरकारी एजेन्सी द्वारा एकत्रित सामग्रीया तथ्यों का स्वयं के अध्ययन हेतु उपयोग करता है तो उसके लिए वह सामग्री द्वैतीयक सामग्री या तथ्य होंगे। यहां इसे एक उदाहरण द्वारा स्पष्ट करना उचित रहेगा। यदि कोई शोधकर्ता 2001 की जनगणना-रिपोर्ट के रूप मे प्रकाशित सामग्री में से कुछ तथ्यों का चयन कर अपने अध्ययन हेतु उपयोग करता है तो ऐसे तथ्य उसके लिए द्वैतीयक तथ्य कहलांएगे। किसी अध्ययन में द्वैतीयक तथ्यों का उपयोग उस समय किया जाता है जब विषय की प्रकृति ऐसी हो कि सभी तथ्यों को नवीन सिरे से एकत्र करना आवश्यक नहीं हो तथा उस विषय से सम्बन्धित अन्य द्वारा एकत्रित तथ्य पहले से उपलब्ध हों। शोधकर्ता को अपने सीमित साधनों के कारण भी कई बार द्वैतीयक सामग्री का उपयोग करना पड़ता है। द्वैतीयक सामग्री को काम में लेने हेतु शोधकर्ता का कार्य-कुशल और सूझ-बूझ वाला होना आवश्यक है। यह सामग्री काफी विविधता लिए हुए होती है। अतः इसमें से शोधकर्ता को आवश्यक तथ्यों को संकलित करना होता है।

प्राथमिक एवं द्वैतीयक तथ्यों में अन्तर

वास्तव में, प्राथमिक एवं द्वैतीयक तथ्य सापेक्ष हैं। किसी अध्ययन में कौन-से तथ्य प्राथमिक और कौन से तथ्य द्वैतीयक होंगे, यह शोध के लक्ष्य से सम्बन्धित है। एक शोधकर्ता के लिए जो तथ्य प्राथमिक हैं, वे ही अन्य शोधकर्ताओं के अध्ययन में प्रयुक्त होने पर द्वैतीयक कहलायेगें।

प्राथिमिक तथ्यों को द्वैतीयक तथ्यों की तुलना में अधिक मौलिक (Original) माना जाता है क्योंकि इनका संकलन स्वयं शोधकर्ता के द्वारा अध्ययन की आवश्यकता

के अनुसार किया जाता है। इस मौलिकता का द्वैतीयक तथ्यों से सापेक्ष रूप से अभाव पाया जाता है।

प्राथमिक तथ्य द्वैतीयक तथ्यों की तुलना में अधिक विश्वसनीय होते हैं क्योंकि शोधकर्ता या अन्वेषणकर्ता अपनी प्राक्कल्पनाओं के परीक्षण हेतु अथवा अध्ययन-विषय के लक्ष्यों को ध्यान में रखते हुए किसी वैज्ञानिक प्रविधि द्वारा वस्तुनिष्ठ तरीके से स्वयं या अपने निर्देशन में संकलित करता है। ये तथ्य ऐसे होते हैं जिनका अन्य वैज्ञानिकों द्वारा सत्यापन किया जा सकता है। यहां हमे यह नहीं सोच लेना चाहिए कि द्वैतीयक तथ्य प्राथमिक तथ्यों की तुलना में घटिया किस्म के होते हैं। कहने का तात्पर्य केवल यही है कि प्राथमिक तथ्य तुलनात्मक दृष्टि से अधिक विश्वसनीय एवं प्रामाणिक होते हैं।

प्राथमिक तथ्य क्षेत्रीय-कार्य के आधार पर प्रथम बार एकत्रित किये जाने के कारण नवीन होते हैं जबकि द्वैतीयक तथ्य पूर्व में किये गये अन्वेषणों के अन्तर्गत संकलित किये जाने के कारण पुराने होते हैं। उनका यह पुरानापन कई बार वर्तमान का विश्लेषण करने में कठिनाई पैदा करता है।

प्राथमिक तथ्यों का प्रयोग प्रथम बार किया जाता है अर्थात् प्रथम बार एकत्रित किये गये तथ्यों का प्रथम बार उपयोग किया जाता है। उन्हीं तथ्यों का दूसरी बार उपयोग करने पर वे द्वैतीयक तथ्यों के नाम से जाने जाते हैं।

प्राथमिक तथ्य शोधकर्ता के स्वयं के निर्देशन में एकत्रित किये जाते हैं जबकि द्वैतीयक तथ्य अन्य के द्वारा एकत्रित एवं उपयोग किये हुए होते हैं।

प्राथमिक तथ्यों का संकलन शोधकर्ता अपनी अध्ययन-समस्या के अनुरूप स्वयं करता है। अतः वह सुगमता से इस बात का निर्णय कर पाता है कि उसके अध्ययन के लिए, कौन से तथ्य उपयोगी हैं, एवं कौन-से अनुपयोगी हैं, किन्हें अध्ययन में सम्मिलित किया जाना चाहिए और किन्हें हटा दिया जाना चाहिए। द्वैतीयक तथ्यों के संकलनकर्ता को कई बार उन महत्वपूर्ण तथ्यों के संकलन से वंचित रहना पड़ता है जिन्हें निरर्थक समझकर प्राथमिक तथ्यों के संकलनकर्ता ने अध्ययन में सम्मिलित नहीं किया।

तथ्य (सामग्री) के स्त्रोत (Sources of Data)

तथ्यों (सामग्री) के स्त्रोत का तात्पर्य यह है कि तथ्यों का संकलन किन स्त्रोतों या माध्यमों से किया जा रहा है। तथ्य-संकलन के स्त्रोतों के चुनाव में विशेष सावधानी की आवश्यकता है। यदि ये स्त्रोत विश्वसनीय नहीं हुए तो सम्पूर्ण शोधकार्य की निरर्थक साबित हो सकता है। अतः तथ्य-संकलन के विभिन्न स्त्रोतों को भली-भांति

समझ लेना अत्यन्त आवश्यक है। प्रमुखतः तीन तरीकों से अध्ययन हेतु तथ्य एकत्रित किये जा सकते हैं। सामाजिक शोध का विषय चूंकि मानव या मानव समूह होता है जिसे हम अपनी सुविधानुसार या आवश्यकतानुसार नियन्त्रित नहीं कर सकते। अतः हम उसक सम्बन्ध में तीन तरीकों से सूचना प्राप्त कर सकते या तथ्य एकत्रित कर सकते हैं :

(1) शोध-विषय से सम्बन्धित व्यक्ति, समूह एवं संगठन के क्रिया-कलापों, आचार व्यवहारों का प्रत्यक्ष रूप से अवलोकन करें और इस अवलोकन के आधार पर प्राप्त तथ्यों को संकलित कर लें।

(2) शोध-कार्य के समय उन दस्तावेजों, तथ्यों या सामग्री का उपयोग अपनी आवश्यकतानुसार करें जो किसी अन्य अध्ययन या शोध हेतु एकत्रित किये गये थे।

तथ्य-संकलन के उपर्युक्त तीन स्त्रोतों को विद्वानों ने प्रमुखतः दो भागों में बांटा है,

प्रथम, **प्राथमिक स्त्रोत** (Primary Source) तथा

द्वितीय, **द्वैतीयक स्त्रोत** (Secondary Source)।

(3) हम व्यक्ति से स्वयं बातचीत करें, वार्तालाप करें, सीधे प्रश्न करें तथा विषय या समस्या के सम्बन्ध में उसके विचार, या प्रतिक्रिया को जान लें।

(I) प्राथमिक स्त्रोत (Primary Source)

प्राथमिक स्त्रोत से प्राप्त तथ्य वे मौलिक तथ्य होते हैं जिनको संकलित व प्रचारित करने का दायित्व उसी व्यक्ति या शोधकर्ता का होता है जिसने उन्हें उन्हें एकत्रित किया है। यहां हमें यह बात भली-भांति समझ लेनी याहिए कि प्राथमिक स्त्रोत से एकत्रित सामग्री का संकलनकर्ता रिपोर्ट या प्रतिवेदन का लेखक हो, यह आवश्यक नहीं है। **श्रीमती पी.वी. यंग** ने लिखा है, "प्राथमिक स्त्रोत वे स्त्रोत हैं जो प्राथमिक स्तर पर तथ्यों के संकलन में सहायक होते हैं।" **पीटर एच. मान** के अनुसार, "प्राथमिक स्त्रोत वे स्त्रोत हैं जो प्रथम बार तथ्य प्रदान करते हैं। इसका तात्पर्य यह है कि ये तथ्य संकलित करने वाले लोगों द्वारा प्रस्तुत किये तथ्यों का मौलिक स्वरूप होते हैं।

प्राथमिक स्त्रोत को अन्य शब्दों में हम इस प्रकार समझा सकते हैं। जहां शोधकर्ता स्वयं अपने अध्ययन-क्षेत्र या समग्र (Universe) की अध्ययन इकाइयों से सम्पर्क कर तथ्यों को एकत्रित करता है, वहां इसे तथ्य-संकलन का प्राथमिक स्त्रोत कहा जाता है। यहां अपनी अध्ययन की इकाई–व्यक्ति से वह सीधा सम्पर्क कर तथ्य संकलित करता है। इस प्रकार से प्राप्त तथ्यों को प्राथमिक स्त्रोत द्वारा एकत्रित सामग्री

इस कारण भी कहा जाता है क्योंकि किसी विशिष्ट विषय (समस्या) के लक्ष्य को ध्यान में रखकर इसे प्रथम बार एकत्रित किया जाता है। इस सामग्री के संकलन का दायित्व स्वयं शोधकर्ता का होता है। इस सामग्री की विश्वसनीयता एवं उपयुक्तता के लिए स्वयं अनुसन्धानकर्ता उत्तरदायी होता है। इस सामग्री के संकलन में शोधकर्ता का स्वंय का लगाव होता है। इस लगाव के फलस्वरूप अपने अध्ययन को वैज्ञानिक स्वरूप प्रदान करने हेतु वह पूर्णत: निष्पक्ष रहकर तथ्यों का संकलन कर सकता है। यह भी सम्भव है कि इस लगाव के कारण वह पूर्वाग्रहों से ग्रसित हो जाये, ऐसे तथ्यों का संकलन कर ले जो उसकी प्राक्कल्पना को सही प्रमाणित करने में योग दें। ऐसी स्थिति में अध्ययन में वैज्ञानिकता बनाये रखने हेतु शोधकर्ता को सभी पूर्वाग्रहों से अपने को मुक्त रखने की आवश्यकता है।

श्रीमती पी.वी.यंग ने तथ्य-संकलन के प्राथमिक स्रोत को दो भागों में विभाजित किया है : प्रथम, प्रत्यक्ष स्रोत (Direct Source), तथा द्वितीय, अप्रत्यक्ष स्रोत (Indirect Source) प्रत्यक्ष स्रोत के अन्तर्गत अवलोकन, अनुसूची एवं साक्षात्कार प्रविधियों की सहायता से सामग्री संकलित की जाती है। प्रत्यक्ष स्रोत में शोधकर्ता या अध्ययनकर्ता द्वारा अध्ययन-इकाइयों से सीधा सम्पर्क स्थापित किया जाता है। अप्रत्यक्ष स्रोत में शोधकर्ता अध्ययन इकाइयों से सीधा सम्पर्क किये बिना ही सामग्री का संकलन करता है। अप्रत्यक्ष प्राथमिक स्रोत में प्रश्नावली, रेडियो या टेलीविजन अपील, टेलीफोन साक्षात्कार, प्रतिनिधि प्रविधियां, आदि प्रमुख हैं। यहां इन माध्यमों से सामग्री एकत्रित की जाती है।

यहां तथ्य संकलन क प्राथिमिक स्रोत के अन्तर्गत हम अवलोकन, साक्षात्कार, अनुसूची एवं प्रश्नावली पर विचार करेंगे।

(1) **प्रश्नावली** (Questionnaire) : यद्यपि प्रश्नावली की सहायता से प्राथमिक तथ्य संकलित किये जाते हैं, परन्तु, फिर भी यह सूचना-प्राप्ति का प्रत्यक्ष स्रोत नहीं होकर अप्रत्यक्ष स्रोत है। इस विधि द्वारा अध्ययन में अनुसन्धान-कर्ता तथा सूचनादाता में प्रत्यक्ष सम्बन्ध स्थापित नहीं होकर अप्रत्यक्ष सम्बन्ध रहता है। प्रश्नावली अनुसन्धानकर्ता द्वारा तैयार की गयी प्रश्नों की एक सूची होती है जिसे वह उत्तरदाता के पास डाक द्वारा इस अनुरोध के साथ भेजता है कि इसे भरकर समय पर अवश्यक लौटायें। इस विधि का प्रयोग उस दशा में किया जाता है जब अध्ययन-क्षेत्र या समग्र इतना विस्तृत हो कि सभी सूचनादाताओं से प्रत्यक्ष सम्पर्क कर तथ्य संकलित करना सम्भव नहीं हो। इसके अलावा इस विधि का प्रयोग ऐसे उत्तरदाताओं के लिए ही किया जा सकता है जो शिक्षित हों, जो स्वयं प्रश्नों का समझकर

बिना अनुसन्धानकर्ता की सहायता के उत्तर दे सकें। इस विधि द्वारा अध्ययन का लाभ यह है कि इसमें समय एवं धन की काफी बचत होती है। इस विधि का एक प्रमुख दोष यह हैं कि इसमें प्राप्त उत्तरों का सत्यापन कठिन रहता है।

(2) **अवलोकन** (Observation) : अवलोकन तथ्य-संकलन के प्राथमिक स्त्रोत के अन्तर्गत आता है। इसमें अध्ययनकर्ता स्वयं अध्ययन-स्थल पर पहुंच कर घटनाओं, दशाओं, वस्तुओं, रीति-रिवाजों एवं व्यवहारों को निष्पक्ष रूप से देखता है, तटस्थ होकर उनका अवलोकन करता है और इस आधार पर तथ्यों को एकत्रित करता है। इस प्रविधि का सफल प्रयोग सीमित क्षेत्र में ही किया जा सकता है। साथ ही ऐसा अध्ययन लोगों के विचारों, विश्वासों, भावनाओं एवं मनोवृत्तियों से सम्बन्धित नहीं होना चाहिए क्योंकि इनका अध्ययन अवलोकन प्रविधि से नहीं किया जा सकता। अवलोकन के तीन प्रकार हैं: प्रथम, सहभागिक अवलोकन (Participant Observation) ; द्वितीय, अर्द्ध-सहभागिन अवलोकन (Quasi-Participant Observation); तथा तृतीय, असहभागिन अवलोकन (Non-Participant Observation)। सहभागिन अवलोकन में अध्ययनकर्ता स्वयं उस समूह या समुदाय का एक सदस्य या भाग बन जाता है जिसका उसे अध्ययन करना होता है। ऐसा करके वह समूह के सम्बन्ध में महत्वपूर्ण तथ्य ज्ञात कर सकता है। अर्द्ध-सहभागिन अवलोकन में अध्ययनकर्ता लम्बे समय तक समूह का अंग बनकर नहीं रहता। वह विशेष अवसरों से सम्बन्धित तथ्य एकत्रित करने के लिए उन अवसरों पर समूह के निकट सम्पर्क में आता है। असहभागिन अवलोकन में अध्ययनकर्ता अध्ययन किये जाने वाले समूह या लोगों के निकट सम्पर्क में नहीं आता, उस समूह का सदस्य नहीं बन जाता। वह तो एक दर्शक के रूप में घटनाओं का निरीक्षण कर तथ्य एकत्रित करता है। तथ्य संकलन की यह प्रविधि अर्थात् अवलोकन अधिक विश्वसनीय और निर्भर योग्य है।

(3) **अनुसूची** (Schedule) : अनुसूची प्रश्नों की एक सूची होती है जिसे अनुसन्धानकर्ता स्वयं या उसके प्रगणक क्षेत्र में जाकर सूचनादाताओं से प्रश्न पूछकर उत्तरों का भरते हैं। इस विधि में अनुसन्धानकर्ता तथा सूचनादाताओं के बीच अनुसूची के माध्यम से प्रत्यक्ष सम्पर्क स्थापित हो जाता है। इस विधि की सहायता से अशिक्षित व्यक्तियों से भी सूचनाएं सुगमता से प्राप्त कर ली जाती हैं। यह सूचना-प्राप्ति का काफी विश्वसनीय

स्रोत है। इस विधि की सहायता से अध्ययन का एक प्रमुख लाभ यह है कि अनुसन्धानकर्ता को घटनाओं का अवलोकन करने का अवसर भी प्राप्त हो जाता है।

(4) **साक्षात्कार** (Interview) : इसमें अध्ययन-विषय से सम्बन्धित विभिन्न व्यक्तियों से सीधा सम्पर्क स्थापित कर बातचीत की जाती और अध्ययन हेतु आवश्यक सामग्री एकत्रित की जाती है। इस विधि को साक्षात्कार विधि के नाम से पुकारते हैं। इसमें अध्ययनकर्ता अनुसूची या साक्षात्कार प्रदर्शिका (Interview Guide) की सहायता ले सकता है। वह चाहे तो मुक्त वार्तालाप के माध्यम से भी तथ्य संकलित कर सकता है। घटना या विषय से जुड़े हुए लोग साक्षात्कार के माध्यम से विश्वसनीय एवं निर्भर योग्य सूचनाएं (तथ्य) दे सकते हैं, फिर भी साक्षात्कारकर्ता द्वारा बीच-बीच में ऐसे प्रश्न पूछे जा सकते हैं जिनकी सहायता से एकत्रित सामग्री की जांच की जा सके।

प्राथमिक स्रोतों के गुण (Merits of Primary Sources)

तथ्य संकलन के प्राथमिक स्रोतों के गुण या लाभ इस प्रकार हैं :

(1) **प्राथमिक स्रोत द्वारा तथ्य**-संकलन में *समय व धन की काफी बचत* होती है। इसका कारण यह है कि अध्ययनकर्ता जब स्वयं क्षेत्र में उपस्थित होता है तो वह साक्षात्कार विधि का भी सहारा ले सकता है और एक साथ कई प्रकार के तथ्य एकत्रित कर सकता है। इस स्रोत द्वारा *तथ्य-संकलन का कार्य तुलनात्मक दृष्टि से सरल है*।

(2) प्राथमिक स्रोत द्वारा संकलित *तथ्य अधिक यथार्थ एवं विश्वसनीय* होते हैं। अनुसन्धानकर्ता की स्वयं की उपस्थिति के कारण सूचनादाताओं पर सामान्यत: नियन्त्रण रहता है और वे गलत सूचनाएं नहीं दे पाते। यहां प्राप्त सूचनाओं के सत्यापन की सम्भावना भी रहती है। अध्ययनकर्ता चूंकि क्षेत्र में मौजूद होता है, अत: वह जो कुछ देखता व सुनता है, वही नोट करता है। इससे सामग्री के विकृत होने की सामान्यत: सम्भावना नहीं रहती है।

(3) इस प्रकार के स्रोत द्वारा तथ्य-संकलन हेतु प्रयुक्त *अध्ययन में लचीलेपन का गुण* पाया जाता है। अध्ययनकर्ता परिस्थितियों के अनुसार अध्ययन प्रविधि में परिवर्तन कर सकता है, प्रश्नावली में प्रश्नों को बदल सकता है, यदि अध्ययनकर्ता यह महसूस करता है कि विषय के किसी विशेष पक्ष से सम्बन्धित तथ्य उपलब्ध नहीं हो रहे हैं तो वह अध्ययन-प्रविधियों में संशोधन कर सकता है ताकि आवश्यक सूचनाएं प्राप्त हो सकें।

(4) प्राथमिक स्रोत से *आन्तरिक व गुप्त सूचनाओं का संकलन सम्भव* हो पाता है। अध्ययनकर्ता अवलोकन विधि और विशेषत: सहभागिता अवलोकन की सहायता से उस समूह या समुदाय का अभिन्न अंग बन जाता है जिसका उसे अध्ययन करना है। ऐसी स्थिति में वह अनेक महत्वपूर्ण सूचनाओं को एकत्रित कर पाता है। द्वैतीयक स्रोतों से इस प्रकार की सूचनाएं प्राप्त करना संभव नहीं है।

(5) प्राथमिक स्रोत *व्यापक क्षेत्र के अध्ययन के लिए उपयुक्त* हैं। यहां विस्तृत क्षेत्र मे फैले सूचनादाताओं का अध्ययन कर तथ्य एकत्रित करना सम्भव है। प्रश्नावली विधि की सहायता से यह कार्य सुगमता से किया जा सकता है। इस विधि के द्वारा ऐसे उत्तर भी प्राप्त हो जाते हैं जो आमने-सामने की स्थिति में सम्भव नहीं है।

(6) प्राथमिक स्रोत से संकलित सामग्री की सहायता से *प्रामाणिक निष्कर्षों तक पहुंचना सम्भव* रहता है। चूंकि प्राप्त सामग्री या तथ्य, अनुसन्धानकर्ता के स्वयं के अध्ययन क्षेत्र में उपस्थित रहने के कारण, अधिक निर्भर-योग्य एवं विश्वसनीय होते हैं, अत: इनके आधार पर प्राप्त निष्कर्षों के प्रामाणिक होने की काफी सम्भावना रहती है।

प्राथमिक स्रोतों के दोष (Demerits of Primary Sources)

प्राथमिक स्रोतों द्वारा तंथ्य-संकलन के निम्नलिखित दोष हैं :

(1) प्राथमिक स्रोत द्वारा तथ्य-संकलन के लिए यह आवश्यक है कि अनुसन्धानकर्ता अपने कार्य में पूर्णत: कुशल हो, प्रशिक्षित हो। अक्सर यह देखा जाता है कि *अध्ययनकर्ताओं में प्रशिक्षण का अभाव* होता हैं। परिणामस्वरूप, शोधकर्ता की सफलता संदिग्ध रहती है।

(2) प्राथमिक स्रोत द्वारा तथ्य-संकलन में सापेक्ष दृष्टि से *अधिक मानवशक्ति एवे समय की आवश्यकता* पड़ती है। वैयक्तिक स्तर पर किये जाने वाले अध्ययनों में प्राथमिक स्रोत द्वारा सामग्री संकलित करना साधनों की सीमितता के कारण और भी कठिन है।

(3) प्राथमिक स्रोतों द्वारा तथ्य-संकलन में *पक्षपात व मिथ्या-झुकाव की काफी सम्भावना* रहती है। इसका कारण यह है कि इस प्रकार के अध्ययन में शोधकर्ता की भूमिका अत्यन्त महत्वपूर्ण रहती है। यदि वह अपने स्वयं के विचारों एवं पूर्वाग्रहों पर नियन्त्रण पाने में असमर्थ रहता है तो वह तथ्य संकलन की किसी भी विधि का यथार्थता के साथ उपयोग नहीं कर सकता है। ऐसी स्थिति में अध्ययन पक्षतापूर्ण हो जाता है।

(4) **प्राथमिक स्त्रोत द्वारा** तथ्य-संकलन में एक कठिनाई यह आती है कि शोधकर्ता कई बार सुविधानुसार तथ्य-संकलित कर लेता है, कई तथ्यों को तोड़-मरोड़ कर ग्रहण कर लेता है। परिणामस्वरूप *अध्ययन में वस्तुनिष्ठता में कमी आ जाती है।*

(5) इस स्त्रोत द्वारा वर्तमान से सम्बन्धित तथ्यों का संकलन ही सम्भव है क्योंकि इसमें जीवित लोगों से ही सूचनाएं एकत्रित की जाती है। इस स्त्रोत की सहायता से *अतीत की घटनाओं का अध्ययन या ऐतिहासिक विधि द्वारा अध्ययन सम्भव नहीं है।*

(6) चूंकि प्राथमिक स्त्रोत द्वारा तथ्य-संकलन के कार्य में अध्ययनकर्ता स्वयं लगा होता है, अतः वह सूचनादाताओं को समय-समय पर सूचनाएं करने की दृष्टि से कई सुझाव दे देता है। ये सुझाव अध्ययनकर्ता क कार्य को तो सरल बनाते हैं परन्तु इससे *तथ्यों की स्वाभाविकता के नष्ट हो जाने का खतरा* रहता है।

II. द्वैतीयक स्त्रोत (Secondary Source)

द्वैतीयक स्त्रोत या सामग्री को जिन स्त्रोतों से प्राप्त किया जाता है, उन्हें तथ्य-संकलन के द्वैतीयक स्त्रोत कहते हैं। **जॉन मेज** के अनुसार, "द्वैतीयक स्त्रोतों का निर्माण कही सुनी बातों एवं अप्रत्यक्ष दर्शकों के आधार पर होता है।" **श्रीमती पी.वी. यंग** ने लिखा है,"इन तथ्यों (द्वैतीयक) का उपयोग करने वाले एवं इन्हें प्रथम बार एकत्रित करने वाले लोग पृथक्-पृथक् होते हैं।" **प्रो. पी.एच. मान** के अनुसार,"ये द्वैतीयक स्तर पर प्राप्त किये गये तथ्य होते हैं, यानि कि ये प्रथम बार एकत्रित किये हुए तथ्य नहीं होते बल्कि, अन्य व्यक्तियों द्वारा एकत्रित मूल तथ्यो के आधार पर रचित तथ्य होते हैं।" स्पष्ट है कि द्वैतीयक सामग्री तथ्य संकलन की ऐसी सामग्री है जिसका प्रथम बार संकलन करने वाले लोग अब शोधकार्य के लिए इसका उपयोग करने वाले लोगों से भिन्न थे।

द्वैतीयक स्त्रोतों से कई बार सुगमता से ऐसी महत्वपूर्ण सूचनाएं मिल जाती हैं जो प्राथमिक स्त्रोतों से नहीं मिल जाती हैं। सामाजिक शोध में द्वैतीयक स्त्रोतों का प्राथमिक स्त्रातों की तुलना में कम महत्व नहीं है। प्राथमिक तथ्यों की सत्यता का पता लगाने के लिए द्वैतीयक स्त्रातों द्वारा प्राप्त तथ्यों पर ही निर्भर रहना पड़ता है। द्वैतीयक स्त्रोत अध्ययन की प्रारम्भिक पृष्ठभूमि निर्मित करने एवं अध्ययन की दिशा तय करने में उपयोगी भूमिका निभाते हैं।

तथ्य संकलन के द्वैतीयक स्त्रोतों को प्रमुखतः दो भागों में विभाजित किया जाता है :

प्रथम, **व्यक्तिगत प्रलेख** (Personal Documents) तथा

द्वितीय, **सार्वजनिक प्रलेख** (Public Documents)।

इन पर विचार करने से यह स्वत: ही स्पष्ट हो जायेगा कि शोधकर्ता किन-किन स्त्रोतों से द्वैतीयक तथ्य एकत्रित कर अपने अध्ययन हेतु उपयोग में ले सकता है।

1. व्यक्तिगत प्रलेख (Personal Documents)

व्यक्तिगत प्रलेख के अन्तर्गत वह सम्पूर्ण लिखित सामग्री आ जाती है जो एक व्यक्ति अपने स्वयं के बारे में या सामाजिक घटनाओं को एक विशेष दृष्टिकोण से देख-समझकर प्रस्तुत करता है। व्यक्तिगत प्रलेखों में व्यक्ति के विचारों, भावनाओं, आदर्शों, से आदि का समावेश भी हो सकता है। व्यक्तिगत प्रलेखों के रूप में उपलब्ध लिखित सामग्री प्रकाशित और अप्रकाशित दोनों ही रूपों में हो सकती है। व्यक्तिगत प्रलेख का अर्थ स्पष्ट करते हुए **जॉन मेज** ने लिखा है," अपने संकुचित अर्थ में, व्यक्तिगत प्रलेख किसी व्यक्ति के द्वारा उसकी स्वयं की क्रियाओं, अनुभवों एवं विश्वासों के बार में स्वयं द्वारा लिखा गया एक विवरण है।" **जहोदा** एवं उनके सहयोगी लेखकों के अनुसार, "व्यक्तिगत प्रलेखों के अन्तर्गत उन सभी प्रलेखों को सम्मिलित किया जाता है जो सामान्यत: सूचनादाताओं के व्यक्तिगत जीवन के आधार पर स्वयं उन्हीं के द्वारा लिखे होते हैं एवं जिनमें उनके स्वयं के अनुभव शामिल होते है।"

व्यक्तिगत प्रलेख व्यक्तियों, एक समय विशेष की परिस्थितियों एवं भूतकाल में घटित सामाजिक घटनाओं को ऐतिहासिक पृष्ठभूमि में समझने में योग देते हैं। यद्यपि व्यक्तिगत प्रलेख व्यक्तिपरक होते हैं परन्तु फिर भी सामाजिक शोध में इनकी काफी उपयोगिता है। से सामाजिक प्रक्रियाओं को समझने हेतु आवश्यक सामग्री प्रदान करते हैं। इनकी इस दृष्टि से काफी महत्ता है कि इनके आधार पर एक विशिष्ट समय में लोगों के रहन-सहन, खान-पान, व्यवहार-प्रतिमान, सामाजिक आदर्श-नियम, आदि का पता चलता है। पत्र, डायरी, जीवन-इतिहास एवं स्मरण व्यक्तिगत प्रलेखों के अन्तर्गत आते हैं। यहां अब हम इन्हीं पर विचार करेंगे।

(1) पत्र (Letters)

सामान्य व्यक्ति अपने जीवन में कई पत्र लिखता है यद्यपि अधिकांशत: पत्र वैयक्तिक होते है, परन्तु फिर भी ये महत्वपूर्ण सामग्री प्रस्तुत करते हैं। अध्ययन की दृष्टि से इतिहासकारों एवं जीवनी लेखकों द्वारा पत्रों का विशेष उपयोग किया गया है। थांमस एवं नैनकि द्वारा पोलैण्ड के कृषकों के अपने अध्ययन में सर्वप्रथम पत्रों को काम में लिया गया। व्यक्तिगत पत्र अध्ययन की दृष्टि से महत्वपूर्ण सामग्री

प्रदान करते हैं। इनसे पत्र लिखने वालों के विचारों एव दृष्टिकोणों को समझने में मदद मिलती है। पत्र अपने निकट के व्यक्तियों को लिखे जाते हैं। अतः इनमें व्यक्ति महत्वपूर्ण विचारों, भावनाओं, जीवन की प्रमुख घटनाओं, अनुभवों, प्रेम, घृणा, अपनी योजनाओं, आदि को व्यक्त करता है। पत्रों में राजनीतिक घटनाओं एवं सामाजिक जीवन का विवरण मिलता है। जीवन के अन्तरंग पक्षों से सम्बन्धित बातें पत्रों में लिखी होती हैं। पारिवारिक तनाव, वैवाहिक सम्बन्ध, यौनिक असन्तुलन, पृथक्करण, विवाह-विच्छेद, आदि से सम्बन्धित महत्वपूर्ण बातों का पता पत्रों के माध्यम से सुगमता से चल जाता है। पत्र चूंकि व्यक्तिगत और गोपनीय होते हैं, अतः इनसे यथार्थ एवं विश्वसनीय सामग्री मिल पाती है।

(2) डायरी (Diary)

कई लोग अपने दिन-प्रतिदिन की घटनाओं को डायरी के रूप में लिखते हैं। चूंकि डायरी एक पूर्णतः गोपनीय दस्तावेज है, अतः व्यक्ति अपने जीवन की रहस्यमयी बातों का पता लगाने का एक विश्वसनीय स्रोत है। **जॉन मेज** ने लिखा है, "डायरियां सबसे ज्यादा रहस्योद्घाटन करने वाली होती हैं क्योंकि एक ओर व्यक्ति को इनका जनता के सामने प्रदर्शित होने का भय नहीं होता एवं दूसरी ओर इनमें घटनाओं एवं क्रियाओं के घटित एवं सम्पन्न होने के समय ही उनको बहुत स्पष्ट रूप में लिख दिया जाता है।" मेज के इस कथन से सामाजिक अनुसन्धान में डायरी का तथ्य-संकलन के स्रोत के रूप में महत्व स्वतः ही स्पष्ट हो जाता है। इससे गोपनीय तथ्य प्राप्त होते हैं जो सापेक्ष दृष्टि से अधिक विश्वसनीय होते हैं क्योंकि लेखक डायरी में घटनाओं का यथार्थ चित्रण करता है। वह प्रदर्शन या प्रकाशन के उद्देश्य से डायरी नहीं लिखता है। महापुरूषों के कार्यों, यात्रा-वर्णन, जेल जीवन का वृत्तान्त, युद्ध या किसी अन्य असाधारण घटना के संस्मरण के रूप में लिखी गयी डायरियां द्वारा सही सूचनाएं मिल पाती हैं क्योंकि इनमें सामान्यतः घटनाओं को तोड़-मरोड़कर प्रस्तुत नहीं किया जाता। गोपनीय एवं विश्वसनीय तथ्यों को प्राप्त करने का यह एक महत्वपूण स्रोत हैं।

यद्यपि सामाजिक शोध में डायरी की काफी उपयोगिता है, परन्तु फिर भी इसकी कुछ सीमाएं हैं, कुछ दोष हैं। **आलपोर्ट** ने लिखा है, "डायरियों में घटनाओं को पूरी तरह स्वीकार करके चला जाता तथा अक्सर उन व्यक्तियों या दशाओं का विवरण भुला दिया हाता है जिनके अस्तित्व व चरित्र के बारे में डायरी के लेखक को अनुमान मात्र होता है। **जॉन मेज** ने बताया है, "डायरियां जीवन के नाटकीय एवं संघर्षात्मक पक्षों का तो बढ़ा-चढ़ा कर वर्णन कर सकती हैं परन्तु कई महीनों के शान्तिपूर्ण एवं सुखद क्षणों को इनमें उचित मात्रा में स्थान नहीं दिया जाता

है।" इन कमियों के अलावा डायरियों द्वारा तथ्य-संकलन के कुछ अन्य दोष इस प्रकार है। यदि डायरी को प्रकाशित कराने की लेखक की तनिक-सी अप्रकट इच्छा भी है तो उसमें कल्पनाशीलता एवं घटनाओं को बढा-चढा कर लिखने का भाव आ जाता है। ऐसी स्थिति में डायरियों के माध्यम से प्राप्त तथ्यों के आधार पर वैज्ञानिक निष्कर्ष निकालना कठिन है।

(3) जीवन-इतिहास (Life History)

तथ्य संकलन के द्वैतीयक स्रोत के रूप में जीवन-इतिहास का काफी महत्व है। **जॉन मेज** ने लिखा है, "वास्तविक अर्थ में जीवन-इतिहास का तात्पर्य किसी विस्तृत आत्म-कथा से होता है। सामान्य अर्थों में इसका प्रयोग किसी भी जीवन सम्बन्धी सामग्री के लिए किया जा सकता है।" अन्य शब्दों में हम कह सकते हैं कि जीवन-इतिहास का तात्पर्य किसी भी प्रकार की जीवन-सम्बन्धी सामग्री से है। जीवन-इतिहास के प्रमुखतः दो रूप देखने को मिलते है : प्रथम, **आत्मकथा** (Autobiography) जिसे व्यक्ति अपने सम्बन्ध में स्वयं लिखता है, तथा द्वितीय, **जीवन-चरित्र** (Biography) जिसे कोई व्यक्ति किसी अन्य व्यक्ति की जीवन-सम्बन्धी घटनाओं के बारे में लिखता है। साधारणतः प्रसिद्ध-प्राप्त व्यक्तियों के जीवन-चरित्र ही लिखे जाते हैं।

जीवन-इतिहास आत्मकथा के रूप में स्वयं द्वारा भी लिखा जा सकता है और किसी अन्य व्यक्ति के द्वारा भी। ये दोनों ही द्वैतीयक तथ्य-संकलन के प्रमुख स्रोत हैं। किसी महापुरुष के जीवन-इतिहास से उसके समय की सामाजिक, आर्थिक, राजनीतिक, सांस्कृतिक एवं विभिन्न प्रकार की घटनाओं को समझने में सहायता मिलती है। जीवन-इतिहासों से एक विशेष काल की सामाजिक परिस्थितियों एवं समस्याओं कों भली प्रकार से समझा जा सकता है। भारत में समाज-सुधारकों के जीवन-इतिहास से हिन्दू-समाज और उसमें व्याप्त कुरीतियों को समझने और उनसे सम्बन्धित अध्ययन करने में काफी मदद मिली है।

जीवन-इतिहासों के उपयोग की कुछ सीमाएं भी हैं-

प्रथम, इमें वस्तुनिष्ठता का अभाव पाया जाता है। आत्मकथाएं लिखने वाले अधिकांशतः यह जानते है कि उनका प्रकाशन होगा, अतः वे उनके दुर्बल पक्षों को कई बार छिपा जाते हैं, परिस्थितियों व घटनाओं का यथार्थ चित्रण नहीं कर पाते। इससे आत्मकथों द्वारा प्राप्त सामग्री की वस्तुनिष्ठता एवं विश्वसनीयता कम हो जाती है।

द्वितीय, जीवन-इतिहासों से संकलित तथ्यों की जांच करना सम्भव नहीं होता है।

तृतीय, जीवन-इतिहासों में व्यक्ति के व्यक्तित्व को बहुत बढ़ा-चढ़ा कर प्रस्तुत किया जाता है। जीवन-चरित्र लिखने वाले, किसी नेता या महापुरुष की प्रशंसा में घटनाओं को बढ़ा-चढ़ा कर प्रस्तुत करते हैं।

चतुर्थ, लेखक जिन घटनाओं को अपनी दृष्टि से महत्वपूर्ण समझते हैं, उन्हें बढ़ा-चढ़ा कर और शेष को या तो अति संक्षिप्त में प्रस्तुत करते या छोड़ देते हैं। जो बातें उनके सम्मान की दृष्टि से अरुचिकर होती हैं, उन्हें वे स्थान नहीं देते हैं। इससे वास्तविक स्थिति का पता नहीं चल पाता है। ऐसी सामग्री के आधार पर वैज्ञानिक निष्कर्ष निकालना बहुत कठिन है।

(4) संस्मरण (Memories)

कई लोग अपनी यात्राओं, जीवन की महत्वपूर्ण घटनाओं एवं रोमांचकारी अनुभवों को संस्मरण के रूप में लिखते हैं, या इन्हें समय-सभय पर अन्य व्यक्तियों को सुनाते हैं। ये संस्मरण न केवल व्यक्ति के जीवन-अनुभवों का लेखा-जोखा ही प्रस्तुत करते हैं बल्कि, काल विशेष के समाज की दशाओं का चित्रण भी करते हैं। यात्राओं व महत्वपूर्ण घटनाओं के संस्मरण लिखने का प्रचलन प्राचीनकाल से ही चला आ रहा है। उदाहरण के रूप में, कोलम्बस, फाह्यन, ह्वेनसांग एवं मैगस्थनीज ने काफी उपयोगी संस्मरण लिखे। ब्रिटिश शासन-काल में कई अधिकारियों के द्वारा ऐतिहासिक पद्धति के आधार 'जनपद संस्मरण' लिखे गये। इन संस्मरणों से एक काल विशेष की सामाजिक, आर्थिक, राजनैतिक एवं सांस्कृतिक दशाओं का पता चलता है। इनसे लोगों के रहन-सहन, रीति-रिवाजों, धर्म, भाषा एवं सम्पूर्ण जीवन-विधि अर्थात् संस्कृति को समझने में मदद मिलती हैं। संस्मरणों की सहायता से तथ्य संकलन की कमी यह है कि इनमें क्रमबद्धता एवं वस्तुनिष्ठता का अभाव पाया जाता है। फिर भी तथ्य-संकलन के द्वैतीयक स्त्रोत के रूप में इनकी उपयोगिता है।

व्यक्तिगत प्रलेखों की उपयोगिता (Value of Personal Documents) सामाजिक अनुसन्धान में प्रलेखों का काफी महत्व है। मनोवैज्ञानिक शोध में तो इनकी विशेष उपयोगिता है क्योंकि इनसे व्यक्तियों की मनोवृत्तियों व दृष्टिकोणों को समझने में मदद मिलती है। सामाजिक घटनाओं के सम्बन्ध में ये प्रलेख विस्तृत जानकारी प्रदान करते हैं। यदि पत्र, डायरियां, जीवन-इतिहास एवं संस्मरण प्रकाशन के उद्देश्य से नहीं लिखे गये हैं तो उनकी विश्वसनीयता व वस्तुनिष्ठता काफी बढ़ जाती है। मोजर ने लिखा है, "व्यक्तिगत प्रलेख उस समय ज्यादा महत्वपूर्ण बन ज.ते हैं जब ये सम्बन्धित व्यक्ति को बिना अनुरोध के प्राप्त हो जाएं। कुछ विशिष्ट सर्वेक्षणों में ये (व्यक्तिगत प्रलेख) प्रारम्भिक खोज के स्तर पर प्राक्कल्पना का निर्माण करने और अध्ययन कार्य को आगे बढ़ाने के लिए शोधकर्ता के लिए

पृष्ठभूमि तैयार करने में महत्वपूर्ण हो सकते हैं।" **जहोदा** एवं उनके सहयोगियों ने बताया है, "साधारणत: व्यक्तिगत प्रलेखों की उपयोगिता अवलोकन विधियों की उपयोगिता के समान है। बाह्य व्यवहार के अध्ययन में अवलोकन विधियों के प्रयोग से जो कुछ प्राप्त किया जा सकता है, वही सब आन्तरिक अनुभवों के अध्ययन में पत्रों के माध्यम से प्राप्त कर सकते हैं।"

स्पष्ट है कि जिस प्रकार कोई अवलोकनकर्ता अपनी सहभागिता के आधार पर किसी समूह का गहराई के साथ अध्ययन कर सकता है, उसी प्रकार सामाजिक शोधकर्ता को पत्रों व अन्य व्यक्तिगत प्रलेखों के माध्यम से किसी घटना या दशा से सम्बन्धित आन्तरिक बातों का पता चल जाता है। कहने का तात्पर्य यह है कि व्यक्तिगत प्रलेख अध्ययन के लिए उपयोगी आधार प्रदान कने में महत्वपूर्ण योग देते हैं।

व्यक्तिगत प्रलोखों की सीमाएं (Limitations of Personal Documents): व्यक्तिगत प्रलोखों के उपयोगी की निम्नलिखित सीमाएं हैं :

(1) कई व्यक्तिगत प्रलेखों में व्यक्तिगत पक्षपात (अभिनति) काफी मात्रा में पाया जाता है जो शोध-सामग्री के रूप में उनकी उपयोगिता पर प्रश्न-चिह्न लगा देता है।

(2) व्यक्तिगत प्रलेखों को प्राप्त करना बहुत कठिन है। यह पता लगाना आसान नहीं है कि कौन से प्रलेख कहां से प्राप्त होंगे, वे किसके पास हैं। यदि यह पता चल भी जाय तो भी यह आवश्यक नहीं है कि वे शोध-कार्य के लिए मिल ही जायेंगे।

(3) व्यक्तिगत प्रलेखों की एक सीमा यह है कि इनके आधार पर वैज्ञानिक सामान्यीकरण निकालना काफी कठिन है। इसका कारण यह है कि व्यक्तिगत प्रलेख व्यक्ति-विशेष के विचारों एवं दृष्टिकोण का परिचायक होता है। वह डायरी, पत्र, संस्मरण या आत्मकथा में किसी समूह, समाज, सामाजिक घटना, सामाजिक समस्या, आदि के सम्बन्ध में जो कुछ लिखता है, क्या वह सम्पूर्ण समूह या समाज का प्रतिनिधित्व करता है। क्या ऐसे प्रलेख के आधार पर निष्कर्ष निकालना वैज्ञानिक दृष्टि से उचित है।

(4) व्यक्तिगत प्रलेखों के आधार पर प्राप्त सामग्री का सांख्यिकीय विश्लेषण करना भी सामान्यत: सम्भव नहीं है। जहोदा एवं उनके सहयोगियों ने लिखा है, "व्यक्तिगत प्रलेख सांख्किीय प्रवधियों की सहायता से उपयोग में लाये जाने के लिए ज्यादा उपयुक्त नहीं होते।"

(5) व्यक्तिगत प्रलेखों की एक सीमा इनकी प्रामाणिकता का पता लगाने की है, इनकी सत्यता की जांच करने की है। कई व्यक्तिगत प्रलेख कई बार अतिशयोक्तिपूर्ण होते हैं अर्थात् उनमें घटनाओं या व्यक्तिगत अनुभवों को बढ़ा-चढ़ा कर चित्रित किया जाता है। फिर यह ज्ञात करना और भी कठिन है कि कौन सा व्यक्तिगत प्रलेख कितना सही है और कितना गलत है।

इन सीमाओं को ध्यान में रखते हुए शोधकर्ता को व्यक्तिगत प्रलेखों का उपयोग सावधानीपूर्वक करना चाहिए ताकि अध्ययन की वस्तुनिष्ठता बनी रह सकें।

2. सार्वजनिक प्रलेख (Public Documents)

सामग्री संकलन के द्वैतीयक स्त्रोत के रूप में सार्वजनिक प्रलेख का काफी महत्व है। किसी सार्वजिक हित को ध्यान में रखकर सरकारी या गैर-सरकारी संस्था के द्वारा सार्वजनिक प्रलेख तैयार कराये जाते हैं। कभी व्यक्तिगत स्तर पर भी तथ्य संकलित किये जाते हैं यदि उन्हें सार्वजनिक उपयोग के लिए काम में लाया जाता हो ता ऐसी सामग्री भी सार्वजनिक प्रलेख के अन्तर्गत ही आती है। सार्वजनिक प्रलेख व्यक्तिगत प्रलेख की तुलना में अधिक विस्तृत एवं व्यापक जानकारी प्रदान करने वाले और अधिक विश्वसनीय होते हैं। ये प्राय: व्यक्तिगत पक्षपात से मुक्त होत हैं। सार्वजनिक प्रलेखों को प्रमुखत: दो भागों में विभाजित किया जाता है,

प्रथम, प्रकाशित प्रलेख, तथा

द्वितीय, अप्रकाशित प्रलेख।

(1) **प्रकाशित प्रलेख** (Published Documents) : सरकारी व गैर सरकारी संगठनों द्वारा समय-समय पर कई तथ्य प्राथमिक रूप से संकलित कराये जाते हैं जिन्हें सार्वजनिक उपयोग हेतु प्रकाशित करा दिया जाता है। जब इन तथ्यों (सामग्री) का अन्य अनुसन्धानकर्ताओं द्वारा उपयोग किया जाता है तो उनके लिए ये तथ्य प्रकाशित प्रलेखों के रूप में तथ्य-संकलन का द्वैतीयक स्त्रोत बन जाते हैं। यहां हम कुछ प्रमुख प्रकाशित सार्वजनिक प्रलेखों का उल्लेख करेंगे।

(i) **शोध-संस्थानों के प्रतिवेदन** : विभिन्न शोध-संस्थान अपने शोध-कार्यों का विवरण प्रस्तुत करने हेतु समय-समय पर प्रतिवेदन प्रकाशित कराते हैं। यह सामग्री अन्य शोधकर्ताओं के लिए काफी उपयोगी प्रमाणित होती है। टाटा समाज विज्ञान संस्थान, जनजातीय अनुसन्धान संस्थान, राष्ट्रीय शैक्षणिक शोध तथा प्रशिक्षण संस्थान, समाज-विज्ञान शोध परिषद् एवं राष्ट्रीय व्यावहारिक आर्थिक शोध

परिषद् ने अपने प्रतिवेदनों का समय-समय पर प्रकाशन कराके महत्वपूर्ण शोध-सामग्री उपलब्ध करायी है।

(ii) **व्यक्तिगत शोधकर्ताओं के प्रकाशन :** अनेक शोध-छात्र विभिन्न क्षेत्रों में अपना शोध-कार्य सम्पन्न कर शोध-निबन्ध प्रकाशित कराते हैं। ये प्रकाशन भी सार्वजनिक प्रलेख के रूप में द्वैतीयक सामग्री के प्रमुख स्रोत हैं।

(iii) **समितियों व आयोगों के प्रतिवेदन :** अनेक सरकारी व गैर-सरकारी समितियों तथा आयोगों द्वारा समय-समय पर अपने प्रतिवेदन प्रकाशित कराये जाते हैं। इन समितियों व आयोगों द्वारा कई प्रकार के तथ्य संकलित कराये जाते हैं, जैसे शिक्षा सम्बन्धी आंकड़े, अपराध सम्बन्धी आंकड़े, निर्धनता व बेकारी सम्बन्धी आंकड़े जिन्हें सार्वजनिक उपयोग हेतु प्रकाशित करा दिया जाता है। मद्य निषेध जांच समिति, राष्ट्रीय नियोजन समिति, योजना आयोग, आदि के द्वारा प्रकाशित प्रतिवेदन काफी उपयोगी सिद्ध हुए हैं। भारत में जनगणना प्रतिवेदन (Census Reports) द्वैतीयक सामग्री के प्रमुख स्रोत हैं। इनका अनेक समाजशास्त्रीय उपयोग किया गया है। उदाहरण के रूप में, प्रो. आई.पी. देसाई द्वारा भारतीय संयुक्त परिवार सम्बन्धी अध्ययन जनगणना प्रतिवेदन पर ही आधारित है। भारत सरकार द्वारा प्रतिवर्ष प्रकाशित कराये जाने वाला ग्रन्थ 'भारत (India)' द्वैतीयक तथ्य संकलन के प्रमुख स्रोत है।

(iv) **व्यावसायिक संस्थाओं एवं परिषदों के प्रकाशन :** राष्ट्रीय उत्पादन परिषद्, बाल-कल्याण परिषद्, सूती कपड़ा मिल मालिक संघ, आर्थिक व सांख्यिकी निदेशालय, कृषि विभाग, चैम्बर ऑफ कॉमर्स, आदि के प्रकाशन तथ्य-संकलन के महत्वपूर्ण द्वैतीयक स्रोत हैं।

(v) **अन्तर्राष्ट्रीय संगठनों के प्रकाशन :** संयुक्त राष्ट्र शैक्षणिक-वैज्ञानिक तथा सांस्कृतिक संगठन (UNESCO), विश्व स्वास्थ्य संगठन (WHO), अन्तर्राष्ट्रीय बाल सहायता कोष, आदि के द्वारा समय-समय पर प्रकाशित सामग्री तथ्य-संकलन का विश्वसनीय स्रोत है।

(vi) **पत्र-पत्रिकाएं :** विभिन्न शोध-पत्र समय-समय पर प्रकाशित होते रहते हैं। अनेक शोध पत्रिकाएं भी निकलती रहती हैं। इनके अलावा दिन-प्रतिदिन की घटनाओं का विवरण समाचार-पत्रों में प्रकाशित

होता है, उनमें कई लेख व सम्पादकीय भी छपते रहते हैं। रेडियो व दूरदर्शन भी मूल्यवान् सामग्री उपलब्ध कराते हैं। यद्यपि जन-संचार के इन साधनों से महत्वपूर्ण तथ्य तो प्राप्त होते हैं, परन्तु शोध-कार्य हेतु इनका उपयोग बड़ी सावधानी के साथ किया जाना चाहिए। ऐसे तथ्यों की विश्वसनीयता का पता लगा लिया जाना चाहिए।

(2) **अप्रकाशित प्रलेख** (Unpublished Documents) **:** सरकारी व गैर सरकारी संगठनों द्वारा एकत्रित कुछ सामग्री उनकी गोपनीयता को बनाये रखने हेतु प्रकाशित नहीं करायी जाती, जबकि कुछ सामग्री आर्थिक या अन्य कारणों से प्रकाशित नहीं हो पाती। प्रतिरक्षा मन्त्रालय से सम्बन्धित महत्वपूर्ण दस्तावेजों की गोपनीयता बनाये रखने के उद्देश्य से ही उनका प्रकाशन नहीं कराया जाता। पुलिस विभाग, न्याय विभाग, सरकारी कार्यालयों, आदि के द्वारा समय-समय पर कई महत्वपूर्ण सूचनाएं एकत्रित करायी जाती हैं। परन्तु उन्हें रिकार्ड या दस्तावेजों के रूप में ही सुरक्षित रखा जाता है, प्रकाशित नहीं कराया जाता। ऐसी सामग्री का अभिलेख कहा जाता है, ये अप्रकाशित दस्तावेज भी द्वैतीयक सामग्री के प्रमुख स्त्रोत हैं, यद्यपि इनका उपयोग करने के लिए आज्ञा प्राप्त करनी पड़ती है। अप्रकाशित प्रलेख के अन्तर्गत द्वैतीयक सामग्री के निम्नलिखित स्त्रोत आते हैं :

(i) **अभिलेख :** विभिन्न सरकारी और गैर-सरकारी कार्यालयों में उनकी आवश्यकतानुसार कई प्रकार के आंकड़े और सूचनाएं एकत्रित करके रखे जाते हैं। यह सम्पूर्ण सामग्री (अभिलेख) विभिन्न समितियों, संगठनों, आयोगों के प्रतिवेदनों व समय-समय पर आयोजित होने वाली बैठकों (मीटिंग्स) की कार्यवाहियों के रूप में होती है। यद्यपि यह सामग्री गोपनीय होती हैं, परन्तु साथ ही काफी विश्वसनीय भी होती है।

(ii) **अनुसन्धानकर्ताओं के प्रतिवेदन :** अनेक अनुसन्धानकर्ता शोध-कार्यों के आधार पर महत्वपूर्ण प्रतिवेदन तो तैयार कर लेते हैं, शोध-निबन्ध तो लिख लेते हैं, परन्तु उनमें से अधिकांश अप्रकाशित ही रह जाते हैं। ये भी सूचना-प्राप्ति एवं सामग्री के सत्यापन के प्रमुख स्त्रोत हैं।

(iii) **पांडुलिपियां :** कुछ महापुरुष, समाज-सुधारक, नेता एवं विभिन्न क्षेत्रों में ख्याति-प्राप्त व्यक्ति विभिन्न विषयों का गहन अध्ययन एवं

तथ्य संकलन कर पांडुलिपियां तैयार करते हैं। वे किन्हीं कारणों से इन्हें प्रकाशित नहीं करा पाते। इनमें काफी उपयोगी सामग्री होती है। शोध हेतु इन पांडुलिपियों को प्राप्त करना काफी कठिन होता है। कई बार संग्रहालयों में सुरक्षित रख दिया जाता है जहां इनका लाभ भी उठाया जा सकता है।

(vi) **अप्रकाशित लोक-गीत, लोक-संस्कृति, लोकगाथाएं :** ये द्वैतीयक तथ्य-संकलन के महत्वपूर्ण स्रोत हैं। मानवशास्त्रियों के द्वारा अनेक अध्ययनों में इनका काफी उपयोग किया गया है।

प्रलेखीय सामग्री के उपयोग सम्बन्धी समस्याएं (Problems Connected With Use of Documentary Materials)

तथ्य-संकलन के द्वैतीयक स्रोत चाहे व्यक्तिगत प्रलेख के रूप में हों या सार्वजनिक प्रलेख के रूप में, चाहे वे प्रकाशित हों अथवा अप्रकाशित हों, परन्तु सामाजिक शोध की दृष्टि से उनकी काफी उपयोगिता है। कोई भी शोधकर्ता जब तक उसके अध्ययन विषय से सम्बन्धित द्वैतीयक सामग्री का पूरी तरह अध्ययन नहीं कर लेता तब तक उसे अध्ययन हेतु आवश्यक आधार नहीं मिल पाता है, वह आवश्यक प्रश्नों एवं प्राक्कल्पनाओं की रचना नहीं कर पाता है, पूर्व में किये गये अध्ययनों (शोधों)को दोहराने की भूल से बच नहीं सकता है। अतः शोधकर्ता के लिए उपलब्ध द्वैतीयक सामग्री का पूरा-पूरा उपयोग करना नितान्त आवश्यक है। **श्रीमती पी.वी. यंग** ने विश्वसनीय प्रलेखीय सामग्री के उपयोग के लाभ इस प्रकार बताये हैं :

(i) इससे शोध-कार्य में अन्तर्दृष्टि प्राप्त होती एवं सही प्रश्नों को पूछने में मदद मिलती है,

(ii) इससे अध्ययन की विधियों का चयन करने में मदद मिलती है,

(iiii) इससे प्राक्कल्पना के निर्माण एवं परिक्षण में मदद मिलती है, तथा

(iv) इससे शोध-कार्य में अनावश्यक पुनरावृत्ति से बचने में मदद मिलती है।

यहां हमें इतना अवश्य ध्यान में रखना है कि द्वैतीयक सामग्री प्राथमिक सामग्री का स्थान तो नहीं ले सकती, परन्तु प्राथमिक सामग्री के पूरक के रूप में अवश्य काम कर सकती है। यह प्राथमिक स्रोत से प्राप्त तथ्यों के सत्यापन में योग दे सकती है।

थॉमस ऐडिसन का यह कथन अत्यन्त महत्वपूर्ण है। आपने बताया है, "मैं जब भी कोई खोज या अनुसन्धान करना चाहता हूं तब मैं भूतकाल में उसके सम्बन्ध

में जो कुछ किया जा चुका है, उसे पढ़कर उसके पश्चात् अपना कार्य प्रारम्भ करना चाहता हूं।" इस कथन से द्वैतीयक सामग्री की उपयोगिता का पता चलता है।

द्वैतीयक सामग्री की सीमाओं का उल्लेख 'व्यक्तिगत प्रलेख' तथा 'सार्वजनिक प्रलेख' नामक शीर्षकों के अन्तर्गत पूर्व में किया जा चुका है, उन्हें यहां पुन: दोहराने की आवश्यकता नहीं है। यहां इतना बता देना ही उचित होगा कि द्वैतीयक सामग्री को काम में लेने से पूर्व उसकी विश्वसनीयता, उसके सही या गलत होने की जांच अवश्य कर लेनी चाहिए अन्यथा सम्पूर्ण शोध-कार्य निरर्थक हो सकता है। अत: काल्पनिक एवं अशुद्ध सामग्री से बचना चाहिए। द्वैतीयक स्त्रोतों से प्राप्त सामग्री को आधार-सामग्री नहीं मानकर पूरक सामग्री ही माना जाना चाहिए जिसका प्रयोग बहुत सावधानीपूर्वक किया जाना चाहिए। आधार सामग्री तो प्रमुखत: प्राथमिक स्त्रोतों से ही प्राप्त होती है। **डॉ. बाउले** (A.W. Bowley) ने लिखा है, "प्रकाशित सांख्यिकी को उसके अर्थ और सीमाओं को समझे बिना वैसे का वैसे स्वीकार कर लेना खतरे से खाली नहीं है तथा यह सदैव आवश्यक है कि ऐसी सांख्यिकी पर आधारित तथ्यों की पूर्ण सावधानी के साथ समालोचना कर ली जाय।" इससे स्पष्ट है कि शोध (अनुसन्धान) को वस्तुनिष्ठ रूप देने के लिए प्रलेखीय सामग्री का प्रयोग बहुत ही सावधानीपूर्वक किया जाना चाहिए।

भारत में द्वैतीयक तथ्यों के प्रमुख स्त्रोत
(Principal Sources of Statistics of Secondary Data In India)

भारत सरकार के विभिन्न विभाग देश के आर्थिक एवं सामाजिक जीवन, शिक्षा, उद्योग, कृषि, स्वास्थ्य, जनसंख्या, श्रम, आदि के बारे में सूचनाएं संकलित करते हैं और उन्हें प्रकाशित करते हैं। सरकार द्वारा विभिन्न प्रकार के तथ्यों का संकलन ब्रिटिश शासन के समय से ही किया जाता रहा है। किन्तु स्वतन्त्रता के बाद सूचनाएं संकलित करने का कार्य व्यवस्थित रूप से किया जाने लगा है। भारतीय संविधान की धारा 246 में भी सुरक्षा, रेलवे, बैंकिग तथा मुद्रा, जनसंख्या एवें विदेश व्यापार सम्बन्धी तथ्यों का संग्रह करने के केन्द्र सरकार को निर्देश दिये गये हैं। राज्य सरकारें भी कृषि, पशुपालन, वन, शिक्षा, जेल, स्वास्थ्य तथा समाज-कल्याण सम्बन्धी तथ्यों का संकलन करती हैं। इस प्रकार से केन्द्रीय और प्रान्तीय दोनों ही सरकारें विभिन्न विषयों से सम्बन्धित महत्वपूर्ण तथ्यों का संकलन एवं प्रकाशन करती हैं जो अनुसन्धान और व्यावहारिक दोनों ही दृष्टि से उपयोगी होते हैं। भारत में संकलित किये जाने वाले तथ्यों को प्रमुख रूप से तीन भागों में बांट सकते है—केन्द्र सरकार द्वारा संकलित तथ्य, राज्य सरकारों द्वारा संकलित तथ्य, एवं गैर-सरकारी संस्थओं द्वारा संकलित तथ्य। हम इन स्त्रोतों का उल्लेख करेंगे।

(अ) केन्द्रीय सरकार के विभागों द्वारा प्राकाशित तथ्य

(1) **राष्ट्रीय निदर्शन सर्वेक्षण संगठन** (National Sample Survey Organization) : इस विभाग की स्थापना सन् 1950 में प्रो. महालनोवीस की सिफारिश पर केन्द्र सरकार द्वारा की गयी। वर्तमान में यह विभाग भारतीय सांख्यिकी तथा सूचनाओं का एक महत्वपूर्ण स्रोत बन गया है। यह विभाग पंचवर्षीय योजनाआं के लिए योजना आयोग की सहायता करने के लिए विभिन्न क्षेत्रों में सर्वेक्षण करके तथ्यों का संकलन करता है। इस विभाग के द्वारा देश के अर्थयवस्था, आवासीय स्थिति, परिवार के आकार, व्यय के स्वरूप, उपयोग के स्वरूप, ग्रामीण एवं नगरीय बेकारी, ग्रामीण आय, भूमिहीन कृषि मजदूरों, आदि से सम्बन्धित तथ्यों का संकलन कर उनका प्रकाशन किया जाता है।

(2) **रेल मन्त्रालय** (Ministry of Railways) : Monthly Railway Statistics' में भारतीय रेल परिवहन सम्बन्धी सूचनाएं प्रकाशित की जाती हैं।

(3) **परिवहन विभाग** (Transport Deptt.) : यह विभाग भारतीय परिवहन सम्बन्धी तथ्यों का संकलन कर उन्हें 'Traffic Survey' में प्रकाशित करवाता है।

(4) **जनगणना रिर्पोट** (Census Report) : केन्द्रीय गृह मन्त्रालय के अधीन भारतीय रजिस्ट्रार जनरल का कार्यालय भारत में प्रति दसवें वर्ष देश में जनगणना का कार्य करवाता है। जनगणना से सम्बन्धित विभिन्न आंकड़े 'Census of India Report' तथा Census of India Papers' नामक पुस्तकों में प्रकाशित किये जाते हैं। जनगणना में देश की जनसंख्या सम्बन्धी विभिन्न तथ्य जैसे–आयु, स्त्री–पुरुषों की संख्या, साक्षरता, धर्म, ग्रामीण एवं नगरीय जनसंख्या, जन्म एवं मृत्यु–दर, वैवाहिक स्थिति, व्यवसाय, अनुसूचित जातियों एवं जनजातियों की जनसंख्या, आदि से सम्बन्धित आंकड़ों का संकलन एवं प्रकाशन किया जाता है। नवीनतम जनगणना सन् 2001 में हुई है।

(5) **वाणिज्य तथा उद्योग मन्त्रालय** (Ministry of Commerce and Industry) : यह मन्त्रालय भी उत्पादन और वाणिज्य तथा उद्योग से सम्बन्धित तथ्यों का संकलन एवं प्रकाशन करता है। 'Indian Trade Jouranal' नामक साप्ताहिक पत्रिका के माध्यम से यह मन्त्रालय सूचनाओं का प्रकाशन करता हैं।

(6) **श्रम मन्त्रालय** (Ministry of Labour) : यह मन्त्रालय श्रमिकों की संख्या, श्रम-अधिनियम, श्रम-सुरक्षा एवं श्रम-कल्याण से सम्बन्धित सूचनाएं 'भरीतीय श्रम गजट' में प्रकाशित करता है।

(7) **शिक्षा मन्त्रालय** (Ministry of Education) : यह विभाग साक्षरता, शैक्षणिक नीति, शिक्षा का विकास, आदि से सम्बन्धित तथ्यों का प्रकाशन 'Education in India'(Annual) में करता है।

(8) **अर्थशास्त्र तथा सांख्यिकी निदेशालय** (Directorate of Economics and Statistics) : यह निदेशालय भारत सरकार के कृषि तथा खाद्य मन्त्रालय के अन्तर्गत कार्य करता है। यह निदेशालय भारत में कृषि, कृषि उपज, कृषि मजदूरी तथा कृषि विकास, आदि से सम्बन्धित कृषि सांख्यिकी संकलित करता है तथा विभिन्न पत्र-पत्रिकाओं एवं बुलेटिनों के माध्यमों से प्रकाशित करता है।

(9) **रिर्जव बैंक ऑफ इण्डिया** (Reserve Bank of India) : वित्त मन्त्रालय के अन्तर्गत ऋण, वित्त, बेकारी, गरीबी, मुद्रास्फीति, रहन-सहन के स्तर, प्रति व्यक्ति आय एवं अन्य आर्थिक तथ्य संकलित किये जाते हैं और विभिन्न प्रतिवेदनों के माध्यम से प्रकाशित किये जाते हैं।

(10) **सूचना तथा प्रसारण मन्त्रालय** (Ministry of Information and Broadcasting) : इस विभाग का प्रकाशन विभाग तथ्यों के संकलन और प्रकाशन का महत्वपूर्ण कार्य करता है। इस विभाग की स्थापना सन् 1953 में हुई थी, यह विभाग प्रतिवर्ष अंग्रेजी और हिन्दी में 'भारत' (India) नामक पत्रिका का प्रकाशन करता है। इसके अन्तर्गत भारतीय भूमि तथा जनता, भारत की जनसंख्यात्मक विशेषताओं, आर्थिक आंकड़ों, सांस्कृतिक गतिविधियों, स्वास्थ्य, शिक्षा, समाज-कल्याण, जनसंचार, भूमि-सुधार, सहकारिता, सामुदायिक विकास, सिंचाई, शक्ति तथा उद्योग, परिवहन, श्रम तथा आवास, आदि से सम्बन्धित नवीनतम आंकड़े प्रकाशित किये जाते हैं। इस विभाग द्वारा प्रकाशित तथ्य एवं सूचनाएं अधिक प्रमाणिक मानी जाती हैं।

(11) **केन्द्रीय सांख्यिकीय संगठन** (Central Statistical Organization) : इस संगठन की स्थापना सन् 1951 में की गयी थी। यह विभाग केन्द्रीय सरकार के विभिन्न विभागों द्वारा संकलित आंकड़ों को समन्वयात्मक दृष्टि से प्रकाशित करता है। अब राज्य स्तर पर भी सांख्यिकीय विभाग को इस संगठन से सम्बद्ध कर दिया गया है। अखिल भारतीय स्तर पर आंकड़ों

को संकलित करने और उन्हें प्रकाशित करने का दायित्व इसी विभाग का है। यह विभाग विभिन्न साप्ताहिक, मासिक, अर्द्ध-वार्षिक और वार्षिक पत्र-पत्रिकाओं के माध्यम से तथ्यों का प्रकाशन करवाता है।

जनगणना का महत्व (Importance of Census) : जनगणना के माध्यम से देशवासियों के सामाजिक, आर्थिक और सांस्कृतिक जीवन के बारे में अनेक महत्वपूर्ण जानकारियां प्राप्त होती हैं। जनगणना के द्वारा हमें देश की जनसंख्या, स्त्री-पुरुषों का अनुपात, आयु संरचना, विभिन्न धर्मों को मानने वालों की संख्या, लोगों की आर्थिक स्थिति, जन्म-दर, मृत्य-दर, विभिन्न पेशों, आदि के बारे में विश्वसनीय और महत्वपूर्ण जानकारी प्राप्त होती है, साथ ही देश में व्याप्त विभिन्न सामाजिक-आर्थिक समस्याओं की जानकारी भी प्राप्त होती है। विभिन्न दृष्टियों से जनगणना के महत्व को हम इस प्रकार दर्शा सकते हैं :

(1) **राजनीतिक महत्व** (Political Importance) : राजनीतिक दृष्टि से भी जनगणना का विशेष महत्व है क्योंकि इससे देश के विभिन्न भागों में निवास करने वाले लोगों की सामाजिक, सांस्कृतिक, आर्थिक एवं जनसंख्यात्मक स्थिति का पता चलता है जो प्रशासन, शान्ति और सुरक्षा की दृष्टि से आवश्यक है। इसी प्रकार से जन्म-दर और मृत्यु-दर तथा स्वास्थ्य के आंकड़े चिकित्सा ओर परिवार नियोजन की दृष्टि से तथा साक्षरता के आंकड़े शैक्षणिक दशा को सुधारने की दृष्टि से आवश्यक हैं। भाषा सम्बन्धी आंकडे भाषायी आधार पर राज्यों के पुनर्गठन में सहायक हैं। अनुसूचित जातियों व जनजातियों सम्बन्धी आंकड़े उनके कल्याण कार्यक्रमों और विकास योजनाओं के निर्माण की दृष्टि से आवश्यक जानकारी प्रदान करते हैं। नये जिलों व प्रान्तों का सृजन करने एवं प्रशासन की दृष्टि से जनगणना के आंकड़े अत्यन्त महत्वपूर्ण हैं।

(2) **समाजशास्त्रीय महत्व** (Sociological Importance) : समाजशास्त्रीय दृष्टि से जनगणना का एक विशेष महत्व है। इसके आधार पर हमें देश की सामाजिक संरचना, सामाजिक रीति-रिवाजों एवं सामाजिक समस्याओं के बारे में जानकारी प्राप्त होती है। शिक्षा के आंकड़ों से बाल-विवाह, विधवा की स्थिति, आदि की जानकारी प्राप्त होती है। इसी प्रकार से पारिवारिक सदस्यों के आंकड़ों से एकाकी और सयुक्त परिवारों की स्थिति तथा परिवार के प्रकारों में परिवर्तन की दिशा का ज्ञान होता है। इसी प्रकार से बेकारी, गरीबी, स्वास्थ्य, आदि की स्थिति का भी ज्ञान होता है। स्त्री-शिक्षा के आंकड़े समाज में उनकी स्थिति के सुधार को व्यक्त करते हैं।

(3) **आर्थिक महत्व** (Economics Importance) : जनगणना सम्बन्धी आंकड़ों से देश की आर्थिक स्थिति, निर्धनता, बेकारी, राष्ट्रीय आय, प्रति व्यक्ति आय, श्रम-शक्ति, व्यवसाय, उद्योग, कृषि, भूस्वामित्व, आदि से सम्बन्धित तथ्यों की जानकारी प्राप्त होती है जो पंचवर्षीय योजनाओं तथा विभिन्न कल्याण योजनाओं के निर्माण में सहायक होती हैं। जनगणना के आर्थिक आंकड़ों के आधार पर क्षेत्रीय विषमताओं को दूर करने, नवीन उद्योग स्थापित करने का कार्य भी आसानी से हो जाता है। साथ ही लोगों की खाद्य-पूर्ति के बारे में तथा व्यापार एवं वाणिज्य के बारे में भी जानकारी प्राप्त होती है।

इस प्रकार से जनगणना सम्बन्धी आंकड़े हमें विभिन्न विषयों से सम्बन्धित महत्वपूर्ण जानकारी प्रदान करते हैं। इनमें प्रदर्शित तथ्यों को प्रामाणिक एवं विश्वसनीय माना जाता है तथा बिभिन्न प्रकार के शोध एवं सर्वेक्षण कार्यों में इनका उपयोग किया जाता है।

(ब) राज्य सरकारों द्वारा प्रकाशित तथ्य (B)

राज्य सरकारें भी अपने विभिन्न विभागों द्वारा तथ्यों का संकलन एवं प्रकाशन करवाती हैं। जनस्वास्थ्य, शिक्षा, बेकारी, निर्धनता, आवासीय स्थिति, श्रमशक्ति, सामाजिक सुरक्षा एवं कल्याण, अपराध, सहकारिता, सामुदायिक विकास योजनाएं, कृषि एवं सिंचाई, आदि विषयों से सम्बन्धित महत्वपूर्ण आंकड़े राज्य करकारों के विभिन्न मन्त्रालयों द्वारा प्रकाशित करवाये जाते हैं। राज्य के सूचना विभाग तथा सांख्यिकीय विभाग इन सूचनाओं को संकलित, समन्वित और प्रकाशित करने का कार्य करते हैं। इनके अतिरिक्त केन्द्रीय व राज्य सरकारों द्वारा नियुक्त विभिन्न कमेटियां भी अपनी रिपोर्ट प्रकाशित करती हैं जो कि सामाजशास्त्रीय अनुसन्धानों की दृष्टि से महत्वपूर्ण हैं।

सरकारी आंकड़ों के गुण-दोष

गुण (Merits)

(1) इनमें किसी प्रकार का पक्षपात नहीं पाया जाता है।

(2) इन आंकड़ों को प्राप्त करने में कोई कठिनाई नहीं होती है क्योंकि सरकार द्वारा समय-समय पर इनका प्रकाशन किया जाता रहता है।

(3) अन्य स्त्रोतों की अपेक्षा सरकारी आंकड़ों को अधिक विश्वसनीय और प्रामाणिक माना जाता है।

(4) सामाजिक अनुसन्धान में इन आंकड़ों का उपयोग सरलता से किया जाता है।

(5) इन आंकड़ों का संकलन एक बड़े संगठन और प्रशिक्षित व्यक्तियों द्वारा किया जाता है, इसलिए भी ये अधिक प्रामाणिक एवं विश्वसनीय माने जाते हैं।

(6) सरकारी आंकड़े व्यापक जानकारी प्रदान करते है।

(7) ये आंकड़े किसी योजना का निर्माण करने में सहायक होते हैं।

दोष (Demerits)

उपर्युक्त लाभों के अतिरिक्त भी पाये जाते हैं,जैसे :

(1) सरकारी आंकड़े सरकार की नीतियों एवं कार्यक्रमों की दृष्टि से ही उपयोगी होते हैं। सरकार की असफलता दर्शाने वाले आंकड़े प्रकाशित नहीं किये जाते हैं।

(2) सरकारी आंकड़ों में विभागों की सफलता को ही दर्शाया जाता है अत: उनमें वस्तुनिष्ठता का अभाव पाया जाता है।

(3) सरकारी आंकड़े केवल खाना-पूर्ति के लिए होते हैं और कई बार वे ईमानदारी से एकत्रित नहीं किये जाते हैं। सूचनाएं संकलन में सरकारी कर्मचारी लापरवाही बरतते हैं, अत: वे विश्वसनीयता खो बैठते हैं।

इन कमियों के बावजूद भी सरकारी आंकड़े अन्य आंकड़ों की अपेक्षा अधिक विस्तृत, उपयोगी, प्रामाणिक एवं विश्वसनीय होते हैं।

(स) गैर-सरकारी स्रोत

सरकार ही नहीं, वरन् कई गैर-सरकारी संस्थाएं भी सर्वेक्षण का कार्य करवाती हैं और तथ्यों का प्रकाशन करती हैं। विभिन्न विश्वविधालयों द्वारा स्थापित संस्थान, गोखले, इन्टीटयूट ऑफ पोलिटिक्स एण्ड इकोनोमिक्स, इण्डियन इन्स्टीट्यूट ऑफ सोशियल साइन्सेज, आगरा; इन्टीटयूट ऑफ सोशियल साइन्सेज, देहली; स्कूल ऑफ सोशियल वर्क, आदि के द्वारा भी आंकड़ों का संकलन एवं प्रकाशन किया जाता है। Chamber of Commerce and Industries द्वारा उद्योगों के सम्बन्ध में तथ्य प्रकाशित किये जाते हैं। इनके अतिरिक्त विभिन्न समाचार-पत्रों, पत्र-पत्रिकाओं, बुलेटिनों, रिपोर्टों, पुस्तकों, आदि के द्वारा भी तथ्यों का प्रकाशन किया जाता है।

व्यक्तिगत तौर पर भी अनेक विद्वानों ने अपने अनुसन्धान और सर्वेक्षण कार्य कर विभिन्न विषयों से सम्बन्धित महत्वपूर्ण तथ्य प्रकाशित किये हैं।

6

पैमाना : बोगार्डस, थर्सटन एवं लिकर्ट
(Scale : Bogardus, Thurston and Likert)

प्रस्तावना (Introduction)

माप अथवा पैमाना वह साधन है जिसके द्वारा हम किसी वस्तु को माप सकते हैं। परिशुद्ध एवं सही माप किसी भी विज्ञान की परिपक्वता एवं प्रगति की निशानी है। कोई भी विषय जो अपनी विषय-वस्तु को मापने में जितना सक्षम हो तथा जिसके पास विषय-वस्तु के अध्ययन की जितनी विकसित एवं उन्नत पद्धतियां हों, वह विज्ञान कहलाने का उतना ही दावा कर सकता है। समाजशास्त्र अपेक्षाकृत एक नवीन विज्ञान है, अतः इसके सामने एक समस्या अपनी विषय-वस्तु को माने की है। समाजशास्त्र की विषय-वस्तु गुणात्मक है जिसे संख्यात्मक रूप में व्यक्त करना एक कठिन कार्य है। फिर भी पिछले कुछ वर्षों से इसे सही-सही मान कार संख्यात्मक रूप में प्रकट करने के प्रयास किये गये हैं और इसे मापने के लिए समाजशास्त्र में अनेक प्रणालियों को जन्म दिया गया है।

पैमाना किसी वस्तु या घटना को मापने का यन्त्र होता है। विभिन्न प्रकार की वस्तुओं को मापने के पैमाने अलग-अलग होते हैं। ताप को मापने के लिए थर्मामीटर का प्रयोग किया जाता है तो भार को माने क लिए बांट का, लम्बार, चौड़ाई और ऊंचाई को मापने के लिए गज, फीट, इंच व मीटर का, तो द्रत्यों को मापने के लिए लीटर एवं गैलन का। स्पष्ट है कि वस्तुओं के गुणों एवे प्रकृति के अनुसार उनके माप के पैमाने भी अलग-अलग प्रकार के होते हैं। किन्तु सभी वस्तुओं और विशेषकर सामाजिक तथ्यों जैसे-अपराध की संख्या, लोगों की आय, उम्र, परिवार का आकार, जनसंख्या, आदि को तो मापा जा सकता है किन्तु गुणात्मक और अमूर्त सामाजिक तथ्यों जैसे लोगों की मनोवृत्तियों, विचारों, सामाजिक स्थिति, व्यक्तित्व, नैतिकता रुचि, आदि को विशुद्ध एवं प्रत्यक्ष रूप से मापना सम्भव नहीं है। किसी

व्यक्ति की सामाजिक स्थिति को हम माप द्वारा उसी प्रकार व्यक्त नहीं कर सकते जिस प्रकार से एक लोहे की अलमारी के माप को वजन, लम्बाई, ऊंचाई और चौड़ाई में व्यक्त कर सकते हैं। यद्यपि व्यक्ति की सामाजिक स्थिति को मापने के लिए उसी आय, व्यय, रहन-सहन का स्तर, शिक्षा, रुचि, सामाजिक सम्पर्क, आदि को आधार बनाया जा सकता है। इसी प्रकार से कोई व्यक्ति समाजवाद के कितना पक्ष में है, जाति-प्रथा को कितना मानता है, संयुक्त परिवार के प्रति उसका क्या रुख है, आदि को संख्यात्मक माप में प्रकट करना सम्भव नहीं है। इस विवेचना से स्पष्ट है कि सामाजिक तथ्यों की माप करना एक कठिन कार्य है। इसका प्रमुख कारण है सामाजिक घटनाओं की जटिल प्रकृति एवं गुणात्मकता। ज्यों-ज्यों समाजशास्त्र में घटनाओं को मापने के यन्त्रों एवं पैमानों का विकास होगा त्यों-त्यों वह अपनी जटिल विषय-वस्तु को मापने में समर्थ होगा। हस सन्दर्भ में आशा व्यक्त करते हुए **श्रीमती पी.वी. यंग** ने लिखा है, "तथापि इस क्षेत्र में (पैमाना-पद्धतियों के विकास के क्षेत्र में) बहुत-सा कार्य अभी प्रारम्भिक अवस्था में हीं है फिर भी यह कहा जा सकता है कि जैसे ही समाजशास्त्र एक विज्ञान के रूप में परिपक्व होगा, सामाजिक घटनाओं के मापक यन्त्रों एवं पद्धतियों का विकास होगा तो नवीन एवं अधिक मापक यन्त्र विकसित होंगे।"

पैमाने की आवश्यकता (Need of Scaling)

किसी भी विषय को वैज्ञानिक एवं परिशुद्ध बनाने के लिए यह आवश्यक है कि वह अपनी विषय-वस्तु एवं घटनाओं को सही रूप में माप सके। यही बात समाजशास्त्र में पैमाने की आवश्यकता अग्रांकित कारणों से है :

(1) **तथ्यों के मात्रात्मक (संख्यात्मक) प्रस्तुतीकरण के लिए :** सामाजिक जीवन के अधिकांश तथ्य गुणात्मक हैं, उन्हें संख्यात्मक रूप से प्रकट करने के लिए वैज्ञानिक पैमाना आवश्यक हैं चूंकि गुणात्मक माप व्यक्ति प्रधान (Subjective) होता है अत: उसके स्थान पर संख्यात्मक माप आवश्यक है। किसी विषय की परिपक्वता एवं वैज्ञानिकता का प्रधान लक्षण यह है कि वह तथ्यों की वैषयिक एवं संख्यात्मक माप प्रस्तुत कर सके।

(2) **विश्वसनीयता तथा वैधता की प्राप्ति के लिए :** पैमाना सामाजिक तथ्यों को सांख्यिकीय रूप में व्यक्त करता है। गुणात्मक तथ्यों की अपेक्षा संख्यात्मक तथ्य अधिक विश्वसनीय और वैध होते हैं क्योंकि गुणात्मक तथ्य व्यक्ति प्रधान होते हैं अत: हर व्यक्ति उनके अपने-अपने अर्थ लगाते हैं। जबकि संख्यात्मक तथ्यों का सर्वत्र एक ही अर्थ होता है अत: वे अधिक विश्वसनीय और वैध माने जाते हैं।

(3) **वैषयिकता की प्राप्ति के लिए :** संख्यात्मक विश्लेषण से ही तथ्यों की वैषयिक माप सम्भव है और स्थिति का सही अनुमान लगा सकते हैं। पैमाना के द्वारा ही हम समस्या का विवेचन गणितीय आधार पर कर सकते है। तथ्यों की वैषयिक एवं वैज्ञानिक माप सांख्यिकीय आधार पर ही की जा सकती है। यही कारण है कि सभी विज्ञान अध्ययन की संख्यात्मक पद्धतियों पर ही जोर देते हैं।

सामाजिक तथ्य हमारे लिए तभी तक जटिल है जब तक हम उसे हीं जानते हैं या उसके बारे में हमारा ज्ञान सीमित है। ज्ञान के विकास के साथ-साथ यह जटिलता भी कम होती जाती है। ज्यों-ज्यों विज्ञान का विकास होता जायेगा, इसकी अध्ययन पद्धतियों एवं यन्त्रों का विकास होगा, सामाजिक घटना की हमें अधिकाधिक जानकारी प्राप्त होगी और उसका विश्वसनीय और वैध माप भी सम्भव हो सकेगा।

पैमाने की समस्याएं (Problems of Scaling)

गुडे एवं **हाट** ने पैमाने के निर्माण से सम्बन्धित निम्नांकित समस्याओं का उल्लेख किया हैं :

(1) **पदों की प्रकृति :** सामाजिक तथ्यों को मापने में पैमाने के निर्माण में आने वाली एक समस्या पदों की प्रकृति की है। पैमाने के प्रयोग में अध्ययनकर्ता पक्षतापूर्ण व्यवहार कर सकता है तथा उन्हें अपने रंग में रंग सकता है। चूंकि सामाजिक तथ्य गुणात्मक प्रकृति के होते हैं अतः उनकी व्याख्या पैमाने का उपयोग करने वाला प्रत्येक व्यक्ति अपने-अपने ढंग से कर सकता है।

(2) **इकाइयों की समानता :** पैमाने के निर्माण की एक समस्या यह है कि मापी जाने वाली इकाइयां समान प्रकार की हों। सम्पूर्ण मानव समाज को एक ही इकाई मानकर पैमाना बनाना वैध नहीं होगा क्योंकि विभिन्न भौगोलिक एवं सांस्कृतिक क्षेत्र में रहने वाले लोगों में अनेक असमानताएं पायी जाती हैं जिन्हें एक ही पैमाने पर दर्शाना कठिन होता है।

(3) **सातत्य की परिभाषा** (Definition of Continuum) **:** पैमाने का निर्माण करने में सबसे पहली समस्या यह आती है कि वह तथ्य का घटना माप योग्य है या नहीं। माप या पैमाना केवल उन्हीं तथ्यों के लिए बनाया जा सकता है जो माप योग्य होते हैं। यदि घटनाओं के विभिन्न अंगों या पक्षों में कोई सातत्व या अनुक्रम है तो उनका माप किया जा सकता है अन्यथा नहीं। भौतिक घटनाओं में यह क्रम या निरन्तरता आसानी से रखी जा सकती है। ताप अथवा भार को हम डिग्रियों एवं वजन में न्यूनतम से अधिकतम

बिन्दु तक एक क्रम में दिखा सकते हैं। सामाजिक घटनाओं के माप हेतु पैमान बनाने के लिए सामाजिक तथ्यों में भी ऐसा ही क्रम एवं निरन्तरता रखना आवश्यक है। जिस प्रकार से फुट रूल पर एक इंच के बाद दूसरा इंच समान दूरी पर होता है, उसी प्रकार से सामाजिक तथ्यों के मापने वाले पैमाने के निर्माण में भी एक तत्व के बाद दूसरा तत्व समान दूरी प्रकट करने वाला हो जब इस प्रकार के समस्त तत्वों का स्थान नियत हो जाता है तो पैमाना तैयार हो जाता है। इसे हम एक उदाहरण द्वारा स्पष्ट कर सकते हैं। मान लीजिए कि हमें अछूतों के प्रति निकटता अथवा दूरी का पता लगाना है। सभी लोग अछूतों से न तो समान रूप से प्रेम करते हैं और न घृणा ही। हम लोगों को अछूतों से घृणा करने वाले तथा प्रेम करने वाले इन दो वर्गों में विभाजित नहीं कर सकते। इनके बीच में कई डिग्रियां है। कुछ लोग बहुत प्रेम कर सकते हैं तो कुछ अत्यधिक घृणा तो कुछ उनके प्रति उदासीन हो सकते हैं। प्रेम का सबसे बड़ा प्रतीक उनमें विवाह हो सकता है तथा घृणा का सर्वोच्च रूप उन्हें समाज से बहिष्कृत कर देने के रूप में हो सकता है। इन दोनों चरम सीमाओं के बीच हमें अन्य बिन्दु तय करने होंगे जैसे अछूतों को पास बैठने की स्वीकृति देना, मित्र बनाना, साथ-साथ भोजन करना, आदि। इन बिन्दुओं को इस प्रकार से निर्धारित किया जाना चाहिए कि वे एक के बाद एक बढ़ती हुई दूरी को प्रकट करें। यह स्केल इस प्रकार बनाया जा सकता है :

अछूतों के प्रति घृणा और प्रेम के पैमाने के विभिन्न बिन्दु इस प्रकार हैं:

0 उदासीन, +

1 (पास बैठने की स्वीकृति),

+ 2(मित्र बनाना),

+3 (साथ-साथ भोजन करना),

+4 (अछूतों से विवाह को तैयार),

−1(पास बैठने से मनाही),

−2(मित्र नहीं बनाना),

−3(साथ-साथ भोजन करना असम्भव),

−4 (अछूतों को समाज से बहिष्कृत कर दिया जाय)।

उपर्युक्त पैमाने में मतों को इस प्रकार प्रस्तुत किया गया है कि वे एक के बाद एक धनात्मक या ऋणात्मक स्थितियों को बढ़ते हुए क्रम में प्रकट

करते हैं। इसी प्रकार से एक अंक के बाद दूसरे अंक में समान दूरी है। विभिन्न मतों को अंक देने से हम लोगों की अछूतों के प्रति मनोवृत्तियों को संख्यात्मक रूप से प्रकट कर सकते हैं।

(4) **विश्वसनीयता** (Reliability) : पैमाना सदैव विश्वसनीय होना चाहिए अर्थात् उसके प्रयोग में किसी प्रकार की अभिनति, पक्षपात व अस्पष्टता न हो तथा समान दशाओं में एक ही माप प्रदान करे। **गुडे** एवं **हाट** ने विश्वसनीयता की परख के लिए निम्नांकित तीन विधियों का उल्लेख किया है :

(i) **पुनः परीक्षा विधि** : इस विधि के अनुसार पैमाने को एक ही समूह पर दो बार प्रयोग में लाया जाता है और उनसे प्राप्त परिणामों की तुलना की जाती है। यदि दोनों में अधिक समानता हो तो पैमाने की विश्वसनीय माना जाना चाहिए।

(ii) **बहुरूपीय विधि** : इसके लिए एक ही पैमाने को दो रूपों में अलग-अलग प्रकार से प्रकट किया जाता है तथा उन्हें एक-एक करके उसी समूह पर लागू किया जाता है। यदि उनके परिणामों में पर्याप्त समानता पायी जाती है तो पैमाने की विश्वसनीय माना जाना चाहिए।

(iii) **अर्द्ध-भागों में बांटना** : इस विधि में पैमाने को दो समान भागों में बांट लिया जाता है और प्रत्येक भाग को पूर्ण पैमाना मानकर एक ही समूह पर लागू किया जाता हैं इसके बाद दोनों में सहसम्बन्ध ज्ञात किया जाता है। यदि दोनों भागों के परिणामों मे पर्याप्त समानता हो तो पैमाना विश्वसनीय माना जाता है।

(5) **वैधता** (Validity) : किसी माप या पैमाने को उसी समय वैध माना जाता है जब वह तथ्यों की सही-सही माप प्रकट कर सके। विश्वसनीयता एवं वैधता में अन्तर है। जब एक ही परिणाम समान स्थितियों में बार-बार प्राप्त हो तो पैमाना विश्वसनीय माना जाता है, जब पैमाना तथ्य का सही माप प्रदान करता है तो वह वैध कहलाता है। **गुडे** एवं **हाट** ने पैमाने की वैधता को ज्ञात करने के निम्नांकित चार आधार बताये हैं :

(i) **तार्किक वैधता** : इसके अनुसार पैमाने को वैध उस समय माना जाना चहिए जब वह सामान्य ज्ञान और तर्क के आधार पर सही प्रतीत होता है।

(ii) **पंचों की राय :** इस विधि के अनुसार पैमाने से प्राप्त होने वाले परिणामों को पंचों के सामने रखा जाता है। यदि अनेक व्यक्तियों के अनुसार पैमानां उपयुक्त है तो वह वैध माना जाता है।

(iii) **ज्ञात समूह :** इस विधि के अनुसार पैमाने का प्रयोग उन व्यक्तियों पर किया जाता है जिनके बारे में पहले से ही जानकारी है। यदि पैमाने से भी वही निष्कर्ष निकलते हैं जो हमें पहले से ज्ञात हैं तो पैमाने को वैध माना जाना चाहिए।

(iv) **स्वतन्त्र मापदण्ड :** इस विधि में पैमाने की वैधता को ज्ञात करने के लिए पैमाने की परीक्षा समस्त घटना पर न करे विभिन्न स्वतन्त्र कारकों पर की जाती है और यदि उन परिणामों द्वारा समान परिणाम आते हैं तो पैमाने को वैध मान लिया जाता है।

(6) **भार की समस्या :** पैमाना निर्माण की एक समस्या तब आती है जब पैमाने में आने वाले असमान पदों को भार देना आवश्यक हो। असमान महत्व वाले पदों को यदि भार प्रदान नहीं किया जाता है। तो पैमाना दोषपूर्ण हो सकता है। अतः यदि पैमाने में असमान महत्व के पद हैं तो उन्हें उपयुक्त भार दिया जाना चाहिए। यदि अभारित पैमाने के प्रयोग के द्वारा वैध परिणाम निकलते हैं तो समझ लेना चाहिए कि पैमाने में भार देने की आवश्यकता है।

पैमानों के निर्माण में आने वाली कठिनाइयां

सामाजिक तथ्यों एवं घटनाओं को मापने के लिए उनकी गुणात्मक प्रकृति के कारण पैमाना तैयार करना एक कठिन कार्य है। इसके निर्माण में आने वाली प्रमुख कठिनाइयां निम्नलिखित हैं :

(1) **सामाजिक मूल्यों में असमानता :** मानव समाज में अनेक विषमताएं पायी जाती हैं। धर्म, भाषा, संस्कृति, प्रथा, परम्परा, विचारधारा, आदि के आधार पर मानव समाज में उनक विभेद पाये जाते हैं, अतः यह समूह या वर्ग के लिए निर्मित पैमाने का उपयोग दूसरे समूह या वर्ग पर सही-सही लागू नहीं किया जा सकता। उदाहरण के लिए, सामाजिक स्थिति को मापने के लिए जो पैमाना अमरीकन समाज के लिए बनाया जायेगा वह भारतीय समाज पर पूरी तरह लागू नहीं किया जा सकता।

(2) **सामाजिक घटनाओं की अगम्यता :** सामाजिक घटनाओं को भौतिक वस्तुओं की तरह छूकर, सूंघकर, देखकर या चखकर ज्ञात नहीं किया जा सकता। इन्द्रियों द्वारा उनका ज्ञान सम्भव नहीं है, अतः घटनाओं के बारे में सही-सही ज्ञान, महत्व और माप का पता लगाना कठिन है। यही नहीं,

उनका अवलोकन और परीक्षण भी सम्भव नहीं है। ऐसी स्थिति में सामाजिक घटनाओं के बारे में निश्चित सांख्यिकीय माप बनाना बहुत ही कठिन है।

(3) **सामाजिक तथ्यों की जटिलता :** चूंकि सामाजिक तथ्य गुणात्मक होते हैं और उनकी प्रकृति जटिल है अतः उनको संख्यात्मक रूप में प्रकट करना कठिन है। किसी भी सामाजिक तथ्य एवं सम्बन्ध को निर्धारित करने वाले सभी कारणों को ज्ञात करना भी कठिन है फिर ये कारक स्थायी भी नहीं रहते हैं। कारकों को यदि यदि ज्ञात भी कर लिया जाय तो उनके सापेक्ष प्रभाव को ज्ञात करना भी कठिन है। इस प्रकार सामाजिक तथ्यों की जटिल प्रकृति पैमाने के निर्माण में प्रमुख बाधा उपस्थित करती है।

(4) **सामाजिक घटना की अमूर्तता :** सामाजिक घटनाएं अमूर्त होती हैं, उनका कोई ठोस रूप नहीं होता हैं, अतः उन्हें मापना और उनकी वैधता ज्ञात करना कटिन है। उदाहरण के लिए, हम सामान्यतः किसी व्यक्ति का मूल्यांकन करते समय कहते हैं–वह एक श्रेष्ठ व्यक्ति है, वह निम्न कोटि का व्यक्ति है, वह बहुत बुरा व्यक्ति है, वह एक साधारण व्यक्ति है, किन्तु श्रेष्ठ, निम्न कोटि, बहुत बुरा तथा साधारण इन सभी शब्दों का कोई स्पष्ट, निश्चित और ठोस अर्थ नहीं है। अतः इन्हें गणनात्मक रूप से प्रकट करना कठिन है।

(5) **सार्वभौमिकता का अभाव :** भौतिक वस्तुओं के गुण सार्वभौमिक, निश्चित, ठोस, एवं स्थिर होते हैं, अतः इनके माप के लिए सार्वभौमिक पैमाने पाये जाते हैं। यह बात सामाजिक तथ्यों पर लागू नहीं होती। प्रत्येक समूह की अपनी संस्कृति, प्रथाएं, मूल्य और विश्वास होते हैं, अतः प्रत्येक समूह किसी भी सामाजिक घटना का मूल्यांकन अपने-अपने सांस्कृतिक दृष्टिकोण के अनुसार करता है। ऐसी स्थिति में किसी सार्वभौमिक, विश्वसनीय एवं प्रामाणिक पैमाने का निर्माण करना एक कठिन कार्य है।

(6) **मानव व्यवहार की परिवर्तनशीलता :** मानव व्यवहार परिवर्तनशील है। समय, स्थान और परिस्थिति के अनुसार मानव अनुकूलन करने के लिए अपने आपको बदलता रहता है। इसलिए एक समय में मानव व्यवहार को ज्ञात करने के लिए तैयार किया गया पैमाना दूसरे समय में व्यर्थ हो जाता है। ऐसी स्थिति में सार्वभौमिक, विश्वसनीय एवं प्रामाणिक पैमाने का निर्माण करना अत्यन्त ही कठिन हो जाता है।

उपर्यक्त कठिनाइयों के बावजूद भी समाजमिति पैमानों के द्वारा सामाजिक तथ्यों एवं घटनाओं को मापने का सफल प्रयास किया जा रहा है। समाजशास्त्र के विकास के साथ-साथ इसमें नवी पद्धतियों का विकास होगा तथा सामाजिक घटनाओं का परिशुद्ध माप सम्भव हो पायेगा।

पैमानों के प्रकार (Types of Scales)

समाजशास्त्रियों के द्वारा अभी तक दो प्रकार के पैमानों पर ही अधिक जोर दिया गया है, वे निम्न हैं :

(i) प्रथम प्रकार के वे पैमाने हैं जिनका उपयोग व्यक्तित्व, मानसिक एवं सामाजिक व्यवहार को मापने के लिए किया जाता है। इसके अन्तर्गत मनोवृत्तियों, नैतिकता, चरित्र, ज्ञान, मनोबल तथा सहयोग, आदि को मापने के पैमाने आते हैं।

(ii) दूसरे प्रकार के वे पैमाने हैं जिनका उपयोग संस्कृति एवं सामाजिक पर्यावरण को मापने के लिए किया जाता है। इसके अन्तर्गत सामाजिक-आर्थिक प्रस्थिति, सामाजिक संस्थाओं, संस्थागत व्यवहारों, समुदायों, आवास की दशाओं, आदि को मापने के पैमाने आते हैं।

समाजशास्त्रियों का सम्बन्ध अधिकांशतः संस्कृति एवं संस्थाओं के माप के पैमानों से रहा है। इसके अतिरिक्त मनोवैज्ञानिक एवं मानेव्याधिशास्त्र से सम्बन्धित पैमानों में भी समाजशास्त्री रुचि लेते रहे हैं। अतः वे मनोवृत्तियों एवं संस्थागत व्यवहारों के मापक पैमानों के अध्ययन से अधिक जुड़े रहे हैं। हम यहां इन दोनों ही प्रकार के पैमानों का उल्लेख करेंगे।

I. मनोवृत्ति मापक पैमाने (Scales fot Measurement of Attitudes)

मनोविज्ञान एवं समाजशास्त्र में मनोवृत्तियों के अध्ययन पर बहुत जोर दिया गया है। सामाजिक समस्याओं एवं उनके समाधान, सामाजिक सुधार एवं सामाजिक परिवर्तन, आदि को जानने के लिए लोगों की मनोवृत्तियों का अध्ययन आवश्यक है। बिना लोगों की मनोवृत्तियों को जाने कोई भी परिवर्तन लागू करना सामाजिक विघटन को जन्म दे सकता है, अतः मनोवृत्तियों का ज्ञान प्राप्त करना सामाजिक संगठन को बनाये रखने की दृष्टि से आवश्यक है। राजनीति, व्यापार तथा जीवन के अन्य कई क्षेत्रों में मनोवृत्ति मापक पैमानों का प्रयोग किया जाता है। चुनाव लड़ने वाला प्रत्याशी अपने मतदाताओं की राय जानने के लिए, एक व्यापारिक कम्पनी अपने माल की खपत एवं अपने ग्राहकों ककी पसन्द-नापसन्द जानने के

लिए तथा अपने मित्रों, पड़ोसियों, आदि की मनोवृत्तियों को जानने के लिए सामान्य नागरिक मनोवृत्ति मापक पैमाने का उपयोग कर सकता है।

मनोवृत्ति एक सम्भावित प्रतिक्रिया होती है जिसके द्वारा हम इस बात का पता लगा सकते हैं कि कोई व्यक्ति किन्हीं काल्पनिक परिस्थितियों में किस प्रकार का व्यवहार करेगा। मनोवृत्ति वास्तविक व्यवहार नहीं होता है। यह केवल सम्भावित व्यवहार होता है। यह सम्भावना होती है, वस्तुस्थिति नहीं। इसके द्वारा हम यह ज्ञात नहीं करते हैं कि किसी परिस्थिति में कोई व्यक्ति किस प्रकार व्यवहार करता है वरन् यह देखते हैं कि वह कैसा व्यवहार करेगां मनोवृत्ति तथा वास्तविक व्यवहार में पर्याप्त साम्यता रहती है फिर भी दोनों में अन्तर हो सकता है। हो सकता है कि मनोवृत्ति के अनुसार आचरण करने का व्यक्ति को अवसर ही न मिले।

मनोवृत्ति को परिभाषित करते हुए **क्रैच** एवं **क्रचफील्ड** लिखते हैं, "मनोवृत्ति सकारात्मक अथवा नकारात्मक मूल्यांकनों, संवेगात्मक भावनाओं तथा एक सामाजिक विषय के सम्बन्ध में पक्ष तथा विपक्ष में क्रिया प्रवृत्तियों की एक स्थायी व्यवस्था है।" **आलपोर्ट** के अनुसार, "मनोवृत्ति मानसिक तथा स्नायुविक तत्परता की एक स्थिति है जो अनुभव द्वारा संगठित होती है, जो उन समस्त विषयों तथा परिस्थितियों के प्रति व्यक्ति के प्रत्युत्तर पर एक निर्देशक या गतिशील प्रभाव डालती है जिनसे कि यह सम्बन्धित है।"

उपर्युक्त परिभाषाओं से स्पष्ट है कि मनोवृत्ति कुछ विशेष स्थितियों, व्यक्तियों तथा विषयों के बारे में उपयुक्त प्रत्युत्तरों (Responses) के लिए तत्पर रहने की दशा है।

मनोवृत्ति मापक पैमाने के प्रकार
(Types of Attitude Scales)

किसी विषय पर लोगों की मनोवृत्तियों को दो प्रकार से ज्ञात किया जा सकता है–

(1) विचार सर्वेक्षण (Opinion Survey) द्वारा, तथा

(2) पैमाना पद्धति (Scaling Method) द्वारा।

विचार सर्वेक्षण का उपयोग पैमाने के अभाव में किया जाता है जिसमें लोगों की मनोवृत्ति को मापने के लिए भाषा तथा मौखिक विचारों का प्रयोग किया जाता है। इसमें यह मान लिया जाता है कि व्यक्ति के शब्द, भाषा या मौखिक रूप से व्यक्त विचार ही उसकी मनोवृत्ति के सूचक हैं। साक्षात्कार, अनुसूची, प्रश्नावली तथा वैयक्तिक अध्ययन पद्धति के यन्त्रों जैसे आत्मकथा, जीवनी, डायरी, पत्रों एवं लेखों, आदि के द्वारा व्यक्ति की मनोवृत्तियां का अध्ययन किया जा सकता है।

मनोवृत्तियों को मापने का दूसरा तरीका पैमाना है। इसके अन्तर्गत किसी विषय के बारे में व्यक्ति की पक्ष एवं विपक्ष में अनुकूल या प्रतिकूल विचार तथा सहमति या असहमति ज्ञात की जाती हैं मनोवृत्तियों को मापने के लिए प्रयुक्त किये जाने वाले प्रमुख पैमाने हैं–अंक पैमाने, थर्सटन की समविस्तार प्रणाली, तीव्रता मापक पैमाने, सामाजिक दूरी मापक पैमाने तथा पद सूचक पैमाने। हम यहां कुछ प्रमुख पैमानों का उल्लेख करेंगे :

(1) **अंक पैमाने** (Point Scales) : इस प्रकार के पैमाने में विभिन्न प्रकार के शब्द अथवा स्थितयां ली जाती हैं जिनके बारे में सूचनादाता की राय जानी जाती है। ये शब्द अथवा स्थितियां कुछ भी हो सकते हैं, जैसे नृत्य, प्रार्थना, दान, दया, आधुनिकता, आदि। सूचनादाता से यह कहा जाता है कि जिस शब्द से उसके मन में रोष उत्पन्न हो, उसके आगे क्रॉस (×) का निशान लगा दे। इसके बाद प्रत्येक शब्द को, जिसके आगे क्रॉस का निशान नहीं लगाया गया हो एक अंक दिया जायेगा। व्यक्ति की मनोवृत्तियों का पता विभिन्न शब्दों को काटने या छोड़ देने के आधार पर किया जाता है। इस प्रकार यदि किसी व्यक्ति ने दान, दया आदि शब्दों को काट दिया है और अन्य शब्दों को छोड़ दिया है तो समझा जायेगा कि वह नास्तिक व्यक्ति है। एक अन्य प्रकार से भी अंक पैमाने का प्रयोग किया जाता है। इसमें व्यक्तिगत शब्दों के स्थान पर पक्ष और विपक्ष को प्रकट करने वाले दो-दो शब्दों के जोड़े बना लिये जाते हैं और किसी व्यक्ति की मनोवृत्ति को जानने के लिए पक्ष तथा विपक्ष दोनों प्रकार के शब्दों द्वारा अध्ययन किया जाता है। उदाहरण के लिए, यह जानने के लिए कि कोई व्यक्ति परम्परावादी है अथवा आधुनिक तो इस प्रकार के शब्दों के जोड़े बनाये जायेंगे जो परम्परा और आधुनिकता को प्रकट करते हों।

इनमें से जो व्यक्ति आधुनिकता से सम्बन्धित शब्दों का चयन करता है और परम्परा से सम्बन्धित शब्दों को काट देता है तो इसका अर्थ हुआ कि वह आधुनिकता पसन्द व्यक्ति है। इस पैमाने की सफलता के लिए यह आवश्यक है कि ऐसी परिस्थितियों या शब्दों का चयन किया जाये जो परस्पर विरोधी हों। इस प्रकार का पैमाना केवल वहीं सफल होता है जहां लोग किसी विषय के एकदम पक्ष या विपक्ष में हों किन्तु हमेशा ऐसा नहीं होता है कि लोग किसी विषय के एकदम पक्ष या विपक्ष में होते हों बल्कि, पक्ष और विपक्ष के बीच की स्थितियों और मात्रा में भी अन्तर होता है जिसे अंक पैमाने द्वारा नहीं दिखाया जा सकता।

(2) **थर्सटन की समविस्तार पद्धति** (Thurston's Equal Appearing Intervals Scale) : थर्सटन ने मनोवृत्तियों तथा राय को ज्ञात करने के लिए जिस पैमाने का निर्माण किया उसे उसी के नाम से थर्सटन पैमाना कहा जाता है। थर्सटन ने किसी विशेष विषय पर समूह की राय को जानने के लिए एक ऐसे पैमाने का उपयोग किया जो आवृत्ति वितरण (Frequency Distribution) के रूप में है। इस पैमाने में एक आधार रेखा का उपयोग किया जाता है जिस पर मनोवृत्तियों के सम्पूर्ण विस्तार एवं स्तरों को अंकित किया जाता है जिसके एक सिरे पर पूर्ण सहमति तथा दूसरे सिरे पर पूर्ण असहमति के बिन्दु मान लिये जाते हैं। तटस्थ मनोवृत्तियों को इन दोनों बिन्दुओं के बीच माना जाता है।

पैमाने के निर्माण की प्रक्रिया

थर्सटन ने चर्च के प्रति लोगों की राय जानने के लिए जिस पैमाने का प्रयोग किया उसकी प्रक्रिया इस प्रकार थी :

प्रथम चरण : सर्वप्रथम उसने चर्च के बारे में अनुकूलन या प्रतिकूल मनोवृत्ति से सम्बन्धित छोटे-छोटे कथनों को साहित्य एवं लोगों को जानकारी के आधार पर संकलित किया और इस बात का प्रयत्न किया कि चर्च के बारे में पक्ष से विपक्ष तक सभी प्रकार की राय प्रकट करने वाले कथन आ जायें। इस प्रकार उसने 130 कथनों का चुनाव किया। उनमें से कुछ कथनों के उदाहरण इस प्रकार हैं–

(1) मेरी समझ में अच्छे चर्च की सदस्यता से किसी व्यक्ति की उपयोगिता तथा आत्म-सम्मान बढ़ जाता है।

(2) चर्च को सिवाय पैसे के और कोई मतलब नहीं, मैं तो इसी चर्चा सुनते-सुनते ऊब गया।

(3) चर्च जाने से शायद ही किसी को हानि हो।

(4) चर्च समाज शोषक है।

(5) चर्च की सेवाएं बड़ी शान्तिदायनी तथा प्रेरणादायक हैं।

इस प्रकार हम देखते हैं कि पक्ष-विपक्ष तथा तटस्थ राय वाले सभी वाकयों को इसमें सम्मिलित किया गया है। कथनों का चुनाव करते समय निम्नांकित बातों का ध्यान रखना आवश्यक है:

(1) जहां तक सम्भव हो मुहावरों एवं भावानात्मक भाषा से बचना चाहिए।

(2) जहां तक सम्भव हो कथन व्यक्ति की वर्तमान राय को प्रकट करने वाले हों, भूतकाल की राय को नहीं ।

(3) ऐसे कथनों को सम्मिलित नहीं किया जाय जिसमें पक्ष तथा विपक्ष दोनों राय एक साथ हों, जैसे मैं धर्म में तो विश्वास करता हूं किन्तु धार्मिक कर्मकाण्डों में नहीं।

(4) वाक्य स्पष्ट और सरल होना चाहिए उसमें पारिभाषिक जटिलताएं न हो।

(5) ऐसे कथनों को भी सम्मिलित नहीं किया जाय जिनका उपयेग बहुत थोड़े लोगों तक सीमित हो, जैसे मैं मन्दिर इसलिए जाता हूं कि मुझे वहां की संगति बहुत प्रिय है।

द्वितीय चरण : दूसरे चरण में सभी कथनों का सम्पादन कर प्रत्येक को एक संकेत अंक दे दिया जाता है। सभी कथनों का मुद्रण इस प्रकार से किया जाना चाहिए कि उन्हें अलग-अलग चिटों के रूप में काटा जा सके। थर्सटन ने सभी 130 वाक्यों को 'A' से 'K' तक 11 वर्गों में विभाजित किया। 'A' सबसे अधिक पक्ष की राय को तथा 'K' सबसे अधिक विपक्ष की राय को प्रकट करता था। थर्सटन ने 130 कथनों के चिटों को 300 जजों के पास भेजा और उनसे कहा गया कि इन चिटों को 11 वर्ग में से किसी एक वर्ग में अवश्य रखें। जजों को यह भी कहा गया कि आपको 11 पर्चियां दी गयी हैं जिन पर A से K तक अक्षर लिखे हुए हैं।

कथन सं. 4 (अनुकूल)			**कथन सं. 6 (प्रतिकूल)**			**कथन सं. 9 (तटस्थ)**
वर्ग	**आवृत्ति**	**संचयी आवृत्ति**	**संचयी अनुपात**	**आवृत्ति**	**संचयी आवृत्ति**	**संचयी अनुपात**
1	18	18	06	–	–	.00
2	60	78	.26	–	–	.00
3	102	180	.60	–	–	.00
4	96	273	.91	–	–	.00
5	11	284	.98	–	–	.00
6	3	287	.99	3	3	.01
7	13	300	1.00	15	18	.06
8	–	–	1.00	48	66	.22
9	–	–	1.00	78	144	.48
10	–	–	1.00	96	240	.80
11	–	–	1.00	60	300	1.00

A पर्ची पर उन कथनो को लिखना है जो चर्च के प्रति सबसे अधिक अनुकूल मनोवृति को प्रकट करते हों तथा K पर उन कथनों को जो सबसे अधिक प्रतिकूल

हों तथा F पर्ची पर तटस्थ कथनों को लिखें। इस प्रकार 11 पर्चियों पार 130 कथनों को इस प्रकार से लिखना था कि वे उच्चतम निम्नतम मूल्यों को प्रकट करते हों।

तीसरा चरण : जब सभी जजों ने अपनी-अपनी राय प्रकट कर दी तो प्रत्येक कथन को दिये गये स्थान के आधार पर एक सारणी का निर्माण किया गया। विभिन्न कथनों के आधार पर थर्सटन ने जिस सारणी का निर्माण किया उनमें से चार कथनों की आवृत्तियों से सम्बन्धित एक सारणी इस प्रकार है :

सारणी का निर्माण करने की प्रक्रिया यह है कि पहले कथन नं. 1 को लो और यह देखो कि कितने लोगों ने उसे प्रथम श्रेणी में रखा है, कितनों ने दूसरी, तीसरी व अन्य श्रेणियों में। इसी प्रकार से पूरे 300 लोगों की राय को मालूम करके इसे आवृत्ति खानों में लिख देते हैं। इसके बाद आवृत्तियों को संचयी आवृत्तियों में बदल देते हैं। संचयी आवृत्ति से ही संचयी अनुपात ज्ञात किया जाता है जिसका सूत्र इस प्रकार से है :

$$\text{संचयी अनुपात} = \frac{\text{संचयी आवति}}{\text{कुल संख्या}} \quad \text{जैसे} \frac{18}{300} \text{अथवा} \frac{78}{300}$$

चतुर्थ चरण : संचयी अनुपात ज्ञात करने के बाद विभिन्न कथनों का संख्यात्मक माप ज्ञात करने के लिए प्रत्येक वर्ग का माध्यिका (Median) ज्ञात किया जाता है। इसके लिए ग्राफ अथवा गणितीय विधि का प्रयोग किया जा सकता है। कथन के औसत के साथ-साथ व्यक्ति की राय या मनोवृत्ति का औसत भी ज्ञात हो जाता है।

सामाजिक अुसन्धान में यद्यपि थर्सटन विधि एक उपयोगी विधि है किन्तु इसकी रचना, उपयोग और गणना एक जटिल प्रक्रिया है जिसके लिए विशेष ज्ञान की आवश्यकता होती है जिसकी अपेक्षा सामन्य व्यक्तियों से नहीं की जा सकती।

लिकर्ट की तीव्रता योग मापक पद्धति

(Likert's Technique of Summated Ratings)

मनोवृत्तियों की माप की दूसरी प्रणाली तीव्रता योग मापक पद्धति है जिये लिकर्ट पद्धति अथवा आन्तरिक असम्बद्धता की प्रणाली (Method of Internal Consistency) भी कहा जाता है। यह पद्धति थर्सटन की समविस्तार पद्धति के समान ही है, अन्तर केवल पैमाना मूल्यों के निर्धारण का ही है।

इस पद्धति में पैमाना मूल्यों के निर्धारण के लिए कथनों को व्यवस्थित एवं छंटनी करने के लिए बड़ी संख्या में निर्णायकों की आवश्यकता नहीं होती। यह पद्धति कम जटिल, कम श्रम वाली तथा थर्सटन प्रणाली के समान ही विश्वसनीय **परिणाम देने वाली है।** साथ ही निर्णायकों के व्यक्तिगत प्रभाव का बहिष्कार भी

करती है। लिकर्ट के इस पैमाने का निर्माण करने के लिए निम्नांकित चरणों से गुजरना पड़ता है :

(i) थर्सटन विधि के समान ही इसमें भी किसी विषय पर लोगों की मनोवृत्ति मापने के लिए उस विषय के सम्बन्ध में पक्ष और विपक्ष को बताने वाले समस्त कथनों का संकलन किया जाता है। इन कथनों को अत्यधिक अनुकूल मनोवृत्ति से लेकर अत्यधिक प्रतिकूल मनोवृत्ति के क्रम में लिख लिया जाता है। कथनों के चुनाव में तथ्यों की अपेक्षा उनके महत्व एवं मूल्य को अधिक महत्व दिया जाता है। लिकर्ट ने अमरीका में उत्पन्न जापानियों के प्रति मनोवृत्ति को मापने के लिए 99 कथनों का चुनाव किया था जो पक्ष और विपक्ष की राय की सभी तीव्रताओं को प्रकट करने वाले थे।

(ii) प्रत्येक कथन के लिए मनोवृत्ति को पांच श्रेणियों में विभाजित कर दिया जाता है–पूर्ण सहमति, सहमति, अनिश्चित, असहमति और पूर्ण असहमति। किसी भी कथन के विषय में उत्तरदाता अपने विचारों के अनुसार इन पांचों वर्गों में से किसी एक पर निशान लगा देता है। ये पांचों श्रेणियां कथनों के प्रति मनोवृत्ति मापने के पैमाने बिन्दु (Point Scale) हैं। इन पांचों पैमाना बिन्दुओं को वक्र से व्यवस्थित किया जाता है तथा निरन्तरता से व्यवस्थित श्रेणिओं को उनके महत्व के अनुसार भार भी दिया जाता है, जैसे 1, 2, 3, 4, 5 अथवा 5, 4, 3, 2, 1। भार देने की यह व्यवस्था विषय के प्रति क्रमशः घटती या बढ़ती, सहमति या असहमति को स्पष्ट करने में सहायक होती है।

(iii) लिकर्ट ने चुने हुए कथनों के पांच सौ व्यक्तियों में वितरित किया और उनसे कहा कि प्रत्येक कथन को पांच में से किसी एक श्रेणी में रखें और उस वर्ग से सम्बन्धित अंकों में भर भी दे दें।

(iv) इसके पश्चात् प्रत्येक व्यक्ति के सभी कथनों से सम्बन्धित भार अंकों का कुल योग ज्ञात कर लिया जाता है इसलिए इस विधि को सर्वयोगकृत मूल्य निर्धारण पैमाना कहते हैं।

(v) प्रत्येक व्यक्ति के कुल भार अंक (Total Score) मालूम होने के बाद उन अकों को उनकी मात्रा अथवा विस्तार के अनुसार क्रम में व्यवस्थित कर लिया जाता है जिसमें अधिकतम अंक को सबसे ऊपर लिखा जाता है। इसके बाद कुल भार अंकों की संख्या को चार बराबर-बराबर भागों में विभाजित कर दिया जाता है। प्रत्येक भाग को चतुर्थक कहते हैं। इन चतुर्थक समूह की इकाइयों में से यह ज्ञात किया जाता है कि कितनी इकाइयां पूर्ण

सहमति, सहमति, तटस्थ, असहमति एवं पूर्ण असहमति श्रेणियों की हैं और चतुर्थक समूह की इकाइयों को आवृत्ति के रूप में लिख दिया जाता है तथा उनका समान्तर माध्य (Arithmetic Mean) ज्ञात कर लिया जाता है।,

सामाजिक दूरी मापक पैमाना (Social Distance Scales)

सामाजिक सम्बन्धों में घनिष्ठता एवं निकटता तथा घृणा एवं दूरी दोनों ही पायी जाती हैं। समाज में सभी व्यक्तियों के साथ हमारे सम्बन्ध समान स्तर के नहीं हो सकते। कुछ से हमारे सम्बन्ध निकटता और घनिष्ठता के होते हैं जबकि कुछ से घृणा, द्वेष और वैमनस्य के होते हैं। कुछ व्यक्तियों के साथ खानपान और वैवाहिक सम्बन्ध स्थापित कर सकते हैं तो कुछ के साथ बोलचाल के सम्बन्ध भी रखना नहीं चाहते। प्रश्न उठता है कि विभिन्न व्यक्तियों एवं समूहों के बीच निकटता एवं दूरी को हम किस तरह से मापें। फिर निकटता और दूरी की मात्राएं और सीमाएं भी अलग-अलग हैं, किसी के हम बहुत अधिक निकट हैं तो किसी के बहुत अधिक दूर। इस निकटता और दूरी को मापने के लिए और उसे संख्यात्मक रूप में प्रकट करने के लिए कुछ समाजशास्त्रियों ने पैमानों का निर्माण किया उनमें बोगार्डस का नाम सर्वोपरि है, उसी का हम यहां उल्लेख करेंगे।

बोगार्डस का सामाजिक दूरी मापक पैमाना (Bogardus's Social Distance Scale)

सामाजिक दूरी को मापने के लिए बोगार्डस ने एक पैमाना निर्मित किया जिसे बोगार्डस सामाजिक दूरी मापक पैमाना कहते हैं। इसके निर्माण में बोगार्डस ने स्वयं अपने निर्णयों एवं अनुभवों का उपयोग किया है, साथ ही उसने सामाजिक दूरी के अंशों के निर्धारण के लिए एक बड़ी संख्या में निर्णायकों का सहारा भी लिया। बोगार्डस का यह पैमाना उच्चतम आत्मनिष्ठ मनोवृत्तियों को मापने के लिए है।

(1) किसी विषय के बारे में लोगों की मनोवृत्ति जानने के लिए इस पैमाने में सर्वप्रथम सामाजिक दूरी की समान श्रेणियों को प्रकट करने वाले सम्बन्धों का एक बड़ी संख्या में चुनाव किया जाता है।

(2) बोगार्डस ने बड़ी संख्या में इस प्रकार के सम्बन्धों का चयन करके सौ निर्णायकों को वितरित किया और उन्हें कहा कि उन्हे कहा कि उन्हें इस प्रकार से विभाजित कर दें जिससे कि सामाजिक दूरी बढ़ती अथवा घटती हुई प्रकट हो। इस प्रकार व्यवस्थित सम्बन्धाों के विभिन्न स्तरों में से बढ़ती हुई सामाजिक दूरी की तीव्रताओं के आधार पर इन पदों में से सात पदों का चयन किया तथा एक से सात तक विभिन्न स्तरों वाले पदों को स्वैच्छिक

अंक प्रदान किये जो क्रमशः इसी अनुपात से बढ़ती हुई दूरी का प्रतिनिधित्व करते हैं। उपर्युक्त सात पदों के आधार पर बोगार्डस ने विभिन्न समूहों के प्रति लोगों की मनोवृत्ति का पता लगाया कि वे आपस में कितना निकट अथवा दूर का सम्बन्ध रखना चाहते हैं। विभिन्न प्रजातियों के सम्बन्ध में लोगों की मनोवृत्ति जानने के लिए बोगार्डस द्वारा प्रयुक्त पैमाने का एक उदाहरण इस प्रकार है :

प्रजातीय दूरी मापक पैमाना

वर्ग	अंग्रेज	स्वीडिश	पोलिश	कोरियन
1. विवाह करने की स्वीकृति				
2. क्लब में साथी बनाने की स्वीकृति				
3. पड़ोस में रहने की स्वीकृति				
4. एक ही दफ्तर में साथ काम करने को तैयार				
5. अपने देश में नागरिक के रूप में स्वीकार करने को तैयार				
6. देश में केवल यात्री के रूप में अनुमति देने को तैयार				
7. अपने देश के बाहर निकाल देने की इच्छा।				

यह अनुसूची पैमाना 1,725 अमरीकन नागरिकों में उनकी मनोवृत्ति ज्ञात करने के लिए वितरित किया गया साथ ही उन्हें निम्नांकित निर्देश दिये गये :

(1) प्रत्येक अवस्था में दायें तरफ के वाक्य को देखते ही तुरन्त जो भावात्मक प्रतिक्रिया आपके मन आये वही लिखिए।

(2) अपनी प्रतिक्रिया प्रत्येक प्रजाति को एक समूह मानकर दीजिए। समूह के अपने परिचित उत्कृष्ट या निकृष्ट सदस्यों के प्रति अपनी प्रतिक्रिया मत दीजिए।

(3) प्रत्येक प्रजाति के खाने में सात वर्गों में से उतने वर्गों के सामने निशान लगाइए जिनसे आप सहमत हों।

इस बार प्रत्येक प्रजाति वर्ग के सम्बन्ध में सम्बन्धों की प्रत्येक श्रेणी का कुल योग ज्ञात किया गया और उसको प्रतिशत में लिख दिया गया। कुल 1,725 उत्तरदाताओं को 100 मानकर उसके अनुपात में सभी उत्तरों का प्रतिशत ज्ञात किया गया। विभिन्न श्रेणियों में प्राप्त उत्तरों को सारणी द्वारा अग्र प्रकार व्यक्त किया जा सकता है :

प्रजाति	विभिन्न श्रेणी के सम्बन्धों के लिए % में उत्तर						
	1	2	3	4	5	6	7
अंग्रेज	93.7	96.7	97.3	95.4	95.9	1.7	1.0
स्वीडिश	45.2	62.1	75.3	78.0	86.3	5.4	1.0
पोलिश	11.0	11.6	28.3	44.3	58.3	19.7	4.7
कोरियन	1.1	6.8	13.0	21.4	23.7	47.1	19.1

उपर्युक्त सारणी से अमरीका में बसे विभिन्न अल्पतम समूहों के प्रति अमरीका के नागरिकों की मनोवृत्ति ज्ञात होती है। सामाजिक दूरी को क्रमशः बढ़ती हुई दिखाने के लिए एक से सात अंक दिये गये हैं। दूरी का न्यूनतम अंक या स्तर निकटता का सूचक है और बड़ा अंक क्रमशः बढ़ती हुई दूरी का प्रतीक है।

प्रत्येक स्तर के सम्बन्धों के नीचे अमरीकन लोगों की मनोवृत्ति का प्रतिशत दिया गया है जिससे यह ज्ञात होता है कि विभिन्न अल्पतम समूह के साथ अमरीकन लोगों का कितना प्रतिशत किस प्रकार के सम्बन्ध रखने के तैयार हो सकता है। इस प्रकार प्राप्त हुई सामाजिक दूरी के माप को ग्राफ द्वारा भी प्रदर्शित किया जा सकता है।

आलोचना : बोगार्डस के सामाजिक दूरी मापक पैमाने की निम्नांकित आलोचनाएं की जाती हैं :

(1) बोगार्डस के पैमाने में एक वर्ग तथा दूसरे वर्ग के बीच समान दूरी मानी गयी है जो कि व्यवहार में देखने को नहीं मिलती। जैसे उपर्युक्त सारणी में दिये आंकड़ों से ज्ञात होता है कि कोरियन लोगों की तुलना में तथा स्वीडिश पोल लोगों की तुलना में अधिक प्रिय हैं।

(2) इस पैमाने की विश्वसनीयता बार-बार परीक्षा करने पर ही ज्ञात की जा सकती है। यह विधि बहुत ही जटिल, अपरिपक्व और कष्ट साध्य है।

(3) हम निश्चित रूप से यह भी नहीं कह सकते हैं कि उत्तरदाताओं ने जो उत्तर दिये हैं वे विभिन्न लोगों के प्रति उनकी भावना को सही-सही प्रकट करते हैं। होता यह है कि हम किसी वर्ग के प्रति राय उस वर्ग के एक-दो व्यक्तियों को प्रतीक मानकर ही बना लेते हैं और उस वर्ग का नाम लेते ही उन विशिष्ट व्यक्तियों का नाम हमारे सामने आ जाता है। अतः यह निर्देश भी निरर्थक जान पड़ता है कि उस वर्ग का नाम लेते ही बिना उस वर्ग के किसी व्यक्ति विशेष को ध्यान में रखे अपनी प्रथम प्रतिक्रिया दीजिए।

तीव्रता मापक पैमाने (Rating or Intensity Scales)

अब तक हमने जिन पैमानों का उल्लेख किया है उससे किसी के पक्ष-विपक्ष तथा सहमति-असहमति होने के बारे में राय जान सकते हैं किन्तु उनके द्वारा मनोवृत्ति की तीव्रता या गहनता होने का पता नहीं लगाया जा सकता।

हम यह नहीं जान सकते कि सहमति या पक्ष की मात्रा क्या है। यह कार्य तीव्रता मापक पैमानों के द्वारा किया जाता है। इस प्रकार के पैमानों के द्वारा पक्ष-विपक्ष, सहमति-असहमति, आदि द्वन्द्वात्मक विभाजन के आधार पर रुचि या मनोवृत्ति को माप नहीं सकते। इनमें केवल एक पक्ष की तीव्रता, चाहे यह पक्ष हो या विपक्ष को ही मापा जा सकता है न कि दो प्रतिकूल स्थितियों को। इन पैमानों को मुख्य मापक पैमाने (Rating Scale) भी कहते हैं।

तीव्रता मापक पैमाने तीन, चार या पांच या अधिक पैमाना बिन्द (Point Scale) के हो सकते हैं। प्रायः तीन या पांच पैमाना बिन्दु का ही अधिक उपयोग होता है। इस प्रकार का पैमाना निर्मित करने के लिए किसी विषय कपर व्यक्ति की राय जानने हेतु उसके पक्ष में सहमति, स्वीकृत, पक्ष में आदि शब्दों का प्रयोग किया जा सकता है।

पैमाने के निर्माण के लिए पहले विषय के सम्बन्ध में विभिन्न कथनों का निर्माण कर लिया जाता है उनको तीन या पांच पैमाना बिन्दुओं के स्वरूप में व्यवस्थित कर लिया जाता है। इसे स्पष्ट करने के लिए हम कुछ उदाहरण दे सकते हैं :

उदाहरण– 'पारिवारिक विघटन बाल-अपराध के लिए उत्तरदायी है," इस कथन को हम पांच बिन्दु पैमाना द्वारा इस प्रकार व्यवस्थित कर सकते हैं :

पूर्ण सहमति	सहमति	अनिश्चित	असहमति	पूर्ण असहमति
+2	+1	0	−1	−2

उपर्युक्त उदाहरण में कथन के सम्बन्ध में मनोवृत्ति के स्तरों को स्पष्ट करने के लिए उन्हें अंक प्रदान किये गये हैं। किसी विषय के प्रति अनुकूल मनोवृत्ति को धन(+) का तथा प्रतिकूल मनोवृत्ति को ऋण(−) का निशान दिया जाता है तथा तटस्थ, अनिश्चित या औसत को शून्य मान लिया जाता है इस प्रकार तीन पैमाना बिन्दु से माप + 1, 0, −1 होगा तथा पांच पैमाना बिन्दु में +2, +1.0, −1, −2 होगा।

तीन और पांच बिन्दु के उदाहरण इस प्रकार हैं:

तीन बिन्दु पैमाना

1	2	3
पूर्ण	सहमति	पूर्णसहमति
हां	तटस्थ	नहीं
औसत से उच्चतर	औसत	औसत से नीचे
अनुकूलन	तटस्थ	प्रतिकूल
पक्ष	तटस्थ	विपक्ष

पांच बिन्दु पैमाना

1	2	3	4	5
पूर्ण सहमति	सहमति	अनिश्चित	असहमति	पूर्ण असहमति
अत्यधिक उच्च	औसत से कुछ उच्च	औसत	औसत से कुछ नीचे	अत्यधिक निम्न
अधिक पसन्द	पसन्द	तटस्थ	नापसन्द	बिल्कुल नापसन्द
पूर्ण अनुकूल	अनुकूल	तटस्थ	प्रतिकूल	पूर्ण प्रतिकूल

तीव्रता मापक पैमानों को हम दो भागों में बांट सकते हैं–समान विस्तार वाले तथा असमान विस्तार वाले। समान विस्तार वाले पैमाने में एक बिन्दु से दूसरे बिन्दु की दूरी समान होती है जबकि असमान विस्तार वाले में पैमाना बिन्दुओं की दूरी असमान होती है और यह पैमाना एक सातत्य (Continuum) के रूप में होता है जिसमें माप शून्य से प्रारम्भ होकर आगे बढ़ते जाते हैं। असमान विस्तार वाले पैमाने का उदाहरण इस प्रकार है :

उदाहरण–"आय-कर किन लोगों पर लगाया जाय?"

इस प्रश्न के बारे में उत्तर हो सकते हैं :

(i) जिसके पास अपार सम्पत्ति है।

(ii) जिनके पास पर्याप्त साधन है।

(iii) केवल उच्च मध्यम वर्ग पर।

(iv) अत्यधिक गरीबों को छोड़कर सभी पर।

लुईस गटमैन (Louis Guttman) ने मनोवृत्ति की गहनता को मापने के लिए समविस्तार वाली पैमाना बिन्दु प्रणाली का प्रयोग किया था। तीव्रता मापक पैमाने

का उपयोग किसी पुस्तक, प्रसिद्ध नेता एवं अध्यापक की लोकप्रियता जानने के लिए, लोगों की विभिन्न व्यवसायों के प्रति रुचि ज्ञात करने तथा जनमत सम्बन्धी सर्वेक्षणों के लिए किया जाता है।

पद या श्रेणी सूचक पैमाने (Ramlomg Scales)

पद या श्रेणी सूचक पैमाने भी तीव्रता मापक पैमाने की भांति ही होते हैं किन्तु दोनो में अन्तर यह है कि जहां तीव्रता मापक पैमाने में किसी तथ्य का स्थान सम्पूर्ण पैमाने में निश्चित करना होता है वहीं पद सूचक पैमाने में तथ्य का स्थान-मूल्य कुछ थोड़ी सी चुनी हुई इकाइयों की तुलना करके ज्ञात किया जाता है। इस प्रकार के पैमानों में होरोविज का पैमाना प्रमुख है जिसका हम यहां उल्लेख करेंगे:

होरोविज पैमाना (Horowitz Scale)

होरोविज ने प्रजातीय पक्षपात को श्रेणीबद्ध करने के लिए इस प्रकार के पैमाने का प्रयोग किया। उसने 8 नीग्रो तथा 4 गोरे बच्चों की, कुल 12 तस्वीरें लीं। इन तस्वीरों के सेट को स्कूल के बच्चों को दिया गया और उन्हें कहा गया कि वे इन्हें इस क्रम से सजायें कि सबसे प्रिय तस्वीर को सबसे ऊपर, उससे कम प्रिय को दूसरे नम्बर पर और इसी प्रकार से सभी 12 तस्वीरों को क्रम से सजा दें तथा प्रत्येक तस्वीर को उनकी अधिमान्यता के अनुसार क्रमशः 1, 2, 3, 4, 5, आदि क्रम अंक प्रदान कर दें। गोरे तथा नीग्रो बालकों को मिलने वाले अंको को जोड़ा गया और इस आधार पर बच्चों की मनोवृत्ति का पता लगाया गया। जिस तस्वीर को सबसे कम अंक मिले उसे अधिक प्रिय समझा गया और सबसे अधिक अंक मिलने वाली तस्वीर को सबसे कम प्रिय। गोरे बच्चों की तस्वीरों की संख्या 4 थी, अतः उनके प्राप्तांकों की सम्भावना 10 और 42 के बीच थी। यदि चारों गोरे बच्चों को प्रथम चार स्थान दिये जाते तो उन्हें 4 + 3 + 2 + 1=10 अंक प्राप्त होते। यदि उन्हें अन्तिम चार स्थान दिये जाते तो उन्हें 12 + 11 + 10 + 9 + 42 अंक मिलते। अतः उनका औसत मूल्य 10 और 42 का माध्य मूल्य 26 मान लिया गया। यदि प्राप्तांक माध्य मूल्य से कम हो तो यह मान लिया जायेगा कि लोगों की राय उनके पक्ष में है और अधिक है तो लोगों की राय विपक्ष में मानी जायेगी।

होरोविज ने उन्हीं बालकों को उन्हीं 12 तस्वीरों को देकर पुनः कहा कि विभिन्न स्थितियों के लिए इनमें से अपने साथी चुनिए और उन्हें प्राथमिकता के क्रम में व्यवस्थित कीजिए। बच्चों को कुल 12 स्थितियां दी गयीं जिनमे पृथक-पृथक रूप से 12 चित्रों को प्राथमिकता के आधार पर रखने को कहा गया। इनमें से कुछ इस प्रकार हैं–

(1) कार में साथ-साथ बैठना,

(2) दावत में बुलाना,

(3) उसके घर भोजन के लिए जाना,

(4) पड़ोस में रहना।

प्रत्येक स्थिति को अलग-अलग लिया गया और उनके अंगों की गणना की गयी। प्रत्येक स्थिति में चार चित्र गोरे बच्चों के थे, इससे अधिक नहीं। यदि सभी 12 स्थितियों को देखा जाये तो गोरे बच्चों की अधिकतम संख्या $4 \times 12 = 48$ होगी। इन 48 को 100 मानकर गोरे बच्चों की संख्या 12 में से 4 थी अतः उनका सम्भावित प्रतिशत 33½ हुआ। इस प्रतिशत से कम अथवा अधिक के आधार पर ही उनके पक्ष एवं विपक्ष का निर्णय किया गया।

मनोवृत्ति मापक पैमानें की सीमाएं (Limitation of Attitudes Scales)

मनोवृति मापक पैमानों की सीमाएं निम्नांकित हैं :

(1) मनोवृत्ति मापक जिन पैमानों का हमने ऊपर उल्लेख किया है, उनके द्वारा मनोवृत्तियो का मापना भौतिक वस्तुओं एवं घटनाओं को मापने की भांति सरल नहीं है क्योंकि ये पैमाने अपने विकास की शैशव अवस्था में है तथा परिपक्वता प्राप्त नहीं कर सके हैं। अतः उन्हें भौतिक वस्तुओं के माप से पैमानों की भांति विश्वसनीय नहीं मान सकते।

(2) पैमाना मूल्य ज्ञात करना कई बार एक जटिल कार्य होता है जिसके लिए विशिष्ट ज्ञान एवं प्रशिक्षण की आवश्यकता होती है।

(3) ये पैमाने सर्वकालिक एवं सार्वभौमिक नहीं हैं अतः उनका उपयोग सभी समाजों एवं सूमूहों में समान रूप से नही किया जाता सकता। प्रत्येक समाज के मूल्य एवं संस्कृति में भी भिन्नता पायी जाती है।

(4) इन पैमानों की विश्वसनीयता एवं प्रमाणिकता को मापने की कोई व्यवस्था नहीं है अतः यह कहना कठिन है कि ये सामाजिक मनोृत्तियों को मापने में समर्थ हैं नहीं।

II. संस्थात्मक व्यवहार मापक पैमाने (Scals for Measuring Institutional Behaviour)

मानव समाज में सामाजिक, आर्थिक, राजनीतिक, धार्मिक, शैक्षणिक एवं सांस्कृतिक, आदि अनेक संस्थाएं क्रियाशील हैं। ये संस्थाएं मानव समूह के व्यवहारों का नियमन और नियन्त्रण करती हैं तथा लोगों के पारस्परिक सम्बन्धों को निश्चित

करती हैं। समूह व्यवहारों एवं संस्थात्मक व्यवहारों को मापने के लिए समाजमिति पैमाने (Sociometric Scale) का प्रयोग किया जाता है। अत: हम यहां समाजमिति पैमाने पर विस्तार से चर्चा करेंगे।

समाजमिति पैमाने (Sociometric Scale)

संस्थागत एवं सामाजिक व्यवहार को मापने के लिए समाजमितीय पैमानों की रचना की गयी है। ये पैमाने भी मनोवृत्ति मापक पैमानों के समान ही होते हैं। इन दोनों में अन्तर यह है कि मनोवृत्ति मापक पैमाने व्यक्तिगत व्यवहार की माप बतलाते हैं जिनमें उत्तर द्वन्द्वात्मक हो सकते हैं।

इनमें पद या श्रेणीसूचक पैमानों का उपयोग भी किया जा सकता है जबकि संस्थागत व्यवहार मापक पैमाने एक निरन्तर क्रम में होते हैं। जैसे फुटरूल पर इन्च या सेण्टीमीटर एक से प्रारम्भ होकर लगातार बढ़ते जाते हैं उस प्रकार से समाजमितीय पैमाने में भी माप लगातार बढ़ती जाती है।

समाजमिति के आधारभूत सिद्धान्तों एवं प्रविधियों का सर्वप्रथम उल्लेख **जे. एल. मोरेनो** (J. L. Moreno) ने सन् 1934 में अपनी पुस्तक '*Who shall survive*' में किया था। मोरेनो ने इस पुस्तक को परिवर्द्धित एवं संशोधित कर पुन: 1953 में प्रकाशित किया जिसमें समाजमिति के इतिहास, सिद्धान्त, शब्दावली, प्रयोग एवं प्रविधि, आदि की विस्तृत विवेचना प्रस्तुत की ।

मोरेनो आस्ट्रिया के एक मनोवैज्ञानिक थे जो अमरीका में प्रवास कर रहे थे। वे प्रथम विश्व-युद्ध के बाद अमरीका के एक शरणार्थी शिविर के प्रशासक नियुक्त किये गये। शरणार्थियों के मानसिक तनावों और दुखों को कम करने के लिए उनको पसन्द के छोटे-छोटे समूहों में बांटने के लिए इस विधि का अविष्कार किया गया जिसे आगे चलकर हेलेन जेनिंग्स (Hallen N. Jennings) ने और भी विकसित किया।

समाजमिति की परिभाषा (Definition of Sociometry)

समाजमिति को विभिन्न विद्वानों ने इस प्रकार से परिभाषित किया है :

हेलेन जेनिंग्स के अनुसार, "संक्षिप्त रूप में कहा जाय तो समाजमिति एक दिये गये समूह के सदस्यों के बीच एक दिये गये समय में विद्यमान सम्बन्धों की सम्पूर्ण संरचना को सफलता से तथा ग्राफ के रूप में प्रस्तुत करने का एक साधन हैं।"

यूरी ब्रोनफेन ब्रेनर के अनुसार, "समाजमिति समूह में व्यक्तियों के बीच स्वीकृत अथवा अस्वीकृत की मात्रा की माप के द्वारा सामाजिक प्रस्थिति, संरचना तथा विकास को खोजने, वर्णन एवं मूल्यांकन करने की पद्धति है।

प्रो. जे.जी.फ्रांज (Prof. J. G. Franz) के अनुसार, "समाजमिति एक समूह में व्यक्तियों के बीच पाये जाने वाले आकर्षण तथा विकर्षण को मापकर सामाजिक संरूपण (Social Configurations) को खोजने व गढ़ने की एक पद्धति है।"

उपर्युक्त परिभाषाओं से स्पष्ट है कि समाजमिति वह प्रविधि है जिसके द्वारा समूहों के सदस्य के बीच पारस्परिक सम्बन्धों का अध्ययन किया जाता है।

समाजमितिक परीक्षण (Sociometric Test) समाजमिति में प्रमुख प्रविधि 'समाजमितिक परीक्षण' है। पी.वी. यंग के अनुसार, समाजमितिक परीक्षण में एक समूह के प्रत्येक सदस्य को यह छूट होती है कि वह अपने उस समूह के और सभी सदस्यों में से ऐसे लोगों को चुन ले जिनके साथ वह विशेष परिस्थितियों में साथ रहना या सम्बन्ध स्थापित करना अधिक पसन्द करेगा।

मोरेनो ने इस परीक्षण का सर्वप्रथम प्रयोग एक पब्लिक स्कूल के गुटों (Groupings) के अध्ययन में किया। इसके बाद न्यूयार्क में हडसन की छात्राओं के एक प्रशिक्षण स्कूल के अध्ययन में किया। उस स्कूल में 500 छात्राएं थी जों स्कूल प्रांगण में बने 16 निवास-गृहों (Cottage) में रहती थीं। प्रत्येक छात्रा से 5 ऐसे नाम लिखने को कहा गया जिसके साथ वह काम करना, भोजन खाना एवं कार्य करना पसन्द करेगी। उन्हं यह भी कहा गया कि वे 5 ऐसी छात्राओं का नाम भी लिखें जिनके साथ ये सभी कार्य करना पसन्द नहीं करेंगी। इस प्रकार पसन्द एवं नापसन्द को बताने के लिए साथ-साथ रहना, भोजन करना एवं काम करना, आदि कुछ ऐसी विशिष्ट परिस्थितियों को चुना जाता है जिनके चारों ओर वह समूह संगठित है। इन परीक्षणों से यह ज्ञात होता है कि कुछ व्यक्ति सभी परिस्थितियों के लिए चुने जाते हैं, साथ ही अलग-अलग प्रकार के कार्यों के लिए अलग-अलग लोगों को पसन्द किया जाता है। अर्थात् श्याम के साथ घूमना पसन्द किया जाता है तो काम करने के साथी के रूप में हरि को। प्रत्येक समूह में एक-दो व्यक्ति ही ऐसे होते हैं जिन्हे सभी कार्यों या परिस्थितियों के लिए पसन्द किया जाता है। इस प्रकार समाजमिति पैमाने में सबसे पहले उन मौलिक मानदण्डों को निश्चित किया जाता है जिन पर समूह की गतिविधियां आश्रित हैं तथा दूसरा इन मानदण्डों के सन्दर्भ में पसन्द-नापसन्द या आकर्षण- विकर्षण के प्रतिमानों की परीक्षा करनी होती है।

कभी-कभी सामाजमितिक परीक्षणों के परिणामों की सफलता को ज्ञात करने के लिए व्यक्तिगत साक्षात्कार भी लिये जाते हैं। मोरेनो ने प्रशिक्षण स्कूल की छात्राओं का साक्षात्कार लेकर उन छात्राओं के प्रति उनकी मनोवृत्ति को भी ज्ञात किया जिन

छात्राओं को उन्होने पसन्द या नापासन्द किया। क्या उनके प्रति उनके मन में पसन्दगी, नापसन्दगी या तटस्थता की भावना है? सामाजिक संरचना में प्रत्येक छात्रा की एक स्पष्ट प्रस्थिति जानने के लिए साक्षात्कार में आकर्षण तथा विकर्षण हेतु अभिप्रेरणा (Motivation) को भी ज्ञात किया गया। इस प्रकार के परीक्षण से एक समूह के सदस्यों के पारस्परिक सम्बन्धों के बीच पायी जाने वाली सहानुभूति, भय, क्रोध, ईर्ष्या, आदि उद्वेगों को भी ज्ञात किया जाता है।

समाजमितीय परीक्षण या माप का उदाहरण

मान लीजिए हम 10 छात्रों के बीच परस्पर पाये जाने वाले प्रेम या घृणा का पता लगाना चाहते हैं तो हम प्रत्येक छात्र को एक कागज का टुकड़ा दे देंगे और उससे कहेंगे कि अपन तीन मित्रों का नाम अपनी पसन्द के क्रम में लिख दें अर्थात् वह जिस सबसे अधिक पसन्द करता है नम्बर एक पर, उसके बाद वाले को नम्बर दो पर तथा उसके भी बाद वाले को नम्बर तीन पर लिख दे।

चुने गये छात्र

	A	B	C	D	E	F	G	H	I	J	
A	2	1						3			
B	3		2				1				
C		3			1		2				
D					2			3			
E			2	3				1			
F			1				3	2			
G				1		2			3		
H			1			2	3				
I	3	2							1		
J			2				3		1		
प्रथम वरीयता	–	4	2	–	–	2	1	1	–		योग 10
द्वितीय वरीयता	2	3	–	1	3	–	1	–	–	–	योग 10
तृतीय 3 वरीयता	–	–	1	–	–	3	1	2	–		योग 10
योग	3	2	7	3		3	5	3	3	0	

जब सभी छात्र नाम लिख लें तो कागज के टुकड़ों को एकत्रित कर छात्रों की पसन्द-नापसन्दगी को सारणी द्वारा इस प्रकार प्रकट किया जा सकता है :

(1) **एकतरफा प्राथमिकता :** कुछ छात्रों के आपसी सम्बन्ध ऐसे हैं कि एक छात्र तो दूसरे को प्राथमिकता देता है जबकि पहले वाले को कोई प्राथमिकता नहीं देता। उपर्युक्त उदाहरण में B, C को द्वैतीयक एवं G को प्रथम वरीयता देता है किन्तु इन दोनों में से किसी ने भी B को किसी भी प्रकार की प्राथमिकता नहीं दी।

(2) **पारस्परिक वरण :** कुछ छात्र ऐसे भी हैं जिन्होंने एक-दूसरे का वरण किया है। यह वरण समान और असमान दोनों प्रकार के हैं। उपर्युक्त उदाहरण में C ने D को तथा D ने C को प्राथमिक वरीयता दी है। इसी प्रकार से A तथा B ने भी परस्पर एक-दूसरे को प्राथमिकता दी है वह असमान ही क्यों न हो।

(3) **त्रिकोणीय तथा चतुष्कोणीय प्राथमिकता :** जब दो व्यक्ति प्रत्यक्ष रूप से सम्बन्धित न होकर तीसरे व्यक्ति द्वारा सम्बन्धित होते हैं, तो उनमें त्रिकोणीय सम्बन्ध होते हैं। उपर्युक्त उदाहरण में C को प्रत्यक्ष रूप से B से कोई लगाव नहीं हैं किन्तु वह A को चाहता है और A, B को चाहता है। इसी प्रकार से चार व्यक्ति परस्पर प्रत्यक्ष रूप से सम्बन्धित न होकर अप्रत्यक्ष रूप से दूसरे व्यक्तियों के माध्यम से सम्बन्धित हों तो उन्हें चतुष्कोणीय सम्बन्ध कहते हैं। उदाहरणार्थ, C एक ओर I से तथा दूसरी ओर F से सम्बन्धित है, इसी प्रकार F, H से तथा H, E से सम्बन्धित है। इस प्रकार C, F, H तथा E का एक चतुष्कोणीय सम्बन्ध बन जाता है।

(4) **पूर्णतया पृथक :** सम्बन्ध प्रतिमानों में ऐसा भी हो सकता है कि कोई व्यक्ति ऐसा भी हो जिसे कोई भी पसन्द नहीं करता हो। उपर्युक्त में J पूर्णतया एकाकी है।

(5) **सर्वप्रिय नेता :** इसके अन्तर्गत उस व्यक्ति को सम्मिलित किया जाता है जिसे सर्वाधिक लोगों ने प्राथमिकता दी है। इस प्रकार के लोग सर्वप्रिय नेता होते हैं। उपर्युक्त उदाहरण में C ऐसी ही व्यक्ति है। दूसरा स्थान G का है।

(6) **अप्रत्यक्ष नेता :** यह वह व्यक्ति है जिसे समूह में तो अधिक लोकप्रियता प्राप्त नहीं है किन्तु जिसे सर्वप्रिय नेता और उसके बाद वाले व्यक्ति ने प्राथमिकता दी है। उपर्युक्त उदाहरण में D ऐसा ही छात्र है जिसे तीन ही व्यक्तियों ने पसन्द किया है जिनमें से दो सर्वाधिक लोकप्रिय नेताओं C तथा G ने प्रथम वरीयता दी है।

(7) **दलबन्दी** (Cliques) : इससे इस प्रकार के सम्बन्धों का भी पता चलता है जिससे दलबन्दी का आभास होता है। इस प्रकार के सम्बन्धों में एकाधिक विद्यार्थी परस्पर एक-दूसरे का चुनाव करते हैं। उपर्युक्त उदाहरण में C, E, F, G मिलकर एक गुट का निर्माण करते हैं।

इस प्रकार समाजमितीय पैमाने के द्वारा हम समूह के सदस्यों के पारस्परिक सम्बन्धों के बारे से महत्वपूर्ण निष्कर्ष निकाल सकते हैं।

समाजमितीय पैमानों की निर्माण प्रक्रिया
(Process of Construction of Sociometric Scales)

समाजमितीय पैमाने का निर्माण के लिए हमें निम्नांकित चरणों को अपनाना चाहिए :

(1) **विषय का चुनाव** : समाजमितीय पैमाने का निर्माण करने के लिए सर्वप्रथम हमें विषय का चुनाव करना होता है। यह विषय कोई संस्था, समूह, समुदाय, परिवार, स्कूल, सरकारी और गैर-सरकारी संगठन, आदि हो सकता है जहां के लोगों के सम्बन्धों एवं व्यवहारों के स्परूपों का अध्ययन करना हो।

विषय स्पष्ट एवं सुनिश्चित हो तथा उसके विभिन्न पक्षों को भली-भांति परिभाषित कर दिया जाय।

(2) **विषय के विशिष्ट स्वरूपों का चुनाव** : हमें यह भी तय करना होगा कि विषय के कौन-कौन से विशिष्ट पहलुओं का अध्ययन करना है। इन पहलुओं की दशाओं एवं लक्षणों को स्पष्ट करने से उनकी पृथक-पृथक माप तैयार की जा सकेगी।

(3) **आधारों का निर्धारण** : सामाजिक व्यवहारों को मापने के लिए हमें उन आधारों का निर्धारण भी करना होगा जो सामूहिम जीवन का प्रतिनिधित्व करते हैं।

इनके आधार पर ही हम किसी पहलू को मापने के लिए हम भौतिक सुख-सुविधाओं की मात्रा, शिक्षा, संस्कृति, सामान्य स्थितियां, व्यवहार, आदि के तत्वों को सम्मिलित कर सकते हैं।

(4) **भार प्रदान करना** : आधारों के निर्धारण के बाद उनके तुलनात्मक महत्व को प्रकट करने के लिए उन्हें उपयुक्त भार भी प्रदान करना होगा जिससे हम गुणात्मक मूल्यों को संख्यात्मक रूप से प्रकट कर सकें। भार प्रदान करने का कार्य वस्तुनिष्ठ एवं वैज्ञानिक होना चाहिए।

(5) **उचित निदर्शनों का उपयोग :** पैमाने का प्रयोग प्रारम्भ में कुछ चुने निदर्शनों पर करे उससे प्राप्त निष्कर्षों के आधार पर किया जाय। यदि आवश्यक हो तो उसमें उचित संशोधन भी किया जाना चाहिए।

(6) पैमाने के प्रयोग से सम्बन्धित आवश्यक निर्देश भी दिये जाने चाहिए।

श्रेष्ठ समाजमितीय पैमाने के गुण
(Qualities of a Good Sociometric Scale)

एक उत्तम समाजमितीय पैमाने में निम्नांकित गुण होना आवश्यक है :

(1) **व्यापकता :** पैमाना ऐसा हो जिसका व्यापक रूप से प्रयोग सम्भव हो। वह ऐसा हो कि समान दशाओं में सभी घटनाओं पर लागू किया जा सके।

(2) समय-समय पर पैमाने की सत्यता की परख कर उसमें आवश्यक संशोधन किये जाने चाहिए।

(3) **विश्वसनीयता :** पैमाना विश्वसनीय हो अर्थात् समान दशाओं में उसके द्वारा विषय की समान माप ज्ञात हो सके। समान दशाओं में अलग-अलग परिणाम निकालने पर पैमाना विश्वसनीय नहीं माना जायेगा।

(4) **सरलता :** पैमाना ऐसा हो कि सरलता से उसका उपयोग किया जा सके। जटिल होने पर उसका उपयोग सीमित हो जायेगा। पैमाने का अधिकाधिक उपयोग होने पर वह परिष्कृत हो जाता है।

(5) **प्रामणिकता :** पैमाना प्रामाणिक भी हो अर्थात् जिन घटनाओं को मापने के लिए वह निर्मित किया गया है उन्हें मापने में समर्थ होना चाहिए।

(6) **व्यावहारिक :** पैमाना जिन आधारों को लेकर बनाया गया हो वे काल्पनिक या अलौकिक न होकर वास्तविक एवं व्यावहारिक हों जिनके आधार पर वास्तविक परिणामों को ज्ञात करना सम्भव हो।

(7) **आदर्श मापदण्डों पर आधारित :** पैमाना ऐसे मापदण्डों पर आधारित हो जिनके द्वारा गणनात्मक निष्कर्ष निकाल सकें और उनकी परस्पर तुलना सम्भव हो।

समाजमिति पैमाने का महत्व एवं सीमाएं

वर्तमान में समाजमितीय पैमाने का महत्व बढ़ता जा रहा है :

(i) इसके द्वारा गुणात्मक तथ्यों को गणनात्मक रूप में प्रकट किया जाता है।

(ii) सामाजिक एवं संस्थागत व्यवहारों की माप का यही एक प्रमुख साधन है।

(iii) इनके द्वारा अमूर्त पारस्परिक सम्बन्धों से सम्बन्धित घटनाओं को मापा जाता है। इस पैमाने की कुछ कमियां भी हैं, जैसे–

(i) इसके द्वारा उत्तरदाता द्वारा दिये गये उत्तर सही हैं या नहीं, को ज्ञात करना कठिन है।

(ii) पैमाने के आधारों का निर्धारण एवं आधारों को भार प्रदान करना भी एक कठिन कार्य है। ऐसा करते मसय पक्षपात की सम्भावना बनी रहती है। इन कठिनाइयों के बावजूद भी समाजमिति पैमानों का उपयोग वर्तमान में अधिकाधिक होने लगा है।

7

प्रश्नावली
(Questionnaire)

प्रस्तावना (Introduction)

सामाजिक अनुसन्धान में प्राथमिक तथ्यों के संकलन हेतु आजकल प्रश्नावली विधि का प्रयोग दिनोंदिन बढ़ रहा है। यह विधि अन्य विधियों की अपेक्षा सरल एवं सस्ती है। वर्तमान में यातायात एवं सन्देश-वाहन के साधनों के विकास के कारण प्रश्नावली विधि द्वारा दूर-दराज क्षेत्रों में बसे लोगों का अध्ययन सरल हो गया है। जब सूचनादाता शिक्षित हो, समग्र, विशाल एवं विस्तृत हो तो इस विधि के द्वारा अध्ययन करना अधिक उपयोगी सिद्ध होता है। कई बार ऐसा होता है कि जिस विषय या समस्या का हम अध्ययन करना चाहते हैं, उससे सम्बन्धित लोग बहुत बड़े क्षेत्र में फैले हुए रहते हैं, जिनका अध्ययन अवलोकन या साक्षात्कार-विधि द्वारा करने पर बहुत अधिक समय एवं धन की आवश्यकता होती है और सूचनाएं भी शीघ्र संकलित नहीं की जा सकतीं। ऐसी स्थिति में समय, श्रम एवं धन की बचत करने तथा शीघ्र सूचनाएं प्राप्त करने के लिए प्रश्नावली-विधि को प्रयोग किया जाता है। इसका प्रयोग विषय की प्रारम्भिक जानकारी प्राप्त करने के लिए भी किया जाता है।

प्रश्नावली विषय अथवा समस्या से सम्बन्धित अनेक प्रश्नों की एक सूची होती है जिसे अध्ययनकर्ता सूचनादाताओं के पास डाक द्वारा भेजता हे और सूचनादाता उसे स्वयं भरकर पुन: लौटाता है। चूंकि प्रश्नावली सूचनादताओं के पास डाक द्वारा भेजी जाती है, अत: इसे 'डाक द्वारा प्रेषित प्रश्नावली, (Mailed questionnaire) भी कहते हैं। कई बार यह लोगों में वितरित भी की जा सकती है। वर्तमान में जनमत सर्वेक्षण, बाजार सर्वेक्षण तथा सामाजिक-आर्थिक सर्वेक्षणों में प्रश्नावली विधि का प्रयोग काफी होने लगा है।

प्रश्नावली का अर्थ एवं परिभाषा (Meaning and Defintion of Questionnaire)

विभिन्न विद्वानों ने प्रश्नावली को इस प्रकार से परिभाषित किया है :

पोप (Pope) के अनुसार, "एक प्रश्नावली को प्रश्नों के एक समूह के रूप में परिभाषित किया जा सकता है जिसका उत्तर सूचनादाता को बिना एक अनुसन्धानकर्ता अथवा प्रगणक की व्यक्तिगत सहायता के लिए देना होता है।"

बोगार्डस के अनुसार, "प्रश्नावली विभिन्न व्यक्तियों को उत्तर देने के लिए प्रेषित की गई प्रश्नों की एक सूची है।"

गुडे एवं **हाट** के अनुसार, "सामान्यतः प्रश्नावली शब्द से तात्पर्य प्रश्नों के उत्तर प्राप्त करने के एक उपकरण से होता है, जिसमें एक प्रपत्र का प्रयोग किया जाता है जिसे उत्तरदाता स्वयं ही भरता है।"

विल्सन गी के अनुसार, "प्रश्नावली बहुत बड़ी संख्या में लोगों से अथवा छोटे चुने हुए एक समूह से, जिसके सदस्य विस्तृत क्षेत्र में फैले हुए हैं, सीमित मात्रा में सूचना प्राप्त करने की एक सुविधाजनक प्रणाली है।"

सिन पाओं येंग के अनुसार, "अपने सरलतम रूप में प्रश्नावली प्रश्नों की एक ऐसी अनुसूची है जिसे कि निदर्शन (Sample) के रूप में चुने हुए व्यक्तियों के पास डाक द्वारा भेजा जाता है।"

उपर्युक्त परिभाषाओं से स्पष्ट है कि *प्रश्नावली किसी भी अध्ययन-विषय से सम्बन्धित प्रश्नों की एक सूची होती है जिसे डाक द्वारा सूचनादाताओं के पास भेजा जाता है जिसे सूचनादाता स्वयं भरकर पुनः लौटाता* है।

प्रश्नावली के उद्देश्य (Objects of Questionnaire)

प्रश्नावली विधि के उद्देश्यों का उल्लेख करते हुए श्रीमती गॉर्डेन कैप्ट लिखती हैं कि प्रश्नावली का निर्माण शुद्ध उत्तर के लिए किया जाता है। शुद्ध सम्प्रेषण तभी सम्भव है जब सूचनादाता अध्ययन के उद्देश्य को समझते हों तथा शुद्ध उत्तर भी तभी उपलब्ध हो सकते हैं, जब इच्छित सूचनाएं प्राप्त हों और उनसे सारणी बनाने तथा विषय का विश्लेषण करने में सहायता मिलती है। प्रश्नावली के प्रमुख उद्देश्य इस प्रकार है :

(1) विस्तृत, विशाल, विविध एवं व्यापक रूप में बिखरे हुए लोगों से सूचनाएं संकलित करना,

(2) प्रामाणिक तथा विश्वसनीय सूचनाएं संकलित करना,

(3) सूचनाओं का व्यवस्थित संकलन,

(4) वैषयिक अध्ययन के लिए,

(5) अनावश्यक तथ्यों को छोड़ना,

(6) कम खर्च,

(7) संख्यात्मक अनुमापन,

(8) एक साथ तथा शीघ्र सूचनाओं का संकलन।

प्रश्नावली के प्रकार (Types of Questionnaire)

प्रश्नावली की रचना, विषय-वस्तु, प्रश्नों की प्रकृति, आदि के आधार पर प्रश्नावली को विभिन्न प्रकारों के विभाजित किया जाता है। किस प्रकार की प्रश्नावली का उपयोग कहां किया जाएगा, यह बहुत कुछ उत्तरदाताओं एवं क्षेत्र की विशेषताओं पर निर्भर करता है। लुण्डबर्ग, पी.वी. यंग, गुडे एवं हाट, सेल्टिज, जहोदा तथा उनके सहयोगियों प्रश्नावली के विभिन्न प्रकारों का उल्लेख किया है।

लुण्डबर्ग ने दो प्रकार की प्रश्नावलियों–तथ्य सम्बन्धी एवं मनोवृत्ति सम्बन्धी का उल्लेख किया है। **पी.वी. यंग** ने प्रश्न की प्रकृति के आधार पर–बन्द एवं खुली प्रश्नावली की संरचना के आधार पर–संरचित एवं असंरचित प्रश्नावली की विवेचना की है। अन्य विद्वानों ने चित्रमय एवं मिश्रित प्रश्नावलियों का उल्लेख किया है। हम यहां प्रश्नावली के विविध प्रकारों की संक्षेप में विवेचना करेंगे।

(1) **तथ्य सम्बन्धी प्रश्नावली** (Factual Questionnaire) : इस प्रश्नावली का उपयोग किसी समूह की सामाजिक आर्थिक दशाओं से सम्बन्धित तथ्यों का संग्रह करने के लिए किया जाता है। जब हम किसी व्यक्ति की आय, आयु, धर्म, जाति, शिक्षा, विवाह, व्यवसाय, पारिवारिक रचना, ऋणग्रस्तता, आदि के बारे में सूचना संकलित करना चाहते हैं तो इस प्रकार की प्रश्नावली का प्रयोग किया जाता है।

(2) **मत एवं मनोवृत्ति सम्बन्धी प्रश्नावली** (Questionnaire of Opinion and Attitude) : जब हम किसी विषय पर सूचनादाता की रुचि, राय, मत, विचारधारा, विश्वास एवं दृष्टिकोण जानना चाहते हैं तो इस प्रकार की प्रश्नावली का प्रयोग करते हैं। बाजार-सर्वेक्षण, जनमत संग्रह, विज्ञापन तथा टेलीविजन एवं रेडियो कार्यक्रमों के बारे में लोगों के विचार जानने के लिए इसी प्रकार की प्रश्नावलियों का निर्माण एवं प्रयोग किया जाता है।

(3) **संरचित प्रश्नावली** (Structured Questionnaire) : इस प्रकार की प्रश्नावली का निर्माण अनुसन्धान प्रारम्भ करने से पूर्व ही कर लिया जाता है। इसमें प्रश्नों की भाषा, शब्द, वाक्य, आदि पहले से ही तय कर लिये

जाते हैं जिनमें अनुसन्धानकर्ता अथवा साक्षात्कारकर्ता को अनुसन्धान के दौरान परिवर्तन करने की कोई छूट नहीं होती है। इसमें प्रश्नावली का क्रम भी पूर्व निर्धारित होता है। इस प्रकार की प्रश्नावली का मुख्य उद्देश्य सुनिश्चित एवं समरूप उत्तर प्राप्त करना है। संरचित प्रश्नावली को परिभाषित करते हुए श्रीमती पी.वी. यंग लिखती हैं,"संरचित प्रश्नावली वह होती है जिसमें कि निश्चित, ठोस तथा पूर्व-निर्धारित प्रश्नों के अतिरिक्त एसे आवश्यक सीमित प्रश्न भी रहते हैं जो अपर्याप्त उत्तरों के स्पष्टीकरण करने या अधिक विस्तृत प्रत्युत्तर पाने के लिए आवश्यक होते हैं। प्रश्नों का प्रकार चाहे प्रतिबन्धित हो या अप्रतिबन्धित, महत्वपूर्ण बात तो यह है कि उन प्रश्नों को पहले से ही, न कि साक्षात्कार समय, लिखित रूप में दे दिया जाता है।" जब उत्तरदाताओं द्वारा दिये गये उत्तर अपर्याप्त, अस्पष्ट एवं अपूर्ण होते हैं तो साक्षात्कारकर्ता को अतिरिक्त प्रश्नों को पूछने की छूट दे दी जाती हैं। इस प्रकार की प्रश्नावलियों का उपयोग उन क्षेत्रों में किया जाता हैं जहां औपचारिक अन्वेषण का संचालन करना हो, उनके आधार पर उपकल्पना का निर्माण करना हो, प्राथमिक तथ्यों का संकलन करना हो या संकलित तथ्यों की पुनर्परीक्षा करनी हो। अध्ययन क्षेत्र के विस्तृत होने पर भी इस प्रकार की प्रश्नावलियों का प्रयोग किया जाता है ताकि प्रश्नों के समान उत्तर प्राप्त किये जा सकें इस प्रकार की प्रश्नावलियों के द्वारा सामाजिक-आर्थिक घटनाओ का अध्ययन किया जाता है। किसी विषय पर लोगो की राय जानने, प्रशासकीय नीति या परिवर्तन की अध्ययन करने, सामाजिक स्वास्थ्य, जनकल्याण की योजनाओं, लोगों के रहन-सहन की दशाओं तथा आय-व्यय, आदि के बारे में सूचना एकत्रित करने के लिए भी संरचित प्रश्नावलियों का प्रयोग किया जाता है।

(4) **असंरचित प्रश्नावली** (Unstructured Questionnnaire) : असंरचित प्रश्नावली में पहले से प्रश्नों का निर्माण नहीं किया जाता, वरन् केवल उन विषयों एवं प्रसंगों का उल्लेख किया जाता है जिनके बारे में सूचनाएं संकलित करनी होती हैं। इस दृष्टि से असंरचित प्रश्नावली साक्षात्कार-पथ-प्रदर्शिका (Interview guide) के समान ही होती है। इसे स्पष्ट करते हुए **श्रीमती पी.वी. यंग** लिखती हैं, "असंरचित प्रश्नावलियां प्राय: साक्षात्कार पथ-प्रदर्शिका के रूप में लिक्षित की जाती हैं जिनका उद्देश्य निश्चित विषय-वस्तु क्षेत्रों को रखना तथा शुद्धता भी होता है जिसके साक्षात्कार के अन्तर्गत सम्मिलित किये जाने की आवश्यकता होती है। साक्षात्कारकार्ता सीमाओं में रहते हुए आकार को व्यवस्थित करने तथा

पूछताछ के समय के निर्धारित करने में स्वतन्त्र रहता है।" प्रश्नावली में साक्षात्कार नहीं होता है क्योंकि वे डाक द्वारा प्रेषित की जाती हैं। अत: असंरचित प्रश्नावली अनुसूची का ही एक रूप हाती है। इस प्रकार की प्रश्नावली का उपयोग मनोविश्लेषणात्मक साक्षात्कारों तथा अनौपचारिक एवं गहन अध्ययनों के लिए किया जाता हैं असंरचित प्रश्नावली का प्रमुख गुण इसका लचीलापन है अर्थात् इसमें अनुसन्धानकर्ता अनुसन्धान के तरीकों में परिवर्तन कर सकता है। संरचित प्रश्नावली में उत्तरदाता उत्तर देने में बंधा होता है, जबकि असंरचित प्रश्नावली में उत्तरदाता खुलकर अपने को अभिव्यक्ति करता है। सूचनादाता के विश्वासों, दृष्टिकोणों एवं विचारों को जानने के लिए इस प्रकार की प्रश्नावलियां अधिक उपयोगी होती हैं।

(5) **बन्द, समिति या प्रतिबन्धित प्रश्नावली** (Closed Qiestionnaire) : इस प्रकार की प्रश्नावली में प्रश्नों के सामने ही कुछ निश्चित वैकल्पिक उत्तर लिखे होते हैं और उत्तरदाता को उनमें से ही उत्तर छांटकर लिखने होते हैं। इस प्रकार ऐसी प्रश्नावलियों में प्रश्नों के उत्तर सीमित कर दिये जाते हैं। अत: उत्तरदाता को स्वतन्त्र राय देने की छूट नहीं होती और न ही उत्तर देने के लिए उन्हें अधिक सोचना पड़ता है, वरन् उन्हें पूर्व निर्धारित उत्तरों में से ही किसी एक को चुनकर उसके आगे निशान लगाना होता है। इस प्रकार की प्रश्नावली का प्रयोग श्रेणीबद्ध सूचनाएं प्राप्त करने के लिए किया जाता है। **सिन पाओं येंग** के अनुसार "प्रतिबन्धित प्रश्नावली में प्राय: पूछे गये प्रश्नों के मद के अनुसार उत्तर दिये जाते हैं।" इस प्रकार की प्रश्नावली में उत्तर देने में सूचनादाता को सुविधा रहती है। उसे अधिकांशत: 'हां' या 'नही' में ही उत्तर देने होते हैं तथा उत्तर देने की जटिलता से वह मुक्त हो जाता है। ऐसी प्रश्नावलियों के भरकर लौट आने की सम्भावनाएं भी अधिक रहती हैं। ऐसी प्रश्नाविलयों के प्रश्नों के कुछ उदाहरण निम्नांकित हैं :

(1) क्या आप अनुसूचित जाति के छात्र हैं? हां/नहीं

(2) क्या आप विधवा पुनर्विवाह के पक्ष में हैं? हां/नहीं

(3) आपके अपने अध्यापकों से किस प्रकार के सम्बन्ध हैं?

(क) मधुर (ख) सामान्य (ग) तनावपूर्ण।

इस प्रकार की प्रश्नावली में सामग्री के वर्गीकरण में सुविधा रहती है।

(6) **खुली, असीमित या अप्रतिबन्धित प्रश्नावली** (Open Questionnaire): इस प्रकार की प्रश्नावली में सूचनादाता को अपने विचारों को खुलकर प्रकट करने की स्वतन्त्रता होती है। प्रश्नावली मे प्रश्नों के सम्भावित उत्तर दिये हुए नहीं होते हैं, वरन् सूचनादाता से यह अपेक्षा की जाती है कि वह अपनी इच्छानुसार उत्तर दे। कई बार एक प्रश्न के कई सम्भावित उत्तर हो सकते हैं, जिन्हें प्राप्त करने के लिए ही ऐसे प्रश्नों का चयन किया जाता हैं इन प्रश्नावलियों के प्रश्नों में काफी लचीलापन पाया जाता है, जिनका उत्तर सूचनादाता अपने शब्दों में व्यक्त करता है। अप्रतिबन्धित प्रश्नावलियों का प्रयोग व्यक्तिगत विचारों, भावनाओं, सुझावों, आदि के ज्ञात करने, गहन अध्ययन करने एवं विषय से सम्बन्धित प्रारम्भिक सूचनाएं संकलित करने के लिए किया जाता है। विवरणात्मक एवं गुणात्मक सूचनाएं प्राप्त करने के लिए भी ऐसी प्रश्नालियों का प्रयोग किया जाता है। इनमें प्रश्नों के सामने उत्तर देने के लिए कुछ स्थान खाली छोड़ दिया जाता है। ऐसी प्रश्नावलियों के प्रश्नों के कुछ उदाहरण इस प्रकार हैं :

(1) भारत में आतंकवाद के प्रमुख कारण क्या हैं?

(2) छात्र असंतोष को समाप्त करने के लिए आप क्या सुझाव देंगे?

(3) आपकी राय में वर्तमान शिक्षा-पद्धति में क्या-क्या सुधार किये जाने चाहिए?

(7) **चित्रमय प्रश्नावली** (Pictorial Questionnaire) : इस प्रकार की प्रश्नावली में प्रश्नों के सम्भावित उत्तर चित्र द्वारा प्रकट किये जाते हैं और सूचनादाता अपने उत्तर का चयन उन चित्रों में ही करक उस पर निशान लगा देता है। चित्रों के कारण प्रश्नावली रोचक एवं आकर्षक बन जाती है जिसके कारण सूचनादाता उत्तर देने के लिए प्रेरित हो जाता है। आधुनिक युग में हर व्यक्ति अपने कार्य में व्यस्त है, उसके पास इतना समय नहीं है कि वह लम्बे-लम्बे प्रश्नों के उत्तर दे सके। ऐसी स्थिति मं सूचनादाताओं से कम समय एवं प्रयत्न से सरलतापूर्वक उत्तर करने के लिए चित्रमय प्रश्नावलियों का प्रयोग किया जाता है। ऐसी प्रश्नावलियों की भाषा भी सामान्य आदमी की समझ में आने वाली होती है। बालकों की मनोवृत्तियों को जानने एवं गूंगे तथा निरक्षर लोगों के लिए ऐसी प्रश्नावलियां अधिक उपयोगी सिद्ध हुई हैं। इस प्रकार की प्रश्नावलियों के प्रश्नों के उदाहरण इस प्रकार हैं :

आपके परिवार का आकार क्या है? इसी प्रकार से यह जानने के लिए कि आप गांव अथवा नगर में से कहां रहना पसन्द करेगें? इसके उत्तर को जानने के लिए गांव एवं नगर के चित्र बना दिये जाते हैं। इस प्रकार की प्रश्नावलियों के उत्तरों की जांच एवं वर्गीकरण सरलता से किया जा सकता है।

(8) **मिश्रित प्रश्नावली** (Mixed Questionnaire) : इस प्रकार की प्रश्नावली ऊपर वर्णित सभी प्रकार की प्रश्नावलियों की विशेषताएं लिए होती है। प्रमुखतः इसमें बन्द व खुली प्रश्नावली का मिश्रण होता है। अधिकाशंतः प्रश्नावलियां इसी प्रकार की होती है। सामाजिक अनुसन्धान में आजकल इसी प्रकार की प्रश्नावलियों का उपयोग बढ़ता जा रहा है क्योंकि इनका निर्माण सुविधाजनक होता है तथा इनके द्वारा महत्वपूर्ण सूचनाएं सुगमता से संकलित कर ली जाती हैं। किसी भी सामाजिक तथ्य के बारे में किसी एक ही प्रकार के प्रश्नों द्वारा सूचनाएं ज्ञात करना सम्भव नहीं है, अतः आवश्यकतानुसार खुले एवं बन्द, चित्रमय या संरचित एवं असंरचित प्रश्नों का निर्माण कर लिया जाता है। ऐसी प्रश्नावलियां कम और अधिक शिक्षित दोनों के लिए ही उपयोगी होते हैं तथा स्पष्ट और सटीक उत्तर के साथ-साथ उत्तरदाता के स्वतन्त्र विचार जानने में भी सहायक होती है।

एक अच्छी प्रश्नावली की विशेषताएं

ए.एल. बाउले ने एक उत्तम प्रश्नावली की निम्न विशेषताओं का उल्लेख किया है:

(1) प्रश्न अशिष्टतापूर्ण, धृष्टतापूर्ण एवं परीक्षात्मक नहीं होने चाहिए।

(2) प्रश्न सरल एवं शीघ्र बोधगम्य हों।

(3) प्रश्नों की रचना इस प्रकार की जाए कि उनका उत्तर देते समय पक्षपात से बचा जा सके।

(4) जहां तक सम्भव हो, प्रश्न पारस्परिक पुष्टि करने वाले होने चाहिए।

(5) प्रश्न इस प्रकार के हों जिनसे इच्छित सूचनाएं प्रत्यक्ष रूप से प्राप्त हो सकें।

(6) तुलनात्मक दृष्टि से प्रश्नों की संख्या कम होनी चाहिए।

(7) जिन प्रश्नों के उत्तर 'हां' अथवा 'नही' में दिये जाते हैं, उन्हें सम्मिलित किया जाना चाहिए।

एगल बर्नर ने प्रश्नावली का निर्माण करते समय निम्नांकित बातों को ध्यान में रखने की बात कही है :

(1) प्रश्नावली की रचना करते समय उसके भौतिक पक्ष पर भी ध्यान देना चाहिए अर्थात् प्रश्नावली का आकार बहुत अधिक छोटे या बड़े न हो, कागज का रंग आकर्षक हो, छपाई सुन्दर व स्पष्ट हो, आदि।

(2) इस प्रकार के प्रश्न नहीं पूछने चाहिए जिनका उत्तर देने में सूचनादाता को कोई आपत्ति हो।

(3) प्रश्नों को तार्किक दृष्टि से व्यवस्थित किया जाना चाहिए।

(4) किस प्रकार की सूचनाएं संकलित करनी हैं, यह तय करने के लिए विषय की विस्तृत व्याख्या की जाए।

(5) प्रश्नों की भाषा सरल व स्पष्ट होनी चाहिए।

(6) प्रश्नों का उत्तर लिखने के लिए आवश्यकतानुसार प्रत्येक प्रश्न के सामने रिक्त स्थान होना चाहिए।

(7) लम्बे-लम्बे प्रश्नों से बचा जाना चाहिए।

(8) प्रश्नावली यथासम्भव संक्षिप्त होनी चाहिए।

(9) प्रश्न उत्तरदाता की भावनाओं को ठेस पहुंचाने वाले नहीं होने चाहिए।

(10) प्रश्न सरल और सीधे हों जिन्हें उत्तरदाता आसानी से समझ सके।

प्रश्नावली की पूर्व जांच (पूर्व परीक्षण)
(Pretesting of Questionnaire)

प्रश्नावली का निर्माण करने के बाद उसका वास्तविक रूप में प्रयोग करने और डाक द्वारा सूचनादाताओं के पास भेजे जाने से पूर्व एक छोटे से निदर्शन क्षेत्र में उसकी जांच कर लेनी चाहिए ताकि प्रश्नावली में यदि किसी प्रकार की कोई त्रुटियां है तो उन्हें सुधारा जा सके। प्रश्नावली के निर्माण में चाहे कितनी ही सावधानी रखी गयी हो और चाहे कितने ही अनुभवी व्यक्ति एवं साहित्य का सहारा लिया गया हो फिर भी उसमें कमियों की सम्भावना से इन्कार नहीं किया जा सकता। अत: यह आवश्यक है कि प्रश्नावलियों की पूर्व-जांच कर ली जाय। इससे हमे यह ज्ञात हो जायेगा कि उत्तरदाता प्रश्नों को सही अर्थ में समझ सकते हैं या नहीं, वे उनका क्या अर्थ लगाते हैं, प्रश्नावली की लम्बाई, विषय-वस्तु, भाषा-शैली में किस प्रकार के संशोधन की आवश्यकता है, आदि। कई बार प्रश्नावलियों के वितरण के बाद उनकी त्रुटियों का पता लगता हैं। अत: यह आवश्यक है कि पहले से ही उनकी जांच कर यह देख लेना चाहिए कि उनके निर्माण एवं शब्दावली में

कोई कमी तो नहीं है। **स्लेटो** ने लिखा है, "संक्षेप में पूर्व-जांच की प्रणाली कार्य-विधि पर त्रुटियों को, इसके पहले कि वे न्यून मात्रा में विश्वसनीय एवं प्रामाणिक जवाबों एवं उत्तरों के कम अनुपात में आने के रूप में भारी दण्ड थोपे, निकालने का साधन उपलब्ध कराती है। पूर्व-जांच आवश्यक रूप से एक परीक्षण एवं त्रुटि (Trial and error) की प्रणाली है जिसमें सफल परीक्षणों की पुनरावृत्ति की जाती है तथा जब अन्तिम रूप से प्रश्नावली अन्तिम समूह को भेजी जाती है तो त्रुटियां निकल जाती है।" पूर्व-परीक्षण करने पर जो कमियां हमें ज्ञात हों, उन्हें दूर करने के लिए प्रश्नावलियों में परिवर्तन एवं संशोधन करने चाहिए। यदि त्रुटियां बहुत अधिक हों तो प्रश्नावली का पुन: निर्माण करना चाहिए।

पूर्व-परीक्षण की उपयोगिता एवं लाभ निम्नांकित हैं:

(1) पूर्व-परीक्षण से हमें एसे प्रश्नों का पता चल पायेगा जिनके उत्तर सूचनादाताओ को ज्ञात नहीं है और जिनके उत्तर में वे "पता नहीं" , "मैं नहीं जानता", आदि वाक्य लिखते हैं। इस कमी को उपयुक्त प्रश्नों द्वारा दूर किया जा सकता है।

(2) इससे प्रश्नों के क्रम की कमी ज्ञात होती है।

(3) प्रश्न के उत्तरों में दिए हुए विकल्प यदि कम हैं तो उनका पता लग जाता हैं और आवश्यक विकल्प जोड़ दिये जाते हैं।

(4) ऐसे प्रश्नों का पता लग जाता है, जिनका उत्तर देना सूचनादाता उचित नहीं समझते और उत्तर के स्थान रिक्त ही छोड़ दिये जाते हैं।

(5) आवश्यकता से अधिक शर्तों अथवा अनावश्यक आलोचनाओं को उकसाने वाले प्रश्नों का पता चलता है।

(6) अनावश्यक एवं असम्बन्धित प्रश्न ज्ञात हो जाते हैं।

(7) इससे उत्तरदाता की क्षमता एवं उत्सुकता का बोध हो जाता है।

(8) प्रश्नावली की विश्वसनीयता एवं प्रामाणिकता बढ़ जाती है।

(9) सारणीकरण की दृष्टि से उपयुक्त शीर्षक एवं तथ्य प्राप्त होते हैं।

(10) इसके फलस्वरूप प्रत्युत्तरों की संख्या में वृद्धि होती हैं।

पूर्व-परीक्षण के लिए यह आवश्यक है कि-

(i) पहले प्रश्नावलियों को कम मात्रा में छापा जाय

(ii) जिस क्षेत्र का अध्ययन करना है, उसमें से एक छोटा निदर्शन-समूह चुनकर उसे ही पूर्ण-परीक्षण के लिए प्रश्नावलियां भेजी जायें,

(iii) पूर्व-परीक्षण वैयक्तिक साक्षात्कार के रूप में किया जाय,

(iv) सही प्रत्युत्तर न देने वाले प्रश्नों में संशोधन किया जाय अथवा उन्हें छोड़ दिया जाय।

सहभागी पत्र (Accompanying Letter)

पूर्व-परीक्षण कर लेने एवं प्रश्नावली को अन्तिम रूप देने के बाद प्रश्नावलियों को सूचना संकलन हेतु डाक द्वारा भेजा जाता है। इसके साथ अनुसन्धान करने वाली संस्था अथवा व्यक्ति द्वारा एक पत्र भी भेजा जाता है जिसे सहगामी पत्र कहते हैं। इस पत्र मे सूचनादाता को अनुसन्धान करने वाली संस्था का परिचय दिया जाता है, उसे अनुसन्धान का विषय व उसके उद्देश्य बताये जाते हैं तथा प्रश्नावली को एक निश्चित समय मे शीघ्र भरकर लौटाने की प्रार्थना की जाती है। उत्तरदाता से कहा जाता है कि आपके सहयोंग से ही अनुसन्धान कार्य पूर्ण हो पायेगा।

पत्र टाइप किया हुआ, छपा हुआ एवं या साइक्यालेस्टाइलड हो सकता हैं पत्र साफ-साफ छपा हुआ एवं आकर्षक कागज में हो जिससे कि सूचनादाता आकर्षित हो सके। पत्र ही सूचनादाता व अनुसन्धानकर्ता के बीच एक कड़ी का काम करता है, उन्हें एक दूसरे के निकट लाता है। पत्र का शीर्षक मोटे अक्षरों में हो जिसे पढ़कर सूचनादाता वस्तुस्थिति को समझ सके। पत्र की भाषा एवं शब्दाबली का चयन सावधानीपूर्वक किया जाय जिसे पढ़कर सूचनादाता वस्तुस्थिति को समझ सके। पत्र की भाषा एवं शब्दावली का चयन सावधानीपूर्वक किया जाय जिसे पढ़कर उत्तरदाता स्वयं ही सूचना देने को तैयार हो जाय। पत्र में यह भी लिखा जाय कि आपके द्वारा दी गयी सूचनाएं गुप्त रखी जायेंगी, उनका दुरुपयोग नहीं होगा तथा सार्वजनिक रूप से उन्हें प्रकाशित नहीं किया जायेगा। पत्र के अन्त में उत्तरदाता के सहयोग के प्रति आभार प्रकट किया जाना चाहिए। पत्र छोटा, आकर्षक एवं प्रभावशाली होना चाहिए। शीघ्र जवाब पाने के लिए सहगामी पत्र के साथ टिकट सहित जवाबी लिफाफा भी भेजना चाहिए। इसका उत्तरदाता पर मनोवैज्ञानिक प्रभाव पड़ता है और वह प्रश्नावली भरकर लौटाने के महत्व को समझ पाता है।

प्रश्नावली की विश्वसनीयता एवं प्रमाणिकता

प्रश्नावली चाहे कितनी ही सावधानीपूर्वक बनाई गयी हो, फिर भी यह शंका बनी रहती है कि इसके द्वारा प्राप्त सूचनाएं विश्वसनीय एवं प्रामाणिक हैं या नहीं। इसका कारण यह है कि कई बार सूचनादाताओं द्वारा एक ही प्रश्न को भिन्न-भिन्न अर्थ में समझ लिया जाता है और ऐसी दशा में उनके उत्तर भी भिन्न-भिन्न होते हैं। यह भी सम्भव है कि प्रश्न के अर्थ को ही न समझा गया हो।

किसी भी प्रश्नावली को प्रमाणिक एवं विश्वसनीय तभी ठहराया जा सकता है, जबकि सूचनादाता प्रश्नों को उन्हीं अर्थों में समझें जिन अर्थों में उनकी रचना की गई है। प्रश्नावली की विश्वसनीयता एवं प्रामाणिकता को ज्ञात करने के लिए निम्न उपाय किये जा सकते हैं:

(1) **सामान्य अनुभव** (Common Experience) : प्रश्नावली की विश्वसनीयता को ज्ञात करने का सबसे सरल तरीका यह है कि हम उन्हें अपने सामान्य ज्ञान के द्वारा परखें। यदि उत्तर सामान्य एवं प्रचलित ज्ञान के विपरीत है तो वे अविश्वसनीय मानी जायेंगी।

(2) **उप-निर्दशन का प्रयोग** (Use of Sub-Sample) : प्रश्नावली की विश्वसनीयता की परख के लिए एक विधि यह है कि जिस बड़े समूह का हमने अध्ययन किया है, उसी में से एक छोटा निदर्शन चुनकर उनके पास प्रश्नावली भेजी जाय। यदि दोनों के परिणामों में बहुत कुछ समानता हो तो प्रश्नावली को विश्वनीय माना जा सकता है।

(3) **अन्य अनुसन्धान विधियों का प्रयोग** (Use of Other Research Methods) : प्रश्नावली की विश्वसनीयता को ज्ञात करने के लिए साक्षात्कार, अनुसूची एवं अवलोकन, आदि विधियों द्वारा भी उन्हीं प्रश्नों के उत्तर ज्ञात किये जाएं। यदि अन्य विधियों से भी वही उत्तर प्राप्त होते हैं तो प्रश्नावली विश्वसनीय मानी जानी चाहिए।

(4) **पुनः प्रश्नावली भेजना** (Sending Again the Questionnaire) : प्रश्नावली की विश्वसनीयता को ज्ञात करने का तरीका यह है कि हम कुछ समय बाद उन्हीं सूचनादाताओं के पास एक बार फिर प्रश्नावली को भेजें। यदि दोनों प्रश्नावलियों के उत्तरों में समानता हो तो प्रश्नावली विश्वसनीय मानी जायेगी और अन्तर होने पर अविश्वसनीय। किन्तु इस बीच सूचनादाता की सामाजिक एवं मानसिक परिस्थिति में भी कोई अन्तर नहीं आना चाहिए अन्यथा उत्तर भी भिन्न प्राप्त हो सकते हैं।

(5) **समान वर्ग का अध्ययन** (Studyd of Similar Group) : प्रश्नावली की विश्वसनीयता की परख के लिए उसी प्रश्नावली को समान विशेषताओं वाले किसी अन्य समूह के पास भी भरने के लिए भेजा जा सकता है। यदि दोनों से प्राप्त होने वाले उत्तरों में समानता हो तो प्रश्नावली विश्वसनीय है अन्यथा नहीं।

प्रश्नावली विधि के गुण (महत्व)

आधुनिक समय में सामाजिक अनुसन्धानों में तथ्यों के संकलन हेतु प्रश्नावली विधि का प्रयोग दिनोंदिन बढ़ता ही जा रहा है। इसके महत्व पर प्रकाश डालते हुए **विल्सन गी** ने लिखा है, "यह व्यक्तियों के एक बड़े समूह अथवा अधिक बिखरे हुए व्यक्तियों क एक छोटे से चुने हुए समूह से कुछ सीमित सूचनाएं प्राप्त करने की एक सुगम विधि है।" **कैथराइन गोर्डन कैप्ट** ने भी लिखा है, "प्रश्नावली के द्वारा वस्तुपरक तथा परिमाणात्मक तथ्यों के साथ-साथ गुणात्मक प्रकृति की सूचनाओं के विकास की जानकारी को भी एकत्रित किया जा सकता है।" प्रश्नावली-विधि के गुण, लाभ, उपयोगिता अथवा महत्व को हम विभिन्न शीर्षकों के अन्तर्गत इस प्रकार दर्शा सकते हैं :

(1) **तुलनात्मक अध्ययन** (Comparative Study) : प्रश्नावली विधि द्वारा विभिन्न अध्ययनकर्ताओं के परिणामों की परस्पर तुलना सरलता से की जा सकती है क्योंकि प्रश्नावली विधि में अनुसन्धान के समय अध्ययनकर्ता उपस्थित न होने से सूचनाएं सामान्यत: निष्पक्ष, समरूप एवं प्रामाणिक होती हैं जिनकी तुलना करना सम्भव है।

(2) **सुविधाजनक** (Convenient) : प्रश्नावली-विधि सूचना संकलित करने की एक सरल एवं सुविधाजनक विधि है क्योंकि सूचनादाता अपनी सुविधा एवं रुचि के अनुसार समय मिलने पर भर सकता है। अनुसन्धानकर्ता को भी सूचनादाता से साक्षात्कार का समय निर्धारण करने की आवश्यकता नहीं होती।

(3) **विशाल जनसंख्या का अध्ययन** (Study of Large Population) : प्रश्नावली विधि का सबसे बड़ा गुण यह है कि इसके द्वारा हम दूर-दूर तक फैले हुए क्षेत्र एवं विशाल जनसंख्या का अध्ययन कम समय, धन एवं श्रम खर्च करके कर सकते हैं। अन्य विधियों द्वारा विशाल जनसंख्या के अध्ययन हेतु अधिक धन, समय और श्रम की आवश्यकता होती है। इसी उपयोगिता पर प्रकाश डालते हुए **सिन पाओं येंग** लिखते हैं, "प्रश्नावली एक विशाल एवं विस्तृत क्षेत्र में बिखरे हुए व्यक्तियों के समूह में से सूचनाएं संकलित करने की शीघ्रतम तथा सरलतम विधि प्रदान करती है।"

(4) **न्यूनतम समय** (Minimum Time) : प्रश्नावलियों को छपवाकर एक साथ डाक द्वारा सभी सूचनादाताओं के पास भेज दिया जाता है जो शीघ्र ही भरकर पुन: लौटा दी जाती हैं। इसके विपरीत साक्षात्कार, अवलोकन तथा अनुसूची विधि में अध्ययनकर्ता को सूचनादाता से व्यक्तिगत सम्पर्क करना

पड़ता है जिसके लिए अधिक समय की और अधिक आवश्यकता होती है जबकि प्रश्नावलियां एक ही साथ भेजी जाती हैं और कुछ समय में अधिकांश उत्तर सहित लौटा दी जाती हैं।

(5) **न्यूनतम श्रम** (Minimum Labour) : प्रश्नावली द्वारा अध्ययन करने के लिए हमें अधिक अध्ययनकर्ताओं की आवश्यकता नहीं होती। एक केन्द्रीय कार्यालय से ही प्रश्नावलियों को भेजा व प्राप्त किया जाता है। उनके वर्गीकरण, सारणीयन, निर्वचन, निष्कर्ष एवं प्रतिवेदन तैयार करने में भी अधिक लोगों की आवश्यकता नहीं होती।

(6) **पुनरावृत्ति सम्भव** (Repetition Possible) : कुछ अनुसन्धान इस प्रकार के होते हैं कि उनके लिए हमें थोड़े-थोड़े समय बाद बार-बार सूचनाएं एकत्रित करनी होती हैं, तब यही विधि अधिक उपयोगी होती है। प्रश्नावली की अनेक प्रतियां छपवाकर रख ली जाती हैं जो समय-समय पर सूचनादाताओं के पास भेज दी जाती हैं।

(7) **स्वतन्त्र तथा प्रामाणिक सूचनाएं** (Free and Valid Informations) : चूंकि प्रश्नावली भरते समय अनुसन्धानकर्ता सूचनादाता के समक्ष उपस्थित नहीं होता है, अत: वह खुलकर स्वतन्त्र रूप से अपने विचार व्यक्त करता है। फलस्वरूप, प्रामाणिक सूचनाएं प्राप्त होती हैं। सूचनादाता पर अनुसन्धानकर्ता के उपस्थित होने पर जो प्रभाव पड़ता है तथा सूचना में पक्षपात आने की सम्भावना रहती है, उससे भी इस विधि में बचाव हो जाता है। इस प्रकार प्रश्नावली द्वारा प्राप्त सूचनाएं विश्वसनीय, प्रामाणिक एवं पक्षपात-रहित होती हैं।

(8) **निम्नतम व्यय** (Minimum Expenses) : प्रश्नावली विधि अन्य विधियों की अपेक्षा अध्ययन की कम खर्चीली विधि है। कागज, छपाई तथा डाक-व्यय पर होने वाले अल्प खर्च में ही विशाल क्षेत्र का अध्ययन हो जाता है। क्षेत्रीय कार्यकर्ताओं की इस विधि में आवश्यकता न होने से उनके वेतन एवं भत्तों तथा संगठन सम्बन्धी व्यय की आवश्यकता ही नहीं होती।

(9) **स्वयं-प्रशासित** (Self-Administered) : प्रश्नावली द्वारा सूचनाएं प्राप्त करने के लिए अनुसन्धानकर्ता को स्वयं क्षेत्र मे उपस्थित नहीं होना पड़ता और न ही किसी प्रकार के संगठन तथा व्यवस्था की समस्या में उलझना पड़ता हैं। उसे अध्ययनकर्ताओं के चुनाव, प्रशिक्षण, संगठन एवं प्रशासन से मुक्ति मिल जाती है। डाक द्वारा भेजने के बाद प्रश्नावलियां भरकर स्वयं ही आ जाती हैं। इसलिए ही यह विधि स्वयं-प्रशासित एवं संगठित होती है।

(10) **सांख्यिकीय प्रयोग सम्भव** (Statistical Treatment Possible) : **बोगार्डस** ने लिखा है, "इस (प्रश्नावली) से प्रमापीकृत परिणाम प्राप्त होते हैं जिन्हें सारणीबद्ध तथा सांख्यिकीय रूप से प्रयोग में लाया जा सकता है।" इस कथन से स्पष्ट है कि प्रश्नावली द्वारा प्राप्त सूचनाओं का वर्गीकरण, सारणीयन एवं श्रेणीबद्ध करना सरल है तथा परिणामों को प्राप्त करने के लिए उन पर सांख्यिकीय सूत्रों का प्रयोग किया जा सकता है।

प्रश्नावली-विधि के दोष (सीमाएं)
(Demerits (Limitations) of Questitionnaire Technique)

प्रश्नावली विधि की अनेक उपयोगिताएं एवं लाभ होते हुए भी यह दोषों से पूरी तरह मुक्त नहीं है। इसकी कमियों को बताते हुए एफ.एल. विटनी ने लिखा है, "प्रश्नावली शायद सबसे दूषित प्रविधि है, क्योंकि इसमें आन्तरिक कमजोरियां मौजूद हैं।" प्रश्नावली के प्रमुख दोष या सीमाएं निम्नांकित हैं :

(1) **सार्वभौमिक प्रश्नों का निर्माण असम्भव** (Impossibility of Uniform Questions) : सूचनादाताओं के स्वभाव, विचारधारा, आदर्श, सामाजिक-आर्थिक स्थिति, सांस्कृतिक पृष्ठभूमि एवं शिक्षा के स्तर में पर्याप्त भिन्नता पायी जाती है। अतः एसी प्रश्नावली का निर्माण करना कठिन है जो सभी लोगों के लिए सार्थक एवं व्यावहारिक हो तथा जिसे समान रूप से सभी पर लागू किया जा सके। ऐसी स्थिति में निष्कर्षों का भिन्न-भिन्न आना स्वाभाविक है।

(2) **गहन अध्ययन असम्भव** (Deeper Study Impossible) : प्रश्नावली द्वारा विषय का गहन अध्ययन नहीं किया जा सकता क्योंकि एक तो समय का अभाव होता है, दूसरा अनुसन्धानकर्ता की अनुपस्थिति के कारण खोद-खोदकर सूचनाएं नहीं पूछी जा सकतीं और न ही भावात्मक प्रेरणा दी जा सकती है। अतः इसके द्वारा केवल मोटी-मोटी बातें एवं सतही सूचनाएं ही एकत्रित की जा सकती हैं, गहन नहीं।

(3) **विश्वसनीयता का अभाव** (Lack of Reliability) : प्रश्नावली द्वारा प्राप्त सूचनाएं पूर्ण विश्वसनीय नहीं मानी जा सकती क्योंकि अनुसन्धानकर्ता की अनुपस्थिति के कारण कई बार सूचनादाता प्रश्नों को समझ ही नहीं पाते या उनका गलत अर्थ लगाते हैं, ऐसी स्थिति में प्राप्त उत्तर प्रामाणिक एवं विश्वसनीय नहीं कहे जा सकते।

(4) **उत्तर लिखने में अनुसन्धानकर्ता की सहायता का अभाव** (Lack of Assistace of the Investigator in Answering the Questions) :

प्रश्नावली विधि में सूचनादाता कई बार कुछ प्रश्नों को समझने में असमर्थ रहता है जिसे समझाने के लिए वहां अनुसन्धानकर्ता नहीं होता हैं। ऐसी स्थिति में उन प्रश्नों के उत्तर या तो छोड़ दिये जाते हैं या गलत लिख दिये जाते हैं।

(5) **अशिक्षितों के लिए अनुपयुक्त** (Inappropriate for Uneducated) : प्रश्नावली का प्रयोग केवल शिक्षित लोगों के लिए ही हो सकता है क्योंकि सूचनादाता को स्वयं उन्हें पढ़कर भरना होता है। हमारे देश में जहां अशिक्षा का प्रतिशत अधिक है, वहां इसका प्रयोग सीमित मात्रा में ही हो सकता है।

(6) **अपूर्ण सूचनाएं** (Incomplete Informations) : कई बार प्रश्नावलियों में मुख्य प्रश्नों का उत्तर नहीं दिया जाता है। जब सूचनादाता प्रश्नों को नही समझ पाते हैं या गुप्त सूचनाएं नहीं देना चाहते हैं तो जान-बूझकर वे ऐसे प्रश्नों के उत्तरों को टाल जाते हैं अथवा लापरवाही एवं शीघ्रता से भरने पर प्रश्नों के छूट जाने की सम्भावना भी बनी रहती है। इस प्रकार प्रश्नावली-विधि द्वारा संकलित सूचनाएं अपर्याप्त एवं अपूर्ण होती हैं।

(7) **अस्वच्छ एवं अस्पष्ट लेख** (Dirty and Illegible Writing) : प्रश्नावलियों को सूचनादाता स्वयं भरते हैं और सभी लोगों का लेख सुन्दर नहीं होतां ऐसी स्थिति में प्राप्त उत्तरो को पढ़ना एवं समझना एक समस्या हो जाती है। उत्तरों में काट-छांट एवं पुनर्लेखन (Over-Writing), गन्दे एवं घसीटमा लिखे अक्षर पढ़े नहीं जा सकते, अतः कई प्राप्त सूचनाएं उपयोगी नहीं हो पातीं।

(8) **प्रत्युत्तर की समस्या** (Problem of Response) : प्रश्नावलियां बहुत कम संख्या में लौटकर आती हैं अथवा सूचनादाता उन्हें भरकर लौटाने में तत्परता नहीं बरतते हैं। इसका कारण यह है कि अधिकांश सूचनादाता लापरवाह, अनिच्छुक व आलसी होते हैं कुछ सर्वेक्षण के उद्देश्य को नहीं सपझ पाते, उनके पास समयाभाव होता है अथवा प्रश्नों का उत्तर देना नहीं जानते या व्यक्तिगत तथ्यों को स्वयं लिखना नहीं चाहते। ऐसी-स्थिति में बहुत कम प्रश्नाविलयां ही पुनः प्राप्त होती हैं।

(9) **प्रतिनिधित्वपूर्ण निदर्शन असम्भव** (Respresentative Sampling Impossible) : प्रश्नावली विधि द्वारा अध्ययन के लिए चयनित निदर्शन क्षेत्र का पूर्ण प्रतिनिधित्व नहीं करता है क्योंकि क्षेत्र में शिक्षित एवं अशिक्षित सभी प्रकार के लोग होते हैं किन्तु प्रश्नावली का प्रयोग केवल शिक्षितों

के लिए ही किया जा सकता है। अत: समग्र के सम्बन्ध में वैषयिक ढंग से सामान्यीकरण करना सम्भव नहीं हो पाता है।

(10) **भावात्मक प्रेरणा का अभाव** (Lack of Emotional Stimulation) : प्रश्नावली विधि में सूचनादाता एवं अनुसन्धानकर्ता में व्यक्तिगत एवं आमने-सामने का सम्पर्क नहीं हो पाता। अत: वे एक-दूसरे के विचारों को अच्छी तरह नहीं समझ सकते और नही अनुसन्धानकर्ता सूचनादाता को प्रश्नावली भरने के लिए भावात्मक प्रेरणा ही दे सकता है। अत: यह एक औपचारिक विधि मात्र रह जाती है जिसके परिणामस्वरूप अपूर्ण एवं अपर्याप्त सूचनाएं प्राप्त होती हैं।

प्रश्नावलियों के उदाहरण (Examples of Questionnaire)

किसी भी प्रश्नावली के दो प्रमुख भाग होते हैं, प्रथम भाग में सूचनादाता के बारे में प्रारम्भिक जानकारी प्राप्त की जाती है, जैसे उसका नाम, पता, आयु, आय, शिक्षा, जाति, धर्म, व्यवसाय, आदि। द्वितीय भाग में अध्ययन समस्या के बारे में प्रश्न किये जाते हैं। हम यहां नमूने के लिए बाल-अपराध से सम्बन्धित प्रश्नावली प्रस्तुत कर रहे हैं।

बाल-अपराधियों के अध्ययन हेतु प्रश्नावली

1. नाम ...
2. स्थायी पता ...
3. आयु ...
4. जाति ...
5. धर्म ...
6. शिक्षा ...
7. व्यवसाय ...
8. मासिक आय ...
9. वैवाहिक स्थिति

अविवाहित/विवाहित/विधवा/विधुर/तलाकशुदा

10. आपके परिवार का आकार क्या है?
11. आप किस प्रकार के अपराध में पकड़े गये हैं?

क्रम संख्या	नाम	सूचनादाता से सम्बन्ध	आयु	शिक्षा	आय

12. आपने अपराध करने की आदत सर्वप्रथम किससे ग्रहण की?
(अ) परिवार के सदस्यों से (ब) पड़ोसियो से
(स) मित्रों से (द) फिल्मों से
(य) उपन्यासों से (र) अन्य।
13. क्या आपके परिवार में किसी ने अपराध किया है?
14. यदि हां तो किसने ...
15. आपके माता-पिता के आपसी सम्बन्ध कैसे हैं?
(अ) मधुर (ब) सामान्य (स) तनावपूर्ण।
16. क्या परिवार में अन्य बच्चों की तुलना में आपके साथ पक्षपात किया जाता है? हां/नहीं
17. यदि हां तो किस प्रकार का ?
18. परिवार में आप पर किस प्रकार का नियन्त्रण रखा जाता है?
(अ) कठोर (ब) सामान्य शिथिल।
19. क्या आपके परिवार की आय सभी सदस्यो के भरण-पोषण के लिए पर्याप्त है? हां/नहीं
20. यदि नहीं तो कमी को पूरा करने के लिए क्या तरीका अपनाया जाता है?
21. क्या आपके परिवार के सदस्यों के रहने के लिए पर्याप्त व्यवस्था है?
22. आप मनोरंजन के लिए किन साधनों का उपयोग करते हैं?
23. क्या आप मनोरंजन के प्रयुक्त साधन से सन्तुष्ट हैं? हां/नही
24. आपके स्कूल का वातावरण कैसा है?
(अ) सन्तोषजनक (ब) बहुत अच्छा (स) खराब।
25. आप नगर के किस क्षेत्र में निवास करते हैं?
26. आपकी राय में बाल-अपराध को रोकने के लिए क्या उपाय अपनाये जाने चाहिए?

8

अवलोकन : अनियन्त्रित, नियन्त्रित एवं सामूहिक
(Observation : Uncontrolled, Controlled and Mass)

प्रस्तावना (Introduction)

अवलोकन विधि अनुसन्धान की अत्यधिक प्राचीन और सर्वाधिक प्रचलित विधि है। मानव ने अपने चारों ओर के विश्व का प्रारम्भिक ज्ञान अवलोकन द्वारा ही प्राप्त किया। मानव के पास संचित ज्ञान का अधिकांश भाग अवलोकन का ही परिणाम है। सामान्य ज्ञान से लेकर सृष्टि के रहस्यों तक को जानने में मानव ने अवलोकन विधि का सहारा लिया है। विभिन्न विज्ञानों के प्रारम्भिक विकास में अवलोकन की महत्वपूर्ण भूमिका रही है। नक्षत्र विद्या एवं ज्योतिष का प्रारम्भिक ज्ञान चांद, तारों, सूर्य, नक्षत्रों एवं ग्रहों के अवलोकन ऋतु विज्ञान का ज्ञान, मौसम परिवर्तन के अवलोकन वनस्पतिशास्त्र एवं जीवशास्त्र का ज्ञान, वनस्पतियों के फलने-फूलने एवं जीवों के जन्म-मृत्यु, वृद्धि, शारीरिक परिवर्तन एवं अन्तर के अवलोकन के आधार पर ही प्राप्त किया गया। मैडम मेरी क्यूरी ने रेडियोधर्मिता का, एलेक्जेण्डर फ्लेमिंग ने पेनिसीलीन का एवं न्यूटन ने गुरुत्वाकर्षण सिद्धान्त का ज्ञान अवलोकन विधि द्वारा ही प्राप्त किया था। ज्ञान की खोज में अवलोकन विधि का योगदान अर्ति प्राचीन काल से होने के कारण ही **मोजर** इसे वैज्ञानिक अनुसन्धान की शास्त्रीय पद्धति कहते हैं। यह सही है कि मानव ने सामान्य अवलोकन से ही अतीत में बहुत सारा ज्ञान प्राप्त किया है, किन्तु एक वैज्ञानिक विधि के रूप में अवलोकन का व्यवस्थित होना आवश्यक है। व्यवस्थित अवलोकन में घटनाओं को देखना, सुनना, समझना और उन्हें लिखना भी होता है, वह नियोजित, उद्देश्यपूर्ण एवं सैद्धान्तिक मान्यताओं से सम्बन्धित होता है।

दैनिक जीवन में ही नहीं, वरन् विज्ञानों में अवलोकन को अध्ययन एवं अनुसन्धान की प्रमुख विधि माना जाता है। इसी बात को स्पष्ट करते हुए **जहोदा** एवं **कुक** ने लिखा है, "अवलोकन केवल दैनिक जीवन की ही अत्यधिक व्यापक क्रिया

मात्र नहीं है, यह वैज्ञानिक जांच का भी एक प्राथमिक यंत्र है।" **गुडे** एवं **हाट** भी अवलोकन को विज्ञान का आधार मानते हैं। वे लिखते हैं, "विज्ञान अवलोकन से प्रारम्भ होता है तथा उसे सत्यापन के लिए अन्ततः आवश्यक रूप से अवलोकन पर ही पुनः लौट आना पड़ता है। **जॉन डॉलर्ड** इसे अनुसन्धान का एक प्रमुख यन्त्र मानते हुए लिखते हैं, "अनुसन्धान का प्राथमिक यन्त्र मानव-बुद्धि का अवलोकन तथा अनुभवों के आधार पर ज्ञान प्राप्त करना होता है।"

अवलोकन विधि का प्रयोग केवल भौतिक विज्ञानों तक ही सीमित नहीं है, वरन् सामाजिक विज्ञानों में भी इसका प्रयोग काफी हुआ है। मानव व्यवहार एवं वह परिस्थिति जिसमें मानव व्यवहार घटित होता है, का अध्ययन करने के लिए अवलोकन विधि का प्रयोग किया जाता है। समाज-वैज्ञानिकों ने इस विधि का प्रयोग अपने ही साथी एवं स्वजातीय मनुष्यों एवं स्त्रियों तथा संस्थाओं के निरीक्षण के लिए किया है। समाजशास्त्र के जन्मदाता **अगस्त कॉम्टे** जब समाजशास्त्र की रूपरेखा का निर्माण कर रहे थे, तब उन्होंने यह अनुभव किया कि समाजशास्त्र (जिसको सर्वप्रथम उन्होंने सामाजिक भौतिकी कहा था) को वैज्ञानिक आधारों का विषय बनाना है तो अवलोकन विधि द्वारा उसकी विषय-वस्तु का निर्माण होना चाहिए। उन्होंने कहा, "समाजशास्त्र तभी विज्ञान की श्रेणी में आ सकता है जब वह सामाजिक घटनाओं का प्रत्यक्ष अवलोकन एवं उनका वर्गीकरण करे।" उन्होंने प्रत्यक्ष अवलोकन द्वारा घटनाओं के अध्ययन पर बल दिया। सम्भवतः तभी से समाजशास्त्र में अवलोकन विधि अध्ययन की एक महत्वपूर्ण विधि बन गई।

समाज-विज्ञानों के क्षेत्र में अवलोकन विधि का प्रयोग कई विद्वानों ने किया है। **जॉन हावार्ड** (John Howard) ने कैदियों के जीवन तथा जेल की दशाओं के अध्ययन के लिए सहभागिक अवलोकन किया। **फ्रेडरिक लीप्ले** (Frederic Leplay) ने श्रमिक परिवारों पर औद्योगीकरण के प्रभावों का अध्ययन करने के लिए सहभागिक अवलोकन विधि का प्रयोग किया।

चार्ल्स बूथ ने लंदन के श्रमिकों का अध्ययन सहभागिक अवलोकन द्वारा किया और 'द लाइफ एण्ड लेबर ऑफ द पीपुल ऑफ लन्दन' (The Life and Labour of the People of London) नामक पुस्तक 17 ग्रन्थों में प्रकाशित की। **मैलिनोवस्की** ने ट्रोब्रियाण्डा द्वीप-वासियों का, **लिण्ड** ने 'मिडिल टाउन का, **डोलार्ड** ने 'सदन स्टेट्स' का, **बार्नर** एवं **लंट** ने 'यांकीसिटी का अध्ययन अवलोकन विधि द्वारा ही किया। भारत में भी डां. एम. एन. श्रीनिवास, डा. श्यामाचरण दुबे, डॉ. बृजराज चौहान, डॉ. मजूमदार, आदि सामाजशास्त्रियों ने ग्रामीण अध्ययनों में इस विधि का भी सहारा लिया। वर्तमान समय में सामाजिक अनुसन्धान एवं सर्वेक्षण के क्षेत्र में

प्राथमिक स्तर पर प्रत्यक्ष एवं वैज्ञानिक रूप से घुटनाओं की जानकारी एवं तथ्यों के संकलन के लिए अवलोकन विधि का प्रयोग सर्वाधिक उचित एवं संतोषजनक माना जाता है। ज्ञान संग्रह की यह एक महत्वपूर्ण प्रविधि है।

अवलोकन का अर्थ एवं परिभाषा (Meaning and Definition of Observation)

'अवलोकन' शब्द अंग्रेजी भाषा के 'Observation' का हिन्दी रूपान्तरण है जिसका अर्थ 'देखना', 'प्रेक्षण', 'निरीक्षण', और 'अवलोकन करना' है। दूसरे शब्दों में 'कार्य-कारण अथवा पारस्परिक सम्बन्धों के जानने के लिए स्वाभाविक रूप से घटित होने वाली घटनाओं को सूक्ष्म रूप से देखना ही अवलोकन है।'

ऑक्सफोर्ड कन्साइज शब्दकोश में अवलोकन को इस प्रकार परिभाषित किया गया है, "घटनाएं कार्य-कारण अथवा पारस्परिक सम्बन्धों के सम्बन्ध में, जिस रूप में वे उपस्थित होती हैं, का यथार्थ निरीक्षण एवं वर्णन है।"

श्रीमती पी.वी. यंग के अनुसार, "अवलोकन को नेत्रों द्वारा सामूहिक व्यवहार एवं जटिल सामाजिक संस्थाओं के साथ-ही-साथ सम्पूर्णता की रचना करने वाली पृथक् इकाइयों के अध्ययन की विचारपूर्ण पद्धति के रूप में प्रयुक्त किया जा सकता है।" **श्रीमती यंग** ने अन्यत्र लिखा है, "अवलोकन स्वत: विकसित घटनाओं का उनके घटित होने के सयम ही अपने नेत्रों द्वारा व्यवस्थित तथा जान-बूझकर किया गया अध्ययन है।"

प्रो. सी.ए. मोजर के अनुसार, "ठोस अर्थ में अवलोकन में कानों तथा वाणी की अपेक्षा नेत्रों के प्रयोग की स्वतन्त्रता है।"

उपर्युक्त परिभाषाओं से स्पष्ट है कि अवलोकन प्राथमिक सामग्री संकलित करने की एक प्रत्यक्ष एवं महत्वपूर्ण प्रविधि है। इसमें अध्ययनकर्ता घटनाओं को देखता है, सुनता है, समझता है और सम्बन्धित सामग्री का संकलन करता है। अवलोकन के लिए अवलोकनकर्ता समूह अथवा समुदाय के दैनिक जीवन में भाग ले भी सकता है और दूर बैठकर भी ऐसा कर सकता है। अवलोकन में मानव अपनी ज्ञानेन्द्रियों का प्रयोग करता है।

अवलोकन की विशेषताएं (Characteristics of Observation)

विभिन्न परिभाषाओं के आधार पर अवलोकन की निम्न विशेषताएं प्रकट होती हैं:

(1) **सामूहिक व्यवहार का अध्ययन** (Study of the Collective Behaviour): जिस प्रकार से व्यक्तिगत व्यवहार का अध्ययन करने के लिए 'वैयक्तिक अध्ययन पद्धति' (Case Study Method) को श्रेष्ठ माना गया है, उसी

प्रकार से सामूहिक व्यवहार का अध्ययन करने के लिए अवलोकन विधि को उत्तम माना गया है।

(2) **विचारपूर्ण किया जाने वाला अध्ययन** (Deliberate Study) : श्री जहोडा का मत है कि अवलोकन एक ऐसी विधि है जिसमें अवलोकनकर्ता स्वयं घटनाओं का विचारपूर्वक अध्ययन कर तथ्यों का संकलन करता है। वह दूसरों की कही हुई या सुनी हुई बातों पर निर्भर नहीं रहता।

(3) **मानव इन्द्रियों का प्रयोग** (Use of Human Senses) : अवलोकन विधि में मानव इन्द्रियों का पूर्ण एवं व्यवस्थित प्रयोग किया जाता है। इसमें अवलोकनकर्ता अपने कान एवं वाणी का प्रयोग भी करता है, किन्तु नेत्रों का प्रयोग ही इसमें विशेष रूप से किया जाता है। वह नेत्रों द्वारा घटनाओं का निरीक्षण करता है और उन्हें संकलन हेतु नोट कर लेता है।

(4) **प्राथमिक सामग्री का संकलन** (Collection of Primary Data) : इस विधि में अवलोकनकर्ता स्वयं घटनास्थल पर उपस्थित होकर घटनाओं के बारे में प्राथमिक स्तर (first hand) की सूचनाएं एकत्रित करता है, अतः वे अधिक विश्वसनीय होती हैं।

(5) **कार्य-कारण सम्बन्ध का पता लगाना** (To Find Out Cause-Effect Relationship): सामान्य अवलोकन एवं वैज्ञानिक अवलोकन में यह मूल अन्तर है कि सामन्य अवलोकन में अवलोकनकर्ता केवल घटनाओं को देखता है जबकि वैज्ञानिक अवलोकन में वह घटनाओं को देखकर उनके कारणों और परिणामों की भी खोज करता है जिनके आधार पर सिद्धान्त निर्माण की ओर बढ़ा तथा वास्तविकता का पता लगया जाता है।

(6) **व्यावहारिक एवं अनुभवाश्रित अध्ययन** (Practical and Empirical Study) **मोजर** का मत है कि अवलोकन एक प्रयोगात्मक एवं अनुभवाश्रित अध्ययन पद्धति है जिसके द्वारा सामूहिक एवं विशेष दोनों ही प्रकार व्यवहारों का अध्ययन किया जा सकता है। अवलोकन द्वारा किया जाने वाला अध्ययन काल्पनिक न होकर व्यावहारिक या अनुभवों पर आश्रित होता है।

(7) **सूक्ष्म, गहन एवं उद्देश्यपूर्ण अध्ययन** (Minute, Deep and Purposive Study) : अवलोकन विधि में अवलोकनकर्ता स्वयं घटनास्थल पर उपस्थित होता है, अतः वह घटनाओं का गहन एवं सूक्ष्म अध्ययन कर सकता है और केवल उन्हीं तथ्यों का संकलन करता है जिनका सम्बन्ध उसके अध्ययन से है।

(8) **निष्पक्षता** (Impartiality) : अवलोकन में अध्ययनकर्ता स्वयं अपनी आंखों से घटनाओं को देखता है और उनकी भली-भांति जांच करता है, उन्हें वैज्ञानिक कसौटी पर कसता है, अत: उसका निष्कर्ष निष्पक्ष एवं वैज्ञानिक होता है और वह अभिनति (Bias) से बच जाता है।

(9) **प्रत्यक्ष अध्ययन** (Direct Study) : अवलोकन विधि में अध्ययनकर्ता घटनाओं को प्रत्यक्ष रूप से देखता है, उनसे सम्बन्धित लोगों से सम्पर्क करता है तथा तथ्यों का संकलन करता है।

अवलोकन की इन्हीं विशेषताओं के कारण इसे विश्वसनीय एवं वैज्ञानिक विधि की एक महत्वपूर्ण प्रविधि माना गया है।

अवलोकन विधि की उपयोगिता (गुण)
(Utility (Merits) of Observation Method)

अवलोकन विधि की उपयोगिता, महत्व या गुणों को हम विभिन्न शीर्षकों के अन्तर्गत इस प्रकार प्रकट कर सकते है:

(1) **निरन्तर उपयोग की सुविधा** (Possibility of Continuous Use) : अवलोकन का प्रयोग निरन्तर किया जा सकता है। हम हमारे आसपास की घटनाओं का अवलोकन कर अपने ज्ञान में वृद्धि कर सकते और प्राक्कल्पनाओं का आधार तैयार कर सकते हैं।

(2) **सरल एवं प्राथमिक पद्धति** (Easy and Primary Technique) : सामाजिक अनुसन्धान की विभिन्न विधियों में अवलोकन विधि सबसे सरल है क्योंकि अन्य विधियों की तरह इसमें अवलोकनकर्ता के लिए विशेष ज्ञान और प्रशिक्षण की आवश्यकता नहीं होती। मानव प्राचीन काल से ही अवलोकन का प्रयोग स्वाभाविक रूप से करता आया है, अत: यह एक प्राथिमिक विधि भी है।

(3) **प्राक्कल्पना के निर्माण में सहायक** (Helpful in the Formulation of Hypothesis) : अवलोकन में व्यक्ति को कई घटनाओं को देखने, सुनने व समझने का अवसर मिलता है, इससे उसके अनुभवों में वृद्धि होती है और उसे अन्तदृष्टि प्राप्त होती है जिसके फलस्वरूप अवलोकनकर्ता विभिन्न प्राक्कल्पनाओं का निर्माण करने की क्षमता प्राप्त कर लेता है।

(4) **सर्वाधिक प्रचलित विधि** (Most Popular Technique) : सामाजिक अनुसन्धान के लिए प्रचलित विभिन्न पद्धतियों में सर्वाधिक प्रचलित एवं लोकप्रिय पद्धति अवलोकन है जिसका प्रचलन अनादि काल से है। अत: यह एक परिष्कृत विधि है।

(5) **यथार्थता एवं विश्वनीयता** (Accuracy and Reliability) : चूंकि अवलोकन पद्धति में अध्ययनकर्ता दूसरों पर निर्भर न रहकर स्वयं अपने नेत्रों द्वारा घटनाओं का अवलोकन करता है, अत: यह विधि अन्य विधियों की तुलना में अधिक विश्वसनीय एवं यथार्थ है।

(6) **सत्यापन की सुविधा** (Possibility of Verification) : अवलोकन विधि में संकलित किये गये तथ्यों की सत्यता की परख सरलता से की जा सकती है। अवलोकनकर्ता एक ही घटना को कई बार घटते देख सकता है जो कि अन्य विधियों में सम्भव नहीं है।

अवलोकन पद्धति के दोष या सीमाएं
(Demerits or Limitations of Observation Method)

जहां अवलोकन विधि की कई उपयोगिताएं हैं, वहीं इसमें कुछ कमियां भी हैं जो इसकी सीमाएं तय करती हैं। वे अग्र प्रकार हैं:

(1) **ज्ञानेन्द्रियों की सीमाएं** (Limitations of Senses) : अवलोकन का कार्य ज्ञानेन्द्रियों, विशेषकर नेत्रों द्वारा किया जाता है, जिनको शक्ति अचूक नहीं है। ये कई बार विभिन्नतापूर्ण, अनिश्चित एवं पक्षपातपूर्ण ढंग से काम करती हैं। हमारे नेत्र तथा कान कुछ विशेष घटनाओं की ओर शीघ्र आकर्षित होते हैं। ऐसी स्थिति में हमारा अध्ययन दोषपूर्ण हो जाता है।

(2) **व्यवहार की कृत्रिमता** (Artificiaity in Behaviour) : जब लोगों को यह पता चलता है कि उनके व्यवहारों का अवलोकन किया जा रहा है तो वे अपने व्यवहार में कृत्रिमता ले आते हैं और स्वाभाविकता नष्ट हो जाती है, अत: अध्ययन दोषपूर्ण हो जाते है।

(3) **पक्षपात की सम्भावना** (Possibility of Bias) : अवलोकन में अवलोकित घटनाओं का निर्वचन अवलोकनकर्ता पर ही निर्भर करता है। निर्वचन में उसके विचारों, मूल्यों आदर्शों एवं संस्कृति का भी प्रभाव पड़ता है, अत: अध्ययन के निष्कर्ष दोषपूर्ण हो जाते हैं।

(4) **कुछ अध्ययनों में अनुपयुक्त** (Inadequate in Some Studies) : कई ऐसी घटनाएं हैं जैसे अपराध, व्यक्तिगत जीवन का इतिहास, आदि जो अवलोकन का अवसर नहीं देती। **पी.वी. यंग** ने लिखा है, "सभी घटनाओं का निरीक्षण नहीं हो सकता। सभी घटनाओं के घटित होते समय अवलोकनकर्ता वहां उपस्थित भी नहीं होता तथा न ही विभिन्न अवलोकन विधियों के द्वारा सभी घटनाओं का अध्ययन किया जा सकता है।

पी.वी. यंग के इस कथन के तीन निष्कर्ष निकलते हैं :

(i) कुछ घटनाएं ऐसी होती है जिनका अवलोकन निषिद्ध होता है, जैसे प्रेमी-प्रेमिका का व्यक्तिगत जीवन।

(ii) कुछ घटनाएं ऐसी होती है जिनके घटने का स्थान व समय तय नहीं होता, अत: उनका अवलोकन सम्भव नहीं है,

(iii) कुछ घटनाओं की प्रकृति ही ऐसी होती है हि उनका अवलोकन सम्भव नहीं है, जैसे व्यक्ति के विचारों, भावनाओं उद्देश्यों, प्रवृत्तियों एवं भूतकाल में घटी हुई घटनाओं, आदि का।

अवलोकन विधि की कुछ सीमाओं के होते हुए भी सामाजिक अनुसन्धान में इसका प्रयोग प्राचीन काल से होता आया है। सरल, विश्वसनीय, उवयोगी एवं सत्यापन की सुविधा प्रदान करने वाली विधि के रूप में इसका महत्व सदैव ही बना रहेगा। समय के साथ-साथ इसमें कई सुधार हुए हैं और यह दिनोंदिन अधिक प्रामाणिक एवं विश्वसनीय विधि बनती जा रही है।

अवलोकन के प्रकार (Kinds of Observation)

सामाजिक घटनाएं विविध एवं जटिल प्रकृति की होती है। सभी पकार की घटनाओं का अध्ययन एक ही प्रकार के अवलोकन से नहीं किया जा सकता। इसीलिए ही अवलोकन के विभिन्न प्रकार विकसित हुए। मूलत: अवलोकन को नियन्त्रित और अनियन्त्रित तथा सहभागी और असहभागी श्रेणियों में बांटा गया है। अवलोकन के विभिन्न प्रकारों को चार्ट द्वारा हम निम्न प्रकार प्रकट कर सकते हैं :

अनियन्त्रित अवलोकन (Un-controlled Observation)

हम सामाजिक घटनाओं का अध्ययन नियन्त्रित और अनियन्त्रित दोनों प्रकार के अवलोकनों द्वारा कर सकते हैं। अनियन्त्रित अवलोकन में अवलोकनकर्ता एवं अवलोकित किये जाने वाले समूह दोनों में से किसी पर भी किसी प्रकार का नियन्त्रिण नहीं रखा जाता। अवलोकनकर्ता घटनाओं का उनके वास्तविक एवं स्वाभाविक रूप में ही अध्ययन करता है। अनियन्त्रित अवलोकन में किसी प्रकार की विशेष संरचना, औपचारिकता एवं नियोजन नहीं होता। यह एक साधारण क्रिया होने के कारण **गुडे** एवं **हाट** ने इसे 'साधारण अवलोकन' (Simple Observation) कहते हैं। **जहोडा** एवं **कुक** इसे 'असंरचित अवलोकन' (Unstructured Observation) कहते हैं। अनियन्त्रित अवलोकन को 'स्वतन्त्र अवलोकन' (Open Observation), अनौपचारिक अवलोकन (Informal Observation) तथा 'अनिर्देशित अवलोकन' (Undirected Observation), आदि नामों से भी पुकारा जाता है।

सामाजिक अनुसन्धान के क्षेत्र में अनियन्त्रित अवलोकन एक प्राचीन विधि है। इस बात को प्रकट करते हुए **गुडे** एवं **हाट** लिखते हैं, "सामाजिक सम्बन्धों के विषय में मनुष्य के पास जो कुछ भी ज्ञान है, उसका अधिकांश भाग अनियन्त्रित अवलोकन के द्वारा ही प्राप्त किया गया है, चाहे वह सहभागी हो या असहभागी।" इस कथन से अनियन्त्रि अवलोकन का महत्व एवं उपयोगिता स्वत: स्पष्ट हो जाती है।

अनियन्त्रित अवलोकन के अर्थ को स्पष्ट करते हुए **पी.वी. यंग** ने लिखा है, "अनियन्त्रित अवलोकन में हम वास्तविक जीवन से सम्बन्धित परिस्थितियों की सतर्कतापूर्वक जांच करते हैं जिनमें यथार्थता के यन्त्रों के प्रयोग अथवा निरीक्षण की हुई घटना की शुद्धता की जांच का कोई प्रयत्न नहीं किया जाता।" **यंग** की इस परिभाषा से अनियन्त्रित अवलोकन की तीन विशेषताएं प्रकट होती हैं–

(i) इस विधि में अवलोकनकर्ता पर किसी प्रकार का नियन्त्रण नहीं रखा जाता,

(ii) इसमें अध्ययनर्ता घटनाओं व परिस्थितियों का उनके स्वाभाविक रूप में अध्ययन करता है, तथा

(iii) अवलोकनकर्ता इस विधि में घटनाओं को परखता नहीं है, अत: यह एक अत्यन्त सरल प्रविधि है। अनयिन्त्रित अवलोकर को उसकी प्रकृति के आधार पर सहभागी, असहभागी भागों में बांटा गया है। हम यहां इन तीनों ही उप-भागों का उल्लेख करेंगे।

सहभागी अवलोकन (Participant Observation): सन् 1924 में लिण्डमैन ने अपनी पुस्तक सोशल डिस्कवरी' (Social Discovery) में सर्वप्रथम सहभागी अवलोकन शब्द का प्रयोग किया। उन्होंने अनुसूची और प्रश्नावली के द्वारा किये जाने वाले अध्ययनों की कमियों एवं सहभागी अवलोकन की उपयोगिता की ओर लोगों का ध्यान आकर्षित किया। **लिण्डमैन** ने सहभागी अवलोकन के बारे में लिखा है, "सहभागी अवलोकन इस सिद्धान्त पर आधारित है कि किसी घटना का निर्वचन तभी करीब-करीब शुद्ध हो सकता है जब वह बाह्य तथा आन्तरिक दृष्टिकोण से मिलकर बना हो। इस प्रकार उस व्यक्ति का दृष्टिकोण, जिसने घटना में भाग लिया तथा जिसकी इच्छाएं एवं स्वार्थ उसमें किसी न किसी रूप में निहित थे, उस व्यक्ति के दृष्टिकोण से निश्चय ही कहीं अधिक यथार्थ व भिन्न होगा जो सहभागी न होकर केवल ऊपरी द्रष्टा या विवेचनकर्ता के रूप में रहता है।"

सहभागी अवलोकन का अर्थ एवं परिभाषा
(Meaning and Definition of Participant Observation)

सहभागी अवलोकन करने के लिए अवलोकनकर्ता उस समूह अथवा समुदाय में जाकर रहने लगता है जिसकी सामाजिक घटनाओं का वह अध्ययन करना चाहता

है। वह लोगों की दैनिक एवं अन्य सभी क्रियाओं में भाग लेता है और उनका निरीक्षण भी करता है। इसमें अवलोकनकर्ता को समूह के लोग अपना लेते हैं और वे उसे अपना एक सदस्य समझने लगते हैं। इस प्रकार अध्ययनकर्ता अस्थायी रूप से समूह का आन्तरिक व्यक्ति बन जाता है।

सहभागी अवलोकन को परिभाषित करते हुए **गुडे** एवं **हाट** लिखते हैं, "इस कार्य-प्रणाली का उस समय प्रयोग किया जाता है जबकि अनुसन्धानकर्ता अपने को इस प्रकार छिपा लेता है कि वह समूह के एक सदस्य के रूप में स्वीकार कर लिया जाता है।"

पी.वी. यंग के अनुसार, "अनियन्त्रित अवलोकन का प्रयोग करने वाला सहभागी अवलोकनकर्ता साधारणतया उस समूह के जीवन में रहता तथा भाग लेता है जिसका कि वह अध्ययन कर रहा है।"

लुण्डबर्ग के अनुसार,"अवलोकनकर्ता अवलोकित समूह के प्रति यथासम्भव पूर्णतया घनिष्ठ सम्बन्ध स्थापित करता है अर्थात् वह समुदाय में बस जाता है तथा उस समूह के दैनिक जीवन में भाग लेता है।"

फारकेस तथा **रिचर** लिखते हैं, "सहभागिक अवलोकन से अनुसन्धानकर्ता अध्ययन किये जाने वाले समूह का सदस्य बन जाता है। ऐसा करने के पीछे मूल भावना यही रहती है कि वह समूह की विशेषताओं को निकट से जान सके जोकि समूह के बाहर रहने पर सम्भव नहीं होती।"

जॉन मेज लिखते हैं, "जब अवलोकनकर्ता के हृदय की धड़कने समूह के अन्य व्यक्तियों के हृदयों की धड़कनों से मिल जाती हैं और वह बाहर से आया हुआ कोई अनजान नहीं रह जाता तो यह समझना चाहिए कि उसने सहभागी अवलोकनकर्ता कहलाने का अधिकार प्राप्त कर लिया है।"

पी.एच. मान के अनुसार, "सहभागी अवलोकन का तात्पर्य एक ऐसी दशा से है जिसमें अवलोकनकर्ता अध्ययन किये जाने वाले समूह की सभी सामान्य गतिविधियों में स्वय भी भाग लेता है।"

उपर्युक्त परिभाषाओं से स्पष्ट है कि *सहभागी अवलोकन में अवलोकनकर्ता अध्ययन किये जाने वाले समूह में रहता है और उसका एक अंग बनकर तथ्यों का संकलन करता है।*

अनेक समाज-वैज्ञानिकों ने अपने अध्ययन में सहभागी अवलोकन विधि का प्रयोग किया है। जॉन हावर्ड ने कैदियों का, लीप्ले तथा बूथ ने श्रमिक परिवारों का, मैलिनोवस्की ने ट्रोब्रियाण्डा द्वीप की 'अग्रोनाट जनजाति' का, रेमण्ड फर्थ ने 'टिकोपिया' लोगों का, नेल्स एण्डरसन ने होबो लोगों का एवं **वाईट** ने सड़कों

पर जीवन व्यतीत करने वाले लोगों का सहभागी अवलोकन विधि से ही अध्ययन किया। इस विधि द्वारा सामान्यतः समुदायों, आदिम जातियों एवं उनकी संस्कृति का अध्ययन किया जाता है। किसी भी समूह की प्रथाओं, उत्सवों, विश्वासों, लोकगीतों, धार्मिक क्रियाओं एवं व्यवहारों के अध्ययन के लिए यह एक उपयुक्त विधि मानी जाती है।

इस सन्दर्भ में ये प्रश्न उठते हैं कि एक अवलोकनकर्ता को किस सीमा तक अपने को अध्ययन किय जाने वाले समूह के साथ घुला-मिला देना चाहिए, किन-किन क्रियाओं में उसे भाग लेना चाहिए और किन में नहीं। क्या उसे समूह के लोगों को अपना उद्देश्य एवं परिचय बत देना चाहिए? अध्ययनकर्ता का समूह में क्या स्थान होना चाहिए?

इनके उत्तर में मतभिन्नता पायी जाती है। **अमेरिकन समाजशास्त्रियों का मत** है कि एक अवलोकनकर्ता को अपना परिचय एवं उद्देश्य बताए बिना ही समूह का अध्ययन करना चाहिए। उसे इस चालाकी और सतर्कता से काम करना चाहिए कि समूह के लोग उसे अपना ही व्यक्ति समझने लगें। ऐसा करने पर ही वह समूह का वास्तविक अध्ययन कर सकता है।

दूसरी ओर **भारतीय समाजशास्त्रियों का मत** इसके विपरीत है। वे कहते हैं कि भारत जैसे देश में अवलोकनकर्ता को समूह के लोगों को अपना परिचय एवं उद्देश्य स्पष्ट कर देना चाहिए ताकि लोग उसे शंका की दृष्टि से नहीं देखें और तथ्यों के संकलन में वे अपना सहयोग दे सकें। ऐसा करने से अवलोकनकर्ता को समूह के लोगों का विश्वास प्राप्त हो जायेगा और वे उसे समूह में उचित स्थान प्रदान करेंगे। भारत जैसे देश में जहां अधिकांश लोग अशिक्षित हैं बिना अपना परिचय एवं उद्देश्य बताए लोगों के सामाजिक जीवन में भाग लेना उनमें अनुसन्धानकर्ता के प्रति सन्देह ही उत्पन्न करता है, तब वे अपने वास्तविक व्यवहार में परिवर्तन कर सकते हैं। नैतिक दृष्टि से भी यह उचित है कि अवलोकनकर्ता *समूह के लोगों को मिथ्या बातें न कहें।*

श्री बी.डी. पाल ने उन कार्यों का उल्लेख किया है जिनमें सहभागी अवलोकनकर्ता भाग ले सकता है, जैसे—खेत जोतने, में सहायता देना, मकान बनाने में मदद करना, धनुष-बाण से शिकार करने वाली जनजाति के लिए अपनी बन्दूक से शिकार कर उन्हें भोजन उपलब्ध कराना, अपनी गाड़ी में बिठाकर ले जाना व उनसे बातचीत करना, उनमें चित्र और फोटो का वितरण करना, त्यौहारों पर भोजन व धन बांटना, वाद्य यन्त्र बजाना, लोगों को अपने घर पर गप-शप के लिए बुलाना, बच्चों को मिठाइयां व खिलौने देना, आदि।

सफल सहभागी अवलोकनकर्ता के लिए आवश्यक है कि उसे अपने अध्ययन समूह के लोगों की भाषा, रीति-रिवाज, व्यवहार, प्रथाओं एवं परम्पराओं की पूर्ण जानकारी हो। जब वह समूह के लोगों से उनकी भाषा में बात करता है तो वे उसे अपना ही व्यक्ति समझने लगते हैं और उससे किसी बात को साधारणत: छिपाते नहीं। सहभागी अनुसन्धानकर्ता को वाकपटु एवं व्यवहार कुशल भी होना चाहिए। एक अनुसन्धानकर्ता किस सीमा तक सहभागी बन सकता है, यह समूह के आकार पर भी निर्भर करता है। परिवार में पूर्ण ही सम्भव है। इसके अतिरिक्त अनुसन्धान के विषय, एवं अवलोकनकर्ता के व्यक्तित्व एवं कुशलता पर भी सहभागिता की मात्रा निर्भर है। सहभागी अवलोकनकर्ता को चाहिए कि वह अपने को समूह से इतना घनिष्ठ नहीं बना ले कि समूह के प्रति उसमें पक्षपात की भावना आ जाए।

सहभागी अवलोकन के गुण (लाभ) (Merits of Participant Observation)

सामाजिक अनुसन्धान में सहभागी अवलोकन का महत्व उसके निम्नांकित गुणों या लाभों से स्पष्ट है :

(1) **स्वयं अवलोकनकर्ता सामुदायिक जीवन का एक दर्पण** (Observer Himself is a mirror of Community Life) : सहभागी अवलोकनकर्ता स्थानीय समूह के साथ इतना घुल-मिल जाता है कि वह स्वयं भी समूह के अन्य सदस्यों की भांति व्यवहार करने लगता है, उसका व्यवहार अवलोकित किये गये समूह का प्रतिनिधत्व करता है। अत: उसके व्यवहार से ही समूह के बारे में कई सूचनाएं प्रकट हो जाती हैं।

(2) **प्रत्यक्ष अध्ययन** (Direct Study) : इस विधि में अवलोकन सामाजिक व्यवहारों का प्रत्यक्ष रूप से अध्ययन करता है, अत: उसकी जानकारी अधिक सही एवं वैज्ञानिक होती है। अध्ययनकर्ता अस्थायी रूप से समूह में रहता है, लोगों के व्यवहरों, कार्यकलापों, संस्कृति, आदि के बारे में प्रत्यक्ष रूप से तथ्यों का संकलन करता है। इसके लिए वह लोगों से घनिष्ठ एवं औपचारिक सम्बन्ध भी स्थापित करता है।

(3) **वास्तविक व्यवहार का अध्ययन** (Study of Actual Behaviour) चूंकि सहभागी उवलोकनकर्ता को समूह के सदस्यों द्वारा भी अपना लिया जाता है, अत: वे उसके सामने कृत्रिम व्यवहार नहीं करते जैसा कि अनजान लोगों के समक्ष किया जाता है, अत: इस विधि द्वारा लोगों के वास्तविक व्यवहार का अध्ययन करना सम्भव है। **जहोडा** एवं **कुक** ने भी इसी तथ्य को स्पष्ट करते हुए लिखा है, "सामुदायिक जीवन में सहभागिता वास्तव में अवलोकनकर्ता की स्थिति में 'स्वाभाविकता' को बढ़ाती है।"

(4) **अधिक विश्वसनीयता** (Greater Reliability) : चूंकि इस विधि में अध्ययनकर्ता स्वयं सूचनाएं संकलित करता है, अत: वे अधिक विश्वसनीय होती हैं। दूसरों के द्वारा घटनाओं को तोड़-मरोड़कर प्रस्तुत करने से घटनाएं विश्वसनीय नहीं रह पातीं, सहभागी अवलोकन इस दोष से मुक्त है।

(5) **विस्तृत सूचनाएं** (Wider Informations) इस विधि में अध्ययनकर्ता समूह की सभी गतिविधियों में भाग लेता है, अत: उसके बारे में विस्तृत सूचनाएं संकलित कर सकता है। इतनी विस्तृत सूचनाएं प्रश्नावली, अनुसूची, साक्षात्कार अथवा अन्य विधियों से ज्ञान नहीं की जा सकती।

(6) **सूक्ष्म एवं गहन अध्ययन** (Minute and Intensive Study) : इस अध्ययन विधि में अध्ययनकर्ता स्वयं घटनास्थल पर उपस्थित होता है और समूह के जीवन में भाग लेता है, अत: वह समूह के बारे में छोटी-से-छोटी बातों का भी गहराई से अध्ययन कर लेता है। इस विधि की गहनता व सूक्ष्मता को प्रकट करते हुए **जहोडा** एवं **कुक** लिखते हैं, "सक्रिय सहभागिता उन सूचना स्रोतों के द्वार खोलती है जो अन्यथा बन्द ही रह सकते थे।"

(7) **अध्ययनकर्ता की कुशलता में वृद्धि** (Increase in Skillness of obsrver) : एक लम्बे समय तक समूह में रहने एवं उसकी क्रियाओं में भाग लेने के कारण अध्ययनकर्ता अनुभवी एवं कुशल हो जाता है, उसमें प्रत्येक स्थिति को समझने की क्षमता पैदा हो जाती है।

(8) **संग्रहीत सूचनाओं की सत्यापनशीलता** (Verifiability of Collected informations) : इस विधि में अवलोकनकर्ता द्वारा संग्रहीत सूचनाओं की सत्यता की जांच भी कर ली जाती है क्योंकि अध्ययनकर्ता स्वयं समुदाय की गतिविधियों में भाग लेता है। अत: आशंका होने पर पुन: वैसी ही परिस्थितियां आने पर वह तथ्यों का पुनर्परीक्षण कर सकता है।

(9) **सरल अध्ययन** (Easy Study): चूंकि सहभागी अवलोकन में अवलोकन-कर्ता समूह का सदस्य बन जाता है, उस पर सन्देह एवं अविश्वास नहीं किया जाता, अत: वह बिना रोक-टोक के समूह के सभी कार्यक्रमों में भाग लेता है और सरलता से उनका अध्ययन कर सकता है। चूंकि अध्ययनकर्ता को बार-बार अध्ययन क्षेत्र में नहीं जाना पड़ता है, इसलिए यह एक सुविधापूर्ण अध्ययन विधि भी है।

उपर्युक्त गुणों के अतिरिक्त सहभागी अवलोकन के कुछ और लाभ भी हैं, जैसे–

(i) इसमें उत्तरदाताओं की संवेगात्मक स्थितियों को सरलता से समझा जा सकता है,

(ii) अवलोकनकर्ता संवेदनशील प्रश्नों उत्तर भी ज्ञात कर सकता है,

(iii) इसमें भावात्मक एवं गुणात्मक तथ्यों का विश्लेषण सरलता से किया जा सकता है,

(iv) संग्रहीत तथ्यों को अंकित करना सरल होता है,

(v) इसमें अलोकनकर्ता की निगाहें अधिक सूक्ष्म एवं पैनी हो जाती हैं,

(vi) कम समय में इस विधि द्वारा अधिक जानकारी प्राप्त की जा सकती है।

सहभागी अवलोकन के दोष एवं सीमाएं
(Demerits and Limitations of Participant Observation)

सहभागी अवलोकन के कई लाभों के होते हुए भी यह एक पूर्ण विश्वसनीय एवं वैज्ञानिक विधि नहीं कही जा सकती क्योंकि इसकी विश्वसनीय सीमाएं या कमियां भी हैं :

(1) **धीमा अध्ययन** (Slow Study) : चूंकि सहभागी अवलोकन में लोगों से घनिष्ठ सम्पर्क स्थापित करना पड़ता है और उसमें अधिक समय लगता है, इसलिए इस पद्धति द्वारा अध्ययन धीमी गति से होता है। अतः यह तेज गति से अध्ययन करने एवं निष्कर्ष निकालने में असमर्थ है।

(2) **अत्यधिक खर्चीली प्रणाली** (Most Expensive Method) : सहभागी अवलोकन विधि अत्यधिक खर्चीली है क्योंकि इस विधि द्वारा अध्ययन करने में बहुत समय लगाता है। प्रश्नावली एवं अनुसूची, आदि अन्य विधियों की तुलना में इस विधि द्वारा अध्ययन में खर्च भी अधिक होता है।

(3) **सीमिति क्षेत्र में अध्ययन** (Study in Limited Area) : सहभागी अवलोकन की एक कमी यह है कि इसके द्वारा एक सीमित क्षेत्र का अध्ययन ही सम्भव है क्योंकि इसमें समय और धन अधिक लगता है तथा सभी लोगों से सम्पर्क स्थापित कर सूचनाएं संकलित करना भी कठिन रहता है। इस प्रकार इस विधि द्वारा विस्तृत क्षेत्र का अध्ययन नहीं किया जा सकता।

(4) **पूर्ण सहभागिता सम्भव नहीं** (Full Participation Impossible) : **एम. एन. बसु** कहते हैं, "एक क्षेत्रीय कार्यकर्ता कुछ व्यावहारिक कारणों से, अध्ययन किये जाने वाले समुदाय के जीवन में कभी भी पूर्णतया भाग नहीं ले सकता।" बसु का यह कथन पूर्णतया सत्य है क्योंकि कैदियों या वैश्याओं के अध्ययन में अध्ययनकर्ता उनके मध्य रह तो सकता है किन्तु उनकी मनोवृत्तियों, आदतों, आदि को अपने में विकसित करना कठिन है।

इसी प्रकार से जनजातियों के अध्ययन के दौरान उनके रीति-रिवाजों के अनुसार ही रहना एक अध्ययनकर्ता के लिए सामान्यत: सम्भव नहीं है। इन कठिनाइयों के कारण ही रेडिन और हर्षकोविट्स जैसे अमेरिकन समाज-वैज्ञानिक इस प्रविधि को अव्यावहारिक मानते हैं। **लुण्डबर्ग** का मत है कि सस्तरण वाले समुदाय में भी यह विधि उपयोगी नहीं है। उदाहरण के लिए, एक व्यक्ति हरिजन बस्ती में रह कर उसका सहभागी अध्ययन करता है, किन्तु यदि वही व्यक्ति ब्राह्मण बस्ती में जाकर भी अध्ययन करना चाहे तो लोग उसे अपनाने एवं सूचना देने से मना कर सकते हैं।

(5) **वैषयिकता का अभाव** (Lack of Objectivity) : अध्ययन किये जाने वाले समूह में निवास करने के कारण अध्ययनकर्ता में समूह के प्रति वफादारी, आत्मीयता, सहयोग एवं लगाव की भावना उत्पन्न हो जाती है, अत: वह निष्पक्षतापूर्वक तथ्यों का संकलन नहीं कर पाता है। एक तटस्थ अवलोकनकर्ता के स्थान पर वह अपने को एक वर्ग का सदस्य मानने लगता है, उसका वैज्ञानिक दृष्टिकोण समाप्त हो जाता है और वह घटनाओं को अतिरंजित रूप में देखने लगता है। **गुडे** एवं **हाट** ने सच ही कहा है, "जितना अधिक वह भावात्मक रूप से सहभागी बनता है, उतना ही उसकी वैषयिकता, जो उसकी एकमात्र विशाल सम्पत्ति है, नष्ट हो जाती है।"

(6) **समूह के व्यवहार में परिवर्तन** (Change in group Bebaviour) : कई बार अध्ययनकर्ता समूह में महत्वपूर्ण पद प्राप्त कर लेता है और वह स्वयं ही समूह के लोगों के व्यवहारों को प्रभावित एवं परिवर्तित करने लगता है। उदाहरण के लिए, यदि अध्ययनकर्ता किसी पाठशाला का अध्यापक, पंचायत का पंच या सरपंच, सरकारी समिति का अध्यक्ष, आदि बना दिया जाता है और वह अपने अधिकारों, गुणों एवं व्यक्तित्व के प्रभाव से लोगों के वास्तविक व्यवहारों में परिवर्तन ला देता है तब उस समूह का वह वैज्ञानिक अध्ययन नहीं कर पायेगा।

(7) **साधारण तथ्य छूट जाना** (Ignoring Ordinary Matters) : सहभागी अवलोनकर्ता लम्बे समय तक एक समूह में रहता है, अत: वह कई घटनाओं को साधारण घटना समझकर छोड़ देता है। इसकी तुलना में एक अंपरिचित अवलोकनकर्ता उन घटनाओं को नवीन एवं आकर्षक समझकर उनका अध्ययन करता है।

(8) **भूमिका सामंजस्य में कठिनाई** (Difficulty in Role Adjustment) : सहभागी अवलोकनकर्ता को एक साथ दो भूमिकाएं—एक अध्ययनकर्ता

की व दूसरी समूह के सदस्य की निभानी पड़ती है। इस सामंजस्य को बनाये रखना बड़ा कठिन होता है। **विलियम वाईट** लिखते हैं, "यह कोई एक शाम को किसी नाटकीय अभिनय करने की बात नहीं है। इसका मतलब है–सारे समय सफल अभिनय करना। मेरी समझ में ऐसे सफल अभिनेता का मिलना सन्देहप्रद ही है जो अनुसन्धान में भी रुचि रखता हो।"

(9) **आलेखन की समस्या** (Problem of Recording) : जब अवलोकनकर्ता स्वयं ही समूह की गतिविधियों में भाग ले रहा हो तो उसके सामने सूचनाओं को लेखबद्ध करने की समस्या पैदा हो जाती है। अवलोकन के साथ–साथ उसे लिखने से लोगों में उसके प्रति सन्देह होने लगता है और यदि वह घटना घटने के बाद लिखता है तो किसी तथ्य के भूल जाने या छूट जाने की सम्भावना रहती है।

असहभागी अवलोकन (Non-Participant Observation)

जब अवलोकनकर्ता किसी समूह के जीवन में भाग लिए बिना समूह की क्रियाओं से अलग रहकर एक वैज्ञानिक की भांति तटस्थ द्रष्टा के रूप में उनका अध्ययन करता है तो इसे असहभागी अवलोकन कहते हैं। इस विधि में अध्ययनकर्ता समूह या समुदाय में जाकर लम्बे समय तक निवास नहीं करता और न ही उनकी गतिविधियों में भाग ही लेता है। वह एक अपरिचित और मौनदर्शक होता है। इस प्रकार के अध्ययन में स्वतन्त्रता व निष्पक्षता की अधिक सम्भावना रहती है।

लोगों को पूर्व सूचना दिये बिना वह घटनाओं के समय उपस्थित होकर जानकारी प्राप्त कर लेता है। वह जो कुछ देखता है, उसकी गहराई से जानकारी प्राप्त करता है। किन्तु पूर्ण असहभागी अध्ययन भी सम्भव नहीं है। उसे कुछ क्रियाओं व गतिविधियों में तो समूह के लोगों के साथ रहना ही पड़ता है। **गुडे** एवं **हाट** लिखते हैं, जैसा कि छात्र समझ सकते हैं, विशुद्ध असहभागी अवलोकन कठिन है।" असहभागी विधि का प्रयोग प्रायोगिक अवलोकन के लिए अधिक होता है। जैसे किसी कारखाने के श्रमिकों एवं स्कूली बच्चों के कार्य एवं अवकाश के क्षणों का अध्ययन इस विधि द्वारा किया जाता है।

मनोवैज्ञानिक अध्ययनों के लिए भी अध्ययनकर्ता दूर बैठकर बालकों की विभिन्न क्रियाओं का अध्ययन करता है। इस विधि में समूह के बाह्य लक्षणों का ही अध्ययन हो पाता है, आन्तरिक सम्बन्धों की सूक्ष्म एवं गहन जानकारी इससे सम्भव नहीं है। असहभागी अवलोकनकर्ता ग्रामों में मंचित नाटकों को दूर बैठकर देख सकता है, लोकगीतों को चुपके से बैठकर टेप कर सकता है या सुन सकता है।

असहभागी अवलोकन के गुण (लाभ)
(Merits of Non-Participant Observation)

सहभागी अवलोकन के दोष ही असहभागी अवलोकन के गुण (लाभ) या उपयोगिता इस प्रकार हैं :

(1) **अधिक सहयोग** (More Co-operation) : इसमें अवलोकनकर्ता समुदाय के किसी विशिष्ट समूह के साथ घुलता-मिलता नहीं है, अत: उसे सभी लोगों का आदर और सहयोग प्राप्त होता है।

(2) **वैषयिकता** (Objectivity) : असहभागी अवलोकन में अवलोकरनकर्ता समूह के साथ अपने को घुलाता-मिलाता नहीं है वरन् एक तटस्थ और निष्पक्ष द्रष्टा के रूप में घटनाओं को देखता है। उसकी उपस्थिति से घटनाएं प्रभावित नहीं होतीं, अत: अध्ययन में वैषयिकता एवं वैज्ञानिक बनी रहती है और पक्षपात नहीं आ पाता।

(3) **विश्वसनीयता** (Reliability) : इस प्रकार के अध्ययन में अवलोकनकर्ता दूर बैठकर स्वंय ही सभी घटनाओं को नोट कर लेता है, अत: उसके द्वारा एकत्रित सूचनाएं अधिक विश्वसनीय होती हैं।

(4) **कम खर्चीली** (Less Expensive) : असहभागी अवलोकन में सहभागी अवलोकन की तुलना में कम समय एवं धन खर्च होता है।

(5) **दर्शक अभिनेता की तुलना में अधिक आनन्द ले सकता है** (Spectator can Enjoy more than the Actor) : एक दर्शक के रूप में असहभागी अवलोकनकर्ता दूर बैठकर घटनाओं की विस्तृत, सूक्ष्म एवं यथार्थ जानकारी प्राप्त कर सकता है जो कि सहभागी अध्ययन में सम्भव नहीं है क्योंकि अभिनेता की अपेक्षा दर्शक ही किसी नाटक की वस्तु-स्थिति को सही रूप में आंक सकते हैं।

असहभागी अवलोकन के दोष या सीमाएं
(Demerits or Limitations of Non-Participant Observation)

असहभागी अवलोकन की विभिन्न उपयोगिताओं के बावजूद भी इसकी निम्नांकित सीमाएं हैं :

(1) इसमें समस्या के बारे में केवल सतही ज्ञान हो पाता है, विस्तृत एवं गहन नहीं।

(2) कई विषय ऐसे हैं जिनकी जानकारी केवल सहभागी अवलोकन से ही प्राप्त की जा सकती है, वहां यह विधि सर्वथा अनुपयुक्त है।

(3) **गुडे** एवं **हाट** का मत है कि विशुद्ध असहभागी अवलोकन कठिन है। अध्ययनकर्ता को कुछ न कुछ सीमा तक तो सहभागी होना ही पड़ता है।

(4) असहभागी अवलोकन में अध्ययनकर्ता घटनाओं को अपने ही दृष्टिकोण से देखता है, अतः उनकी मौलिकता नष्ट हो जाती है।

(5) असहभागी अवलोकन में कभी-कभी और आकस्मिक रूप से घटने का अध्ययन नहीं हो पाता।

(6) असहभागी अवलोकन में समूह के लोग अध्ययनकर्ता को सन्देह की दृष्टि से देखते हैं और उसके सम्मुख कृत्रिम व्यवहार करने लगते हैं।

सहभागी और असहभागी अवलोकन में अन्तर (Distinction Between Participant and Non-participant Observation)।

(1) **अध्ययन यन्त्रों के आधार पर :** सहभागी अध्ययन में अवलोकन कार्ड का प्रयोग नहीं कर सकता है, जबकि असहभागी अवलोकन में अवलोकन-कर्ता अनुसूची, अवलोकन कार्ड, आदि का प्रयोग कर सकता है।

(2) **वस्तुनिष्ठता के आधार पर :** सहभागी अवलोकन की तुलना में असहभागी अवलोकन अधिक वैज्ञानिक एवं वस्तुनिष्ठ होता है और उसमें व्यक्ति के पक्षपात के आने की कम सम्भावना रहती है।

(3) **समूह के व्यवहार के आधार पर :** सहभागी अवलोकन में समूह के लोग अवलोकनकर्ता को अपना ही सदस्य मानते हैं, अतः उसके सम्मुख स्वाभाविक व्यवहार करते हैं, जबकि असहभागी अवलोकन में अध्ययनकर्ता एक अजनबी और बाहरी व्यक्ति समझा जाता है जिसके सम्मुख कृत्रिम व्यवहार व्यक्त किया जाता है।

(4) **कुशलता के आधार पर :** सहभागी अवलोकन में अध्ययनकर्ता अधिक कुशल व प्रशिक्षित होना चाहिए, जबकि असहभागी में सामान्य अनुभव एवं प्रशिक्षण एवं प्रशिक्षण के आधार पर ही अध्ययन सम्भव है।

(5) **सहभागिता के आधार पर :** सहभागी अवलोकन में अध्ययनकर्ता समूह व समुदाय का एक अभिन्न अंग बनकर उनकी सभी गतिविधियों में भाग लेता है, जबकि असहभागी अवलोकन में वह एक तटस्थ और मौन द्रष्टा के रूप में अध्ययन करता है।

(6) **गहनता में अन्तर :** सहभागी अवलोकन में घटनाओं का गहन और सूक्ष्म अध्ययन सम्भव है और गुप्त सूचनाएं भी संकलित की जा सकती है, जबकि असहभागी अवलोकन में यह सम्भव नहीं है।

(7) **सत्यापन के आधार पर** : सहभागी अवलोकन में अध्ययनकर्ता को घटनाओं की सत्यता की जांच करने के कई अवसर प्राप्त होते हैं, जबकि असहभागी अवलोकन के सत्यापन के अवसर सीमित होते हैं।

(8) **समय एवं धन के आधार पर** : असहभागी अवलोकन की तुलना में सहभागी अवलोकन में समय एवं धन अधिक लगता है।

अर्द्ध-सहभागी अवलोकन (Quasi-Participant Observation)

किसी भी अध्ययन में पूर्णत: असहभागी अवलोकन सम्भव नहीं हो पाता, इसलिए ही **गुडे** एवं **हाट** दोनों के मध्यवर्ती मार्ग के रूप में अर्द्ध-सहभागी अवलोकन का सुझाव देते हैं जिसमें दानां के गुणों का समावेश होता है। वे लिखते हैं, "व्यक्ति को किसी एक (सहभागी अथवा असहभागी) रूप को पूर्णतया अपनाने की अपेक्षा इन दोनों कार्यों के साथ-साथ पूर्ति करना ही अधिक सुगम होता है।" अर्द्ध-सहभागी अवलोकन में अध्ययनकर्ता समूह के दैनिक कार्यों में तो सहभागी बना रहता है लेकिन किसी विशेष उत्सव, घटना, क्रिया एवं समारोह के अवसर पर दूर बैठकर उनका अध्ययन करता है। इस विधि में सहभागी और असहभागी दोनों ही विधियों के लाभ प्राप्त होते हैं और दोनों के दोषों से बचाव हो जाता है। इस सन्दर्भ में **विलियम वाईट** ने उचित ही लिखा है, "हमारे समाज की जटिलता के कारण पूर्ण एकीकरण का दृष्टिकोण अव्यावहारिक रहता है। एक वर्ग के साथ एकीकरण से उसका सम्बन्ध अन्य वर्गों से समाप्त हो जाता है। इसलिए अर्द्ध-तटस्थ स्थिति बनाये रखना ही अधिक श्रेयस्कर होता है, जैसे सामाजिक उत्सवों में भाग लेना, गेंद फेंकना, खेलना, साथ-साथ खाना-पीना और फिर भी यह स्थिति बनाये रखना कि तुम्हारा मुख्य उद्देश्य अनुसन्धान है।"

इस अध्ययन विधि का उपयोग लीप्ले, लिण्ड एवं कई अन्य समाज-वैज्ञानिकों ने किया है। जब हम किसी समूह के विशिष्ट व्यवहारों एवं सांस्कृतिक जीवन का अध्ययन करना चाहता हैं तो इस विधि का प्रयोग करते हैं। लोकगीतों एवं कथाओं, धार्मिक कर्म-काण्डों, उत्सवों, खेल-कूद, जादुई-क्रियाओं, मनोरंजन एवं सांस्कृतिक-कार्यक्रमों, आदि के अध्यययन की यह एक उपयुक्त विधि है।

अनियन्त्रत अवलोकन के गुण (लाभ)
(Merits (Advantages) of Uncontrolled Observation)

सामाजिक घटनाओं की प्रकृति ही कुछ ऐसी है कि उनका सदैव ही नियन्त्रित अवलोकन सम्भव नहीं हो पाता, अत: स्वाभाविक स्थितियों में ही उनका अवलोकन करना होता है। **पी.वी. यंग** ने उचित ही लिखा है, "ऐसी जीवन की परिस्थितियां

जिन्हें नियन्त्रित तथा कृत्रिम दशाओं में अध्ययन किया जा सकता है, अपेक्षाकृत थोड़ी ही होती हैं। प्राय: ही हमें उस समय अवलोकन करना पड़ता है जब वह सम्भव होता है तथा उसे वास्तविक सामाजिक एवं सांस्कृतिक परिस्थितियों में जिनमें घटना घटित हुई है, अवलोकन करना पड़ता है।" सम्भवत: इसी कारण से अनेक सामाजिक सिद्धान्तों का निर्माण और दैनिक जीवन का ज्ञान अनियन्त्रित अवलोकन का ही परिणाम है। अनियन्त्रित अवलोकन किसी भी समुदाय के सम्पूर्ण जीवन के अध्ययन की सर्वोत्तम विधि है। **गुडे** एवं **हाट** प्राक्कल्पना की जांच में इसकी उपयोगिता का उल्लेख करते हुए लिखते हैं, "अनियन्त्रित अवलोकनों को किसी अनुसन्धान योजना के प्रारम्भिक स्तर पर सम्पन्न करना इसलिए महत्वपूर्ण बताया है कि इसके द्वारा किसी सूक्ष्म प्राक्कल्पना की भी क्षेत्रीय जांच की जा सकती है।" **पी.वी. यंग** ने लिखा है, "ध्यानपूर्वक किये गये अवलोकन में अधिक यथार्थता होती है तथा इसमें घटनाओं का भली प्रकार देख सकने की क्षमता का समावेश होता है।" इसकी उपयोगिता को प्रकट करते हुए **मोजर** लिखते हैं, "क्योंकि इस प्रकार संकलित तथ्य प्रतिष्ठा तथा स्मृति के प्रभावों से बचते रहते हैं तथा इनमें प्रश्नोत्तरों जैसी विश्वसनीयता की कमी नहीं रहती है, ये अधिक शुद्ध तथा सही होते हैं।" अनियन्त्रित अवलोकन द्वारा–

(i) घटनाओं को उनके वास्तविक घटनास्थल पर यथार्थ में देखा जा सकता है,

(ii) इसमें अवलोकनकर्ता का प्रभाव अध्ययन पर नहीं पड़ता,

(iii) इसमें निष्पक्षता, वस्तुनिष्ठता एवं विश्वसनीयता बनी रहती है, तथा

(iv) इस विधि द्वारा परिवर्तनशील एवं गतिशील सामाजिक जीवन का अध्ययन सम्भव है।

अनियन्त्रित अवलोकन के दोष (सीमाएं)
(Demerits (Limitations) of Uncontrolled Obsrvation)

अनियन्त्रिज अवलोकन के दोषों का उल्लेख करते हुए **प्रो. बर्नार्ड** लिखते हैं, "आंकड़े इतने वास्तविक एवं सजीव होते हैं और उनके बारे में हमारी भावनाएं इतनो दृढ़ होती हैं कि कभी-कभी हम अपनी कल्पना शक्ति को ही ज्ञान का विस्तार समझ लेने की गलती कर बैठते हैं।" इसके प्रमुख दोष इस प्रकार हैं–

(i) इसमें अध्ययनकर्ता पर नियन्त्रण न होने से त्रुटि की सम्भावना रहती है,

(ii) इसमें ऐसे तथ्यों के संकलन की भी सम्भावना रहती है जिनका सम्बन्ध अध्ययन से नहीं होता,

(iii) तथ्यों का लेखन अवलोकन के बाद में होने से त्रुटिपूर्ण लेखन तथा साथ ही तथ्यों के छूटने की सम्भावना रहती है,

(iv) इसमें अवलोकनकर्ता को यह भ्रम पैदा हो जाता है कि वह समूह के बारे में बहुत कुछ जानता है, जबकि वास्तव में ऐसा नहीं होता।

नियन्त्रित अवलोकन (Controlled Observation)

समाज-विज्ञानों के विकास के साथ-साथ सामाजिक अनुसन्धान की प्रविधियों के भी परिवर्तन आया। इसी के परिणामस्वरूप अनियन्त्रित अवलोकन की कमियों को दूर करने के लिए नियन्त्रित अवलोकन विधि का विकास हुआ। नियन्त्रित अवलोकन में अध्ययनकर्ता स्वयं या घटना पर योजनाबद्ध रूप से नियन्त्रण रखता है। वह वास्तविक स्थिति एवं प्राप्त सामग्री के बीच एक कड़ी या मध्यस्थ की भूमिका निभाता है। वह तो तथ्य संकलन के विभिन्न साधनों का प्रयोग करने का कार्य करता है, ये साधन स्वयं ही सामग्री का संग्रहण करते हैं। इसलिए इस विधि में तटस्थता तथा वैषयिकता बनी रहती है एवं तथ्यों का सत्यापन सरल रहता है। इस विधि को पूर्व नियोजित अवलोकन,संरचित अवलोकन या व्यवस्थित अवलोकन भी कहते हैं। नियन्त्रित अवलोकन में तथ्यों का संकलन निश्चित एवं पूर्व नियोजित योजनाओं द्वारा किया जाता है। वर्तमान में इस विधि का प्रयोग नेतृत्व, आक्रमण, उद्योगों में काम करने वाले श्रमिकों एवं शिशु-गृहों क बच्चों के अध्ययन, आदि के लिए किया जाता है। नियन्त्रित अवलोकन में निम्नांकित बातें स्पष्ट की जाती हैं–

(i) अवलोकित की जाने वाली इकाइयों को स्पष्टतः परिभाषित किया जाता है,

(ii) अवलोकन से सम्बन्धित तथ्यों का चुनाव,

(iii) अवलोकन की दशाओं, व्यक्तियों, समय तथा स्थान का निर्धारण,

(iv) सूचियों को लेखबद्ध करना,

(v) अवलोकन में प्रयुक्त होने वाले यंत्रों जैसे फोटोग्राफ, नक्शे,अनुसूचियां, टेप रिकार्डर, फिल्म, आदि का निर्धारण करना। चूंकि इस विधि में समय, श्रम और धन की बचत होती है तथा अध्ययन में वस्तुनिष्ठता, प्रामाणिकता एवं विश्वसनीयता बनी रहती है, अतः विशेष क्षेत्रों में किये जाने वाले अध्ययनों के लिए इसका अधिक प्रयोग किया जाता है।

नियन्त्रित अवलोकन दो प्रकार से किया जा सकता है–

(1) अवलोकित की जाने वाली घटनाओं पर नियन्त्रण रखकर और

(2) स्वयं अवलोकनकर्ता पर नियन्त्रण रखकर।

(अ) **घटनाओं पर नियन्त्रण** (Control over Situations) : जिस प्रकार प्राकृतिक विज्ञानों में वैज्ञानिक भौतिक विश्व की परिस्थितियों को प्रयोगशाला की नियन्त्रित अवस्थाओं के अन्तर्गत लाकर नियन्त्रित करने

एवं अध्ययन करने का कार्य करते हैं, उसी प्रकार से समाज-वैज्ञानिक भी सामाजिक घटनाओं को सामाजिक परिस्थितियों के अन्तर्गत नियन्त्रित करने एवं अध्ययन करने का कार्य करते हैं इसलिए इसे सामाजिक प्रयोग भी कहा जाता है, यद्यपि भौतिक विज्ञानों की तरह सामाजिक घटनाओं का प्रयोगशाला में अध्ययन सरल नहीं है। इस विधि द्वारा सामाजिक घटनाओं एवं परिस्थितियों पर नियन्त्रण लागू किया जाता है और किसी विशेष परिवर्तन एवं उसके प्रभावों को ज्ञात किया जाता है। उदाहरणार्थ, हम समन्वित ग्रामीण विकास योजना तथा पंचायती राज के एक ग्रामीण समुदाय पर पड़ने वाले प्रभावों को इस विधि द्वारा ज्ञात सकते हैं। इस विधि की सहायता से थकान का अध्ययन, समय एवं गति का अध्ययन, उत्पादकता एवं बालकों क व्यवहारों का मनोवैज्ञानिक अध्ययन किया गया है।

(ब) **अवलोकनकर्ता पर नियन्त्रण** (Control on Observer) : नियन्त्रित अवलोकन की दूसरी विधि यह है जिसमें अवलोकरनकर्ता घटना के बजाय स्वयं अपने पर नियन्त्रण लागू करता है। सामाजिक घटना की प्रकृति ही ऐसी है कि उस पर नियन्त्रण लागू करना कठिन है। ऐसी स्थिति मे अवलोकनकर्ता स्वयं पर ही नियन्त्रण लागू पर अध्ययन में आने वाले पक्षपात और व्यक्तिगत प्रभाव से बच सकता है। अवलोकनकर्ता पर नियन्त्रण रखने के लिए साक्षात्कार, अनुसूची, फोटोग्राफ, टेप रिकार्डर, नक्शे, क्षेत्री नोट्स, डायरी, कैमरा एवं फिल्म, आदि यन्त्रों का उपयोग किया जाता है। **गुडे** एवं **हाट** ने अवलोकनकर्ता पर नियन्त्रण के महत्व को बताते हुए लिखा है, "सामाजिक अनुसन्धान में अध्ययन-विषय पर नियन्त्रण रख सकना तुलनात्मक दृष्टि से कठिन होता है, अत: अध्ययनकर्ता को कम-से-कम अपने व्यवहारों पर नियन्त्रण अवश्य ही रखना चाहिए।"

नियन्त्रित और अनियन्त्रित अवलोकन में अन्तर
(Distinction Between Cotrolled and Uncontrolled Observation)

(1) नियन्त्रित अवलोकन से सीमित क्षेत्र में विशेष व्यवहारों का ही अध्ययन किया जा सकता है, जबकि अनियन्त्रित अवलोकन से सम्पूर्ण समुदाय का अध्ययन किया जा सकता है, अत: इसका कार्यक्षेत्र विस्तृत है।

(2) नियन्त्रित अवलोकन में कृत्रिमता एवं बनावटीपन आ जाता है, जबकि अनियन्त्रित अवलोकन में स्वाभाविकता बनी रहती है।

(3) नियन्त्रित अवलोकन में घटनाओं या परिस्थितियों पर नियन्त्रण रखकर अध्ययन किया जाता है, जबकि अनयिन्त्रित अवलोकन में घटनाओं को उनके स्वाभविक एवं स्वतन्त्र रूप में देखा जाता है। उन पर कोई नियन्त्रण लागू नहीं किया जाता।

(4) नियन्त्रित अवलोकन में एक पूर्व-नियोजित योजना के अनुसार अध्ययन करना होता है जबकि अनयिन्त्रित अवलोकन मं पूर्व नियोजन की आवश्यकता नहीं होती।

(5) नियन्त्रित अवलोकन में अध्ययनकर्ता पर नियन्त्रिण होने पर उसे एक निश्चित सीमा के अन्तर्गत व्यवहार करना होता है, जबकि अनियन्त्रित अवलोकन से अध्ययनकर्ता पर किसी प्रकार का नियन्त्रण न होने से वह मुक्त एवं स्वाभविक व्यवहार करता है।

(6) नियन्त्रित अवलोकन में अनुसूची, फोटोग्राफ, मानचित्र, टेप, फिल्म, आदि का प्रयोग किया जाता है जो अनियन्त्रित अवलोकन में आवश्यक नहीं है।

(7) नियन्त्रित अवलोकन में अध्ययनकर्ता के पक्षपात, विश्वास, विचारधारा एवं व्यक्तिगत झुकाव का अध्ययन पर प्रभाव नहीं पड़ता, अत: अध्ययन वैज्ञानिक, विश्वसनीय एवं वस्तुनिष्ठ बना रहता है, जबकि अनियन्त्रित अवलोकन में अध्ययनकर्ता के स्वयं में पक्षपात के आने की सम्भावना रहती है और वह कम विश्वसनीय होता है।

(8) नियन्त्रित अवलोकन में अध्ययनकर्ता को एक सीमा में रहकर ही अध्ययन करना होता है, अत: ऐसा अध्ययन गहन एवं सूक्ष्म न होकर सीमित होता है जबकि अनियन्त्रित अवलोकन विस्तृत, गहन एवं सूक्ष्म होता है। वह गोपनीय तथ्यों को भी ज्ञात कर लेता है।

सामूहिक अवलोकन (Mass Observation)

अवलोकन की इस विधि में अध्ययन कार्य किसी एक व्यक्ति द्वारा न किया जाकर विभिन्न अध्ययनकर्ताओं के एक समूह द्वारा किया जाता है। इसे सामूहिक अवलोकन कहते है। **सिने पाओं येंग** ने इसे स्पष्ट करते हुए लिखा है, "सामूहिक अवलोकन नियन्त्रित तथा अनियन्त्रित अवलोकन का एक मिश्रण है। यह अवलोकन अनेक व्यक्तियों द्वारा तथ्यों का अवलोकन करने तथा उनका आलेखन करने पर निर्भर होता है, यद्यपि सूचनाओं का संकलन तथा उनका प्रयोग एक केन्द्रीय व्यक्ति द्वारा किया जाता है।" इस परिभाषा से स्पष्ट है कि–

(i) सामूहिक अवलोकन में अवलोकन का कार्य कई व्यक्तियों द्वारा एक साथ किया जाता है,

(ii) इसमें नियन्त्रित एवं अनियन्त्रित दोनों अवलोकन पद्धतियों का मिश्रण होता है,

(iii) सभी अवलोकनकर्ताओं में कार्य का बंटवारा होता है और उनके कार्यों का समन्वय एक केन्द्रीय अधिकारी द्वारा किया जाता है।

इस विधि का प्रयोग कई देशों में हुआ है। सन् 1937 में इंग्लैण्ड के लोगों स्वभाव, विचार व जीवन के अध्ययन हेतु एवं 1944 में जमैका की स्थनीय दशाओं के अध्ययन हेतु इस विधि का प्रयोग किया गया। चूंकि यह विधि एक खर्चीली विधि है और इसमें कुशल प्रशासन की अवाश्यकता होती है, अत: यह विधि किसी व्यक्ति के बजाय सरकारी या अर्द्ध-सरकारी संगठनों द्वारा प्रयुक्त होती है। इस विधि में कार्य का बंटबारा होने तथा घटना के सामाजिक, आर्थिक, राजनीतिक, मनोवैज्ञानिक एवं अन्य पक्षों का साथ-साथ अध्ययन होने से उसके बारे में बिस्तृत जानकारी प्राप्त करने के लाभ प्राप्त होते हैं, यद्यपि इसके एक खर्चीली प्रणाली होने से सामान्यत: इसका प्रयोग बहुत कम ही किया जाता है।

अवलोकन की विश्वसनीयता एवं प्रामाणिता (Reliability and Validity of Observation)

सामाजिक अनुसन्धान की प्रविधियों में अवलोकन विधि सबसे अधिक विश्वसनीय मानी जाती है क्योंकि इसमें अध्यनकर्ता स्वयं अपनी आंखों से घटनाओं को देखता एवं कानों से सुनता है। साक्षात्कार, प्रश्नावली और अनुसूची में तो दूसरों द्वारा कही और लिखी बातों पर विश्वास करना होता है। स्वयं अपनी आंखों द्वारा देखी घटनाओं में त्रुटि या भ्रम की गुंजाइश नहीं होती है। फिर भी अवलोकन को सत्यता का अचूक प्रमाण नहीं माना जा सकता। अवलोकन में भी अवश्विसनीयता आने के कारण हैं, जैसे-

(1) **घटना की अपर्याप्तता** (Incompleteness of the Phenomena) : कई बार निरीक्षण सही होने पर भी यदि घटनाएं अपूर्ण हैं और पर्याप्त प्रतिनिधित व पूर्ण नहीं है तो अवलोकन अविश्वसनीय हो सकता है। यदि निष्कर्ष थोड़ी-सी घटनाओं को देखकर या किसी विशेष परिस्थिति में घटने वाली घटनाओं का देखकर या किसी विशेष परिस्थिति में घटने वाली घटनाओं या आधी घटनाओं के आधार पर निकाला गया है तो वह भी दोषपूर्ण होगा।

(2) **ज्ञानेन्द्रियों की सीमाएं** (Limitations of our Senses) अवलोकन में हमारे नेत्रों का ही अधिक प्रयोग होता है, किन्तु आंखों द्वारा देखी बातें भी सदैव

प्रामाणिक नहीं होतीं, उनमें भी पक्षपात आने के अवसर रहते हैं। इस सन्दर्भ में **ब्लैकवर्न** ने उचित ही लिखा है, "मनोवैज्ञानिक प्रयोगों द्वारा यह बात सिद्ध हो चुकी है कि कोई व्यक्ति किसी विशेष अवसर पर क्या देखता है, यह बहुत कुछ उस समय उसके मन तथा शरीर की दशा,उसकी ताजगी, आराम, बाधाओं से स्वतन्त्रता, आत्मविश्वास की मात्रा, आदि बातों पर निर्भर है।" हम विचित्र आवाजों, घटनाओं एवं चटकीले रंगों की ओर शीघ्र आकर्षित होते हैं। **जॉन मैज** ने ठीक ही कहा है, "हमारी ज्ञानेन्द्रियां पर्याप्त रूप से विभिन्नतापूर्ण, अनिश्चित तथा पक्षपात पूर्ण ढंग से काम करती हैं।"

(3) **व्यवहार की कृत्रिमता** (Artificiality of Behaviour) अवलोकन की विश्वसनीयता तभी समझी जानी चाहिए जब लोगों के वास्तविक व्यवहार का अध्ययन किया गया हो। किन्तु कई बार जब लोगों को यह ज्ञात हो जाता है कि उनके व्यवहार का निरीक्षण किया जा रहा है तो उसमें कृत्रिमता आ जाती है, स्वाभाविकता नहीं रह पाती और विश्वसनीयता समाप्त हो जाती है।

(4) **अवलोकन एवं निर्वचन** (Observation and Interpretation) : कई बार हम देखते कुछ हैं और उसका निर्वचन हमारे पूर्व ज्ञान और अनुभव के आधार पर कुछ और कर देते हैं। इससे अवलोकन में अविश्वसनीयता आ जाती है। उदाहरण के लिए, किसी फैक्ट्री के दरवाजे पर धुंधला-सा कोई वाक्य लिखा हो और लोगों को उसे पढ़ने को कहा जाय तो वे 'बिना इजाजत अन्दर आना मना है'। इस सन्दर्भ में दार्शनिक **रसैल** ने एक उदाहरण दिया है–यदि समुद्र में क्षितिज पर किसी काले बिन्दु को दिखाकर यह पूछा जाय कि वह क्या है तो प्राय: ही उत्तर होगा, वह एक जहाज है जबकि वास्तव मं वह काला बिन्दु ही होता है। जहाज होने का निष्कर्ष उसने अपने पूर्वज्ञान के आधार पर दिया। इसी प्रकार घर के बाहर लगी तख्ती को हम पढ़ लेते हैं–'कुत्ते से सावधान'। **जॉन मैज** ने कहा है–"कोई भी वस्तु जो हमारी ज्ञानेन्द्रियों को प्रभावित करती है, कोई न कोई अर्थ प्रकट करती है तथा हम उसे अपने पूर्व ज्ञान से सम्बन्धित कर लेते हैं।"

(5) **निरीक्षणकर्ता का पक्षपात** (Bias of the Observer) : यदि अवलोकनकर्ता किसी विशेष मत एवं विचारधारा को मानने वाला है तो उसका अवलोरन दोषपूर्ण हो सकता है। उसका निर्वचन भी उसके पक्षपात से प्रभावित होता है। यही कारण है कि एक ही घटना का निर्वचन लोगों द्वारा भिन्न-भिन्न प्रकार से किया जाता है। व्यक्तित्व, संस्कृति, अनुभव, विचार, ज्ञान एवं

शिक्षा में भिन्नता के कारण एक ही घटना का निर्वचन भी भिन्न-भिन्न होता है। हम अपने देश, जाति, धर्म, सम्प्रदाय, रुचियों एवं विश्वासों से मुक्त होकर विशुद्ध वैज्ञानिक अवलोकन नहीं कर सकते। इससे अध्ययन में प्रामाणिकता एवं विश्वसनीयता की समस्या पैदा हो जाती है।

अवलोकन की विश्वसनीयता के उपाय
(Remedies for Relaibility in Observation)

अवलोकन में प्रामाणिकता एवं विश्वसनीयता लाने के लिए निम्नांकित उपाय अपनाए जाने चाहिए :

(1) **समाजमिति पैमाने का प्रयोग** (Use of Sociometric Scales) : अवलोकन में विश्वनीयता लाने के लिए समाजमिति पैमाने का प्रयोग किया जाना चाहिए। समाजमिति पैमाने में गुणात्मक तथ्यों को गणितीय माप में ज्ञात किया जाता है। इस अध्ययन में स्पष्टता व शुद्धता आ जाती है।

(2) **विस्तृत अवलोकन योजना** (Broad Observation Plan) : अवलोकन में विश्वनीयता लाने के लिए अवलोकनकर्ता को अवलोकन की एक विस्तृत योजना कार्य प्रारम्भ करने से पहले ही बना लेनी चाहिए जिसके अन्तर्गत यह तय कर लिया जाय कि कौन-कौन से तथ्यों का संकलन करना है और किस प्रकार से? प्रत्येक घटना को कई छोटे-छोटे पहलुओं में विभाजित कर देना चाहिए! इससे अध्ययन प्रमाणित विधियों द्वारा समान रूप से होगा, उसके संचालन और संगठन में आसानी रहेगी तथा घटनाओं की तुलना भी हो सकेगी।

(3) **सामूहिक अवलोकन** (Mass Observation) : सामूहिक अवलोकन का हम पूर्व में उल्लेख कर चुके हैं। इसमें कई व्यक्तियों द्वारा एक ही घटना का साथ-साथ अध्ययन किया जाता है, उनके निष्कर्षों की परस्पर तुलना की जाती है यदि कोई अन्तर हो तो कारण ज्ञात किये जाते हैं। इस प्रकार सामूहिक अवलोकन में पक्षपात आने के अवसर नहीं रहते और इसमें विभिन्न विषयों के विशेषज्ञों की सहायता ली जाती है।

(4) **अनुसूची का प्रयोग** (Use of Schedule) : अवलोकन की विश्वसनीयता के लिए 'अवलोकन अनुसूची' का प्रयोग भी किया जाना चाहिए। अवलोकनकर्ता घटनाओं को देखता जाता है और अनुसूची में लिखे प्रश्नों का उत्तर भरता जाता है। जहां एकाधिक व्यक्ति अवलोकन में लगे हुए हों, वहां अध्ययन को वैषयिक एवं प्रमाणित बनाने के लिए अनुसूची का प्रयोग लाभदायक सिद्ध होता है।

(5) **प्राक्कल्पना का निर्माण** (Formulation of Hypothesis) : विधिवत् अवलोकन में प्राक्कल्पना का निर्माण एक केन्द्रीय चरण है। इससे अध्ययन में विशिष्टता एवं स्पष्टता आती है। इससे अध्ययनकर्ता उन्ही तथ्यों का संकलन करेगा जो अध्ययन से सम्बन्धित हों और इधर-उधर के निरर्थक तथ्यों के संकलन में समय व श्रम नष्ट नही करना पड़ेगा। यदि तथ्यों के अभाव में प्राक्कल्पना न बन सके तो अध्ययन की समस्या व क्षेत्र का निर्धारण तो कर लेना चाहिए।

(6) **वैज्ञानिक यन्त्रों का प्रयोग** (Use of Scientific Instruments) अवलोकन के प्रामाणिक एवं विश्वसनीय बनाने के लिए वैज्ञानिक यन्त्रों जैसे फोटो, टेप रिकार्डर, फिल्म, आदि का प्रयोग किया जाना चाहिए जिससे अध्ययन-कर्ता द्वारा कोई गलती हुई हो तो उसका पता लग जाता है तथा अध्ययन में पक्षपात नहीं आ पाता। किन्तु इस विधि का यह दोष है कि जब लोगों का यह ज्ञात हो जाता है कि उनका चित्र लिया जा रहा है या उनकी आवाज टेप की जा रही है तो वे अपने व्यवहार में कृत्रिमता ले आते हैं और स्वाभाविकता समाप्त हो जाती है।

9

साक्षात्कार एवं सामाजिक आदर्श नियम
(Interview and Social Norms)

प्रस्तावना (Introduction)

साक्षात्कार सामाजिक अनुसन्धान तथा सर्वेक्षण के अन्तर्गत तथ्य संकलन की एक प्रमुख प्रविधि है। सामान्यत: दैनिक जीवन में जब हम 'साक्षात्कार' अथवा 'इण्टरव्यू' (Interview) शब्द का प्रयोग करते हैं तो हमारा तात्पर्य होता है किसी अधिकारी से मिलना, किसी नौकरी हेतु अथवा किसी प्रशिक्षण देने वाली संस्था में प्रवेश हेतु प्रत्याशियों की योग्यता, कार्यकुशलता एवं क्षमता की जांच करना। किन्तु समाजशास्त्र में इसका अर्थ भिन्न है। समाजशास्त्रीय दृष्टि से साक्षात्कार एक ऐसी प्रक्रिया है जिसमें साक्षातकरकर्ता एवं सूचनादाता के मध्य किसी विशिष्ट उद्देश्य को लेकर आमने-सामने की स्थिति में वार्तालाप अथवा उत्तर-प्रत्युत्तर होता है। यह एक मनोवैज्ञानिक स्थिति है, जिसमें साक्षात्कारकर्ता तथा सूचनादाता एक-दूसरे के निकट आते हैं तथा स्वतन्त्र विचार-विमर्श करते हैं। साक्षात्कार का उद्देश्य व्यक्ति के विचारों, विश्वासों, मूल्यों, भावनाओं, अतीत के अनुभवों तथा भविष्य के इरादों को ज्ञात करना है। साक्षात्कार लोगों के बारे में हमारे ज्ञान एवं अनुभव में वृद्धि करता है तथा साक्षात्कार के अतिरिक्त अन्य प्रविधियों द्वारा संकलित सामग्री के सत्यापन एवं नियन्त्रण में सहायता करता है। यह एक लचीला उपकरण है जिसमें समय एवं परिस्थिति के अनुरूप परिवर्तन एवं समायोजन सम्भव है। मानवशास्त्र समाजशास्त्र और मनोविज्ञान में साक्षात्कार का प्रयोग बहुत हुआ है। मनोचिकत्सकों, मनोविश्लेषकों एवं चिकित्सकों द्वारा रोगियों से चिकित्सा सम्बन्धी साक्षात्कार भी किए जाते रहे हैं। मानवीय मूल्यों एवं मनोवृत्तियों को जानने में साक्षात्कार का महत्व बताते हुए **आल्पोर्ट** ने लिखा है, यदि हम यह जानना चाहते है कि लोग किस प्रकार अनुभव करते हैं, वे क्या अनुभव करते हैं, और वे क्या याद रखते हैं, उनके

संवेग एवं मनोवृत्तियां किस प्रकार की हैं, तथा उस प्रकार से कार्य करने के कारण क्या हैं जिस प्रकार वे कार्य करते हैं, तो उनसे पूछ ही क्यों न लें?

साक्षात्कार का अर्थ एवं परिभाषा
(Meaning and definition of Interview)

अंग्रेजी का 'इन्टरव्यू' शब्द दो शब्दों से मिलकर बना है–'inter' अर्थात 'भीतर' अथवा 'अन्दर' तथा 'view' अर्थात् 'दृष्टि' अथवा 'अन्तर-दृष्टि'। दूसरे शब्दों में जिन अप्रकट अथवा अदृश्य तथ्यों का बाह्य रूप से निरीक्षण नहीं हो सकता, उन तथ्यों की जानकारी प्राप्त करना ही साक्षात्कार कहलाता है। विभिन्न विद्वानों ने साक्षात्कार को निम्नांकित रूप से परिभाषित किया है :

सी.ए. मोजर. के अनुसार, "सर्वेक्षण साक्षात्कार, साक्षात्कारकर्ता तथा उत्तरदाता के मध्य एक वार्तालाप है, जिसका उद्देश्य उत्तरदाता से निश्चित सूचना प्राप्त करना होता है।"

पी.वी. यंग के शब्दों में, "साक्षात्कार को एक ऐसी क्रमबद्ध प्रणाली के रूप में माना जा सकता है, जिसके द्वारा एक व्यक्ति दूसरे व्यक्ति के आन्तरिक जीवन में थोड़ा बहुत कल्पनात्मक रूप से प्रवेश करता है जो कि उसके लिए सामान्यतया तुलनात्मक रूप से अपरिचित होता है।"

एम.एन. बसु के अनुसार, "साक्षात्कार को कुछ विषयों को लेकर व्यक्तियों के आमने–सामने का मिलन कहा जा सकता है।"

सिन पाओं येंग के अनुसार,"साक्षात्कार क्षेत्रीय कार्य की एक ऐसी प्रविधि है जो कि एक व्यक्ति या व्यक्तियों के व्यवहार को देखने, कथनों को लिखने तथा सामाजिक या सामूहिक अन्त:क्रिया के वास्तविक परिणामों का निरीक्षण करने के लिए प्रयोग में लायी जाती है। अत: यह एक ऐसी सामाजिक प्रक्रिया है जिसमें दो व्यक्तियों के मध्य अन्त:क्रिया सम्मिलित होती है।"

गुडे तथा **हाट** ने साक्षात्कार को मूलरूप से सामाजिक अन्त:क्रिया की एक प्रक्रिया माना है। **हैडर** तथा **लिण्डमेन** ने साक्षात्कार को दो अथवा अधिक व्यक्तियों के मध्य एक संवाद माना है जिसमें मौखिक उत्तर–प्रत्युत्तर होते हैं। **पामर** ने साक्षात्कार को एक मनौवैज्ञानिक प्रक्रिया माना है जिसमें दो व्यक्तियों के बीच उत्तर-प्रत्युत्तर होते हैं। लूथर फ्राई का मत है कि साक्षात्कार सामग्री–संग्रहण की एक प्रणाली है, यह किसी निश्चित उद्देश्य हेतु वार्तालाप के अलावा कुछ भी नहीं है। इनमें दो या अधिक व्यक्ति परस्पर एक–दूसरे से प्रेरणा पाते हुए उत्तर–प्रत्युत्तर करते हैं।

उपर्युक्त परिभाषाओं से स्पष्ट है कि *साक्षात्कार एक ऐसी व्यवस्थित पद्धति है जिसमें दो या दो से अधिक व्यक्ति किसी विशिष्ट उद्देश्य को सामने रखकर परस्पर*

आमने-सामने होकर संवाद, वार्तालाप एवं उत्तर प्रति-उत्तर करते हैं। यह एक मनोवैज्ञानिक विधि है जिसमें साक्षात्कारकर्ता उत्तरदाता की भावनाओं, विचारों, मनोवृत्तियों एवं आन्तरिक जीवन का अध्ययन करता है। यह एक सामाजिक प्रक्रिया भी है।

साक्षात्कार की विशेषताएं (Characteristics of Interview)

विभिन्न परिभाषाओं के आधार पर साक्षात्कार की निम्न विशेषताएं प्रकट होती हैं:

(1) साक्षात्कार में दोनों पक्षों के बीच आमने-सामने के और प्राथमिक सम्बन्ध स्थापित हो जाते हैं।

(2) इन व्यक्तियों में एक साक्षात्कार लेने वाला होता है और दूसरा उत्तरदाता।

(3) साक्षात्कार सूचना संकलन की एक मौखिक विधि है।

(4) साक्षात्कार एक सामाजिक प्रक्रिया है।

(5) साक्षात्कार के लिए दो या दो से अधिक व्यक्तियों का होना आवश्यक है जो परस्पर सम्पर्क, वार्तालाप एवं अन्त:क्रिया करते हैं।

(6) साक्षात्कार एक उद्देश्यपूर्ण वार्तालाप है।

(7) यह एक मनोवैज्ञानिक प्रक्रिया भी है।

(8) साक्षात्कार में अनुसन्धानकर्ता द्वारा अध्ययन विषय से सम्बन्धित सूचनाओं एवं तथ्यों का संकलन किया जाता है।

साक्षात्कार के उद्देश्य (Objectives of Interview)

साक्षात्कार के प्रमुख उद्देश्य निम्नांकित हैं :

(1) साक्षात्कार का एक उद्देश्य समस्या के बारे में *विभिन्न विचारों तथा अतिरिक्त सूचनाओं को ज्ञात करना भी है।*

(2) साक्षात्कार के द्वारा किसी घटना के लिए उत्तरदायी कारकों की खोज की जाती है। उन कारकों के सह-सम्बन्धों एवं प्रभावक कारकों को भी ज्ञात किया जाता है।

(3) **प्रत्यक्ष सम्पर्क द्वारा सूचनाएं** (Informations Through Direct Contact) : साक्षात्कार में दो या अधिक व्यक्तियों के मध्य आमने-सामने के प्रत्यक्ष एवं प्राथमिक सम्बन्ध स्थापित हो जाते हैं और इस स्थिति में अनुसन्धानकर्ता सूचनादाता से विषय से सम्बन्धित महत्वपूर्ण सूचनाओं का संकलन करता है। अनुसन्धानकार्ता अपनी उपस्थिति के कारण सूचनादाता को सूचनाएं देने के लिए प्रेरित करता है, वे दोनों खुलकर वार्तालाप करते हैं,

सूचनादाता अपनी आन्तरिक सूचनाएं प्रदान करता है। इस प्रकार प्रत्यक्ष सम्पर्क के द्वारा अनुसन्धानकर्ता सूचनादाता की आन्तरिक भावनाओं, संवेगों, मनोवृत्तियों, धारणाओं एवं इच्छाओं, आदि के बारे में जानकारी प्राप्त करता है जो साक्षात्कार के अतिरिक्त किसी अन्य विधि द्वारा साधारणतः सम्भव नहीं है।

(4) **व्यक्तिगत तथ्यों की प्राप्ति** (Personal Information) : साक्षात्कार का उद्देश्य लोगों के जीवन से सम्बन्धित व्यक्तिगत एवं आन्तरिक सूचनाएं प्राप्त करना भी है। ऐसी सूचनाएं जिन्हें पी.वी. यंग 'मानव व्यक्तित्व का एक चित्र' कहकर पुकारती है और जो वैयक्तिक अध्ययनों की दृष्टि से महत्वपूर्ण होती हैं, भी साक्षात्मकार द्वारा ही प्राप्त की जा सकती हैं।

(5) **गुणात्मक तथ्यों के लिए** (For Qualitative Informations) : मानव जीवन से सम्बन्धित ऐसे गुणात्मक तथ्य हैं जैसे भावनाएं, मनोवृत्तियां, उद्वेग आकांक्षाएं, विचार, लोकविश्वास, प्रवृत्तियां, मूल्य, आदर्श, रुचियां, आदि जिनका अध्ययन केवल साक्षात्कार द्वारा ही सम्भव है। इन्हें हम संख्या में प्रकट नहीं कर सकते।

(6) **अन्य विधियों से प्राप्त सामग्री का सत्यापन** (Verification of Informations Reaceived Through Other Methods) : साक्षात्कार का एक उद्देश्य प्रश्नावली, अवलोकन एवं अन्य विधियों द्वारा प्राप्त सामग्री की विश्वसनीयता एवं प्रामाणिकता ज्ञात करना भी है। कई बार कुछ तथ्य प्रश्नावली एवं अवलोकन से स्पष्ट नहीं होते, तब सूचनादाताओं से साक्षात्कार द्वारा पूछकर उन्हें ज्ञात किया जाता है।

(7) **उपकल्पनाओं का स्रोत** (Source of Hypotheses) : साक्षात्कार का एक उद्देश्य उपकल्पनाओं के निर्माण के लिए आवश्यक सामग्री प्राप्त करना है। साक्षात्कार के दौरान व्यक्ति और समूहों के बारे में नवीन ज्ञान का उद्घाटन होता है, नये क्षेत्रों का पता लगता है, लोगों की भावनाओं, मनोवृत्तियों, विचारों एवं आकांक्षाओं के बारे में जानकारी प्राप्त होती है, व्यक्ति एवं सामूहिक जीवन के सम्बन्ध में उपयोगी अनुभव प्राप्त होते हैं जिनका प्रयोग नवीन उपकल्पनाओं के निर्माण हेतु किया जा सकता है।

(8) **अवलोकन का अवसर** (Opportunity for Observation) : साक्षात्कार से व्यक्तिगत तथ्यों की जानकारी प्राप्त करने के साथ-साथ व्यक्ति के व्यवहार, और जीवन की बहुत-सी बातों का अवलोकन करने का अवसर भी प्राप्त होता है। इस प्रकार साक्षात्कार में अवलोकन एवं साक्षात्कार दोनों के गुण पाये जाते हैं।

साक्षात्कार के प्रकार (Types of Interviews)

विभिन्न विद्वानों ने साक्षात्कार के उद्देश्यों, अवधि, क्षेत्र, औपचारिकता, उपागम के आधार, भाग लेने वाले व्यक्तियों की संख्या, आदि के आधार पर साक्षात्कार के प्रकारों का उल्लेख किया है। हम यहां विभिन्न प्रकार के साक्षात्कारों का उल्लेख करेंगे :

उद्देश्य के आधार पर (On the Basis of Purpose)

(1) **निदानात्मक साक्षात्कार** (Diagonistic Interview) : इस प्रकार के साक्षात्कार का उद्देश्य किसी सामाजिक समस्या के कारणों को ज्ञात करना होता है। जिस प्रकार से एक डॉक्टर रोग के कारणों के जानने के लिए रोगी से पूछ-ताछ करता है, उसी प्रकार से सामाजिक समस्याओं एवं घटनाओं के कारणों को जानने के लिए अनुसन्धानकर्ता सूचनादाता से साक्षात्कार करता है। उदाहरण के लिए, अपराध, बाल-अपराध, बेकारी, आदि समस्याओं के कारणों को जानने के लिए किये जाने वाले साक्षात्कार निदानात्मक साक्षात्कार ही हैं।

(2) **उपचारात्मक साक्षात्कार** (Treatment Interview) : सामाजिक समस्या के कारणों को जान लेने मात्र से ही समस्या का हल नहीं हो जाता वरन् समस्या को दूर करने के लिए लोगों से सुझाव एवं उपाय भी पूछे जाते हैं। ऐसे साक्षात्कार को उपचारात्मक साक्षात्कार कहा जाता है।

सूचनादाताओं की संख्या के आधार पर (On the Basis of Number of Informants)

व्यक्तिगत साक्षात्कार (Personal Interview) : इस प्रकार के साक्षात्कार में एक समय में एक साक्षात्कार लेने वाला एव एक सूचनादाता परस्पर विषय से सम्बन्धित वार्तालाप करते हैं। इसमें साक्षात्कारकर्ता प्रश्न पूछता जाता है और सूचनादाता उसका उत्तर देता जाता है। इसमें सूचनादाता को साक्षात्कारकर्ता से व्यक्तिगत प्रेरणा भी मिलती रहती है जिससे वह व्यक्तिगत तथ्यों को स्वतन्त्रतापूर्वक व्यक्त करता है।

लाभ

(i) इसमें अन्तरंग एवं घनिष्ठ सम्बन्धों की स्थापना सम्भव होती है।

(ii) इस प्रकार के साक्षात्कार में विषय से सम्बन्धित विश्वसनीय, सही एवं प्रामाणिक सूचनाएं प्राप्त की जा सकती है। यदि सूचनादाता किसी प्रश्न को नहीं समझ पाता है या गलत समझता है तो साक्षात्कारकर्ता उसके सही अर्थ को स्पष्ट कर सही सूचनाएं प्राप्त कर सकता है।

(iii) इसमें विषय से सम्बन्धित गहन एवं विस्तृत जानकारी प्राप्त की जा सकती है।

(iv) इस प्रकार के साक्षात्कार में संवेदनशील प्रश्नों को जिनमें उत्तरदाता के क्रोधित होने या भावुक होने का डर हो, इस प्रकार से हेर-फेर कर पूछा जा सकता है जिससे उसकी भावना को ठेस न लगे और उत्तर भी प्राप्त हो जाय।

(v) प्रश्नों की कठिन भाषा को भी साक्षात्कारकर्ता सूचनादाता के समक्ष सरल शब्दों में रख सकता है।

(vi) ऐसे साक्षात्कार में प्राप्त सूचनाओं की जांच सम्भव है।

दोष

(i) इसमें अधिक समय, धन एवं श्रम खर्च होता है।

(ii) इसमें पक्षपात आने की भी अधिक सम्भावना रहती है।

(iii) इसमें प्रत्येक सूचनादाता से सम्पर्क स्थापित करना होता है जो कि एक कठिन कार्य है।

(iv) इस प्रकार के साक्षात्कार का आयोजन एवं संगठन भी एक कठिन कार्य है।

सामूहिक साक्षात्कार (Group Interview)

इस प्रकार के साक्षात्कार के अन्तर्गत एक साक्षात्कारकर्ता एक समय में एक से व्यक्ति अधिक अथवा एक समूह से इच्छित एवं आवश्यक सूचनाओं को प्राप्त करता है। वह समूह में लोगों से बारी-बारी से प्रश्न कर सकता है अथवा किसी प्रश्न का उत्तर समूह का कोई नेता, व्यक्ति या सामूहिक रूप से भी दे सकते हैं। समूह के लोग मौन रहकर सूचनादाता के प्रति अपनी सहमति व्यक्त कर सकते हैं अथवा उसका विरोध और आलोचना भी कर सकते हैं। इस प्रकार के साक्षात्कार द्वारा ऐसी सूचनाएं संकलित की जाती हैं जिनका सम्बन्ध सम्पूर्ण समूह से हो।

लाभ

(i) यह कम खर्चीली विधि है।

(ii) इसमें विस्तृत जानकारी प्राप्त की जा सकती है।

(iii) इसमें प्राप्त सूचनाओं की विश्वसनीयता एवं प्रामाणिकता दूसरे व्यक्तियों की उपस्थिति के कारण सम्भव हो पाती है। उनसे घटना का स्पष्टीकरण प्राप्त किया जा सकता है।

(iv) इससे काफी जनसंख्या वाले क्षेत्र में सामग्री का संकलन सरलता से किया जा सकता है।

(v) इसमें व्यक्तिगत पक्षपात की सम्भावना नहीं रहती।

(vi) इससे अधिक सूचनाएं एकत्रित की जा सकती हैं।

(vii) इसमें कम कुशल व्यक्ति भी साक्षात्कार का संचालन कर सकता है।

दोष

(i) इसमें गोपनीयता का अभाव पाया जाता है। अत: इस प्रकार के साक्षात्कार द्वारा व्यक्तिगत जीवन से सम्बन्धित सूचनाएं प्राप्त नहीं की जा सकतीं।

(ii) इसका उपयोग गहन अध्ययनों के लिए नहीं किया जा सकता।

(iii) समूह में कई उत्तरदाता प्रश्नों को समझने में असमर्थ रहते हैं, अत: सही उत्तर प्राप्त नहीं हो पाते।

अवधि के आधार पर (On the Basis of Duration)

सूचनादाताओं से सम्पर्क की अवधि के आधार पर साक्षात्कार को दो भागों में बांटा गया है :

(1) **अल्पकालिक साक्षात्कार** (Short-term Interview) : कुछ साक्षात्कार ऐसे होते हैं जिसमें विषय से सम्बन्धित कुछ छोटी-मोटी बातें ही जाननी होती हैं, और उनमें गिने-चुने प्रश्नों के ही उत्तर प्राप्त किये जाते हैं, अत: वे शीघ्र समाप्त हो जाते है। इसलिए इन साक्षात्कारों को अल्पकालिक साक्षात्कार कहा जाता है।

(2) **दीर्घकालिक साक्षात्कार** (Long- term Interview) : कुछ समस्याएं ऐसी होती हैं जिनके बारे में गहन और विस्तृत जानकारी प्राप्त करनी होती है, उनके लिए लम्बी अवधि के साक्षात्कारों का आयोजन किया जाता है जो कई घण्टे, कई दिनों और महीनों तक भी चलाए जा सकते हैं। मनोविश्लेषणकर्ता एवं मनोचिकत्सक मानसिक रोगियों के उपचार हेतु इस प्रकार के साक्षात्कार का प्रयोग करते हैं।

सरंचना के आधार पर (On the Basis of Structure)

यहां साक्षात्कार में पहले से ही प्रश्नों का निर्माण किया जाता है अथवा मूल रूप से प्रश्न पूछे जाते हैं। इस आधार पर साक्षात्कार को निम्नांकित तीन भागों में बांटा गया है :

(1) **अर्द्ध-संरचित साक्षात्कार** (Semi-Structured Interview) : इस प्रकार का साक्षात्कार न तो पूर्ण रूप से संरचित हाता है और न पूर्णत: असंरचित ही वरन् इसमें दोनों का सम्मिश्रण होता हैं। विषय से सम्बन्धित कुछ प्रशन तो पहले से ही निर्मित कर लिए जाते है और कुछ सक्षात्कारकर्ता स्वतन्त्र रूप से पूछता है।

(2) **संरचित साक्षात्कार** (Structured Interview) : इस प्रकार के साक्षात्कार में अध्ययन विषय से सम्बन्धित कुछ प्रश्नों का पहले सही निर्माण कर लिया और उन्हें एक व्यवस्थित क्रम में रख लिया जाता है। साक्षात्कारकर्ता इन प्रश्नों को सूचनादाता से पूछकर जानकारी प्राप्त करता है। प्रश्नों की इस सूची को '**साक्षात्कार अनुसूची**' (Interview Schedule) कहते हैं। साक्षात्कारकर्ता साक्षात्कार अनुसूची में दिए हुए प्रश्नों को उसी क्रम में पूछता है, उनमें हेर-फेर करने की उसे छूट नहीं होती है। इसमें साक्षात्कार का समय, अवधि तथा परिस्थिति, आदि सभी का पूर्ण निर्धारण कर लिया जाता है ताति साक्षात्कार में समानता बनी रह सके।

इस प्रकार के साक्षात्कार में साक्षात्कारकर्ता एवं सूचनादाता दोनों पर नियन्त्रण बना रहता है। इस प्रकार के साक्षात्कार को नियोजित साक्षात्कार, निर्देशित साक्षात्कार या औपचारिक साक्षात्कार भी कहा जाता है। प्रशासकीय तथा विविध प्रकार के बाजार सर्वेक्षण एवं मतदान व्यवहार को ज्ञात करने के लिए इस प्रकार के साक्षात्कारों का प्रयोग किया जाता है। इस प्रकार के साक्षात्कारों में पक्षपात आने की सम्भावना नहीं होती क्योंकि प्रश्नों का निर्माण पहले से ही लिया जाता है।

(3) **असंरचित साक्षात्कार** (Unstructured Interview) : इस प्रकार के साक्षात्कार को अनिर्देशित, अनियन्त्रित, अनौपचारिक तथा असंरचित साक्षात्कार भी कहते हैं। इस प्रकार के साक्षात्कार में साक्षात्कारकर्ता के पास प्रश्नों की कोई पूर्व-निर्धारित सूची नहीं होती है, वरन् विषय से सम्बन्धित प्रश्नों की तत्काल ही निर्माण किया जाता है।

इस प्रकार के साक्षात्कार द्वारा सूचनादाता की भावनाओं, मनोवृत्तियों, विचारों एवं आदर्शों, आदि को ज्ञात किया जाता हैं। इसमें साक्षात्कारकर्ता का मार्गदर्शन करने के लिए साक्षात्कार पथ-प्रदर्शिका (Interview Guide) का प्रयोग अवश्य किया जाता है, जिसमें विषय से सम्बन्धित जिस प्रकार की जानकारी प्राप्त करनी हो, उसके बारे में मोटी-मोटी बातें लिखी होती हैं। इस प्रकार के साक्षात्कार का प्रयोग आदिम जनजातियों के अध्ययन में मानवशास्त्रियों ने काफी किया है। ऐसे साक्षात्कार में साक्षात्कारकर्ता में उच्चस्तरीय ज्ञान और कुशलता की आवश्यकता होती है। इसके अन्तर्गत नमनीयता या लचीलेपन की भी अधिक सम्भावना रहती है। इसमें साक्षात्कारकर्ता परिस्थिति के अनुसार प्रश्नों को बदलकर महत्वपूर्ण तथ्यों को प्राप्त करता है।

आवृत्ति के आधार पर (On the Basis of Frequency)

कई बार साक्षात्कार एक ही बार में पूर्ण हो जाता है और कई बार उसकी पुनरावृत्ति करनी पड़ती है। इस आधार पर साक्षात्कारों को निम्नांकित दो भागों में बांटा गया है :

(1) **प्रथम या अन्तिम साक्षात्कार** (First or Final Interview) : इस प्रकार के साक्षात्कार में पहली बार में ही सारी सूचनाएं सकलित कर ली जाती हैं, और सूचनादाता से इस सन्दर्भ में बार-बार सम्पर्क की आवश्यकता नहीं होती, इसलिए इसे प्रथम या अन्तिम साक्षात्कार कहा जाता है। इस प्रकार का साक्षात्कार समस्या के बारे में सामान्य जानकारी प्राप्त करने के लिए किया जाता है।

(2) **पुनरावृत्ति साक्षात्कार** (Repetitive Interview) : इस प्रकार के साक्षात्कार का प्रयोग लेजार्सफील्ड ने किया था। जब किसी निरन्तर परिवर्तित होने वाली प्रवृत्ति को ज्ञात करना हो अथवा विकास के प्रतिमान का पता लगाना हो तो इस पद्धति का प्रयोग किया जाता है। इसमें सूचनादाता से कुछ अवधि के बाद बार-बार भेंट कर सूचनाएं संकलित की जाती हैं। किसी नगर पर बढ़ते हुए औद्योगीकरण के प्रभावों को ज्ञात करने के लिए इस प्रकार के साक्षात्कार का प्रयाग किया जा सकता है। इस विधि के कई लाभ होते हुए भी इकी कुछ सीमाएं भी हैं, जैसे यह एक खर्चीली प्रणाली है। इसमें समय भी अधिक लगता है। इसके लिए स्थायी अनुसन्धान संस्था का निर्माण करने की आवश्यकता पड़ती है। साथ ही इसमें स्थायी सूचनादाताओं को भी खोजना पड़ता है।

सम्पर्क के आधार पर (On the Basis of Contact)

सूचनादाता से सम्पर्क के आधार पर साक्षात्कार को निम्न दो भागों मे बांटा गया है :

(1) **अप्रत्यक्ष साक्षात्कार** (Indirect Interview) : इस प्रकार के साक्षात्कार में साक्षात्कारकर्ता उत्तरदाता के आमने-सामने की स्थिति में नहीं होता है। टेलीफोन के द्वारा साक्षात्कार लेना अथवा पर्दे में रहने वाली स्त्रियों से पर्दा डालकर अथवा किसी मध्यस्थ व्यक्ति के माध्यम से सूचना एकत्रित करना अप्रत्यक्ष साक्षात्कार कहलाता है।

(2) **प्रत्यक्ष साक्षात्कार** (Direct Interview) : इस प्रकार के साक्षात्कार में साक्षात्कारकर्ता एवं सूचनादाता परस्पर आमने-सामने होकर वार्तालाप करते

हैं। इसमें साक्षात्कारकर्ता सूचनादाता के हाव-भाव, चेहरे की अभिव्यक्ति, आदि को देखकर उसके मनोभावों का अध्ययन कर सकता है।

औपचारिकता के आधार पर (On the Basis of Formality)

(1) **औपचारिक साक्षात्कार** (Formal Interview) : इसमें पहले से ही कुछ प्रश्न बनाकर लिख लिए जाते हैं। इनके अतिरिक्त नये प्रश्न बनाने व शब्दों में परिवर्तन करने की छूट साक्षात्कारकर्ता को नहीं होती है। इसे नियमित, संचालित व निर्देशित साक्षात्कार भी कहते हैं।

(2) **अनौपचारिक साक्षात्कार** (Informal Interview) : इसमें साक्षात्कारकर्ता को प्रश्नों को बनाने, क्रम परिवर्तन करने, अर्थ की व्याख्या करने, नये प्रश्न बनाने एवं प्रश्नों की शब्दावली में परिवर्तन करने की छूट होती है। इसमें साक्षात्कार के समय किसी भी प्रकार की अनुसूची की सहायता नहीं ली जाती है। इसे अनियन्त्रित एवं अनिर्देशित साक्षात्कार भी कहते हैं।

अध्ययन पद्धति के आधार पर (On basis of Methodology)

अध्ययन पद्धति के आधार पर साक्षात्कार को निम्नांकित दो भागों में बांटा गया है :

(1) **केन्द्रित साक्षात्कार** (Focussed Interview) : इस प्रकार के साक्षात्कार का प्रयोग सर्वप्रथम अमेरिकन समाजशास्त्री **मर्टन** ने 1946 में सार्वजनिक सन्देशवाहन के साधनों जैसे रेडियों, टी. वी. फिल्म, समाचार-पत्र, आदि के सामाजिक एवं मनोवैज्ञानिक प्रभावों को जानने के लिए किया था। आपने रेडियो के सामाजिक जीवन पर 150 प्रभावों का उल्लेख किया है। यह साक्षात्कार उन्हीं सूचनादाताओं का लिया जाता है जो अध्ययन विषय से सम्बन्धित रहे हों। उदाहरण के लिए, किसी रेडियो कार्यक्रम को सुनने अथवा किसी फिल्म को देखने के बाद उसके प्रभाव को जानने के लिए श्रोताओं एवं दर्शकों का साक्षात्कार लिया जाता है। चूंकि इसमें किसी विशेष घटना, अवस्था या परिस्थिति के प्रभाव पर ही साक्षात्कार केन्द्रित होता है, इसलिए इसे 'केन्द्रित साक्षात्कार' कहा जाता है। इसकी निम्नांकित विशेषताएं हैं :

(i) यह साक्षात्कार केवल उन्हीं लोगों का लिया जाता है जो उस विषय विशेष से सम्बन्धित रह चुके हों।

(ii) इस प्रकार के साक्षात्कार में 'साक्षात्कार पथ-प्रदर्शिका' (Interview guide) का सहारा लिया जाता है जिसमें विषय से सम्बन्धित ज्ञात की जाने वाली बातों का उल्लेख होता है।

(iii) इस प्रकार का साक्षात्कार एक विशिष्ट परिस्थिति के प्रति सूचनादाता के अनुभवों, मनोवृत्तियों एवं भावनाओं को जानने के लिए किया जाता है।

(iv) इसमें साक्षात्कारकर्ता सूचनादाताओं के उत्तरों को प्रभावित नहीं कर सकता है।

(v) इसमें घटना का पूर्व विश्लेषण कर प्रश्नों की एक सूची तैयार कर ली जाती हैं।

(2) **अनिर्देशित साक्षात्कार** (Non-directive Interview) : इसे अनियन्त्रित एवं असंचालित साक्षात्कार भी कहते हैं। इसमें किसी कठिन समस्या के बारे में सूचनादाता से स्वतन्त्रतापूर्वक प्रश्न पूछे जाते हैं। इसमें किसी कठिन समस्या के बारे में सूचनादाता से स्वतन्त्रतापूर्वक प्रश्न पूछे जाते हैं। इसमें प्रश्नों की पूर्व निर्धारित अनुसूची नहीं होती है और नही सूचनादाता पर उत्तर देने के सन्दर्भ में कोई नियन्त्रण ही होता है। इसमें सूचनादाता मुक्त होकर विषय के बारे में सूचनाएं देता है और साक्षात्कारकर्ता धैर्यपूर्वक उन्हें सुनता जाता है। यदि कोई सूचना छूट जाए तो सूचनादाता के द्वारा सारी बात कह देने के बाद ही अन्य प्रश्न पूछे जाते है।

साक्षात्कार की प्रक्रिया एवं तकनीक (Process and Technique of Interview)

साक्षात्कार मौलिक रूप से सामाजिक अन्त:क्रिया की एक प्रक्रिया है। साक्षात्कार का संचालन करना भी एक कला है। इसलिए इसे योजनाबद्ध रूप से संगठित किया जाना चाहिए।

साक्षात्कार का संचालन किस प्रकार किया जाय, इस बात पर बहुत कुछ लिखा गया है। इस सम्बन्ध में हरबर्ट हाईमैन, बिंघम, वाल्टर एवं मूर, ओल्डफील्ड, वेनलैंड व गोस, रोजर्स, स्टेस्ली,आदि के नाम विशेष रूप से उल्लेखनीय हैं जिन्होंने साक्षात्कार की प्रक्रिया, तकनीक एवं समस्याओं, आदि के बारे में विस्तृत विवरण दिया है। किसी भी साक्षात्कार की प्रक्रिया के मुख्यत: तीन चरण होते हैं:

(i) साक्षात्कार के बारे में प्रारम्भिक तैयारी,

(ii) साक्षात्कार की प्रक्रिया,

(iii) साक्षात्कार की समाप्ति एवं प्रतिवेदन।

हम इन सब पक्षों पर यहां विचार करेंगे।

I. साक्षात्कार की प्रारम्भिक तैयारी
(Preliminary Preparation of Interview)

किसी भी साक्षात्कार को प्रारम्भ करने से पूर्व साक्षात्कार के विषय में सूचनादाताओं की प्रकृति, साक्षात्कार के प्रकार, साक्षात्कार का समय, स्थान व उपकरण क बारे में प्रारम्भिक विचार कर लेना चाहिए, ताकि साक्षात्कार का संचालन सफलतापूर्वक किया जा सके। साक्षात्कार के प्रारम्भिक चिन्तन अथवा तैयारी में निम्न बातों को सम्मिलित किया जाता हैं:

(i) **साक्षात्कारदाताओं का चुनाव** (Selection of Interview) अध्ययन विषय की आवश्यकता के अनुसार उपुयुक्त साक्षात्कारदाताओं का चुनाव आवयश्यक है, उदाहरण के लिए, यदि हम किसी औद्योगिक समस्या का अध्ययन कर रह हैं तो हमें औद्योगिक समस्या का अध्ययन कर रहे हैं तो हमें औद्योगिक श्रमिकों, कारखाने के प्रबन्धकों, श्रम-संघ के नेताओं और अधिकारियों, आदि का चुनाव करना चाहिए। साक्षात्कारदाताओं का चुनाव करते समय हमें यह ध्यान रखना चाहिए कि हम अनुभवी, अध्ययन समस्या से सम्बन्धित तथा तटस्थ व्यक्तियों का चयन करें जो कि समस्या के बारे में गहन, विस्तृत, विश्वसनीय एवं प्रामाणिक सूचनाएं दे सकें। कई बार स्थायी साक्षात्कारदाताओं का एक समूह (Panel) बना लेना भी लाभदायक होता है और यदि साक्षात्कारदाता बहुत अधिक संख्या में हों तो निदर्शन द्वारा उसमें से वांछित मात्रा में सदस्यों का चयन कर लिया जाता है।

(ii) **समस्या की पूर्ण जानकारी** (Full knowledge of the problem) : साक्षात्कार का आयोजन करने वाले व्यक्ति के लिए यह आवश्यक है कि उसे समस्या के बारे में पूर्ण जानकारी हो क्योंकि साक्षात्कार के दौरान जब सूचनादाता साक्षात्कारकर्ता से अनेक प्रकार के प्रश्न करता है अथवा वाद-विवाद करता है तो उसे प्रश्नों का सन्तोषजनक उत्तर एवं स्पष्टीकरण देना पड़ता है। विषय के ज्ञान के अभाव में साक्षात्कारकर्ता को लज्जित होना पड़ सकता है और ऐसी स्थिति में अनुसन्धान की सफलता भी संदिग्ध हो जाती है। अतः यह आवश्यक है कि साक्षात्कारकर्ता को विषय के बारे में पूर्ण जानकारी हो जिसे वह सूचनादाता के समक्ष स्पष्ट कर सके।

(iii) **समय एवं स्थान का निर्धारण** (Fixation of time and place) : साक्षात्कार के लिए उचित समय एवं स्थान का निर्धारण भी एक आवश्यक चरण है जो कि साक्षात्कारदाता की सलाह से किया जाना चाहिए। इसके

लिए उससे पत्र, टेलीफोन या व्यक्तिगत रूप से सम्पर्क स्थापित कर लिया जाता है। समय और स्थान का निर्धारण करने से पूव्र उसे परिचय-पत्र भी भेजना चाहिए, ताकि वह साक्षात्कार के सम्बन्ध में किसी प्रकार का सन्देह न करे। समय ऐसा होना चाहिए जब उसे अवकाश हो और वह किसी कार्य में व्यस्त न हो। इसी तरह से स्थान का निर्धारण करते समय भी यह ध्यान में रखा जाए कि स्थान ऐसा हो जहां वह गोपनीय सूचनाएं दे सके। सार्वजनिक स्थान एवं व्यवसाय स्थल पर सामान्यत: साक्षात्कार लेना उपयुक्त नहीं रहता है।

(iv) **सूचनादाताओं के बारे में जानकारी** (Information about respondents) : साक्षात्कारकर्ता को सूचनादाताओं की योग्यता, उनके निवास-स्थान, व्यवसाय, स्वभाव, अवकाश तथा मिलने के समय, आदि के बारे में पर्याप्त जानकारी प्राप्त कर लेनी चाहिए। सूचनादाताओं की प्रकृति, विचार और संस्कृति तथा जाति और सामाजिक स्थिति, आदि का भी ज्ञान होना चाहिए। ये सभी बातें जानना साक्षात्कार की सफलता के लिए आवश्यक है।

(v) **साक्षात्कार यन्त्रों की रचना** (Constrution of interview tools) : साक्षात्कार के संचालन के लिए प्रमुखत: दो यन्त्रों की रचना की जाती है–

(i) अनुसूची, और

(ii) साक्षात्कार प्रदर्शिका (निर्देशिका) की।

इनमें से कौन सा यन्त्र कहां प्रयोग में लाया जाएगा, यह साक्षात्कार के प्रकार एवं अध्ययन-विषय पर निर्भर करता है। हम संक्षेप में इन दोनों ही यन्त्रों का यहां उल्लेख करेंगे।

(1) **साक्षात्कार अनुसूची** (Interview Schedule) : यह विषय से सम्बन्धित प्रश्नों की एक सूची होती है जिसे क्रमबद्ध रूप में लिखा जाता है। इन प्रश्नों को साक्षात्कारकर्ता पूछता जाता है और रिक्त स्थान में, उनके सामने लिखता जाता है। यह प्रश्नावली का ही एक स्वरूप है। साक्षात्कार अनुसूची में उत्तरदाता का नाम, स्थान, आयु जाति, वैवाहिक स्थिति, धर्म, व्यवसाय, आदि का उल्लेख होता है और उसके बार अध्ययन समस्या से सम्बन्धित अनेक प्रश्न होते हैं। साक्षात्कार अनुसूची का प्रयोग औपचारिक और निर्देशित साक्षात्कारों के लिए किया जाता है।

(2) **साक्षात्कार निर्देशिका** (Interview guide) : साक्षात्कार निर्देशिका एक लिखित प्रपत्र होता है जिसमें समस्या के विभिन्न पक्षों का विवरण होता है। **गुडे** एवं **हाट** ने इसे स्पष्ट करते हुए लिखा है, "साक्षात्कार

पथ-प्रदर्शिका ऐसे शोध-प्रसंगों अथवा विषयों की एक सूची होती है जिसमें साक्षात्कारकर्ता को प्रश्न पूछने के लिए प्रश्नों के क्रम, भाषा तथा तरीके की पूर्ण स्वतन्त्रता होती है।" अनिर्दिष्ट और अनौपचारिक साक्षात्कार में इसका प्रयोग प्रमुख रूप से किया जाता है। साक्षात्कार पथ-प्रदर्शिका मं समस्या के विभिन्न पहलुओं की रूपरेखा निहित होती है। इसमें साक्षात्कार की पूर्ण योजना का विवरण होता है, पूछने योग्य महत्वपूर्ण प्रश्नों की सूची तथा साक्षात्कार की प्रक्रिया के बारे में आवश्यक सावधानियों एवं निर्देशों का उल्लेख होता है। साक्षात्कार पथ-प्रदर्शिका की रचना करते समय यह ध्यान रहे कि यह नियन्त्रक सिद्ध न हो, वरन् केवल मार्गदर्शक ही हो। साक्षात्कार पथ-प्रदर्शिका के निम्नांकित लाभ हैं:

(i) इससे अध्ययन में एकरूपता आती है।

(ii) यह अध्ययन के प्रधान तत्वों की ओर ध्यान आकर्षित करती है।

(iii) यह विभिन्न साक्षात्कारों द्वारा तुलनात्मक तथ्यों की प्राप्ति में सहायक है।

(iv) साक्षात्कारकर्ता की स्मरणशक्ति पर अनावश्यक भरोसा नहीं करना पड़ता है।

(v) इससे अध्ययन में क्रमबद्धता आती है।

(vi) निर्मित उपकल्पना के आधार पर आवश्यक सामग्री का संग्रहण किया जाता है।

(vii) विशिष्ट प्रकार के ठोस तथ्यों का संग्रहण किया जाता है।

II. साक्षात्कार की प्रक्रिया (Process of Interview)

साक्षात्कार की प्रारम्भिक तैयारी कर लेने के बाद सूचनादाता से साक्षात्कार करना होता है। साक्षात्कार की प्रक्रिया में जो पद्धति वह अपनाता है, वह सूचनादाता की बुद्धि, क्षमता, योग्यता एवं शैक्षणिक स्तर पर निर्भर होती है। साक्षात्कार का संचालन करते समय निम्नांकित बातों पर विशेष ध्यान देना चाहिए :

(1) **प्रोत्साहन एवं पुनःस्मृति** (Stimulation and Recall) : सूचनादाता कई बार सूचना देते-देते भटक जाता है, थक जाता है अथवा उसकी रुचि कम हो जाती है, ऐसी स्थिति में साक्षात्मकारकर्ता को चाहिए कि वह ऐसे वाक्यों का प्रयोग करे जिनसे सूचनादाता का उत्साहवर्धन हो और उसे सूचना देने हेतु प्रोत्साहन मिले। उदाहरण के रूप में, 'आपने हमें बहुत ही महत्वपूर्ण बातें बतायी हैं', 'आपके अनुभव अनुसन्धान के लिए बहुत उपयोगी सिद्ध

होंगे', 'आपकी सूचना ने तो हमें नवीन दिशा प्रदान की है', आदि वाक्यों का प्रयोग किया जाना चाहिए।

कभी-कभी सूचनादाता बोलते-बोलते भावों में बह जाता और विषय से परे हट जाता है। तब साक्षात्कारकर्ता को चाहिए कि वह उसे पुनः सावधानीपूर्वक विषय पर जे आए, इसे पुनः स्मरण कराना (Recall) कहते है। मुख्य विषय पर लोने के लिए ऐसे वाक्यों का प्रयोग किया जा सकता है। जैसे–'आप अभी अमुक विषय के बारे में बता रहे थे', 'बहुत अच्छा लगा, कृपया उसके बारे में कुछ और कहिए', 'हां तो उसका फिर क्या हुआ', 'आपने बताया कि ..... तो इसके प्रति आपकी कया प्रतिक्रिया है'?

(2) **सहयोग की प्रार्थना** (Appeal for Co-operation) : अनुसन्धान का उद्देश्य बताने के बाद साक्षात्कारकर्ता को अध्ययन में सहयोग देने की प्रार्थना करनी चाहिए, इसके लिए उसकी प्रशंसा भी की जानी चाहिए, उसे यह कहा जाना चाहिए कि आपके सहयोग के अभाव में यह अनुसन्धान कार्य पूर्ण नही हो पाएगा, अतः आपका सहयोग अनुसन्धान के लिए अति आवश्यक है। साथ ही उसे यह भी विश्वास दिलाया जाना चाहिए कि उसके द्वारा दी गई सूचनाएं गुप्त रखी जाएंगी तथा अध्ययन का उद्देश्य विशुद्ध वैज्ञानिक है।

(3) **सूचनादाता से सम्पर्क** (Contact with the Informants) : वास्तविक साक्षात्कार को प्रारम्भ करने के लिए सबसे पहला कार्य होता है, सूचनादाता से पूर्व निश्चित समय एवं स्थान पर सम्पर्क स्थापित करना। सर्वप्रथम मिलते ही साक्षात्कारकर्ता को अभिवादन करना चाहिए। उसे हंसमुख होना चाहिए एवं समुचित पोषाक धारण करनी चाहिए। यदि उसके पास कोई परिचय-पत्र हो तो उसे भी दिखाना चाहिए। इन सब बातों का सूचनादाता पर अच्छा प्रभाव पड़ता है।

(4) **उचित एवं समयानुसार प्रश्न** (Adequate and Timely Questions) : साक्षात्कार के समय यह बात भी ध्यान में रखनी चाहिए कि समयानुसार उचित प्रश्न किये जाएं। प्रश्न सदैव जो विषय चला रहा हो, उससे ही सम्बन्धित होने चाहिए, एक विषय छोड़कर यकायक दूसरे विषय पर प्रश्न नहीं पूछने चाहिए, इससे साक्षात्कार की निरन्तरता टूट जाती है। जहां तक हो गहन व्यक्तिगत जीवन से सम्बन्धित प्रश्नों से बचा जाना चाहिए क्योंकि ऐसे प्रश्नों से व्यक्ति या तो बचना चाहेगा या वह क्रोधित हो जायेगा।

(5) **उद्देश्य बताना** (Telling the Purpose) : साक्षात्कारकर्ता को साक्षात्कारदाता को अपने अध्ययन का उद्देश्य बता देना चाहिए जिसमें अनुसन्धान करने वाली संस्था और विषय, आदि का भी उल्लेख कर देना चाहिए ताकि वह यह जान जाए कि उसके द्वारा दी गई सूचना का कोई दुरुपयोग नहीं होगा।

(6) **वार्तालाप प्रारम्भ करना** (Beginning of Conversation) : उपर्युक्त बातों के बाद सूचनादाता से विषय से सम्बन्धित वार्तालाप प्रारम्भ किया जाता और विभिन्न प्रकार के प्रश्न पूछे जाते हैं। प्रश्न करते समय यह ध्यान रखा जाना चाहिए कि प्रश्नों का क्रम सही हो, प्रश्न ऐसे न हों जिनसे सूचनादाता क्रुद्ध हो जाए अथवा जिनके उत्तर वह टालना चाहे। प्रश्न आदेशात्मक, उपदेशात्मक, निषेधात्मक तथा पथ-प्रदर्शक भी नही हाने चाहिए। प्रश्न समय एवं परिस्थिति को ध्यान में रखकर किये जाने चाहिए। एक प्रकार के प्रश्नों के समाप्त होने के बाद ही दूसरे प्रकार के प्रश्न पूछे जाने चाहिए। उदाहरण के लिए, आय के सम्बन्ध में प्रश्न पूछते-पूछते ही बीच में विवाह एवं परिवार से सम्बन्धित प्रश्न नहीं करने चाहिए।

(7) **सहानुभूतिपूर्वक सुनना** (Sympathetic Listening) : साक्षात्कार में साक्षात्कारकर्ता को कम बोलना चाहिए और सूचनादाताओं को धैर्य एवं सहानुभूति पूर्वक सुनना चाहिए। साक्षात्कारकर्ता को सूचनादाता का विश्वास जीत लेना चाहिए और उसे बीच में टोकना नहीं चाहिए। साक्षात्कारकर्ता को सूचनादाता की बातों में रुचि का संकेत देना चाहिए। और यह कहना चाहिए कि उसके स्वयं के विचार, दृष्टिकोण एवं पसन्द-नापसन्द भी सूचनादाता के समान ही हैं। ऐसी बातें कहने से वह मुक्त होकर अधिकाधिक सूचनाएं प्रदान करेगा।

(8) **क्रोधित होने से बचाव** (Avoid Irritating Points) साक्षात्कारकर्ता को चाहिए कि वह सूचनादाता से ऐसे प्रश्न नहीं पूछे जिससे वह क्रोधित हो जाय और साक्षात्कार को बीच में ही समाप्त करना पड़े। उदाहरण के लिए, किसी डाकू या हत्यारे का साक्षात्कार लेते समय उससे यह नहीं पूछना चाहिए–'डकैती और हत्या तो जघन्य अपराध है, तो आपने ऐसा क्यों किया, क्या आपको ऐसे कार्यों से शर्म नहीं आती'? ऐसे प्रश्नों से सूचनादाता उत्तेजित हो सकता है जो कि साक्षात्कार की दृष्टि से उचित नहीं है।

(9) **अन्य सामान्य बातें** (Other General Things) : उपर्युक्त बातों के अतिरिक्त साक्षात्कार के दौरान कुछ अन्य बातों का भी ध्यान रखना चाहिए जो निम्नांकित हैं–

(i) प्रत्यक्ष प्रश्न नहीं पूछने चाहिए,

(ii) जटिल प्रश्न नहीं पूछने चाहिए

(iii) ऐसे प्रश्न भी नहीं किये जाने चाहिए जिनके उत्तर बहुत संक्षिप्त हों,

(iv) साक्षात्कारकर्ता को सदैव ही विषय पर रहने का प्रयास करना चाहिए।

(v) साक्षात्कारकर्ता को सदैव ही विषय पर रहने का प्रयास करना चाहिए।

(vi) पथ-प्रदर्शक प्रश्न नहीं पूछे जाने चाहिए,

(vii) आज्ञा देने एवं उपदेश देने वाले प्रश्नों से भी बचना चाहिए,

(viii) दोहरे प्रश्नों से बचना चाहिए।

(10) **साक्षात्कार का नियन्त्रण एवं प्रमाणीकरण** (Controlling and Validating the Interview) साक्षात्कार लेते समय साक्षात्कार को नियन्त्रित करना एवं प्राप्त सूचनाओं की विश्वसनीयता को ज्ञात करना भी आवश्यक है, क्योंकि कई बार सूचनादाता बोलते-बोलते भावुकता में बहने लग जाता है और ऐसी बातें कहने लगता है जिनसे अनुसन्धान का कोई सम्बन्ध न हो, ऐसी स्थिति में साक्षात्कारकर्ता को साक्षात्कार का नियन्त्रण कर सावधानीपूर्वक सूचनादाता को पुनः विषय पर लाना चाहिए। साक्षात्कार के प्रमाणीकरण के सन्दर्भ में निम्नांकित बातों का ध्यान दिया जाना चाहिए:

(i) साक्षात्कार में सूचनादाता ने कोई परस्पर विरोधी बातें तो नहीं कही हैं, ऐसा होने का यह कारण हो सकता है कि सूचनादाता ने किसी बात को ठीक से न समझाा हो या गलत समझा हो।

(ii) कई बार सूचनादाता साक्षात्कारकर्ता को धोखा देने या झूठ बोलने का प्रयास करता है, तब उसे ऐसा व्यवहार करना चाहिए जिससे यह प्रकट हो कि ये बातें साक्षात्कारकर्ता को पहले ही मालूम हैं।

(iii) सूचनाओं की प्रामाणिकता को ज्ञात करने के लिए खोजपूर्ण प्रश्न तथा प्रति प्रश्न (Cross questions) किये जाने चाहिए।

(iv) साक्षात्कार द्वारा प्राप्त तथ्यों के बीय कार्य-करण का सम्बन्ध ज्ञात करना चाहिए, अन्य शब्दों में साक्षात्कार में कही गई बातों की तर्क संगतता को देखा जाना चाहिए।

III. साक्षात्कार का समापन एवं प्रतिवेदन (Competion of Interview and Reporting)

साक्षात्कार का अन्तिम और महत्वपूर्ण चरण है : साक्षात्कार की समाप्ति एवं प्रतिवेदन। इस चरण में निम्नांकित तीन बातें प्रमुख हैं :

(i) **साक्षात्कार प्रतिवेदन** (Interview Report) : साक्षात्कार की समाप्ति के बाद एक और महत्वपूर्ण कार्य है–साक्षात्कार प्रतिवेदन तैयार करना। प्रतिवेदन तैयार करने के लिए साक्षात्कारकर्ता द्वारा लिए गए नोट्स, टेपरिकॉर्डर, आदि की सहायता ली जानी चाहिए। इस रिपोर्ट के आधार पर ही संकलित की गई सूचनाओं का निर्वचन व वर्गीकरण किया जाता एवं निष्कर्ष निकाले जाते हैं। रिपोर्ट लिखने का कार्य भी साक्षात्कार की समाप्ति के बाद यथाशीघ्र कर लिया जाना चाहिए ताकि सूचनाओं के छूटने, परिवर्तित होने या भूलने के अवसर नहीं रहें। प्रतिवेदन लिखते समय यह भी ध्यान रखा जाना चाहिए कि वह सही और पक्षपात रहित हो।

(ii) **साक्षात्कार की समाप्ति** (Clossing of Interview) : साक्षात्कार की समाप्ति भी सुन्दर ढंग से होनी चाहिए। जब सूचनादाता कोई महत्वपूर्ण बात कह रहा हो, नई बात बात रहा हो या किसी अन्य बात के लिए प्रस्ताव कर रहा हो तो साक्षात्कार को समाप्त नहीं करना चाहिए। जब सूचनादाता सब कुछ कह चुका होता है तो उसकी गति मन्द हो जाती है, या वह रुकने लगता है तो समझ लेना चाहिए कि साक्षात्कार समाप्ति की ओर है। कई बार सूचनादाता साक्षात्कार के बाद भय ओर आत्मग्लानि की भावना से भर जाती हैं क्योंकि वह सोचता है कि उसने अपनी गुप्त बातें किसी अपरिचित व्यक्ति को बता दीं, तब उसे यह विश्वास दिलाना चाहिए कि उसने अपनी सूचनाओं द्वारा अनुसन्धान में महत्वपूर्ण योग दिया है। सूचनादाता को साक्षात्कार की समाप्ति के बाद प्रसन्न एवं सन्तुष्ट मुद्रा में छोड़ना चाहिए जिससे कि यदि साक्षात्कार को कभी पुनः प्रारम्भ करना पड़े तो वह सूचना देने के लिए तैयार रहे। साक्षात्कार के अन्त में साक्षात्कारकर्ता को सूचनादाता के प्रति कृतज्ञता प्रकट करनी चाहिए तथा उसके द्वारा दिए गए सहयोग के लिए धन्यवाद देना चाहिए और भविष्य में भी सहयोग की अपेक्षा के साथ विदा लेनी चाहिए।

(iii) **साक्षात्कार को लिखना** (Reporting the Interview) : साक्षात्कार की समाप्ति के बाद एक महत्वपूर्ण कार्य है : साक्षात्कार को लिखना। संरक्षित साक्षात्कार में तो अनुसूची में सूचनाओं को हाथों-हाथ लिख लिया जाता है, किन्तु असंरक्षित, अनिर्देशित तथा अनौपचारिक साक्षात्कारों में सूचनाओं का लिखना एक कठिन कार्य है क्योंकि जो सूचनादाता मुक्त रूप से सूचना दे रहा हो तो सम्पूर्ण वार्तालाप का लिखने में क्रम टूटने का डर रहता है अथवा सूचनादाता को झुंझलाहट आ सकती है। ऐसी स्थिति में या तो साक्षात्काकर्ता को केवल कुछ मोटी-मोटी बातों को नोट कर लेना चाहिए

अथवा संक्षिप्त शब्दों या संकेत लिपि का या टेपरिकॉर्डर का प्रयोग करना चाहिए। कई बार साक्षात्कारकर्ता साक्षात्कार समाप्त होने के बाद एकान्त में अथवा अपने कार्यालय में बैठकर भी सूचनाओं को लिख सकता है, किन्तु ऐसा करने में साक्षात्कारकर्ता की स्मरण-शक्ति पर निर्भर रहना पड़ेगा और प्रत्येक व्यक्ति की स्मरण शक्ति की भी अपनी सीमाएं होती हैं।

एक अच्छे साक्षात्कारकर्ता के गुण (Qualities of a Good Interviewer)

साक्षात्कार की सफलता बहुत कुछ साक्षात्कारकर्ता पर निर्भर होती है, और साक्षात्कार लेना विज्ञान की अपेक्षा कला अधिक है, जैसा कि **पी.वी. यंग** ने लिखा है, "इसीलिए साक्षात्कार अधिकांश रूप में एक कला है न कि एक विज्ञान।" साक्षात्कार का सफल संचालन साक्षात्कारकर्ता की योग्यता एवं व्यवहार-कुशलता पर बहुत कुछ निर्भर करता है। कई बार सूचनादाता चतुर एवं मक्कार होते हैं तो कई बार वे मन्दबुद्धि, डरपोक, अपनी बात को बढ़ा-चढ़ाकर कहने वाले, झूठे एवं तथ्यों को छिपाने वाले होते हैं। साक्षात्कारकर्ता को इन सभी से सम्पर्क करना होता है ओर उनसे सूचनाएं प्राप्त करनी पड़ती हैं अत: उसमें अनेक गुणों का होना आवश्यक है। *एक अच्छे साक्षात्कारकर्ता में निम्नांकित गुण होने चाहिए:*

(i) साक्षात्कारकर्ता का व्यक्तित्व हंसमुख, प्रभावशली एवं आकर्षक होना चाहिए।

(ii) उसमें धैर्य एवं सहनशीलता होनी चाहिए।

(iii) उसमें आत्म-नियन्त्रण रखने की क्षमता होनी चाहिए।

(iv) उसे एक व्यवहार-कुशल, विनम्र एवं चतुर व्यक्ति होना चाहिए।

(v) उसमें वाक्पटुता तथा हाजिर-जबाबी का गुण होना चाहिए।

(vi) उसमें बौद्धिक ईमानदारी एवं निष्पक्षता होनी चाहिए।

(vii) साक्षात्कारकर्ता को बुद्धिमान होना चाहिए।

(viii) उसमें शीघ्र निर्णय लेने की क्षमता होनी चाहिए।

(ix) उसमें समय एवं परिस्थिति के अनुसार अनुकूलन करने का गुण होना चाहिए।

साक्षात्कार विधि के गुण (महत्व)
(Merits of Interview Method)

साक्षात्कार एक ऐसी विधि है जिसके द्वारा अनुसन्धान विषय से सम्बन्धित मौखिक सूचनाएं प्राप्त की जाती हैं। साक्षात्कार में व्यक्ति को अवलोकन का अवसर भी मिलता है। इसके द्वारा अनेक गुणात्मक एवं प्राथमिक तथ्यों का संकलन किया

जाता है। **गुडे** एवं **हाट** ने इसके महत्व को बताते हुए लिखा है, " आधुनिक अनुसन्धान में साक्षात्कार करना, गुणात्मक साक्षात्कार का फिर से मूलयांकन करने हेतु अधिक महत्वपूर्ण हो गया है।"

साक्षात्कार के महतव अथवा गुणों को हम विभिन्न शीर्षकों के अन्तर्गत इस प्रकार प्रकट कर सकते हैं।

(i) **मनोवैज्ञानिक महत्व** (Psychological importance) : साक्षात्कार वह विधि है जिसके द्वारा व्यक्ति का मनोवैज्ञानिक अध्ययन सम्भव है। साक्षात्कार में व्यक्ति के उद्वेगों, भावनाओं, धारणाओं, इच्छाओं, आकांक्षाओं, विचारों, आदि का आसानी से अध्ययन सम्भव है। साक्षात्कार के दौरान सूचनादाता द्वारा प्रकट किये गये भावों, चेहरे की मुद्राओं, आदि के आधार पर सूचनादाता के मनावैज्ञानिक व्यवहार एवं मानसिक स्थिति का अध्ययन किया जा सकता है। बातचीत के दौरान भी सूचनादाता के कई मानसिक पक्ष उजागर होते हैं। इस प्रकार साक्षात्कार के द्वारा मानव व्यवहार को प्रभावित करने वाले मनोवैज्ञानिक तथ्यों का अवलोकन एवं अध्ययन आसानी से किया जा सकता है।

(ii) **सभी स्तर के लोगों से सूचना प्राप्ति** (Securing information from persons of all levels) साक्षात्कार के द्वारा शिक्षित और अशिक्षित तथ विभिन्न संस्कृतियों से सम्बन्धित सभी प्रकार के लोगों से सम्पर्क कर सूचनाएं प्राप्त की जा सकती हैं क्योंकि साक्षात्कारकर्ता प्रश्नों को उनकी बुद्धि एवं स्तर के अनुसार समझाकर वांछित उत्तर प्राप्त कर सकता है।

(iii) **भूतकालीन घटनाओं का अध्ययन** (Study of past events) : साक्षात्कार के द्वारा भूतकालीन घटनाओं एवं उनके प्रभावों का अध्ययन किया जा सकता है क्योंकि कई घटनाएं ऐसी होती हैं जिनकी पुनरावृत्ति नहीं हो सकती। उनके बारे में जानकारी प्राप्त करने के लिए हमें उन लोगों का साक्षात्कार लेना होगा जिन्होंने उस घटना को देखा है, उससे सम्बन्धित रहे हैं अथवा प्रभावित हुए हैं। उदाहरण के लिए, भारत को स्वतन्त्रता प्राप्त करने के लिए किन-किन कठिनाइयों से गुजरना पड़ा, यह बात हम उन लोगों के साथ साक्षात्कार द्वारा ज्ञात कर सकते हैं जो स्वतन्त्रता संग्राम से सम्बन्धित रहे हैं।

(iv) **अमूर्त घटनाओं का अध्ययन** (Study of abstract phenomena) : साक्षात्कार के द्वारा हम अमूर्त और अदृश्य घटनाओं का अध्ययन कर सकते हैं। व्यक्ति की मानसिक स्थिति, विचारों, भावनाओं, धारणाओं, संवेगों,

आदि का अध्ययन साक्षात्कार के द्वारा आसानी से किया जा सकता है। ये सभी अमूर्त तथ्य मानव व्यवहार को प्रभावित करते हैं, अत: इनका अध्ययन अनुसन्धान की दृष्टि से आवश्यक है।

(v) **पारस्परिक प्रेरणा**(Inter-stimulation): साक्षात्कार में कम से कम दो व्यक्ति (साक्षात्कारकर्ता तथा सूचनादाता) आमने-सामने होते हैं, अत: वे परस्पर एक-दूसरे को प्रेरित, प्रोत्साहित एवं प्रभावित करते हैं। इस मित्रतापूर्ण वातावरण में दोनों एक-दूसरे से घनिष्ठता एवं मित्रता स्थापित कर लेते हैं। इसके परिणामस्वरूप सूचनादाता गोपनीय एवं महत्वपूर्ण तथ्यों को प्रकट कर देता है।

(vi) **सूचनाओं का सत्यापन** (Vrification of informations) : साक्षात्कार में सूचनादाता द्वारा दी गई सूचनओं की विश्वसनीयता एवं साक्षात्कार के दौरान ही ज्ञात की जा सकती है। साक्षात्कार के दौरान खोजपूर्ण प्रश्न एवं प्रतिप्रश्नों के द्वारा सूचानाओं की सत्यता ज्ञात की जा सकती है। अपनी उपस्थिति के कारण साक्षात्कारकर्ता सन्देहास्पद और अस्पष्ट बातों को भी सूचनादाता के समक्ष स्पष्ट कर देता है।

(vii) **घटनाओं का अवलोकन** (Observation of events) : साक्षात्कार के दौरान साक्षात्कारकर्ता को घटनाओं के बारे में न केवल प्रश्न की सुविधा होती है वरन् वह कई घटनाओं का अपनी आंखों से अवलोकन भी कर सकता है, तथा इस आधार पर संगृहीत सामग्री की सत्यता को भी ज्ञात कर सकता है।

(viii) **विविध सूचनाओं की प्राप्ति** (Securing various informations) : साक्षात्कार के द्वारा विभिन्न प्रकार के सूचनादाताओं से कई प्रकार की सूचनाएं प्राप्त की जा सकती हैं। विभिन्न वर्ग, जाति, धर्म, व्यवसाय, आय, आयु, लिंग तथा सामाजिक एवं शैक्षणिक स्तर के लोगों का साक्षात्कार लेकर अनुसन्धान से सम्बन्धित सूचनाओं का संकलन किया जा सकता है।

(ix) **लचीली विधि** (Flexible method) : साक्षात्कार विधि विषय-वस्तु एवं संचालन दोनों ही दृष्टियों से एक लचीली विधि है जिसका प्रयोग विभिन्न प्रकार के तथ्यों का संकलन करने के लिए किया जाता है।

साक्षात्कार विधि के दोष अथवा सीमाएं (Demerits or Limiatations of Interview Method)

साक्षात्कार विधि के अनेक गुण होते हुए भी इसकी कुछ सीमाएं हैं। इस विधि का प्रयोग हम सभी प्रकार के अनुसन्धानों में नहीं कर सकते, फिर प्रत्येक

साक्षात्कारकर्ता से भी साक्षात्कार के सफल सचालन की अपेक्षा नहीं की जा सकती। **श्रीमती यंग** ने लिखा है, "साक्षात्कारकर्ता समझदार होने पर भी दोषपूर्ण अन्तर्दृष्टि, दोषपूर्ण स्मृति, सूक्ष्म दृष्टि की कमी तथा स्पष्ट अभिव्यक्ति की अयोग्यता से ग्रसित हो सकते हैं।"

हाइमन ने भी लिखा है, "साक्षात्कारकर्ता प्राय: अपने सूचनादाताओं के पास एक निश्चित प्रकार की आशा लेकर जाते हैं कि वे किस रूप में विशेष प्रश्नों का उत्तर देंगे। कभी-कभी तो साक्षात्कार के दौरान ही शीघ्रतापूर्वक अथवा अपूर्ण उत्तरों के आधार पर ही यह आशा कर लेते हैं।" इन कथनों से साक्षात्कार की कुछ सीमाएं प्रकट हाती हैं। *हम यहा साक्षात्कार के प्रमुख दोषों अथवा सीमाओं का उल्लेख करेंगे :*

(1) **प्रशिक्षण का अभाव** (Lack of Training) : साक्षात्कार के लिए ऐसे कुशल एवं प्रशिक्षित साक्षात्कारकर्ताओं की आवश्यकता होती है जिन्हें मनोविज्ञान एवं- मानव-व्यवहार का ज्ञान हो, साक्षात्कार संचालन का अनुभव हो। किन्तु सदैव ही ऐसे दक्ष एवं प्रशिक्षित साक्षात्कारकर्ता उपलब्ध नहीं होते। अत: कई बार सूचनादातों से वास्तविक सूचनाएं संकलित नहीं की जा सकतीं।

(2) सूचनादाताओं की मानसिक स्थिति में भी असमानता एवं अस्थिरता पायी जाती है। कई प्रश्नों एवं विषयों को उन्हें समझाना एक कठिन कार्य है। भूतकालीन कुछ घटनाएं ऐसी हो सकती हैं जिनकी याद दिलाने पर वे क्रोधित एवं उत्तेजित हो सकते हैं।

(3) **कुशल साक्षात्कारकर्ता की समस्या** (Problem of expert Interviewer): साक्षात्कार की सफलता साक्षात्कारकर्ता की योग्यता, कुशलता, प्रशिक्षण, बुद्धि, वाक्पटुता एवं बौद्धिक ईमानदारी पर निर्भर है। सभी साक्षात्कार-कर्ताओं से इन गुणों की अपेक्षा नहीं की जा सकती। ऐसी स्थिति में या तो वे साक्षत्कार का संचालन सफलतापूर्वक नहीं कर पाते या उनके द्वारा संकलित तथ्य अप्रामाणिक एवं अविश्वसनीय होते हैं।

(4) कई बार सूचनादाता अनावश्यक रूप से विषय से परे जाकर बोलता रहता है जिसे मजबूरन सुनना पड़ता है जिसमे समय की बार्बादी होती है।

(5) **खर्चीली प्रणाली** (Costly Method) : साक्षात्कार समय एवं कार्यकर्ताओं की दृष्टि से एक खर्चीली प्रणाली है। कई साक्षात्कारदाताओं से सम्पर्क करने के लिए कई बार चक्कर लगाने पड़ते हैं जिसमें अधिक समय चाहिए तथाा कार्यकर्ता भी अधिक चाहिए। कार्यकर्ताओं के प्रशिक्षण, वेतन एवं

यात्रा व्यय, के लिए धन भी अधिक चाहिए। इस प्रकार यह विधि एक महंगी विधि है।

(6) **पृष्ठभूमि की भिन्नता** (Different Background) : साक्षात्कारकर्ता एवं साक्षात्कारदाता की सामाजिक-सांस्कृतिक पृष्ठभूमि में भिन्नता होती है। उनके सामाजिक पर्यावरण, मूल्यों, आदर्शों, भाषा, आदि में पर्याप्त अन्तर पाये जाते हैं जो कि उनके बीच एक दीवार बन जाते हैं। अत: वे साक्षात्कार में कठिनाई अनुभव करते हैं तथा शब्दों एवं घअनाओं का भिन्न-भिन्न अर्थ लगाते हैं जिसका अध्ययन के उद्देश्य पर प्रतिकूल प्रभाव पड़ता है।

(7) **अविश्वसनीय एवं अप्रामाणिक सूचनाएं** (Unreliable and Invalid Informations) साक्षात्कार द्वारा प्राप्त सूचनाओं में विश्वसनीयता एवं प्रामाणिकता का अभाव पाया जाता है। ऐसी कोई विधि नहीं है जो साखत्कार में आने वाले पक्षपात एवं कृत्रिमता को रोक सके। अत: साक्षात्कारकर्ता एवं सूचनादाता दोनों के पक्षपात के प्रवेश की पूरी सम्भावना रहती है।

(8) **दोषपूर्ण स्मरणशक्ति** (Faulty Memory) : साक्षात्कार में सूचनाओं को साक्षात्कार के दौरान नहीं लिखा जाता, अत: साक्षात्कारकर्ता की स्मरण-शक्ति पर भरोसा करना पड़ता है। प्रत्येक साक्षात्कारकर्ता से यह अपेक्षा नहीं की जा सकती कि वह सभी बातों को याद रख पायेगा, अत: कुछ तथ्यों के भूल जाने या गलत नोट कर लिये जाने की सम्भावना रहती हैं। सूचनादाता से भी यह अपेक्षा नहीं की जा सकती कि उसे भूतकाल की सभी घटनाओं का सारा वृतान्त याद रहे। ऐसी स्थिति में संकलित तथ्य अपूर्ण एवं दोषयुक्त होते हैं।

(9) **अभिनति की सम्भावना** (Possibility of Bias) : साक्षात्कार में व्यक्तिगत पक्षपात आने की सम्भावना रहती है, क्योंकि सूचनादाता और साक्षात्कारकर्ता के विचारों, मूल्यों ओर संस्कृति में भिन्नता होने पर एक ही घटना, प्रश्न और शब्दों का वे भिन्न-भिन्न अर्थ लगाते हैं। सूचनादाता तो अपने विचार प्रकट करते समय अपने व्यक्तिगत भावों एवं पक्षपात को जोड़ता ही है, स्वयं साक्षात्कारकर्ता भी उन्हें ग्रहण करन में पक्षपात से बच नहीं सकता। इसीलिए संकलित सामग्री की विश्वसनीयता संदिग्ध बनी रहती है।

(10) **अशुद्ध रिपोर्ट** (Inaccurate Report) : साक्षात्कारकर्ता द्वारा लिखित प्रतिवेदन में उसके व्यक्तिगत पक्षपात, विचारों एवं भावनाओं का समावेश

होने के कारण रिपोर्ट में अशुद्धता आने की सम्भावना रहती है जो वैज्ञानिक अध्ययन की दृष्टि से ठीक नहीं है।

(11) **हीनता की भावना** (Inferiority Complex) : साक्षात्कार के लिए साक्षात्कारकर्ता को सूचनादाता के कई चक्कर लगाने पड़ते हैं, उसकी चापलूसी तक करनी पड़ती है। साक्षात्कार हेतु उसे अनेक प्रकार के लोगों के पास जाना पड़ता है जो उसके साथ अच्छा और बुरा सभी तरह का व्यवहार करते हैं, फलस्वरूप, उसमें हीनता की भावना पनप जाती है, उसके आत्म-सम्मान को ठेस लगती है। अत: कई बार वह महत्वपूर्ण सूचनाओं का सकलन विवशतावश नहीं कर पाता।

(12) **साक्षात्कारदाता पर निर्भरता** (Dependence of Interviewer) : साक्षात्कार में सूचना का संकलन पूर्णत: साक्षात्कारदाता पर निर्भर करता है। कई बार वह अपनी इस स्थिति का दुरुपयोग भी करता है और साक्षात्कारकर्ता को अपने घर के कई चक्कर लगाने तक को मजबूर कर देता है। वह बहाने बनाकर उसे टालने का प्रयास भी करता है। इस प्रकार यह विधि पूर्णत: साक्षात्कारदाता की दया पर निर्भर है।

(13) **झूठी प्रतिष्ठा का भाव** (Notion of False Prestige) : साक्षात्कारदाता कई बार अपनी झूठी प्रतिष्ठा को बनाए रखने के लिए सही सूचनाएं नहीं देता है। उदाहरण के लिए, कोई भी राजनेता जातिवाद, बाल-विवाह, शराबवृत्ति, आदि के पक्ष में अपनी राय नहीं देना चाहेगा। क्योंकि उसे इस बात का डर रहता है कि ऐसा करना समाज में प्रचलित मूल्यों एवं विश्वासों के विपरीत होगा तथा लोग उसकी आलोचना कर सकते हैं तथा उसकी नागरिक छवि बिगड़ सकती है।

(14) **अपूर्ण सूचनाएं** (Incomplete Informations) : कई बार सूचनादाता कुछ सूचनाओं को महत्वहीन समझकर छोड़ देता है अथवा उसे घटना के बारे में अपर्याप्त जानकारी हो सकती है। एंसी स्थिति में साक्षात्कार द्वारा संकलित सूचनाएं अधिक उपयोगी नहीं हो पातीं।

सामाजिक आदर्श-नियम (Social Norms)

सामाजिक प्रतिमान को सामाजिक मानदण्ड अथवा सामाजिक आदर्श नियम भी कहते हैं। समाजशास्त्र में सामाजिक प्रतिमानों के अध्ययन का विशेष महत्व है क्यों ये सामाजिक संबंधों को नियमित प्रतिमानों के अध्ययन के द्वारा किसी

समाज व्यवस्था का ज्ञान प्राप्त कर सकते हैं। सामाजिक प्रतिमानों के आधार पर ही हम किसी मानवीय व्यवहार को उचित या अनुचित ठहरा सकते हैं। मानव में मूल रूप में वे सभी प्रवृत्तियां पायी जाती हैं जो पशुओं में पायी जाती हैं, किन्तु पशुओं का व्यवहार केवल शारीरिक आवश्यकताओं से प्रभावित होता है जबकि मानव का व्यवहार अंशत: शारीरिक और अंशत: सांस्कृतिक व्यवहार द्वारा भी मानव अपनी आवश्यकताओं की पूर्ति के लिए समाज द्वारा स्वीकृत तरीकों की अपनाता है। इन्हें ही हम सामाजिक प्रतिमान द्वारा स्वीकृत तरीकों को अपनाता है। इन्हें ही हम सामाजिक प्रतिमान जीवन अस्त-व्यस्त हो जायेगा। सामाजिक जीवन को व्यस्थित बनाये रखने के लिए ही मानव अनेक प्रथाओं, रीति-रिवाजों, परिपाटियों, रूढ़ियों एवं कानूनों, आदि की रचना करता है, जिन्हें हम सामाजिक प्रतिमान कहते हैं। यही कारण है कि मानव को 'प्रतिमान निर्मित करने वाला प्राणी' (Norm-making Animal) कहा जाता है। सामाजिक नियम ही सामाजिक प्रतिमान कहलाते हैं। समाज व्यवस्था को सुचारू रूप से चलाने एवं समाज में नियन्त्रण बनाये रखने के लिए प्रतिमानों का होना आवश्यक एवं अनिवार्य है। इनके अभाव में समाज का अस्तित्व संभव नहीं होगा। इसी बात की ओर संकेत करते हुए **बीरस्टीड** लिखते हैं, 'बिना प्रतिमानों के सामाजिक जीवन असंभव होगा और समाज में कोई व्यवस्था नहीं रह पायेगी।" **डेविस** ने भी लिखा है, "आदर्श-नियमों के अभाव में मानव समाज की कल्पना भी नहीं की जा सकती।"

यदि हम सामाजिक जीवन पर दृष्टि डालें तो पायेंगे कि सामाजिक संबंधों में आश्चर्यजनक व्यवस्था एवं स्थिरता पायी जाती है। परिवार के सदस्यों, कारखाने के कर्मचारियों, किसी संगठन के पदाधिकारियों, आदि के निश्चित कर्त्तव्यों एवं दायित्वों के बीच एक व्यवस्था देखने को मिलती है। वे एक-दूसरे के प्रति निरंकुश एवं मनमाना आचरण नहीं करते। ऐसा इसलिए संभव हो पाता है कि सामाजिक नियम (प्रतिमान) मानव व्यवहार को नियमित एवं नियन्त्रित करते हैं। वे समाज के मेरुदण्ड (Backbone) के समान हैं जिनके अभाव में कोई भी समाज व्यवस्थित रूप से खड़ा नहीं हो सकता।

सामाजिक प्रतिमान का अर्थ एवं परिभाषा
(Meaning and Definition of Social Norms)

सामाजिक प्रतिमान समाज के वे नियम हैं जो समाज द्वारा स्वीकृत होते हैं, जिनका पालन समाज के अधिकांश व्यक्ति करते हैं; जो हमारे व्यवहारों पर नियन्त्रण रखते हैं और जो हमें उचित-अनुचित का भेद बताते हैं जिनका पालन करने पर समाज उचित पुरस्कार देता है और उल्लंघन करने पर दण्ड की व्यवस्था की जाती

है। सरल शब्दों में, *समाज में आचरण के नियम ही सामाजिक प्रतिमान कहलाते हैं* (Rules of behaviour are norms)। सामाजिक प्रतिमानों को परिभाषित करते हुए **किंग्सले डेविस** लिखते हैं, "आदर्श नियम एक प्रकार के नियन्त्रण हैं। मानव समाज इन्हीं नियन्त्रणों के बल पर अपने सदस्यों के व्यवहार पर इस प्रकार अंकुश रखता है जिससे वे सामाजिक आवश्यकताओं की पूर्ति के साधन के रूप में कार्य करते रहें, भले ही उनकी प्राणीशास्त्रीय आवश्यकताओं में इससे बाधा पहुंचती हो।"

प्रो. डेविस की परिभाषा के स्पष्ट होता है कि सामाजिक प्रतिमान या आदर्श-नियम मानव व्यवहारों को नियन्त्रित करने वाले साधन हैं, इनके द्वारा मानव की मूल प्रवृत्तियों पर अंकुश रखा और उन्हें समाज के अनुकूल कार्य करने के लिए प्रेरित किया जाता है।

वुड्स (Woods) के अनुसार "सामाजिक प्रतिमान वे नियम हैं जो मानव व्यवहार को नियन्त्रित करते हैं, व्यवस्था में सहयोग देते हैं तथा किसी विशेष स्थिति में व्यवहार की भविष्यवाणी करना संभव बनाते हैं।" वुड्स की परिभाषा में भी सामाजिक प्रतिमानों को नियंत्रक के रूप में स्वीकार किया गया है। नियन्त्रण के द्वारा ही समाज को व्यवस्थित करने में सामाजिक प्रतिमान सहयोग देते हैं। चूंकि समान में प्रतिमान पूर्व निश्चित होते हैं, इसलिए हम इनके आधार पर मानव व्यवहार की भविष्वाणी भी कर सकते हैं। उदाहरण के लिए, बड़ों को नमस्कार करना सामाजिक प्रतिमान है। अतः दिन में पहली बार जब एक छात्र अपने गुरू से, पुत्र अपने पिता से, बाबू अपने अधिकारी से मिलेगा तो केसा व्यवहार करेगा, हम इसकी भविष्यवाणी कर सकते हैं।

किम्बाल यंग (Kimball Young) लिखते हैं, "सामाजिक प्रतिमान समूह की अपेक्षाएं हैं।" इस परिभाषा से स्पष्ट है कि प्रत्येक समूह या समाज अपने सदस्यों से कुछ आशाएं एवं अपेक्षाएं रखता है कि उन्हें किन परिस्थतियों में क्या करना चाहिए। ये अपेक्षाएं समाज द्वारा मान्य होती हैं, इन्हीं के अनुसार मानव के व्यवहार नियमित एवं सचालित होते हैं। समाज स्वीकृत इन अपेक्षाओं को ही सामाजिक प्रतिमान कहते हैं।

राबर्ट बीरस्टीड लिखते हैं, "सामाजिक प्रतिमान, संक्षेप में कार्य-प्रणालियों की प्रमाणित विधियां हैं। कार्य संपन्न करने का एक तरीका है जो हमारे समाज द्वारा स्वीकृत है।" वे पुनः लिखते हैं कि प्रतिमानों की श्रेणी में तीन बातों-नियमों, अपेक्षाओं और प्रमाणित कार्य-प्रणालियों (Rules expectation and standardized procedures) को सम्मिलित करते हैं। सामाजिक प्रतिमान एक प्रकार के आदर्श-नियम हैं जो एक परिस्थिति विशेष में हमारे व्यवहार का मार्गदर्शन करते

हैं। सामाजिक प्रतिमानों के अनुसार ही समाज हमसे कुछ अपेक्षाएं करता है, अतः सामाजिक प्रतिमान सामाजिक अपेक्षा (Social expectation) भी है। यह हमारे व्यवहार को मापने का एक पैमाना भी है जिसके आधार पर हम यह देख सकते हैं कि हमारा व्यवहार कितना सामाजिक है और कितना समाज-विरोधी? सामाजिक प्रतिमान हमारे आचरण को मार्ग-दर्शन देने वाला सांस्कृतिक निर्देश (Cultural specification) भी है। यह कार्यों को पूरा करने का समाज द्वारा नियोजित तरीका है और सामाजिक नियंत्रण का एक अनिवार्य साधन भी है।

हारालाम्बोस के अनुसार, "प्रत्येक संस्कृति में ऐसे निर्देश बड़ी संख्या में पाये जाते हैं जो विशिष्ट परिस्थितियों में व्यवहार को निर्देशित करते हैं। ऐसे निर्देशों को ही मानदण्ड कहते हैं।"

उपर्युक्त परिभाषाओं से *स्पष्ट है कि सामाजिक प्रतिमान समाज में व्यवहार करने के वे निश्चित एवं प्रमापित तरीके हैं जो समाज द्वारा स्वीकृत और साथ ही जो हमारे जीवन के हर क्षेत्र में विद्यमान हैं*। उदाहरण के लिए, पत्र लिखने का एक तरीका है कि हम सर्वप्रथम अपना नाम, स्थान व दिनांक, आदि लिखते हैं, उसके बाद अभिवादन के लिए 'डियर सर', डियर मेडम', 'पूज्य पिताजी', 'प्रिय बंधु', 'मान्यवर', आदि शब्दों का प्रयोग करते हैं और अन्त में हस्ताक्षर करते हैं। यदि हम पत्र लिखने के इन नियमों का पालन न करें तो असुविधा होगी।

भाषा को बोलने एवं लिखने के भी व्याकरण के नियम हैं। इसी तरह से लेखन के भी नियम हैं कि विराम, पूर्ण विराम एवं संदर्भ का प्रयोग कहां और केसे होगा। यदि कोई प्रश्नों का पाठ से पहले लिख दे, शीर्षक को अन्त में लिखे और संदर्भ पृष्ठ के ऊपर दे तो पाठकगण कहेंगे कि पुस्तक लिखने में स्वीकृत प्रतिमानों का पालन नहीं किया गया है।

सामाजिक प्रतिमान जीवन के प्रत्येक क्षेत्र में पाये जाते हैं, इनकी संख्या अनगिनत है, इनकी सूची बनाना कठिन है। खाने-पीने, उठते-बैठने, नृत्य करने, वस्त्र पहनने, हंसने, रोने, सोने, लिखने, गाने, बोलने, स्वागत करने, सत्कार करने, विदा करने आदि सभी से संबंधित सामाजिक प्रतिमान पाये जाते हैं।

ये हमारे व्यवहार के पथ-प्रदर्शक हैं। इसके अभाव में मानव जीवन अव्यवस्थित हो जायेगा। इनके पालन से हम परिष्कृत होते हैं। इनका पालन करने पर समाज प्रशंसा करता है और इनके विपरीत आचरण करने पर निन्दा। ये हमारे व्यवहार को नियन्त्रित करते हैं, सामाजिक संबंधों को नियमित करते हैं एवं समाज व्यवस्था को स्थिरता प्रदान करते हैं।

सामाजिक प्रतिमान की विशेषताएं
(Characteristics of Social Norms)

सामाजिक प्रतिमानों की प्रकृति को और अधिक स्पष्ट रूप से समझने के लिए हम यहां उनकी विशेषताओं का उल्लेख करेंगे:

(1) *सामाजिक प्रतिमानों का संबंध समाज की वास्तविक परिस्थितियों से होता है।* उदाहरण के लिए, यदि समाज यह प्रतिमान बना दे कि प्रत्येक व्यक्ति के पास अपनी कार होनी चाहिए, लेकिन कार खरीदने के लिए पैसे एवं सुविधाओं के अभाव प्रतिमान व्यर्थ होगा।

(2) *सामाजिक प्रतिमान सामाजिक नियन्त्रण के वे साधन हैं,* जो मानवीय व्यवहारों को नियन्त्रित एवं व्यवस्थित करते हैं। ये सामाजिक आवश्यकताओं की पूर्ति के साधन के रूप में कार्य करते हैं।

(3) सामाजिक प्रतिमान भिन्न-भिन्न मानव समूहों के बीच उत्पन्न होने वाले संघर्षों में सामाजिक अस्तित्व की रक्षा करते हैं।

(4) *सामाजिक प्रतिमानों का पालन बाह्य दबाव के कारण ही नहीं किया जाता* वरन् इसलिए भी किया जाता है कि लंबे समय से उनका पालन करने के कारण *वे मानव-व्यवहार के अभिन्न अंग बन चुके हैं* और मानव स्वचालित रूप से अपने व्यवहार में आजीवन उनका पालन करता है।

(5) सामाजिक प्रतिमान सापेक्ष होते हैं अर्थात् सामाजिक प्रतिमान *सभी व्यक्तियों पर अथवा सभी परिस्थितियों में समान रूप से लागू नहीं होते।* उदाहरण के लिए, जो प्रतिमान स्त्रियों के लिए उचित हैं, वे सदैव ही पुरुष के लिए भी उचित हों, यह जरूरी नहीं है। सैनिक से संबंधित प्रतिमान डॉक्टर के प्रतिमानों से भिन्न होते हैं। इसी प्रकार से विवाह के प्रतिमान जन्मोत्सव के प्रतिमान से भिन्न होते हैं।

(6) *सामाजिक प्रतिमानों का संबंध सामाजिक उपयोगिता एवं आवश्यकताओं से है।* अत: आवश्यकताओं के बदलने के साथ-साथ सामाजिक प्रतिमानों में भी परिवर्तन आता है। समय के साथ यदि उनमें परिवर्तन नहीं होता है तो वे सामाजिक कुरीतियों एवं रूढ़ियों के रूप में परिवर्तित हो जाते हैं।

(7) *सामाजिक प्रतिमान मानव का पथ-प्रदर्शन करते हैं* तथा उसके अपने व अन्य व्यक्तियों के बारे में निर्णयों को निर्धारित करते हैं। सामाजिक प्रतिमानों के पालन तथा उल्लंघन से ही व्यक्तित्व तथा समाज की बहुत-सी समस्याएं उत्पन्न होती हैं।

(8) सामाजिक प्रतिमान नैतिक *कर्तव्य की भावना से संबंधित होते हैं* अर्थात् वे यह बताते हैं कि किसी भी व्यक्ति को विद्यमान परिस्थितियों के अनुसार ही कुछ विशेष प्रकार के व्यवहार करने चाहिए, अवश्य करने चाहिए अथवा अनिवार्य रूप से करने चाहिए। इसमें कर्तव्यपालन की भावना निहित है।

(9) *सामाजिक प्रतिमानों में विकल्प भी होते हैं।* वे यह संकेत करते हैं कि किसी एक प्रतिमान की तुलना में दूसरा कौन-सा प्रतिमान चुनना चाहिए, लेकिन पूर्णतया किसी एक प्रतिमान को चुनने के लिए व्यक्ति को बाध्य नहीं किया जाता। उदाहरण के लिए, सभ्य समाज में यह अपेक्षा की जाती है कि व्यक्ति अपनी दाढ़ी बनाये, किन्तु यह व्यक्ति की इच्छा पर निर्भर है कि वह सेफ्टीरेजर, उस्तरा या बिजली की मशीन में से किस का प्रयोग करे। किसी एक का प्रयोग करने के लिए उस पर दबाव नहीं डाला जाता है।

(10) सामाजिक प्रतिमान *व्यक्ति को प्रभावित करते हैं, साथ ही उससे प्रभावित भी होते हैं।*

(11) सामाजिक प्रतिमान का अर्थ उन सामाजिक नियमों से है जिनके *पालन की अपेक्षा उस समाज के सभी सदस्यों से की जाती है।*

(12) *सामाजिक प्रतिमानों में अनेक छोटे एवं बड़े नियम और उपनियम होते हैं।*

(13) सामाजिक प्रतिमान *सभी समाजों में अनिवार्य रूप से पाये जाते हैं।* हम ऐसे मानव समाज की कल्पना नहीं कर सकते हैं जिसके कोई आदर्श नियम न हों।

(14) *मानव समाज की आदर्श व्यवस्था लाखों वर्ष पुरानी है।* इसका विकास मानव समाज के एक अंग के रूप में हुआ है क्योंकि यह *मौलिक सामाजिक आवश्यकता की पूर्ति में सहायक है।* सामाजिक प्रतिमान मानव समाज के साथ ही उत्पन्न हुए हैं।

(15) *सामाजिक प्रतिमान लिखित एवं अलिखित दोनों प्रकार के होते हैं।* प्रथा, परम्परा, रूढ़ियां एवं फैशन अखिलित सामाजिक प्रतिमान हैं तो कानून लिखित प्रतिमान हैं।

सामाजिक प्रतिमानों का वर्गीकरण
(Classification of Social Norms)

सामाजिक प्रतिमानों का विस्तृत विवेचन करने के लिए उनका वर्गीकरण करना आवश्यक है, किन्तु उनका व्यवस्थित वर्गीकरण करना एक कठिन कार्य है। सभी

समाजशास्त्रियों ने अपनी-अपनी सूची प्रस्तुत की है और उनमें एकमतता का अभाव है सामाजिक प्रतिमानों के वर्गीकरण के लिए अपनाये गये कुछ प्रमुख आधार इस प्रकार हैं:

(1) नियमों की परिवर्तनशीलता की तीव्रता के आधार पर अर्थात् वे प्रतिमान जो धीमी गति से बदलते हैं, जैसे रूढ़ियां व प्रथाएं और वे प्रतिमान जो तेज गति से बदलते हैं जैसे फैशन एवं धुन (Fashion and Fad)।

(2) सामाजिक प्रतिमानों का एक वर्गीकरण *औपचारिकता एवं अनौपचारिकता के आधार पर* किया जाता है। प्रथा, जनरीति, रूढ़ि आदि अनौपचारिक प्रतिमान हैं, जबकि कानून औपचारिक प्रतिमान हैं, जबकि कानून औपचारिक प्रतिमान है।

(3) *मान्यता के आधार पर*–कुछ प्रतिमान ऐसे होते हैं जिनका पालन करने से समाज उस व्यक्ति की थोड़ी-बहुत निंदा कर देता है, जबकि कुछ प्रतिमानों का पालन बलपूर्वक करवाया जाता है।

(4) *महत्व की मात्रा के आधार पर*–कुछ प्रतिमान समाज में अधिक महत्वपूर्ण होते हैं, जबकि कुछ कम महत्वपूर्ण।

(5) *नियमों को क्रियान्वित करने की विधि के आधार पर*–कुछ प्रतिमानों का पालन कानून द्वारा कराया जाता है, जबकि कुछ पालन लोग अचेतन रूप में करते हैं क्योंकि वे व्यवहार के अंग बन चुके होते हैं।

(6) स्वेच्छा या स्वाभाविकता की मात्रा (Degree of spontaneity) के आधार पर।

(7) **बीरस्टीड** ने सामाजिक प्रतिमानों का वर्गीकरण इस आधार पर भी किया है कि वे किन-किन लोगों पर लागू होते हैं। इस आधार पर आपने प्रतिमानों को दो भागों में बांटा है: प्रथम, **सामुदायिक प्रतिमान** एवं द्वितीय, **संघात्मक प्रतिमान** (Communal Norms and Associational Norms)। जिन प्रतिमानों का संबंध सारे समाज या समुदाय से है, उन्हें सामुदायिक प्रतिमान कहते हैं, जैसे दांतुन करना, अभिवादन करना, वस्त्र पहनना। दूसरी और जिन प्रतिमानों का संबंध किसी समूह विशेष से ही होता है, उन्हें संघात्मक प्रतिमान कहते हैं। उदाहरण के लिए, शिक्षक को अच्छी तरह पढ़ाना आना चाहिए, यह केवल शिक्षकों तक सीमित है। 'परीक्षा में नकल नहीं करना चाहिए' यह प्रतिमान छात्रों तक ही सीमित है।

(8) सामाजिक प्रतिमानों का एक वर्गीकरण **सकारात्मक व नकारात्मक** है। जिन कार्यों को करने के लिए कहा जाता है, वे सकारात्मक प्रतिमान हैं,

जैसे सदा सच बोलना चाहिए'। जिन व्यवहारों को करने की मनाही की जाती है, वे नकारात्मक प्रतिमान हैं, जैसे 'कभी चोरी नहीं करनी चाहिए'।

बीरस्टीड ने सभी प्रकार के प्रतिमानों को तीन श्रेणियों में बांटा है:

(1) जनरीतियां (Folkways),

(2) रूढ़ियां (Mores), तथा

(3) कानून (Laws)।

सामाजिक प्रतिमानों का एक वर्गीकरण इस प्रकार है–

(1) निर्धारित प्रतिमान (Prescribed Norms),

(2) अधिमान्य प्रतिमान (Preferred Norms),

(3) स्वीकृत प्रतिमान (Permitted Norms),

(4) निषेधात्मक प्रतिमान (Restrictive Norms)।

समाज द्वारा जिस प्रकार के व्यवहार की अपेक्षा की जाती है, उसे निर्धारित प्रतिमान कहते हैं, जैसे सड़क के बायीं ओर चलना चाहिए, पुत्र को पिता की और छात्र को गुरु की आज्ञा का पालन करना चाहिए। अधिमान्य प्रतिमानों में विकल्प होता है और एक की तुलना में दूसरे को अच्छा माना जाता है, जैसे माता-पिता को चाहिए कि वे अपने बच्चों को शिक्षा दिलाएं। इस प्रकार के प्रतिमानों का पालन करने पर प्रशंसा की जाती है। स्वीकृत प्रतिमान ऐसे व्यवहार हैं जिन्हें सहन कर लिया जाता है, जैसे प्राध्यापक के पढ़ाते समय छात्र द्वारा चुपचाप उठकर बाहर आ जाना, किसी भाषण के दौरान खांसी आने पर पर हल्का खांस लेना। निषेधात्मक प्रतिमान वे हैं जो हमारे किसी व्यवहार पर रोक लगाते हैं जैसे माता-पिता यह ध्यान रखें कि बच्चे गली में नंगे नहीं घूमें, मेहमानों के आने पर हम तौलिया लपेट कर नहीं बैठें आदि।

किंसले डेविस ने सामाजिक प्रतिमानों का वर्गीकरण इस प्रकार किया है: जनरीतियां, रूढ़ियां, प्रथा, परंपरा, नैतिकता और धर्म, कानून, संस्थाएं, परिपाटी एवं शिष्टाचार, फैशन एवं धुन। हम यहां कुछ प्रमुख सामाजिक प्रतिमानों का उल्लेख करेंगे।

जनरीतियां (लोकरीतियां) (Folkways)

जनरीतियां अपेक्षाकृत स्थायी व्यवहार हैं जिनका पालन करना एक परिस्थिति में आवश्यक माना जाता है। जनरीति का अर्थ लोगों द्वारा अपनी इच्छाओं व आवश्यकताओं की पूर्ति के लिए अपनाये गये तरीकों से लिया गया है। जिस प्रकार

समाज की संस्कृति एवं विचारों से लिया गया है। जिस प्रकार समाज की संस्कृति एवं विचारों में भिन्नता होती है, उसी प्रकार से समाज की जनरीतियां भी भिन्न-भिन्न होती हैं। जनरीतियों का पालन मनुष्य अचेतन रूप से करता रहता है, इनका *विकास स्वत: एवं मानव अनुभवों के आधार पर होता है।* इनका निर्माण योजनाबद्ध तरीकों से नहीं होता, अत: ये **अनियोजित होती हैं।** सभी युगों तथा संस्कृति की सभी अवस्थाओं में मनुष्यों के समस्त जीवन पर प्रारम्भिक नियंत्रण जनरीतियों के एक विशाल समूह से होता है और यह मानव समाज के साथ ही चली आयी हैं। जनरीतियां मानव की किसी न किसी *आवश्यकता की पूर्ति अवश्य करती हैं,* अत: आवश्यकताओं मे परिवर्तन होने पर इनमें भी परिवर्तन होता रहता है। इस प्रकार जनरीतियों का उपयोगी पक्ष भी है। सामाजिक प्रतिमान के विभिन्न प्रकारों में जनरीतियों का अपना एक प्रमुख स्थान है।

लोकाचार (रूढ़ियां) (Mores)

सामन्यत: रूढ़ि शब्द का प्रयोग दकियानूसी, पिछड़े एवं बिगड़े हुए प्रथागत व्यवहारों के लिए किया जाता है, जबकि 'मूरस (Mores) का अर्थ ऐसे व्यवहारों से है जिनमें समूह-कल्याण की भावना होती है। इसलिए हम 'Mores' के लिए रूढ़ियां शब्द के स्थान पर 'लोकाचार' शब्द का ही प्रयोग करेंगे। लोकाचार को स्पष्ट करते हुए **समनर** लिखते हैं–"लोकाचार से मेरा तात्पर्य ऐसी लोकप्रिय रीतियों और परंपराओं से है जिनमें जनता के इस निर्णय का समावेश हो चुका है। कि वे सामाजिक कल्याण में सहायक हैं और वे व्यक्ति पर यह दबाव डालती हैं कि वह अपना व्यवहार उनके अनुकूल रखे यद्यपि कोई सत्ता उसे ऐसा करने के लिए बाध्य नहीं करती। लोकाचार मानव व्यवहार के वे प्रतिमान हैं जिन्हें समूह कल्याणकारी समझता है तथा इनका उल्लंघन करना समाज का अपमान करना समझा जाता है। ये एक पीढ़ी से दूसरी पीढ़ी को हस्तांतरित होते हैं जिन्हें बिना किसी विचार अथवा तर्क के स्वीकार कर लिया जाता है" इस प्रकार लोकाचार वे सामाजिक व्यवहार है जिनकी समूह द्वारा अपेक्षा की जाती है और वे सामाजिक व्यवहार हैं जिनकी समूह द्वारा अपेक्षा की जाती है और नैतिकता की भावना पर आधारित होते हैं। लोकाचारों में समूह-कल्याण की भावना निहित होती है। इसलिए उन्हें अधिक दृढ़तापूर्वक स्वीकृति प्रदान की जाती है। समूह द्वारा किसी लोकाचार की भावना के उल्लंघन को बहुत गंभीर समझा जाता है। लोकाचार का संबंध समूह की आधारभूत आवश्यकताओं से होता है। ये सामाजिक नियन्त्रण का एक अनौपचारिक साधन हैं। जनरीतियां ही आगे चलकर लोकाचार में परिवर्तित हो जाती हैं। सामाजिक प्रतिमान के एक प्रकार के रूप में इनका काफी महत्व है।

प्रथा (Custom)

प्रथा शब्द का प्रयोग ऐसी जनरीतियों के लिए होता है जो समाज में बहुत समय से प्रचलित हों। प्रथा में भी समूह-कल्याण के भाव निहित होते हैं। यही कारण है कि कई बार प्रथा एवं लोकाचार का प्रयोग पर्यायवाची के रूप में किया जाता है। जब जनरीतियों को पीढ़ी-दर-पीढ़ी हस्तान्तरित किया जाता है तो वे प्रथाओं के नाम से जानी जाती हैं। प्रथाएं नवीनता की विरोधी होती हैं और ये कार्य करने के परंपरागत तरीके पर ही जोर देती हैं। **डेविस** लिखते हैं, ''प्रथा शब्द विशेषकर उन व्यवहारों की ओर संकेत करता है जो पीढ़ी-दर-पीढ़ी होता चला आया है, अथवा प्रथाएं वे व्यवहार हैं जिनका पालन केवल इसीलिए किया जाता है कि बीते हुए समय में उनका पालन किया गया था। इस प्रकार यह लोकाचारों की अपेक्षा लोकरीतियों के अधिक निकट हैं, लेकन यह दोनों के परंपरागत, स्वचालित तथा सामूहिक चरित्र को स्पष्ट करती हैं।'' प्रथाएं हमारी सांस्कृतिक धरोहर हैं, उनमें तर्क होना आवश्यक नहीं हैं सामाजिक प्रतिमान के एक प्रकार के रूप में प्रथाएं काफी महत्वपूर्ण हैं।

परम्परा (Tradition)

मानव को अपने जीवनकाल में दो प्रकार की विरासत मिलती है–एक प्राणीशास्त्रीय (Biological), जो कि उसे शारीरिक रचना व लक्षण प्रदान करती है और यह माता-पिता के वाहकाणुओं (Genes) के द्वारा मिलती है। इसे हम वंशानुक्रमण (Heredity) कहते हैं। दूसरी समाज द्वारा प्रदत्त सामाजिक विरासत (Social Heritage) है। व्यक्ति को जीवनयापन करने के लिए अनेक भौतिक और अभौतिक वस्तुओं की जरूरत होती है जो समाज ही उसे प्रदान करता है। घड़ी, पेन, रेडियो, टेलीविजन, पंखा, वस्त्र, आदि हजारों प्रकार की वस्तुएं भौतिक विरासत हैं। धर्म, विचार, दर्शन, प्रथाएं, नियम, रीति-विाज, आदि अभौतिक सामाजिक विरासत हैं।

सामाजिक विरासत का अभौतिक पक्ष ही 'परंपरा' कहलाता है।

'Tradition' शब्द की उत्पत्ति '*Tradera*' शब्द से हुई है जिसका अर्थ है, 'हस्तान्तरित करना' (Handing down or transmission) । 'Tradition' का संस्कृत शब्द 'परम्परा' है जिसका अर्थ है 'ऐतिह' अर्थात् विरासत में मिलना। इस प्रकार परंपरा का संबंध उन बातों से है जो अत्यंत प्राचीनकाल से चली आ रही हों और जो पीढ़ी-दर-पीढ़ी हस्तान्तरित होती रही हों। इस संदर्भ में एक बात उल्लेखनीय है कि परम्परा लम्बे समय से संरक्षित हो होती है, किन्तु यह पूर्णतः अपरिवर्तनशील

या नितान्त रूढ़िवादी नहीं होती वरन् सामूहिक अनुभवों के अनुरूप इसमें आंशिक रूप में परिवर्तन होता रहता है।

परंपरा को परिभाषित करते हुए **गिन्सबर्ग** (Ginsberg) लिखिते हैं, "परंपरा का अर्थ उन संपूर्ण विचारों, आदतों और प्रथाओं के प्रयोग से है जो एक समूह की विशेषता है तथा जो एक पीढ़ी से दूसरी पीढ़ी को हस्तान्तरित होती रहती है।"

रॉस (Ross) के अनुसार, "परंपरा का अर्थ है, चिन्तन और विश्वास करने की विधि का हस्तान्तरण।"

जेम्स ड्रीवर (James Drever) के अनुसार, "परमपरा कानून, प्रथा, कहानी और पौराणिक कथाओं का वह संग्रह है जो मौखिक रूप से एक पीढ़ी द्वारा दूसरी पीढ़ी को हस्तान्तरित किया जाता है।"

उपर्युक्त परिभाषाओं से स्पष्ट है कि परम्पराएं किसी भी समाज में प्रचलित प्रथाओं व जनरीतियों का संपूर्ण योग है जो एक पीढ़ी से दूसरी पीढ़ी को हस्तान्तररित होती रहती हैं। परंपराओं का पालन लोगों द्वारा बिना किसी तर्क-वितर्क के स्वत: ही किया जाता है। *परम्परा की विशेषताएं इस प्रकार हैं :*

(1) परंपराओं में परिवर्तन धीमी गति से होता है।

(2) परंपराओं में कठोरता पायी जाती है।

(3) परम्पराएं लम्बे समय की देन होती हैं, उनमें निरन्तरता होती है।

(4) परंपराओं का पालन अचेतन रूप से एवं बिना विचारे किया जाता है।

(5) परंपराओं का हस्तांतरण लिखित व मौखिक–किसी भी प्रकार से हो सकता है।

(6) परंपराएं पीढ़ी-दर-पीढ़ी हस्तान्तरित की जाती हैं।

परंपराओं का महत्व (Importance of Traditions)

परंपरा में दृढ़ता की प्रबल शक्ति है। **सिसरो** ने कहा था, "यदि पूर्व की घटनाओं की स्मृतियां वर्तमान को अतीत के साथ संबंध न करें तो फिर मानव जीवन है ही क्या? परंपरा के बिना मानव जीवन विशृंखलित हो जायेगा।" **मैक्डूगल** ने लिखा है।" समस्याओं को सुलझाने एवं परिस्थितियों का सामना करने के पुराने ढंगों के आधार पर नये ढंगों की खोज की जा सकती है। परंपराएं हमें धैर्य, साहस एवं आत्मविश्वास प्रदान करती हैं, हम परंपराओं का महत्व इस प्रकार प्रकट कर सकते हैं:

(1) परंपराएं राष्ट्रीय भावना के विकास में सहायक होती हैं। **गिन्सबर्ग** लिखते हैं, "परंपराएं राष्ट्रीयता के विकास में महत्वपूर्ण योगदान देती हैं। परंपराएं

सामाजिक तनाव को कम करके सामाजिक विकास की एक दिशा निर्धारित करती हैं। परंपराओं से सामाजिक व धार्मिक संस्थाओं का अस्तित्व बना रहता है।''

(2) परंपराएं सामाजिक जीवन में एकरूपता लाती हैं।

(3) परंपराएं व्यक्ति के व्यवहार को नियंत्रित करती हैं।

(4) परंपराएं सामाजिक जीवन को सरल बनाती हैं, हमारे व्यवहार का मार्गदर्शन करती हैं तथा समाजीकरण में योग देती हैं

(5) ये व्यक्ति को सामाजिक सुरक्षा प्रदान करती हैं।

(6) परंपराओं में भूतकाल का अनुभव निहित होता हे, अतः हम उनके सहारे नवीन संकटों एवं परिस्थितियों का मुकाबला आसानी से कर सकते हैं।

नैतिकता तथा धर्म (Morality and Religion)

नैतिकता शब्द कर्तव्य की आंतरिक भावना पर बल देता है अर्थात् इसका संबंध सद् और असद्, उचित और अनुचित से है। आचार संबंधी नियमों का पालन चरित्र की दृढ़ता और पवित्रता से संबंधित है। नैतिकता का पालन व्यक्ति इसलिए नहीं करता है कि उसके पूर्वज भी प्राचीनकाल से ऐसा करते रहे हैं या उसके आसपास के लोग भी उसका पालन कर रहे हैं वरन् इसलिए करता है कि इसके पीछे न्याय, पवित्रता और सच्चाई के भाव होते हैं। नैतिकता का संबंध व्यक्ति के स्वयं के अच्छे और बुरे महसूस करने पर निर्भर करता है। नैतिकता प्रथा की अपेक्षा आत्मचेतना से अधिक प्रेरित होती है। नैतिकता लोकाचारों के अधिक निकट है क्योंकि उनमें भी उचित-अनुचित के भाव होते हैं। नैतिकता जनरीतियों व लोकाचारों की अपेक्षा अधिक स्थायी होती है। इसमें तार्किकता पायी जाती है। **गुरविच** लिखते हैं, ''नैतिकता, अत्यधिक गत्यात्मक (Dynamic), रचनात्मक तथा रूढ़िवादी तत्वों का विरोध करने वाली होती है।'' न्याय, ईमानदारी, सच्चाई, निष्पक्षता, कर्तव्यपरायणता, अधिकार, स्वतंत्रता, दया और पवित्रता, आदि नैतिक धारणाएं ही हैं।

नैतिकता का संबंध किसी विशिष्ट वर्ग के सामाजिक प्रतिमानों से भी है। जैसे हम कहते हैं, न्यायाधीश की नैतिकता, डॉक्टर की नैतिकता, आदि। बौद्धिक एवं दार्शनिक स्तर पर नैतिकता नीतिशास्त्र या आचारशास्त्र (Ethics) बन जाती है। 'नीति' शब्द असाधारण विचारकों के अमूर्त चिंतन का विषय भी रहा है, जैसे हम कहते हैं–अरस्तू का नीतिशास्त्र, आदि। नैतिकता का संबंध सामाजिक मूल्यों से भी है। प्रत्येक समाज के मूल्य एक-दूसरे से भिन्न होते हैं इसलिए नैतिकता के नियमों में भी अंतर पाया जाता है।

धर्म का संबंध अलौकिक शक्ति से है। अलौकिक शक्ति में विश्वास ही धर्म को जन्म देता है। *नैतिकता का संबंध धर्म से भी है।* प्रत्येक धर्म में हमें नैतिक नियम देखने को मिलते हैं। हम नैतिक नियमों का पालन धार्मिक भय के कारण भी करते हैं क्योंकि कुछ नैतिक नियमों की उत्पत्ति ईश्वरीय एवं अलौकिक मानी जाती हैं उनका पालन न करने का अर्थ है–ईश्वर को नाराज करना। ऐसा माना जाता है कि ईश्वरीय शक्तियों ही नैतिक सिद्धांतों की पुष्टि एवं उनका पोषण करती हैं। धार्मिक नियमों का पालन करने पर ईश्वर प्रसन्न आचरण करने के लिए प्रोत्साहन देना और उसे सही रास्ते पर ले जाना है। धर्म में स्वर्ग एवं नरक की कल्पना की गयी हैं इनके भय से भी व्यक्ति धार्मिक नियमों का पालन करता है। धार्मिक नियमों को मानना पुण्य है और उससे मुक्ति एवं स्वर्ग प्राप्त होता है जबकि इनके उल्लंघन पर पाप लगता है, नरक में जाना होता है। धर्म में तर्क का कोई स्थान नहीं है, वह विश्वास तथा भावनाओं पर जोर देता है।

धर्म सामाजिक जीवन को नियंत्रित एवं निर्देशित करता है। प्रत्येक धर्म में कुछ आदर्श होते हैं, उनके अनुसार आचरण करने की धर्मावलब्यिों से अपेक्षा की जाती है। धर्म के महत्व को प्रकट करते हुए **डासन** (Dawson) लिखते हैं, "मानवता के संपूर्ण इतिहास में धार्मिक नियम सदैव एक महान् शक्ति का कार्य करते रहे हैं। मानस के भाग्य का निर्माण करने, उसे परिवर्तित करने और व्यक्ति तथा समाज को घनिष्ठ रूप से संबंध करने में यह नियम सदैव महत्वपूर्ण रहे हैं। धार्मिक नियमों का इतिहास उतना ही पुराना है जितनी कि मानव की सामाजिक चेतना।" **फ्रायड** यह मानते हैं कि धर्म का मानव के अचेतन मस्तिष्क से संबंध है। धर्म नैतिकता को शक्ति प्रदान करता है और उसका संबंध दैवी शक्ति से जोड़ता है, किन्तु सभी नैतिक नियम धर्म में सम्मिलित नहीं होते हैं, कुछ कम महत्वपूर्ण नैतिक नियम धर्मनिरपेक्ष भी होते हैं।

नैतिकता व धर्म अंतर (Distinction Between Morality and Religion)

नैतिकता एवं धर्म में घनिष्ठ संबंध होते हुए भी इनमें निम्नांकित अंतर हैं :

(1) नैतिक नियमों का पालन करने पर उसका फल हमें इसी जीवन में मिलता है, लेकिन धर्म यह विश्वास दिलाता है कि धार्मिक नियमों का पालन करने पर उसका फल अगले जीवन में मिलेगा।

(2) नैतिकता का संबंध व्यक्ति के आचरण से है, जबकि धर्म का संबंध सामाजिक व्यवहारों से है, यद्यपि कुछ धार्मिक नियम व्यक्तिगत व्यवहारों को भी निर्देश देते हैं।

(3) धार्मिक नियम अधिक पुराने होने पर रूढ़िवादी हो जाते हैं। वे समय के साथ परिवर्तित होने की क्षमता खो देते हैं एवं प्रगति में बाधक होते हैं, किन्तु नैतिक नियमों में परिवर्तन की क्षमता होने के कारण ऐसी स्थिति नहीं आती और ये व्यक्ति कोअपने कर्तव्य का बोध कराते रहते हैं।

(4) नैतिकता एक आंतरिक पक्ष है जिसका पालन व्यक्ति स्वेच्छा से करता है, जबकि धर्म की अभिव्यक्ति कभी-कभी बाह्य व्यवहारों, कर्मकाण्डों एवं रीति-रिवाजों द्वारा भी की जाती है, जब किसी व्यक्ति पर धर्म थोपा जाता है तो उसे इन बाह्य वक्षों को स्वीकार करने को बाध्य किया जाता है।

(5) नैतिकता की स्वीकृति समाज द्वारा प्राप्त होती है, नैतिकता का पालन व्यक्ति अपनी आत्मा की पुकार के आधार पर करता है। दूसरी ओर धर्म को अलौकिक शक्ति एवं ईश्वरीय स्वीकृति प्राप्त होती है। एसो माना जाता है कि धार्मिक नियमों का पालन न करने पर ईश्वर दण्ड देता है।

(6) धर्म में तर्क का कोई स्थान नहीं है। यह आस्था और विश्वास पर टिका होता है, जबकि नैतिकता तर्क और विवेक पर आधारित होती है।

(7) नैतिकता में समय व परिस्थितियों के अनुसार परिवर्तन हो सकता है, किन्तु धर्म साधारणत: अपरिवर्तनीय है।

कानून (Law)

सामाजिक प्रतिमानों में कानून सर्वाधिक शक्तिशाली है। कानून वे नियम हैं जिनके पीछे राज्य की शक्ति होती है। **डेविस** ने कानूनों को दो भागों में बांटा है—प्रथागत कानून और वैधानिक कानून।

प्रथागत कानून (Customary Law)

प्रथागत कानून उन समाजों में पाये जाते हैं जिनमें सामाजिक नियमों का पालन करवाने के लिए विशिष्ट संगठन नहीं होते हैं। जहां न तो आधुनिक समाजों की तरह विधान-निर्मात्री सभा होती है और न ही कानून, न्यायाधीश, पुलिस, जेल, एवं गुप्तचर संस्था, किन्तु ऐसे समाजों में प्रचलित नियमों की प्रकृति कानूनों की तरह ही होती है। वहां पर भी न्याय के लिए एक परिषद् होती है जो वादी और प्रतिवादी दोनों पक्षों को सुनती है, गवाही लेती है, दोनों पक्षों को सुनने के बाद दोषी व्यकित को दण्ड देती है जो हर्जाने के रूप में या शारीरिक दण्ड के रूप में हो सकता है। इस प्रकार के नियमों को प्रथागत कानून इसलिए कहते हैं क्योंकि वे समुदाय की अमर परंपरा के अंग होते हैं। इन्हें लागू करने के लिए कोई वैधानिक संस्था नहीं होती और ये सांस्कृतिक विरासत के भाग होते हैं। इन्हें हम जनरीतियों

एवं पूर्णत: विकसित कानूनों के बीच की अवस्था कह सकते हैं। **प्रो. डेविस** कहते हैं कि "आरंभ में यदि मानव समाज में कोई विधियां थीं तो वे ऐसी ही प्रथागत विधियां थीं। केवल बड़े-बड़े राजनीतिक संगठनों के विकास, व्यापक विशेषीकरण तथा लेखन-कला के विकास के बाद ही पूर्ण विधियों का प्रादुर्भाव हुआ।" प्रथागत कानून हमें आदिम जातियों एवं कृषक समाजों में देखने को मिलते हैं। इसका सर्वश्रेष्ठ उदाहरण अफ्रीका की 'बुशमैन' तथा 'होटेण्टोट' जनजातियां हैं।

होटेण्टोट जनजाति में वयोवृद्ध लोगों की एक परिषद् (Council of Elders) होती है जो हत्या, मनुष्यों का शिकार, राजविरोध, चोरी, सगोत्र यौन संबंध, व्यभिचार तथा गुदा मैथुन, आदि मामलों पर विचार करती है। वहां समुदाय का प्रत्येक व्यक्ति पुलिसमैन की तरह कार्य करता है। अपराधी को जनजाति-परिषद के सामने लाया जाता है। पंच लोग गोलाकर रूप में बैठते हैं और अपराधी को बीच में बैठाया जाता है। वादी-प्रतिवादी एवं गवाहों को सुनने के बाद पंच लोग निर्णय करते हैं। झूठा अभियोग लगाने वाले से हर्जाने के रूप में पशु लिए जाते हैं। दोषी व्यक्ति को मृत्यु-दण्ड तक दिया जाता है। सरपंच किर्री (Kirri) नामक हथियार से दोषी व्यक्ति पर गहरा बार करता है और अन्य एकत्र व्यक्ति भी उसे तब तक पीटते रहते हैं जब तक कि उसकी मृत्यु न हो जाय।

वैधानिक कानून (Enacted Law)

जब लोकाचारों के प्रवर्तन के लिए किसी विशेष संगठन का जन्म होता है तब हम उन्हें विधि कहते हैं। आधुनिक जटिल समाजों में केवल जनमत, अनौपचारिक शक्ति और नैतिक चेतना के द्वारा ही व्यवस्था स्थापित नहीं की जा सकती, बल्कि, वहां किसी प्रकार का राजनैतिक संगठन आवश्यक हो जाता है। जब जनसंख्या एवं राज्य के कार्य-क्षेत्र में वृद्धि होती है तो सारे समुदाय से यह अपेक्षा नहीं की जा सकती कि वह अपराधियों को पकड़ने के लिए स्वयं दौड़ पड़े तथा उन्हें दण्ड दे। इस कारण हमें समाज के नियमों को लागू करने एवं व्यवस्था बनाये रखने के लिए किसी विशिष्ट संस्था की आवश्यकता पड़ती है। इसके लिए पुलिस की व्यवस्था की जाती है। सामाजिक जीवन में जटिलता एवं विभिन्नता के बढ़ने पर नवीन परिस्थितियों में प्राचीन लोकाचार अनुपयुक्त होते जाते हैं, तब समुदाय के लिए कानून के रूप में नये नियम बनाये जाते हैं। विधान मण्डल द्वारा यह कार्य किया जाता है। कानूनों को औपचारिक रूप से लागू किया जाता है, उनकी व्याख्या के लिए वकील होते हैं, उनके उल्लंघन को रोकने के लिए पुलिस एवं जेल व्यवस्था होती है, उनकी रक्षा तथा निर्णय करने के लिए न्यायालय होता है, ये कानून लिखित एवं पूर्णत: परिभाषित होते हैं।

कानून को परिभाषित करते हुए **मैकाइवर** लिखते हैं, ''कानून नियमों की वह व्यवस्था है जिन्हें राज्यों के न्यायालयों द्वारा मान्यता प्राप्त होती है, न्यायालयों द्वारा इनकी विवेचना होती है और किसी विशेष परिस्थिति के अनुसार ही इन्हें लागू किया जाता है।''

रॉस (Ross) के अनुसार, ''कानून मानव व्यवहार को नियंत्रित करने वाले औपचारिक विशिष्ट नियमों का वह स्वरूप है, जो इन लोगों द्वारा बनाये जाते हैं जिन्हें राज्य में राजनीतिक शक्ति प्राप्त होती है और उन्हीं सत्ताधारियों द्वारा कानून लागू किये जाते हैं।''

हॉबल के अनुसार, ''कानून एक सामाजिक नियम है जिसका उल्लंघन होने पर धमकी देने या वास्तव में शारीरिक बल प्रयोग करने का एकाधिकार एक समूह को होता है, जिसे ऐसा करने का समाज द्वारा मान्य विशेषाधिकार प्राप्त है।''

उपर्युक्त परिभाषाओं से स्पष्ट है कि *कानून वे नियम हैं जिन्हें बनाने, लागू करने एवं उनका उल्लंघन करने पर दण्ड देने की शक्ति समाज के लिए संगठित समूह में होती है, जिसे हम सरकार कहते हैं*। इस अर्थ में आदिम एवं निरक्षर समाजों में कानून नहीं होते क्योंकि कानून लिखित होते हैं और उनका किसी-न-किसी रूप में लेखा-जोखा रखा जाता है। कुछ विद्वान इस बात को स्वीकार नहीं करते कि आदिम समाजों में कानून नहीं होते, वे आदिम समाजों में प्रचलित नहीं होते, वे आदिम समाजों में प्रचलित लोकाचारों एवं जनरीतियों आदि को ही 'आदिम कानून' की संज्ञा देते हैं, किन्तु यदि हम लोकाचारों, जनरीतियों एवं कानून में भेद करना चाहते हैं तो हमें कानूनों को लिखित एवं औपचारिक नियमों के रूप में स्वीकार करना होगा।

लोकाचार एवं जनरीतियों का विकास होता है, जबकि कानूनों का निर्माण किसी विधिनिर्मात्री सभा द्वारा किया जाता है। कई बार कानूनों का निर्माण लोकाचारों के आधार पर ही किया जाता है। कानून लिखित एवं सुपरिभाषित होते हैं, जबकि लोकाचार प्रथाएं अलिखित, अनियोजित एवं अस्पष्ट होती हैं। लोकाचार एवं प्रथाओं में परिवर्तन स्वतः ही आते हैं, जबकि कानून में परिवर्तन जान-बूझकर लाया जाता है। प्रथाओं एवं लोकाचारों के पीछे समाज की औपचारिक शक्ति होती है, जबकि कानून के पीछे राज्य की बाध्यतामूलक शक्ति होती है तथा दण्ड की मात्रा निश्चित होती हैं कई बार हमें कानून एवं लोकाचारों में टकराव देखने को मिलता है। उदाहरणार्थ, कानून दहेज एवं बाल-विवाह का विरोधी है, जबकि लोकाचार उन्हें स्वीकार करते हैं। इसका यह अर्थ नहीं कि सदैव ही वे एक-दूसरे के विरोधी होते हैं। हम देखते हैं कि कानूनों का निर्माण प्रथा एवं लोकाचारों के आधार पर

ही किया जाता है। वे कानून सफल नही हो सकते जिन्हें लोकाचार व प्रथाओं का समर्थन नहीं मिलता। इस प्रकार कहीं ये परस्पर विरोधी होते हैं तो कहीं एक-दूसरे के पूरक। नवीन परिस्थितियां पैदा होने पर जब उनसे संबंधित कोई लोकाचार एवं प्रथाएं न हों अथवा वे अपर्याप्त हों तो कानूनों का निर्माण आवश्यक हो जाता है। उदाहरण के लिए, भारत में जब औद्योगीकरण हुआ एवं नवीन यातायात के साधनों का विकास हुआ तो हमें मजदूरों एवं उद्योगों से संबंधित एवं सड़क के कानूनों का निर्माण करना पड़ा। इस प्रकार कानून नवीन परिस्थितियों से अनुकूलन में सहयोग देते हैं। कानून द्वारा सामाजिक परिवर्तन एवं नियंत्रण का कार्य किया जाता है। समाज के विकास के साथ-साथ कानून पर निर्भरता भी बढ़ती जाती है।

प्रथा व कानून का पारस्परिक संबंध
(Mutual Relationship Between Custom and Law)

प्रथा एवं कानून के संबंध कहीं सहयोगी एवं परस्पर पूरक हैं तो कहीं इन दोनों में संघर्ष भी देखने को मिलता है। आदिम समाजों में प्रथा ही कानून होती है तो दूसरी ओर आधुनिक समाजों में कानूनों में प्रथाओं के तत्व पाये जाते हैं। इस संदर्भ में **वेस्टरमार्क** कहते हैं कि स्वयं कानूनों का पालन भी अधिक होता है कि वे प्रथा होते हैं न कि कानून। कानून की तुलना में प्राय: प्रथा की जीत होती हैं। कई बार हमें प्रथा एवं कानून में **संघर्ष** अथवा **टकराव** देखने को मिलता है। प्रथा परंपरात्मक व्यवहार की पुष्टि करती है और कानून नयी परिस्थितियों के अनुसार नये आचरण की आशा करता है, तब इन दोनों में विरोधाभाषा पैदा हो जाता है। उदाहरण के लिए, भारत में जाति-प्रथा के अंतर्गत छुआछूत को स्वीकार किया गया है, किन्तु अस्पृश्यता निवारण अधिनियम इसका विरोधी है। इसी प्रकार से प्रथाएं बाल-विवाह, दहेज एवं विधवा पुनर्विवाह निषेध के पक्ष में हैं, जबकि कानून इन सभी प्रथाओं का विरोध करता हैं इस प्रकार के विरोधाभास में अक्सर प्रथाओं की ही जीत होती है क्योंकि वे समाज में लंबे समय से स्थापित होती हैं और उन्हें लोगों का व्यापक समर्थन प्राप्त होता है। लोग कानून द्वारा प्रदत्त दण्ड भूगत कर भी प्रथाओं का पालन करते हैं, फिर भी समाज में किसी एक से ही काम नहीं चलता, दोनों का अस्तित्व आवश्यक है। प्रथा एवं कानून कई बार एक-दूसरे पर निर्भर (अन्योन्याश्रित) होते हैं। प्रथाएं सहज की उत्पन्न होकर अपनी जड़े जमा लेती हैं, जबकि कानून का जन्म होता है और इसके इर्द-गिर्द कई प्रथाएं पनप जाती हैं। कानूनों से कई प्रथाओं का जन्म होता है, ये प्रथाएं ही कानून को संबल प्रदान करती हैं। इनके अभाव में समुदाय पर कानून का अधिकार शिथिल ही रहता है। प्रथाओं के आधार पर ही कानून का निर्माण की स्रोत हैं। कुछ कानून व्यवहारों

की पूर्ण व्याख्या नहीं करते, इस अभाव की पूर्ति प्रथाओं द्वारा की जाती है। जब संविधान में ही कई बातें पूरी तरह लिखी हुई एवं स्पष्ट नहीं होती हैं तो उनके लिए प्रथाएं ही मार्गदर्शन करती हैं। इंग्लैण्ड का संविधान कानून की अपेक्षा प्रथाओं पर अधिक निर्भर है। इस प्रकार हम देखते हैं कि कानून एवं प्रथाओं के संबंध मिश्रित प्रकार के हैं। जब प्रथाएं निरर्थक हो जाती हैं तो कानून उनका स्थान लेते हैं।

प्रथा व कानून में अंतर (Distinciton between Custom and Law)

प्रथा व कानून में निम्नांकित अंतर (भेद) हैं :

(1) प्रथाओं की अपेक्षा कानून अधिक सार्वभौमिक होते हैं।

(2) कानून औपचारिक नियंत्रण का साधन है, जबकि प्रथा नियंत्रण का अनौपचारिक साधन है।

(3) कानून का उल्लंघन करने पर राज्य दण्ड की व्यवस्था करता है, जबकि प्रथा का उल्लंघन करने पर समाज निंदा, आलोचना एवं खिल्ली उड़ाने के रूप में अनौपचारिक दण्ड देता है।

(4) कानून की व्याख्या एवं रक्षा के लिए न्यायालय, न्यायाधीश एवं वकील, आदि होते हैं, जबकि प्रथाओं की व्याख्या करने वाले न तो कोई विशिष्ट व्यक्ति होते हैं और न कोई संस्था ही।

(5) प्रथाएं कम परिवर्तनशील होती हैं, जबकि कानून समय, परिस्थिति एवं आवश्यकता के अनुरूप बदले जा सकते हैं। कानून परिवर्तित परिस्थितियों के प्रति अधिक समायोजनीय होते हैं।

(6) कानून का निर्माण एक राजनीतिक सत्ता द्वारा विचारपूर्वक एक निश्चित समय में किया जाता है, जबकि प्रथा इतिहास की देन होती है, उसका निर्माण नहीं विकास होता है। उसके पीछे कोई योजनाबद्ध क्रिया नहीं होती, वरन् वह स्वत: स्फूर्त होती है।

(7) कानून का संबंध एक निश्चत भू-भाग से है, उस भू-भाग में रहने वाले सभी लोगों पर कानून समाज रूप से लागू होता है। दूसरी ओर प्रथा का स्थानीय वितरण कानून की तरह नहीं होता।

(8) प्रथाओं का संबंध भावनाओं से है, जबकि कानून का तर्क एवं विवेक से। प्रथा व कानून में अंतर होते हुए भी दोनों में कुछ **समानताएं** भी हैं जैसे–

(i) प्रथा व कानून दोनों ही समाज की नैतिकता एवं सामाजिक-कल्याण से संबंधित हैं।

(ii) प्रथा व कानून दोनों ही व्यक्ति के लिए बाध्यतामूलक होते हैं।

(iii) दोनों ही व्यक्ति के बाह्य व्यवहार को नियंत्रित करते हैं, भावनाओं एवं मानसिक क्रियाओं को नहीं।

(iv) दोनों ही एक-दूसरे के पूरक हैं। मैकाइवर लिखते हैं, ''ऐसा कोई कानून सफल नहीं हो सकता, जिसका समर्थन करने वाली सामाजिक प्रथा प्रचलित न हो। दूसरी ओर प्रथा-विरोधी कानून का अस्तित्व भी खतरे में पड़ जाता है।''

संस्थाएं (Institutions)

समाजशास्त्रीय साहित्य में 'संस्था' शब्द का सर्वप्रथम प्रयोग **स्पेन्सर** ने अपनी पुस्तक '*First Principles*' में किया था। संस्था का अर्थ बताते हुए **समनर** लिखते हैं, ''संस्था वह अंग (Organ) है जिसके माध्यम से समाज के कार्यों को क्रियान्वित किया जाता है।'' स्पेन्स के बाद **समनर** ने अपनी पुस्तक '*Folkways*' मे संस्था शब्द का व्यापक रूप में प्रयोग किया। समाज में निश्चित और सुस्थापित कार्य प्रणालियों (Procedures) को संस्थाओं के नाम से जाना जाता है। संस्था को परिभाषित करते हुए **प्रो. डेविस** लिखते हैं, ''संस्था को परस्पर संबंधित लोकरीतियों, लोकाचारों तथा वैधानिक नियमों की समग्रता कहकर परिभाषित किया जा सकता है, जो एक अथवा अधिक कार्यों के लिए बनायी गयी हो।'' **मैकाइवर** के अनुसार, ''संस्था कार्य-प्रणाली के उन प्रतिष्ठित स्वरूपों अथवा स्थिति को कहते हैं जो समूह की क्रियाओं की विशेषता स्पष्ट करती हो।'' **गिलिन** और **गिलिन** के अनुसार, ''एक सामाजिक संस्था प्राकृतिक प्रतिमानों (जिनमें क्रियाएं, विचार, मनोवृत्तियां तथा सांस्कृतिक उपकरण सम्मिलित हैं) का वह क्रियात्मक स्वरूप है जिसमें कुछ स्थायित्व होता है तथा जिसका कार्य सामाजिक आवश्यकताओं को संतुष्ट करना है।''

इस प्रकार संस्थाएं समाज में कार्य करने की सुनिश्चित विधियों (Ways) को कहा जाता है जिनका प्रयोग मानव अपनी आवश्यकताओं की पूर्ति के लिए करता है और इसमें अनेक सामाजिक प्रतिमानों का समावेश होता है। परिवार, विवाह, धर्म, सरकार, आदि समाज की प्रमुख संस्थाएं हैं। प्रत्येक संस्था में अनेक प्रथाएं, जनरीतियां एवं कानून पाये जाते हैं; उदाहरणार्थ, विवाह एक संस्था है जिसमें अनेक जनरीतियों हैं जैसे विवाह की अंगूठी देना, मंगनी करना, चावल फेंकना, सुहागरात मनाना, वधू को कंधे का सहारा देना, आदि। इसमें कुछ लोकाचार भी सम्मिलित हैं जैसे विवाह के पूर्व स्त्री व पुरुष द्वारा ब्रह्मचर्य जीवन व्यतीत करना, विवाह के बाद स्त्री-पुरुष का एक-दूसरे के प्रति विश्वास की प्रतिज्ञा करना, पत्नी की रक्षा एवं भरण-पोषण का पति द्वारा दायित्व लेना, आदि। अंत में समें कुछ वैधानिक

नियम भी सम्मिलित हैं, जैसे कानूनी मान्यता, उचित कारण पर विवाह-विच्छेद का अधिकार, धोखे के विरुद्ध संरक्षण, उचित आय, निषेधात्मक संबंधों का पालन, आदि। ये सभी सामाजिक प्रतिमान मिलकर सामाजिक संरचना का निर्माण करते हैं। **डेविस** कहते हैं कि "जितनी राजनीतिक, आर्थिक, धार्मिक तथा मनोरंजनकारी संस्थाएं हैं, वे सभी भिन्न-भिन्न प्रकार की अंतर्संबंधित लोकरीतियों, लोकाचारों तथा वैधानिक नियमों के उस ढांचे का प्रतिनिधित्व करती हैं जो परस्पर संगठित हैं तथा विभिन्न प्रकार के कार्य करने योग्य हैं।" सामाजिक संस्थाओं के अध्ययन से हम किसी समाज के सामाजिक संगठन को समझ सकते हैं।

परिपाटी एवं शिष्टाचार (Convention and Etiquette)

परिपाटी एवं शिष्टाचार विशिष्ट प्रकार की लोकरीतियां हैं। इनका कोई गूढ़ अर्थ नहीं होता। ये हमारे सामाजिक संबंधियों में सरलता उत्पन्न करती है।

परिपाटी

परिपाटी किसी भी कार्य को करने का एक परंपरात्मक तरीका है। ये व्यवहार के अपेक्षाकृत एक निश्चित स्वरूप को प्रकट करती हैं जिसका किसी एक विशेष परिस्थिति में पालन किया जाना चाहिए। उदाहरण के लिए, भारत में सड़क के बायीं ओर तथा अमरीका में सड़क के दायीं ओर चलना एक परिपाटी है। कोई व्यक्ति यह नहीं सोचना कि यह एक पवित्र नियम है, या इसके पीछे कोई रहस्यवादी सिद्धांत निहित है। प्रत्येक व्यक्ति इस नियम का पालन इसलिए करता है, क्योंकि इसे समाज ने स्वीकार कर लिया है और ऐसा पहले से होता आया है। वह यह भी जानता है कि यदि इस नियम का पालन नहीं किया गया तो सड़क पर चलना खतरनाक हो सकता है। परिवाटी के पालन से एक व्यक्ति दूसरे व्यक्ति के कार्यों में बाधा डालने से बच जाता है। यह हमारे 'प्रयत्न और भूल' को दूर करती है और मानवीय अंत:क्रियाओं के भ्रम समाप्त हो जाते हैं परिपाटी का पालन से एक व्यक्ति दूसरे व्यक्ति के कार्यों में बाधा डालने से बच जाता है। यह हमारे 'प्रयत्न और भूल' को दूर करती है और मानवीय अंत:क्रियाओं के भ्रम समाप्त हो जाते हैं। परिपाटी का पालन नैतिक आधार पर नहीं किया जाता वरन् इसलिए किया जाता है कि विभिन्न परिस्थितियों में यह हमारे व्यवहार को सुगम बना देती है, हमारा निर्देशन करती है। परिपाटी हमें पारस्परिक तनावों एवं संघर्षों से भी बचाती है। उदाहरण के लिए, हम किसी आदमी के मुंह पर ऐसी बात नहीं कहते जो उसके मित्रों से कह देते हैं। कभी-कभी व्यक्ति हंसी में कोई सत्य बात इसलिए कह देता है कि इसको असत्य मान लिया जाय। यदि हम इन बातों को खुले रूप में कहें तो तनाव एवं खिंचाव पैदा हो सकता है। इस प्रकार परिपाटियां हमारे सामाजिक

जीवन को रहने योग्य बनाती हैं। यदि इन परिपाटियों का पालन नहीं किया जाय तो हमारे सामाजिक संबंध अशोभनीय तथा असहनीय हो जायेंगे। परिपाटी सभी लोगों को एक-सा व्यवहार करने को प्रेरित कर व्यवहार में एकरूपता लाने में सहायक होती है।

शिष्टाचार

शिष्टाचार का तात्पर्य किसी कार्य को करने के उचित ढंग से है। समाज में व्यवहार करने के कई तरीके हो सकते हैं, उनमें से एक अच्छा तरीका चुन लेते हैं। इस प्रकार एक कार्य को करने में व्यक्ति के सामने कई विकल्प (alternatives) होते हैं। इनमें प्राथमिक (Priority) का क्रम होता है और व्यक्ति सबसे उत्तम तरीके को ही चुनता है। उदाहरण के लिए, हम अभिवादन केसे करते हैं, भोजन किस तरह से करते हैं, वस्त्र किस प्रकार से पहनते हैं, अपने मित्रों का परिचय केसे करवाते हैं ये सभी शिष्टाचार को प्रकट करते हैं, शिष्टाचार में व्यक्ति के इरादे (Intention) को भी देखा जाता है। **बीरस्टीड** कहते हैं कि शिष्टाचार के तीन उद्देश्य है :

(1) यह उन लोगों से एक निश्चत सामाजिक दूरी बरतता है जहां अधिक परिचय व घनिष्ठता की अपेक्षा नहीं की जाती है। शिष्टाचार में औपचारिकता अधिक होती है और यह उन लोगों के साथ अधिक प्रयुक्त होता है जिनसे घनिष्ठता न हो। शिष्टाचार के आधार पर एक व्यक्ति के एवं सामाजिक प्रस्थिति का निर्धारण कर सकते हैं। शिष्टाचार एक साधन है जिससे समाज के विभिन्न स्तर के व्यक्तियों की पहचान हो जाती है। शिष्टाचार दूसरों के प्रति हमारी बाह्य सद्भावना को भी व्यक्त करता है जैसे नमस्कार करना, शुभ-कामनाएं देना तथा विनम्रता के अन्य व्यवहार करना, आदि।

(2) अन्य प्रतिमानों की तरह यह भी कुछ व्यवहारों को स्वीकृत (Prescribe) करता है जिनका विशेष अवसरों पर प्रयोग किया जाना चाहिए।

(3) यह महत्वपूर्ण सामाजिक विशेषताओं को प्रकट करता है।

फैशन तथा धुन (Fashion and Fad)

मानव सदैव ही पूर्ण स्थायित्व नहीं चाहता वह नवीनता व भिन्नता के लिए परिवर्तन भी चाहता है। वह प्राचीन आदर्शों का अन्धानुकरण करता हुआ भी नवीनता व परिवर्तन का प्रेमी है। इस विरोधाभास की पूर्ति वह इस प्रकार के सामाजिक प्रतिमान द्वारा करता है जो यद्यपि थोड़े समय तक प्रचलन में रहते है, किन्तु जितने समय तक चलते हैं उतने समय तक मनुष्य उनके प्रति पूरी निष्ठा दिखाता है।

ऐसे सामाजिक प्रतिमानों को फैशन, धुन या सनक (Craze) कहते हैं। जनरीतियां, लोकाचार, प्रथा, परंपरा, नैतिकता, परिपाटी एवं शिष्टाचार में अपेक्षाकृत स्थायित्व पाया जाता है जबकि फैशन पूर्णतः अस्थायी प्रकृति की होती है। स्पेंसर ने फैशन को प्रथाओं के बीच पाये जाने वाले भेदों को दूर करने वाला माना है। आपने बताया कि जब प्रथाओं का पतन होता है तो फैशन का अधिक प्रचलन होता है। आपका मत था कि औद्योगीकरण की वृद्धि के साथ-साथ फैशन का प्रचलन भी बढ़ा है। वह कहता है– प्रथा 'पूर्वजों का अनुकरण' है और फैशन 'समकालीनों का अनुकरण'।

फैशन (Fashion)

फैशन आचरण के उन पहलुओं तथा अभिव्यक्तियों को नियंत्रित करता है जो प्रथा की पकड़ से अलग होते हैं। नवीनता एवं अनुरूपता नामक दो विरोधी मनोवैज्ञानिक तत्वों का समन्वय हम फैशन में देख सकते हैं। फैशन को परिभाषित करते हुए **मैकाइवर** एवं **पेज** लिखते हैं, "फैशन से हमारा तात्पर्य किसी प्रथागत विषय पर समाज स्वीकृत भिन्नता के क्रम से है।" **जेम्स ड्रीवर** के अनुसार, "फैशन सामाजिक परिपाटी का एक ऐसा प्रकार या पहलू है जिसकी मुख्य विशेषता उसकी बदली हुई प्रतियोगी प्रकृति है।" **रॉस** लिखते हैं, "फैशन किसी भी जनसमूह की पसंद में होने वाले क्रमिक परिवर्तनों को कहते हैं जो उपयोगिता द्वारा निर्धारित नहीं होते यद्यपि उनमें उपयोगिता का तत्व भी सम्मिलित हो सकता है।" **किम्बाल यंग** के अनुसार, "फैशन वह प्रचलन या फैली हुई रीति, तरीका, कार्य करने का ढंग अभिव्यक्ति विशेषता या सांस्कृतिक लक्षणों को प्रस्तुत करने की विधि है। जिसे बदलने की आज्ञा स्वयं प्रथा देती है।"

फैशन की इन परिभाषा से स्पष्ट है कि *"फैशन का संबंध मानवीय व्यवहार से संबंधित एक समाज अथवा समूह की पसंद से है। यह समय के साथ परिवर्तित होती रहती है और यह परिवर्तन समाज एवं संस्कृति द्वारा स्वीकृत होता है।"*

फैशन की प्रकृति (विशेषताएं)
(Nature or Characteristics of Fashion)

विभिन्न परिभाषाओं के आधार पर हम फैशन की कुछ विशेषताओं को इस प्रकार प्रकट कर सकते हैं:

(1) *फैशन का पालन तार्किक या वैज्ञानिक तरीकों से नहीं किया जाता,* वरन् भीड़-व्यवहार की तरह अतार्किक रूप से किया जाता है। यह मानव की प्रदर्शन की इच्छा, अहमवाद, व्यक्तिवाद एवं नवीनता की चाह की सूचक है।

(2) *अधिकांशतः फैशन परिवर्तन एक चक्रीय दशा में होता है।* हम घूम-फिरकर पुनः उसी पुराने फैशन पर आ जाते हैं।

(3) *फैशन का संबंध केवल परिवर्तन से ही है, किसी विशेष परिवर्तन से उनका कोई तात्पर्य नहीं है।* यह तो प्रचलित तरीकों से परिवर्तन चाहती है चाहे वह वह कैसा ही हो। यह मानव की नवीनता की इच्छा को सामाजिक व्यवहार में परिणत करती है, नवीनता को ही समूह के लिए सही व उचित वस्तु बना देती है।

(4) *फैशन का संबंध एक वर्ग विशेष से भी है।* अक्सर विलासी वर्ग (Leisure Class) के लोग जिनके पास, समय, धन एवं भौतिक साधनों की प्रचुरता होती है, नये-नये फैशन को जन्म देते हैं। वेब्लेन (Veblen) का मत है कि विलासी वर्ग फैशन के विभिन्न स्तर प्रस्तुत करता है। फैशन को अपनाने के लिए धन चाहिए। अतः संपन्न वर्ग के लोग ही अधिक फैशन करते हैं। निम्न वर्ग के व्यक्ति अनुकरण के द्वारा इन व्यवहारों को सीखकर उच्च वर्ग से एकरूपता लाने का प्रयत्न करते हैं। *जितना ऊंचा जीवन-स्तर होगा फैशन का प्रचलन की उतना ही अधिक होगा।*

(5) *फैशन का प्रयोग विभिन्न वर्गों वाले समाजों में भी अधिक होता है* क्योंकि ऐसे समाजों में व्यक्ति का पद-निर्धारण प्रथाओं की बजाय अनुकरण की प्रवृति और परिवर्तनशीलता द्वारा होता है। ऐसी स्थिति में फैशन अधिक महत्वपूर्ण होती है। द्वारा से पूर्णतया पृथक होने पर व्यक्ति अपना सम्मान खो भी सकता है।

(6) *फैशन का संबंध हमारे सामाजिक जीवन के बाह्य पक्षों* से अधिक है। हम मोटर, मकान, वस्त्र, आदि की बाह्य आकृति में ही परिवर्तन कर सकते हैं। फैशन का संबंध उन बातों से अधिक है जो बदलती हैं, जबकि प्रथाओं का संबंध उन वस्तुओं से है जो अधिक महत्वपूर्ण होने के कारण परिवर्तित नहीं हो सकतीं।

(7) *फैशन का उपयोगी होना आवश्यक नहीं है।*

(8) *फैशन का समय घनिष्ठ संबंध है।* जिस प्रकार की पोशाक हम आज से पांच वर्ष पूर्व पहनते थे, इसे यदि आज पहने तो हास्यास्पद लग सकते हैं। हम अपने बचपन के फोटो को देखकर इसलिए हंस सकते हैं कि हम उस समय अजीब-से वस्त्र पहनते थे। आज जिसे हम फैशन कहते हैं, कुछ समय बाद वह भी पुरानी हो जायेगी। इस प्रकार *फैशन में परिवर्तन की गति तीव्र होती है।* समाज का प्रत्येक व्यक्ति सर्वसम्मति से इसे नहीं

अपनाता, कुछ लोग फैशन को अपनाना आरंभ करते हैं तो कुछ अपनाकर छोड़ रहे होते हैं।

(9) *फैशन का प्रचलन आदिम व कृषक समुदायों की तुलना में आधुनिक, सभ्य औद्योगीकृत एवं नगरीय समाजों में अधिक पाया जाता है* क्योंकि आधुनिक समाजों में आदित की बजाय सहिष्णुता की मात्रा अधिक होती है, परिवर्तन एवं गतिशीलता को स्वीकार किया जाता है। इन समाजों में व्यक्ति की सामाजिक प्रस्थिति का निर्धारण बाह्य आडम्बर के द्वारा होता है। उसका मूल्यांकन, उसके जन्म वंश, चरित्र एवं गुणों से उतना नहीं होता जितना उसके कपड़ों, उसकी भाषा, बोलने के ढंग, मकान, कार, भौतिक वस्तुओं एवं शिष्टाचार से होता है। यदि वह इन क्षेत्रों में आगे तो समाज में उसे सम्मान प्राप्त हो जाता है।

(10) *फैशन के क्षेत्र में प्रतियोगिता पायी जाती है।* अधिकाधिक लोग इस अपनाने के लिए प्रतियोगिता करते हैं।

(11) *फैशन प्रचलन विभिन्न क्षेत्रों में देखा जा सकता है* फिर भी मत, विश्वास, पोशाक, मनोरंजन, अलंकरण, गृह-सज्जा, भाषा, साहित्य एवं कला, आदि के क्षेत्र में इसका प्रचलन अधिक है। इसका यह अर्थ नहीं कि इन सभी क्षेत्रों में फैशन प्रथाओं का अतिक्रमण करती है, यह तो उनकी सहायक होती है।

(12) *फैशन में नियमहीनता नहीं होती,* वरन् वह समाज और संस्कृति द्वारा स्वीकृत होती है।

(13) फैशन का प्रसार दबाव व शक्ति के कारण नहीं होता, *वरन् व्यक्ति स्वेच्छा से इसका अनुकरण करता है।*

(14) *फैशन में उन्मादी प्रवृत्ति पायी जाती है।* कभी-कभी तो लोग फैशन के पीछे पागलों की तरह भागते हैं और प्रत्येक व्यक्ति फैशन को अपनाकर अपनी प्रतिष्ठा बढ़ाना चाहता है।

(15) *फैशन का संबंध समाज अथवा समूह की पसंद से होता है* न कि व्यक्ति विशेष की पसंद से। जब समूह की पसंद बदल जाती है तो नयी फैशन अस्तित्व में आती है।

फैशन का प्रसार करने में आधुनिक युग में कई कारकों ने योग दिया है, जैसे–

(1) समृद्धि एवं विश्राम की वृद्धि भी इसमें सहायक है, क्योंकि फैशन का संबंध जीवन की अनावशक वस्तुओं एवं आवश्यकताओं की ऊपरी साज-

सज्जा से है, अत: जीवन-स्तर ऊंचा उठाने पर फैशन का प्रचलन भी बढ़ता है।

(2) यातायात एवं संचार के साधनों ने विभिन्न संस्कृतियों के संपर्क को सरल बना दिया है।

(3) नवीन आविष्कार की फैशन के प्रसार एवं वृद्धि में सहयोग देते हैं। विशेषज्ञ अपनी प्रतिभा का उपयोग नवीन वस्तुओं के निर्माण में करते हैं।

(4) पूंजीवाद की वृद्धि, वर्ग परिवर्तन की सुविधा एवं औद्योगीकरण ने भी फैशन के प्रसार में योग दिया है।

(5) अधिनायकवादी व सैनिक समाज की तुलना में प्रजातन्त्रीय समाज में व्यक्ति को स्वतन्त्रता अधिक होती है। अत: वहां फैशन का प्रसार अधिक होता है।

फैशन का समाज में विशेष महत्व है क्योंकि–

(1) वह व्यक्ति की रुचि को पोषित करती है।

(2) नवीन आविष्कारों को प्रोत्साहित करती है।

(3) व्यक्ति को ऊब से मुक्ति दिलाती है और जीवन में ताजगी एवं रंगीनी लाती है। इसके बिना जीवन में नीरसता आ जाती है। फैशन के साथ चलने में व्यक्ति अपने आपको जागरूक महसूस करता है। वह व्यक्ति की सुरुचि की परिचायक है।

(4) फैशन व्यक्ति के सामाजिक जीवन को सरल बनाती है, एक-दूसरे के बीच भ्रातृत्व का विकास करती है।

(5) फैशन समाज में एकरूपता पैदा करती है।

(6) फैशन जीवन में प्रेरणा प्रदान करती है।

(7) कई बार फैशन विकासशील समाजों में प्रथाओं का स्थान ग्रहण कर लेती है।

(8) फैशन वर्ग संबंध भी बनाती है, विभिन्न वर्गों के व्यक्तियों को जो एक ही फैशन का प्रयोग करते हैं, एक-दूसरे के समान बनने की प्रेरणा मिलती है। फैशन विभिन्न स्वार्थों के व्यक्तियों को समान आधार पर मिलने के योग्य बनाती है।

(9) यह सामाजिक दृढ़ता की पुष्टि करती है।

जब फैशन बाह्य आडम्बर से आगे बढ़ जाती है तो यह निरर्थक हो जाती है तथा स्थायित्व से अलग भी हो जाती है। कई बार फैशन का प्रयोग करने वाले व्यक्ति की सामाजिक स्थिति खतरे में भी पड़ जाती है।

फैशन (Fad)

जो बात फैशन के लिए कही गयी है वह धुन के लिए भी सही है। धुन भी फैशन ही है परन्तु यह फैशन से भी अधिक तीव्रता (Quickness) को व्यक्त करती है। धुन का प्रयोग फैशन की तुलना में कम लोगों द्वारा किया जाता है। जब कोई भी नयी डिजायन निकलती है तो पहले कुछ लोग ही उसे अपनाते हैं उसे धुन कहते हैं और यदि इसे अधिक लोग अपनाने लग जायें तो वह फैशन का रूप धारण कर लेती है। उदाहरण के लिए, जब पहली बार 'वैलबोटम' पहनता और हिप्पी कट बाल रखना शुरू हुआ तो वे धुन माने जाते थे, किन्तु धीरे-धीरे जब उन्हें कई लोगों ने अपनाया तो ऐसा करना फैशन हो गया है। धुन फैशन की अपेक्षा अधिक परिवर्तनशील, आडम्बरपूर्ण अतार्किक तथा अस्थायी होती है। फैशन की तुलना में धुन बहुत कम लोगों द्वारा अपनायी जाती है। फैशन की तुलना में धुन बहुत कम लोगों द्वारा अपनायी जाती है। इसलिए इसका सामाजिक महत्व भी कम है इसे हम सामाजिक प्रतिमान न कहकर भीड़ व्यवहार मात्र कह सकते हैं। धुन शीघ्र फैलती है और शीघ्र ही समाप्त हो जाती है। **किम्बाल यंग** कहते हैं कि अमरीकन समाज में प्रायः धुनें एक वर्ष से अधिक नहीं चलतीं। धुन का संबंध पोशाक और सजा-सज्जा से अधिक है। उच्च वर्ग के लोग इसे सस्ती मनोवृत्ति का सूचक मानते हैं। आधुनिक छात्र समाज में हम पोशाक से संबंधित अनेक प्रकार की धुन देख सकते हैं।

सामाजिक प्रतिमानों का समाजशास्त्रीय महत्वः सामाजिक नियंत्रण में भूमिका
(Sociological Importance of Social Norms: Role in Social Control)

प्रत्येक समाज में सामाजिक प्रतिमान पाये जाते हैं। हम ऐसे मानव समाज की केवल कल्पना ही कर सकते हैं जिसके कोई आदर्श नियम न हों। हॉब्स ने ऐसे समाज की चर्चा की थी जिसमें प्रत्येक व्यक्ति दूसरे व्यक्ति के साथ संघर्षरत था और प्रत्येक व्यक्ति का जीवन एकाकी, दरिद्र, निरर्थक एवं जगली था, किन्तु आज मानव ऐसे समाज में रहने का अभ्यरस्त है, जिसमें आदर्शात्मक नियंत्रण होते हैं। आदर्शात्मक व्यवस्था ने मानव समाज को संगठन की अपूर्व क्षमता प्रदान की है, यही कारण है कि मानव की आदर्शात्मक व्यवस्था करोड़ों वर्ष पुरानी है। हम यहां व्यक्ति के जीवन में सामाजिक प्रतिमानों के महत्व तथा व्यक्ति और सामाजिक प्रतिमानों के पारस्परिक संबंधों की चर्चा करेंगे।

(1) **बीरस्टीड** कहते हैं कि बिना सामाजिक प्रतिमानों के सामाजिक संबंध अनियमित, गड़बड़ और संभवत: खतरनाक हो जायेंगे। *वे प्रतिमान ही हैं जो सामाजिक जीवन को व्यवस्थित, स्थिर एवं भविष्यवाणी करने योग्य बनाते हैं* जो कि सामाजिक संरचना के महत्वपूर्ण तत्व हैं। अप्रतिमानता व नियमहीनता की स्थिति में कोई समाज अधिक समय तक नहीं चल सकता। अत: जहां प्रतिमान नहीं है वहां समाज भी नहीं है।

(2) सामाजिक प्रतिमानों का एक महत्व यह है कि *ये सामाजिक सीख की प्रक्रिया को सरल बना देते हैं।* सामाजिक प्रतिमानों के अभाव में प्रत्येक व्यक्ति प्रत्येक अधिकार का दावेदार बन जायेगा, इससे समाज में संघर्ष पैदा हो जायेगा और व्यक्ति का अस्तित्व ही खतरे में पड़ जायेगा। सामाजिक प्रतिमान सामाजिक सीख के लिए उपयुक्त वातावरण बनाते हैं और उन तरीकों को भी स्पष्ट करते हैं जिनके द्वारा व्यक्ति अपने कार्यों को भली प्रकार से कर सकता है।

(3) सामाजिक प्रतिमान बाह्य दबाव एवं बंधन के कारण स्वीकार नहीं किये जाते वरन् *इनके व्यक्तित्व के अंग बन जाने के कारण व्यक्ति स्वत: ही अचेतन रूप में उनका पालन करता है।* ये व्यक्ति का पथ-प्रदर्शन करते हैं और उनके पालन से व्यक्ति में आत्म-चेतना, आत्म-विश्वास और कर्तव्य पालन की भावना में वृद्धि होती है।

(4) सामाजिक प्रतिमान *व्यक्ति के निर्णय को सरल बना देते हैं।* प्रारंभ से ही सामाजिक प्रतिमानों के शिक्षण एवं अभ्यस्तता के कारण व्यक्ति को किसी परिस्थिति में निर्णय लेने के लिए उलझना नहीं पड़ता वरन् वह प्रतिमानों के अनुरूप ही कार्य करता है। उदाहरण के लिए, हम कक्षा में कैसे बैठें, जूते कैसे पहनें, वस्त्र केसे धारण करें, पानी की कठिनाई पैदा हो जायेगी। प्रतिमानों से व्यक्ति को प्रत्येक परिस्थिति में कार्य करने का एक सरल तरीका प्राप्त होता है जो समाज द्वारा स्वीकृत होता है। सामाजिक प्रतिमान एक दृढ़ नींव प्रदान करते हैं जिसके आधार पर एक व्यक्ति दूसरे के साथ व्यवहार कर सकता है। वे मनुष्य जाति की अतीत व भविष्य की निरंतरता में उसके भागीदार होने का भाव तथा समाज के प्रति उसके योगदान, आदि से संबंधित विचार पैदा करते हैं।

(5) सामाजिक प्रतिमान व्यक्ति में समूह के प्रति निष्ठा, उत्साह एवं आकांक्षाओं को जाग्रत करते हैं लोग सामाजिक नियमों के प्रति कर्तव्य-परायणता

दिखाते हैं। सामाजिक प्रतिमानों का पालन करके हम सामाजिक बने रहते हैं, जिसका अर्थ है सामाजिक रूप समें उत्तरदायी बने रहना।

(6) *सामाजिक प्रतिमान हमारे व्यवहारों एवं विचारों को प्रभावित करते हैं।* इन्ही के माध्यम से हम अपने व्यवहार को व्यवस्थित तथा समाज के अन्य सदस्यों के अनुकूल बनाते हैं। इनके द्वारा ही समाज एवं संगठित संरचना प्राप्त करता है तथा सामाजिक जीवन के कार्य व्यवस्थित होते हैं।

(7) *किसी समाज का अध्ययन* करने का सबसे अच्छा तरीका उसके सामाजिक प्रतिमानों का विश्लेषण करना है। जब हम किसी समाज की जनरीतियों, लोकाचारों, प्रथाओ, कानूनों परंपराओं एवं संस्थाओं को जान जाते हैं, तब हम उस समाज के बारे में काफी जान लेते हैं। इस प्रकार प्रतिमान समाज के अध्ययन में सहायक होते हैं।

उपर्युक्त विवेचन से स्पष्ट है कि प्रतिमान समाज में व्यवस्था, स्थिरता एवं एकरूपता कायम रखते हैं। ये हमें समाज एवं संस्कृति से अनुकूलन में सहयोग देते हैं। समाज में अनेक प्रकार के प्रतिमान पाये जाते हैं जिनमें से कुछ अधिक महत्वपूर्ण होते हैं तो कुछ कम। इनका महत्व बताते हुए **बीरस्टीड** लिखते हैं, "समाज स्वयं एक व्यवस्था है जिसका अस्तित्व सामाजिक प्रतिमानों से ही संभव हो पाता है। इस प्रकार सामाजिक प्रतिमान ही सामाजिक संगठन का निचोड़ है।" सामाजिक शिक्षण अभ्यस्तता, उपयोगिता, समूह तादात्मीकरण तथा दण्ड और पुरस्कार के द्वारा हम प्रतिमानों का अनुपालन करते हैं और धीरे-धीरे ये हमारे व्यक्तित्व के अंग बन जाते हैं तथा व्यक्ति के सामने इनके पालन के सिवाय और कोई विकल्प ही नहीं होता है। प्रतिमानों के पालन से व्यक्ति अपने को समूह में घुला-मिला देता है। ये सामाजिक नियन्त्रण के सशक्त साधन हैं।

प्रो. डेविस कहते हैं, "यही वह स्थिति है जिसके अंतर्गत एक व्यवस्थित सामाजिक ढांचे का निर्माण होता है और सामूहिक जीवन को एक व्यवस्थित रूप प्राप्त होता है।"

हम सामाजिक प्रतिमानों से अनुरूपता क्यों रखते हैं (Way We Conform to Social Norms)

प्रश्न उठता है कि हम सामाजिक प्रतिमानों से अनुरूपता क्यों रखते हैं ? उनके अनुरूप आचरण क्यों करते हैं ? इसका एक कारण है–जनमत का दबाव। प्रतिमानों के अनुरूप आचरण न करने पर हमें अपने मित्रों के क्रोध का पात्र बनना पड़ता है। समाज से बहिष्कृत होने का डर रहता है और साथ ही उनके पालन से समाज में हमारा सम्मान बढ़ता है, हमें पुरस्कृत किया जाता है, किन्तु सदैव ही दण्ड एवं

पुरस्कार के कारण ही सामाजिक प्रतिमानों का पालन नहीं किया जाता है। **बीरस्टीड** नें सामाजिक प्रतिमानों के पालन के चार कारणों का उल्लेख है, वे निम्न प्रकार हैं:

(1) **उपयोगिता** (Utility)—सामाजिक प्रतिमानों की उपयोगिता के कारण भी हम उनका पालन करते हैं। सामाजिक प्रतिमान हमें समाज के अन्य व्यक्तियों के साथ अंत:क्रिया करने में सहयोग प्रदान करते हैं, हमें कठिनाइयों एवं खतरों से बचाते हैं। उदाहरण के लिए, हम टिकट लेने में 'क्यू' एवं यातायात में सड़क के नियमों का पालन करने में सुविधा महसूस करते हैं।

(2) **समूह तादात्मीकरण** (Group Identification)—सामाजिक प्रतिमानों का पालन करने का एक कारण यह भी है कि प्रतिमान व्यक्ति को समूह से एकरूपता या तादात्मीकरण करने में सहायक होते हैं। हम अन्य समूहों की तुलना में अपने ही् समूह के प्रतिमानों का पालन करते हैं। इसका कारण यह नहीं है कि हमारे प्रतिमान दूसरों से श्रेष्ठ हैं, या उनकी हमें आदत पड़ गयी है या प्रारंभ से ही उनकी शिक्षा दी गयी है, वरन् इसलिए भी कि ऐसा करके हम अपने संमूह के साथ अपनी पहचान को दर्शाते हैं। एस्किमो लोगों के जूते हमसे अच्छे होने पर भी हम उनको इसी कारण से नहीं पहनते हैं कि वे हमें अपने ही समूह से भिन्न कर देंगे। कई जनरीतियों के अतार्किक होने पर भी हम उनका पालन इसलिए करते हैं कि वे हमारा अपने समूहों एवं समाज से परिचय कराती हैं, जैसी भी हैं वे हमारी अपनी हैं और अपनों के प्रति मानसिक लगाव होता है।

(3) **सामाजिक शिक्षण** (Indoctrintion)—हमें अपने बचपन से ही अपने समाज के प्रतिमानों का पालन करने की शिक्ष दी जाती है। संस्कृति के अन्य तत्वों की तरह वे भी समाज में पहले ही मौजूद होते हैं और हम उन्हें स्वीकार करते जाते हैं। उदाहरण के लिए, हमें सिखाया जाता है कि दिन में कितनी बार एवं कब भोजन करना चाहिए, अपने से बड़ों का संमान केसे करना चाहिए, बायें से दायें को पढ़ना व लिखना चाहिए, छोटे बच्चों को पीटना नहीं चाहिए, आदि। इस प्रकार समाजीकरण की प्रक्रिया द्वारा बच्चे को अपने समाज के प्रतिमान सिखाये जाते हैं। कुछ समय बाद वह देखता है कि कार्य करने का यही तरीका है और उसके पास अन्य कोई विकल्प नहीं है।

(4) **अभ्यस्तता** (Habituation)—सामाजिक प्रतिमानों का पालन करने का एक कारण यह है कि एक लंबे समय से उनका पालन करने के कारण हम

उनके आदी हो जाते हैं। हमें एक निश्चित प्रकार के चाकू, कांटे एवं चम्मच का प्रयोग करने की शिक्षा दी जाती है, कुछ समय के बाद इनका प्रयोग करना हमारी आदत जाती है। एक बार जब कोई आदत पड़ जाती है तो व्यक्ति स्वत: ही उनका पालन करता है, उसके लिए विशेष प्रयत्न की आवश्यकता नहीं होती। तब प्रतिमानों के पालन में हमें उतनी कठिनाइयां नहीं आती जितनी उनके उल्लंघन में आती हैं। स्पष्ट है कि अभ्यस्तता प्रतिमानों की शक्तिशाली बनाती है और उनकी नियमितता को सुरक्षा प्रदान करती है।

10

वैज्ञानिक पद्धति एवं निदर्शन-पद्धति
(Scientific Method and Sampling Method)

विज्ञान की ऐतिहासिक पृष्ठ भूमि
(Historical Perspective of Science)

प्राचीन काल में मानव जंगल, पहाड़ में घूमता हुआ एक असहाय प्राणी था। यह प्राणी हजारों वर्षों तक विराट प्रकृति के विशाल भूधरों, गहन सागरों, ज्वालामुखी उद्‌गारों, भूकम्पों आकाश के ग्रह नक्षत्रों, तूफानों आदि के रूप को सहमी-सहमी दृष्टि से देखता हुआ आश्चर्यचकित होता रहा। उस मानव के लिये प्रकृति बोधगाम्य नहीं थी। प्रकृति की विराटता ने इस प्राणी के समक्ष अस्तित्व का संकट उत्पन्न कर दिया जिसे अनय प्राणियों की तुलना में उसने हाथ, पैर, आंख, कान, नाक आदि इन्द्रियों के अतिरिक्त मस्तिष्क का प्रयोग करके झेला। धीरे-धीरे यह मानव जन्तु, जिज्ञासु मानव के रूप में विकसित हुआ। इस मानव ने एक लाख वर्ष पेड़ों की डालियों पर कूद कर नहीं गुजारे और न ही डायनासोर की तरह खाकर सोने में गुजारे। अपने विकासक्रम में मानव ने प्रकृति के साथ तादात्मय स्थापित किया। शनैः शनैः प्रकृति की विराटता उसके लिये भयावह न रह गई। गहन चिन्तन, अदम्य साहस एवं अथक अनुसन्धान से जिज्ञासु मानव प्रकृति के रहस्यों को जानने-समझने में आनन्दित होने लगा। प्रकृति के सम्बन्ध में मानव का यह ज्ञान शनैः शनैः विकसित हुआ जो समय के साथ-साथ सुव्यवस्थित एवं सुसंगठित होता चला गया। प्रकृति को जानने की यही जिज्ञासा विज्ञान है।

विद्वानों ने प्रकृति के रहस्यों का अध्ययन करते हुए देखा कि प्रकृति की विराटता एवं उसके सारे कार्यकलाप निश्चित नियमों में बंधे हैं। पन्द्रहवीं शताब्दी तक जिन कार्यकलापों को दैवी प्रकोप समझा जाता था वे आज अध्ययन के रोचक विषय बन गये हैं। केपलर, न्यूटन, गैलीलियों जैसे मनीषियों ने प्राकृतिक रहस्यों के अंधकार

को विज्ञान के प्रकाश से दूर किया। वायुयान, रेडियो, टेलीविजन जैसे आविष्कारों में विज्ञान ने विस्मयकारी पौराणिक कथाओं को मूर्त रूप दिया है। परमाणु ऊर्जा की शक्ति, राकेट से चन्द्रमा जैसे ग्रहों पर विजय अभियान, पेनसिलीन, स्ट्रेप्टोमाईसिन जैसी दवाइयों के माध्यम से रोगों से संघर्ष, डी.डी.टी. जैसे रासायनिक पदार्थ से मच्छरों का उन्मूलन, कोयले से संश्लेषित वस्त्र का उत्पादन जैसी उपलब्धियों से मानव को विज्ञान पर गर्व होता है।

प्रश्न उठता है कि यह अजेय शक्ति, पृथ्वी पर स्वर्ग उतारने वाला यह विज्ञान क्या है? क्या कक्षा में पढ़ाये जाने वाला वैज्ञानिक विषय 'चेचक के टीके के अन्वेषण की कहानी' इसका उत्तर देगी। अंग्रेज़ डाक्टर एडवर्ड जेनर (Jenner) ने 1798 में चेचक के टीके की खोज की जो मानव के अदृश्य शुत्र वाइरस से संघर्ष के इतिहास का एक महत्त्वपूर्ण अध्याय है। इस टीके की खोज से वाइरस रोगों के उन्मूलन को एक दिशा मिली। डॉक्टरी का अध्ययन करने के बाद जेनर गांव में बस गये जहां चिकित्सा के साथ-साथ वे प्रकृति का भी सूक्ष्य अध्ययन करने लगे। उन दिनों, चेचक की महामारी फैली हुई थी। यह रोग गांवों की अपेक्षा शहरों और कस्बों में अधिक व्यापक रूप से फैला हुआ था। डॉक्टर के रूप में जेनर इस रोग पर अक्सर विचार किया करते थे। एक दिन खेत में काम करने वाली एक मजदूरनी ने उनसे कहा कि चूंकि उसे काउपाक्स हो गया है इसलिए चेचक नहीं हो सकती। काउपाक्स, पशुओं की सामान्य बीमारी थी। जो आदमी पशुओं के संग रहा करते थे वह भी इससे ग्रस्त हो जाते थे।

काउपाक्स गांव के लोगों को हुआ करती थी और घातक बीमारी नहीं थी। गांव में पीढ़ी-दर-पीढ़ी से यह धारणा चली आ रही थी कि जिन लोगों को काउपाक्स हो जाता है वे चेचक से ग्रस्त नहीं होते। जेनर ने इस जनश्रुति पर ना केवल गम्भीरता से विचार किया बल्कि गांवों में घूम-घूमकर आंकड़े (Data) भी एकत्रित किये तथा वह इस निष्कर्ष पर पहुंचे कि इस जनश्रुति के आधार पर चेचक के लिये मानव में प्रतिरोध क्षमता विकसित की जा सकती है। पीढ़ी-दर-पीढ़ी से गांवों में फैले एक दृढ़ विश्वास को जेनर ने एक प्रायोगिक रूप दिया। मई 1796 ई० में काउपाक्स से ग्रस्त एक ग्वाले की पपड़ी से लिसलिसा पदार्थ लेकर उसे एक स्वस्थ लड़के के शरीर में प्रविष्ट करा दिया। मई 1796 ई० में काउपाक्स से ग्रस्त एक ग्वाले की पपड़ी से लिसलिसा पदार्थ लेकर उसे एक स्वस्थ लड़के के शरीर में प्रविष्ट करा दिया। कुछ समय पश्चात् वह बीमार हो गया। स्वस्थ हो जाने पर जुलाई 1796 ई० में जेनर ने चेचक के एक मरीज की पपड़ी से लिसलिसा द्रव लेकर उसे उस लड़के के शरीर में प्रविष्ट कराया। उस लड़के को चेचक से कोई

नुकसान नहीं हुआ। मृत्यु का ग्रास बनाने वाले चेचक से वह लड़का बच गया। यद्यपि प्रारम्भ में रॉय सोसाइटी ने इस खोज को महत्त्व नहीं दिया पर डॉ० जेनर हतोत्साहित नहीं हुए। वे काउपाक्स लिम्फ (Lymph) के टीके का प्रयोग करते रहे। शीघ्र ही सारी दुनिया में चेचक से बचाव के लिये इसका प्रयोग होने लगा। चेचक के टीके की यह खोज विज्ञान है। अत: विज्ञान अध्ययन का वह क्षेत्र है जो पुन: दोहराये जा सकने वाले तथ्यों का प्रेक्षण और व्याख्या प्रस्तुत करता है। इस परिभाषा में पुन: दोहराया जाना अत्यन्त महत्त्वपूर्ण है। अध्ययन किये जाने वाले तथ्य ऐसे होने चाहिए जिनका प्रदर्शन सम्भव हो सके। यह विज्ञान की सीमा निश्चित करता है क्योंकि कोई प्रेक्षण या तथ्य जब स्वीकार किया जाता है तब वह बार–बार दोहराये जाने के योग्य भी होना चाहिए।

जहां तक विज्ञान के विकास का प्रश्न है संसार में मनुष्य के ज्ञान–विज्ञान की बहुत लम्बी कहानी है। प्रारम्भ में मनुष्य ने प्रकृति से आग तैयार करना सीखा, पेड़-पौधों आदि से अपने लिये खाद्य पदार्थों का चयन करना सीखा। गाय, बैल, बकरी के दूध का सेवन करना सीखा आदि। मुनष्य अनी मूलभूत आवश्यकताओं अर्थात् भोजन, वस्त्र, भवन, सुरक्षा की पूर्ति, प्रकृति से उपलब्ध संसाधनों के उपयोग द्वारा करता आया है। इससे संसाधनों और प्राकृतिक सम्पदा की बहुत अधिक बरबादी भी हुई है।

सभ्यता के विकास के मध्यकाल में मनुष्य पत्थरों व धातुओं के औजार, मिट्टी व धातु के बर्तन बनाने लगा। मौसम, चांद, सितारों को समझने लगा। पहियों का उसने आविष्कार किया। नाना प्रकार के अनाज उगाने लगा तथा जानवरों को पालने लगा।

ईसा से लगभग 3000 वर्ष पूर्व से 1500 वर्ष पूर्व तक मनुष्य अंकों का जोड़, घटाना, गुणा, भाग तथा विभिन्न आकृतियों का उपयोग करने लगा। उसने नगर बसाए, संगीत और वाद्य–यन्त्रों का विकास किया; अपने शरीर को अलंकृत करने के लिये अनेक प्रकार के गहने बनाये। मिस्त्र में मृत शरीर के संरक्षण के लिये "ममी" बनाने की कला और उसका विज्ञान मनुष्य ने विकसित किया। अपने रोगों के निदान के लिये उसने औषधियों की पद्धतियां निकालीं। मानव समाज ने भारत में आयुर्वेद, यूनान में यूनानी, यूरोप में एलोपैथिक तथा चीन ने अपनी पद्धति विकसित की। अनेक देशों में विचारक, शिक्षक, दार्शनिक, वैज्ञानिक आदि सभ्यता के विकास में अमर हो गये। मानव सभ्यता और समृद्धि के विकास में विज्ञान का अपना महत्त्व है। जिन प्रबुद्ध व्यक्तियों ने विज्ञान की खोज करने, दिशा देने और उपयोगी बनाने में अपना प्रमुख योगदान दिया है, उन्हें वैज्ञानिक कहते हैं। वैज्ञानिकों के नामों की

लम्बी सूची में प्राचीन भारत के बोधायन, काल्यायन, गार्गी, चरक, नागार्जुन, आर्यभट्ट, वाराहमिहिर, बाणभट्ट आदि तथा यूनान के अरस्तु, डिमाक्रेटीज, पाइथागोरस, हीपोक्रेटीज, आर्कमिडीज़ आदि प्रमुख रहे हैं।

ईसा से दसवीं शताब्दी तक भारत में गणित और ज्योतिष के क्षेत्र में काफी उन्नति हुई। इसी युग में चीन, सीरिया, फारस और अरब में भी वैज्ञानिकों ने अनेक अध्ययन किये। मेहरौली (दिल्ली) में स्थित अशोक लौह स्तम्भ पर की गई लेप आज भी शोध की वस्तु है। लौह स्तम्भ पर जंग नहीं लगती और चमक ज्यों की त्यों बनी हुई है। यह इस युग की वैज्ञानिक देन है। पन्द्रहवीं और सोलहवीं शताब्दी में यूरोपीय समाज में जो औद्योगिक क्रान्ति आई वह विज्ञान की व्यापक उन्नति के कारण सम्भव हुआ। इस युग के प्रसिद्ध वैज्ञानिक लियोनिद वैसालियस, वैसालियस, गैलीलियो, हार्वे, वॉयल, न्यूटन आदि हैं। इस युग में यूरोपीय वैज्ञानिकों ने भौतिक विज्ञान, रसाय। विज्ञान, गणित, जीव विज्ञान एवं ज्योतिष विज्ञान सम्बन्धी उपलन्धियों के आधार पर आधुनिक वैज्ञानिक युग की नींव रखी। इस युग को "न्यूटन युग" के नाम से पुकारा जाता है। सत्रहवीं शताब्दी से अब तक के विज्ञान के विकास के आधुनिक युग को दो चरणों में विभक्त किया जा सकता है। सोलहवीं शताब्दी तक के प्रथम चरण में विज्ञान के विभिन्न क्षेत्रों के सिद्धान्तों को प्रेक्षण और प्रयोग के आधार पर स्थापित किया गया। इस समय में भौतिक विज्ञान, रसायन, विज्ञान, वनस्पति विज्ञान, जन्तुविज्ञान, गणित, खागोल विज्ञान, भूगर्भ विज्ञान के क्षेत्र में अनेक तथ्यों एवं वैज्ञानिक सिद्धान्तों का परीक्षण एवं अन्वेषण हुआ। इस युग के प्रसिद्ध वैज्ञानिक लेवाशिये, शीले, कवेंडिश, डाल्टन, डेवी, प्रीस्टले, केकुले, बर्जिलियस आदि हैं।

उन्नीसवीं शताब्दी से अब तक के द्वितीय चरण में आधुनिक विज्ञान की शाखाएं-प्रशाखाएं निकलीं। अब मनुष्य विज्ञान का उपयोग अपने लाभ के लिये ही नहीं बल्कि दूसरे को नीचा दिखाने और उससे लड़ाई में विजय पाने के लिये प्रयोग करने लगा है। इस युग के प्रमुख वैज्ञानिक फैराडे, एवोगेड्रो, गेलूसाक, मोर्स, ग्राहमबेल, एडिसन, डारविन, मैण्डलीफ, मोसले, बेकरल, बेकरल, क्यूरी दम्पति, प्लांक, रदरफोर्ड, थामसन, चेडविक, नील वोर, रैले, मारकोनी, प्लोमिंग लाइसेन्कों, आटोहान, सीवोर, हजनवर्ग, आइन्सटीन, खुराना, जगदीशचन्द बसु, बीरबल साहनी, सी०वी० रमन, के०एस० कृष्णन आदि हैं।

विज्ञान के विभिन्न क्षेत्रों-भौतिक विज्ञान, रसायन विज्ञान, जीव विज्ञान, भू-भौतिकी, गणित, आकसाशीय पिण्डों का अध्ययन एवं उड़ान, चिकित्सा विाान, नाभिकीय ऊर्जा आदि क्षेत्रों में जो कुछ आज उपलब्ध है, वह आधुनिक विज्ञान

की देन है। इस देन को मनुष्य केवल मानव जाति के उत्थान के लिये प्रयोग करे तभी संसार सुरक्षित रह सकेगा, अन्यथा स्पर्धा के वर्तमान युग में विज्ञान का ज्ञान मनुष्य को भस्मासुर बना देगा। आज एटमबम, हाइड्रोजन बम, न्यूट्रान बम बनाकर मनुष्य अपने ही विनाश की सामग्री एकत्र कर रहा है। विज्ञान के साथ विवेक और बुद्धि का विकास व्यक्तिगत और सामूहिक दोनों स्तरों पर होना अत्यन्त आवश्यक है। इसी में मानव कल्याण निहित है। अर्थात् दूसरे शब्दों में, विज्ञान अपने आप में कोई विषय-सामग्री नहीं होकर एक ऐसी सामग्री है जिसे वैज्ञानिक पद्धति (Scientific Method) को काम में लेते हुए प्राप्त किया गया हो। जहां प्राकृतिक विज्ञानों में वैज्ञानिक पद्धति का सहारा लिया जाता है, वहां सामाजिक विज्ञानों में भी सामाजिक घटनाओं को समझने हेतु इसी पद्धति का उपयोग किया जाता है। अत: किसी भी विषय-सामग्री या ज्ञान-भण्डार को विज्ञान बनाने में इस बात का विशेष महत्व है कि उसे कैसे प्राप्त किया गया है, किस पद्धति को काम में लिया गया है। यदि वैज्ञानिक-पद्धति की सहायता से सामाजिक घटनाओं को समझने और विषय-सामग्री को प्राप्त करने का प्रयत्न किया जाता है। तो इसे विज्ञान ही कहा जायेगा। **स्टुअर्ट चेज** ने लिखा है कि विज्ञान का सम्बन्ध पद्धति से है न कि विषय-सामग्री से। इस बात को अन्य शब्दों में व्यक्त करते हुए **प्रो. ग्रीन** ने लिखा है कि विज्ञान का अर्थ तथ्यों की खोज करने वाले तरीके से लिया जाता है। स्पष्ट है कि जिस किसी विषय में वैज्ञानिक-पद्धति का प्रयोग किया जाता है, वही विषय विज्ञान है, चाहे वह प्राकृतिक विज्ञानों के क्षेत्र में हो या सामाजिक विज्ञानों के क्षेत्र में। यहां वैज्ञानिक पद्धति को भली-भांति समझने के लिए विज्ञान के अर्थ को समझ लेना आवश्यक है।

विज्ञान क्या है (What is Science)?

व्यापक अर्थ में किसी भी विषय ज्ञान, वस्तु ज्ञान या व्यवस्थित ज्ञान को विज्ञान कहा जा सकता है। पहले लोग विज्ञान में भौतिक विज्ञान, रसायन विज्ञान, जीवन विज्ञान, गणित के ज्ञान को सम्मिलित मानते थे। अब सामाजिक अध्ययन, अर्थशास्त्र, समाज विज्ञान आदि को भी विज्ञान की संज्ञा देने लगे हैं।

वस्तुत: विज्ञान शब्द वि + ज्ञान से बना है जिसका अर्थ एक विशेष प्रकार का ज्ञान, पुरष्कृत ज्ञान अथवा विशिष्ट ज्ञान है। Science शब्द की उत्पत्ति लैटिन भाषा के शब्द (To know) से हुई है, जिसका अर्थ है जानना। लेकिन Science शब्द विज्ञान के अर्थ में ही प्रयुक्त होता है। इस प्रकार विज्ञान शब्द का अर्थ उस ज्ञान से है जो बुद्धि द्वारा ग्रहण किया जाय और शब्दों के माध्यम से दूसरों तक घोषित किया जाय अर्थात् विज्ञान का अर्थ है सार रूप में ज्ञान। अब प्रश्न यह

आता है कि ज्ञान प्राप्त करने के क्या साधन हैं? यह स्पष्ट है कि हम अपने चारों ओर की सृष्टि का ज्ञान अपनी ज्ञानेन्द्रियों द्वारा प्राप्त करते हैं परन्तु यह आवश्यक नहीं है कि सूक्ष्य वस्तुओं के विषय में भी हमें सीधे अपनी ज्ञानेन्द्रियों से ज्ञान प्राप्त हो जाये। सूक्ष्म वस्तुओं का ज्ञान प्राप्त करने के लिये अन्य सूक्ष्मग्राही यन्त्रों को उपयोग में लाया जाता है। प्रश्न उठता है कि इन सब ज्ञान से विज्ञान का क्या सम्बन्ध है? इसके उत्तर में यह कहा जा सकता है कि वास्तव में प्राकृतिक घटनाओं का अध्ययन करना तथा उनमें आपस में सम्बन्ध ज्ञात करने का काम ही विज्ञान है। विज्ञान का क्षेत्र अत्यन्त विशाल है। जैसे-जैसे मनुष्य का ज्ञान क्षेत्र विस्तृत होता जाता है, वैसे-वैसे विज्ञान में भी नये-नये क्षेत्र विकसित होते जाते हैं।

एक अन्य विचारधारा के अनुसार किसी स्वतन्त्र शास्त्र के रूप में विद्यमान किसी विषय की समस्त विषय सामग्री तथा उसके पीछे तत्त्वों का व्यापक विवेचन विज्ञान कहा जा सकता है, परन्तु इसका अर्थ यह नहीं है कि केवल इधर-उध र से एकत्र की गई कुछ बातों के व्यवस्थाहीन संग्रह को विज्ञान कहा जा सके। कारण, ऐसा संग्रह ज्ञान में कोई वृद्धि नहीं करता। वैज्ञानिक प्रतिपादन उसे कहा जा सकता है जिसमें विषय के सम्पूर्ण मूल सिद्धान्तों का असंदिग्ध एवं वैध रूप से समावेश किया गया हो तथा प्राप्त सामग्री की तर्क संगत व्याख्या की गई हो। अंग्रज़ी में इसे 'सिस्टेमेटाइज्ड नॉलेज' (व्यवस्थित ज्ञान) तथा साइंस (विज्ञान) कहा जाता है। इस विचारधारा के अनुसार आधुनिक काल में प्रायः सभी विषय अपने आप को विज्ञान की संज्ञा देते हैं। सैद्धान्तिक दृष्टि से यह कुछ हद तक, विशेषकर जहां वैज्ञानिक विधि का भी उपयोग हुआ हो, उचित है, पर व्यावहारिक रूप में विज्ञान शब्द केवल प्राकृतिक विज्ञान का द्योतक हैं जिसमें भौतिकी, रसायन, जीव-विज्ञान, खगोल विज्ञान आदि प्राकृतिक वस्तुओं तथा तथ्यों से सम्बन्ध रखने वाले ज्ञान का ही समावेश है। इसीलिये इन प्राकृतिक विज्ञान के विषयों को अंग्रेज़ी में नेचुरल सांइसिज़ (Natural Sciences) कहते हैं।

आधुनिक युग में हम विज्ञान, वैज्ञानिक और वैज्ञानिक आविष्कारों के बारे में बड़ी रुचि से पढ़ते, सुनते और बातचीत करते हैं। कुछ लोग विज्ञान को रहस्यमय समझते हैं और कुछ के लिये यह एक विचित्र जादू है जिसके द्वारा मानव जाति की सभी कठिनाइयों का अंत किया जा सकता है और केवल अटन दबाने मात्र से ही सुखदायी एवं आनन्दित जीवन व्यतीत किया जा सकता है। विज्ञान ऐसा कुछ भी नहीं है बल्कि यह तो विश्व के ज्ञान का क्रमबद्ध रूप है। जैसे-जैसे ज्ञान बढ़ता जाता है इसकी उपयोगिता भी बढ़ती जाती है और आधुनिक जगत ऐसे वैज्ञानिक ज्ञान के क्रियात्मक पक्ष पर निर्भर होता है। अर्थात् दूसरे शब्दों में, साधारणतया

लोग 'विज्ञान' का अर्थ विशेष प्रकार की विषय-सामग्री (Subject Matter) से ही लगाते हैं। इस दृष्टि से वे रसायनशास्त्र, भौतिकशास्त्र, जीवविज्ञान, वनस्पतिशास्त्र, आदि विषयों को ही विज्ञान मानते हैं। ऐसे लोग सामाजिक तथ्यों एवं प्रघटनाओं, सामाजिक समूहों, संस्थाओं, समाजों एवं सामाजिक सम्बन्धों का अध्ययन करने वाले विषय को विज्ञान नहीं मानते। वे तो समझते हैं कि प्रोटोनों, इलेक्ट्रॉनों एटमों, मॉलीक्यूलों, पिण्डों, नक्षत्रों, चट्टानों, जीवाणुओं, कंकालों एवं खोपड़ियों के अध्ययन से सम्बन्धित विषय ही विज्ञान हैं। परन्मु यह उनका भ्रम मात्र है। वास्तव में, विज्ञान अपने आप में कोई विषय-सामग्री नहीं होकर वैज्ञानिक पद्धति से प्राप्त किया गया व्यवस्थित ज्ञान है। यदि किसी भी विषय से सम्बन्धित तथ्यों को वैज्ञानिक पद्धति को काम में लेते हुए संगृहीत किया जाए तथा इस प्रकार से प्राप्त तथ्यों के आधार पर सिद्धान्त बनाये जायें तो ऐसे विषय को विज्ञान ही माना जायेगा।

विज्ञान का अर्थ स्पष्ट करते हुए **स्टुअर्ट चेज** ने लिखा है, "विज्ञान का सम्बन्ध पद्धति से है न कि विषय-सामग्री से।"

काल पियर्सन के अनुसार,"सभी विज्ञानों की एकता उसकी पद्धति में है न कि केवल उसकी विषय-वस्तु में।"

बीसंज तथा **बीसंज** के अनुसार, "यह एक पद्धति या उपागम है न कि विषय सामग्री जो विज्ञान की कसौटी है।"

लुण्डबर्ग के अनुसार, "विज्ञान को विषय-सामग्री के रूप में परिभाषित करने का प्रयत्न भ्रम ही उत्पन्न करता है।" **लैंडिस** की मान्यता है कि विज्ञान, विज्ञान ही है, चाहे वह भौतिकशास्त्र में हो या समाजशास्त्र में।

बनार्ड ने विज्ञान की परिभाषा छः मुख्य प्रक्रियाओं के रूप में की है जो इस प्रकार है : परीक्षा (Testing), सत्यापन (Verification), परिभाषा (Definition), वर्गीकरण (Classification), संगठन (Organization) तथा अभिविन्यास (Orientation) इनमें भविष्यवाणी करना या व्यवहार में लाना (Prediction and application) भी सम्मिलित है।

फर्फे ने बताया है कि हमे वैज्ञानिक ज्ञान को ऐसे ज्ञान के रूप में परिभाषित करना चाहिए जो एक विशेष मात्रा तक निश्चित, कारणयुक्त एवं सामान्य हो। इस प्रकार का व्यवस्थित ज्ञान विज्ञान है।

विद्वानों के उपर्युक्त कथनों से स्पष्ट है कि *विज्ञान का सम्बन्ध किसी विशिष्ट प्रकार की विषय-सामग्री से नहीं होकर वैज्ञानिक पद्धति से प्राप्त किये गये क्रमबद्ध व व्यवस्थित ज्ञान से है।*

विज्ञान के प्रमुख तत्व (विशेषताएं)
(Main Elements Characteristics of Science)

मार्टिण्डेल और **मौनचेसी** ने विज्ञान के विभिन्न तत्वों को स्पष्ट करते हुए लिखा है कि विज्ञान भी विचारने का ही एक ढंग है, और सभी प्रकार के विचारों की तरह यह समस्याओं के प्रत्युत्तर के रूप में उदित होता है। *विज्ञान के लिए निम्न तत्वों का होना आवश्यक है :*

(1) **भविष्यवाणी** (Prediction) : विज्ञान का एक प्रमुख तत्व उसमें भविष्य-वाणी करने की क्षमता का होना है। यदि किसी भी विषय में प्राप्त निष्कर्षों के आधार पर भविष्य की घटनाओं के सम्बन्ध में पहले से अनुमान लगा लिया जाये तो उस विषय को विज्ञान कहा जायेगा। सर्वेक्षण या शोधकार्य के द्वारा प्राप्त निष्कर्ष यदि प्रमाणिक हैं, अर्थात् सत्य हैं तो भविष्य में भी परिस्थितियों के समान रहने पर वे सत्य (प्रमाणिक) ही रहेंगे। इस प्रकार विज्ञान में भविष्यवाणी करने की क्षमता पायी जाती है।

(2) **समान्यीकरण** (Generalization) : विज्ञान का एक प्रमुख तत्व या विशेषता सामान्यीकरण है। सामान्यीकरण का अर्थ प्राप्त तथ्यों के आधार पर किसी सामान्य नियम या सामान्य प्रवृत्ति को ज्ञात करने से है। इसमें कुछ इकाइयों के अध्ययन के आधार पर प्राप्त निष्कर्षों का सम्पूर्ण तथ्यों या पूरे समग्र (Universe) पर लागू किया जाता है। उदाहरण के रूप में, कुछ प्रतिनिधि के अध्ययन के आधार पर कुछ ऐसे निष्कर्ष निकाले जाते हैं जो केवल अध्ययन किये गये विद्यार्थियों पर हीं नहीं, बल्कि, एक सम्पूर्ण क्षेत्र तथा समूह के सभी विद्यार्थियों पर लागू होते हैं।

(3) **सत्यापन तथा वर्गीकरण** (Verification) : विज्ञान की एक प्रमुख विशेषता यह है कि इसमें अवलोकन विधि द्वारा प्राप्त तथ्यों की सत्यता की परीक्षा की जाती है। इसी को सत्यापन के नाम से पुकारा जाता है। अन्य शब्दों में सत्यापन का अर्थ किसी भी प्राप्त तथ्य या निष्कर्ष की प्रामाणिकता का पता लगाना है। सत्यापन के लिए पहली स्थिति से मिलती-जुलती किसी अन्य स्थिति को लिया जाता है और यदि दोनां स्थितियों में समानता पायी जाती है या दोनों की प्रकृति एक-सी है तो यह कहा जा सकता है कि प्राप्त तथ्य प्रामाणिक हैं।

प्राप्त तथ्यों को समान विशेषताओं के आधार पर विभिन्न वर्गों में व्यवस्थित करना ही वर्गीकरण कहलाता है। इसमें तथ्यों को अलग-अलग वर्गों में इस प्रकार रखा जाता है कि एक वर्ग में समान तथ्य ही आयें और इस

आधार पर बनने वाले विभिन्न वर्गों के बीच एक पारस्परिक सम्बन्ध बना रहे। वर्गीकरण का मुख्य उद्देश्य प्राप्त तथ्यों को व्यवस्थित रूप से प्रस्तुत करना है, ताकि वैज्ञानिक निष्कर्ष निकाले जा सकें।

(4) **वैज्ञानिक प्रवृत्ति** (Scientific Attitude) : उस विषय का विज्ञान कहा जाता है जिससे सम्बन्धित तथ्यों का संकलन अध्ययनकर्ता वैज्ञानिक प्रवृत्ति को बनाये रखते हुए करे। *गिलिन और गिलिन ने विज्ञान में वैज्ञानिक प्रवृत्ति को अत्यन्त महत्वपूर्ण मानते हुए उसकी* पांच विशेषताओं का उल्लेख किया है :

(i) **तटस्थता या वैषयिकता** (Objectivity) इसमें अध्ययनकर्ता तटस्थ और निष्पक्ष होकर घटनाओं का अध्ययन करता है और उन्हें ठीक उसी रूप में चित्रित करता है जिस रूप में वे वास्तव में है। कहने का तात्पर्य यह है कि वह अपने अध्ययन में वैयक्तिक इच्छा, रुचि, रुझान, पूर्वाग्रह, भय, आदि को तनिक भी स्थान नहीं देता है।

(ii) **धैर्य** (Patience) : तथ्यों को एकत्रित करने, उनका सावधानीपूर्वक विश्लेषण करने और कार्य शीघ्र समाप्त कर रिपोर्ट प्रस्तुत करने के लिए अनुसन्धानकर्ता पर कई प्रकार के दबाव पड़ते हैं, परन्तु उसे जल्दबाजी में न तो अवलोकन करना और न ही कोई निष्कर्ष निकालना या घोषणा करनी चाहिए। इन सबके लिए धैर्य अत्यन्त आवश्यक है।

(iii) **सख्त मेहनत या कठिन परिश्रम** (Hard Work) : प्रकृति के रहस्यों, अपने चारों ओर के संसार और विभिन्न सामाजिक घटनाओं को उनके सही रूप में समझने के लिए कठिन परिश्रम करने की बलवती इच्छा का होना अत्यन्त आवश्यक है।

(iv) **जिज्ञासा की प्रवृत्ति** (Attitude of Inquisitiveness) : इसका तात्पर्य यह है कि अनुसन्धानकर्ता को खुले मस्तिष्क से उस समय तक खोज करते रहना या तथ्यों का पता लगाते रहना चाहिए जब तक कि विषय से सम्बन्धित आवश्यक प्रमाण प्राप्त न हो जायें और उनकी परीक्षा न कर ली जाये।

(v) **रचनात्मक विचार-शक्ति** (Creative Thinking Power) : वैज्ञानिकों के लिए केवल तथ्यों को एकत्रित कर लेना मात्र ही काफी नहीं है। उसके मस्तिष्क में तो यह बात घूमती रहनी चाहिए कि आखिर इन तथ्यों का अर्थ क्या है और इनके आधार पर क्या निष्कर्ष

निकाले जा सकते हैं और किन सिद्धान्तों का निर्माण किया जा सकता है। सिद्धान्तों का निर्माण किया जा सकता है। सिद्धान्तों की खोज से रचनात्मक विचार शक्ति का होना अत्यन्त आवश्यक है।

(5) **अवलोकन** (Observation) : विज्ञान में अवलोकन के महत्व पर प्रकाश डालते हुए **गुडे एवं हेट** ने लिखा है कि विज्ञान अवलोकन से आरम्भ होता है और उसकी पुष्टि (Validation) के लिए अन्ततः अवलोकन पर ही लौट आना पड़ता है।तब समाजशास्त्री को अपने आपको सावधानीपूर्वक अवलोकरन करने में प्रशिक्षित करना चाहिए **यंग** ने अवलोकन को 'नेत्रों द्वारा एक उद्देश्यपूर्ण अध्ययन' नाम दिया है। अनुसन्धानकर्ता स्वयं घटना-स्थल पर पहुंचकर घटना, विषय या तथ्यों का सूक्ष्म निरीक्षण करता है। विज्ञान में अवलोकन का विशेष महत्व है।

अभी तक के विवेचन से स्पष्ट है कि किसी भी विषय के विज्ञान कहलाने के लिए अग्र बातें आवश्यक हैं :

(1) निष्कर्ष प्रामाणिक हों अर्थात् उनकी सत्यता की जांच की जा चुकी हो।

(2) निष्कर्ष सर्वव्यापी होने चाहिए।

(3) एकत्रित तथ्यों के आधार पर भविष्यवाणी की जा सकती हो।

(4) तथ्यों को एकत्रित करने के लिए वैज्ञानिक पद्धति का प्रयोग किया गया हो।

(5) वास्तविक तथ्यों का यथावत् चित्रण किया गया हो, अन्य शब्दों में 'क्या है' का स्पष्टतः उल्लेख किया गया हो।

(6) कार्य-कारण सम्बन्धों की स्पष्टतः विवेचना की गयी हो।

(7) अवलोकन विधि को काम में लिया गया हो।

वैज्ञानिक पद्धति का अर्थ (Meaning of Scientific Method)

विज्ञान के अर्थ को समझ लेने के पश्चात् अब यह जान लेना आवश्यक है कि वैज्ञानिक-पद्धति किसे कहते हैं, यह क्या है, इसकी सहायता से अध्ययन कैसे किया जाता है। साधारणतः उस पद्धति को वैज्ञानिक पद्धति कहा जाता है जिसमें अध्ययनकर्ता तटस्थ या निष्पक्ष रहकर किसी विषय, समस्या या घटना का अध्ययन करता है। इस हेतु वह अवलोकन करता है, प्रश्नावली, अनुसूची या किसी अन्य प्रविधि की सहायता से तथ्य संकलित करता है, उनका वर्गीकरण एवं सारणीयन करता है, विश्लेषण एवं व्याख्या करता है,कार्य-कारण सम्बन्धों का पता लगाता है, सामान्यीकारण करता है, वैज्ञानिक निष्कर्ष निकालता और नियमों व सिद्धान्तों

का प्रतिपादन करता है, उनका सत्यापन करता है। इससे उसकी पूर्वानुमान या भविष्यवाणी करने की क्षमता बढ़ जाती है।

वैज्ञानिक पद्धति के अर्थ के सम्बन्ध में **लुण्डबर्ग** ने लिखा है, "व्यापक अर्थ में वैज्ञानिक पद्धति तथ्यों के व्यवस्थित अवलोकन, वर्गीकरण तथा व्याख्या [निर्वचन (Interpretation)] से निर्मित है।" इसे अन्य शब्दों में स्पष्ट करते हुए आपने अन्यत्र लिखा है।, समाज–वैज्ञानिकों में यह दृढ़ विश्वास पाया जाता है कि उनके सम्मुख जो समस्याएं हैं, उनका समाधान सामाजिक घटनाओं के बुद्धिमत्तापूर्ण और व्यवस्थित अवलोकन, सत्यापन, वर्गीकरण तथा विश्लेषण द्वारा ही सम्भव है। अपने यथार्थ (परिशुद्ध)स्वरूप में इसी उपागम को वैज्ञानिक पद्धति कहते हैं।" **वुल्फ** ने लिखा है, "व्यापक अर्थों में कोई भी अनुसन्धान विधि जिसके द्वारा विज्ञान की रचना और विस्तार होता है, वैज्ञानिक–पद्धति कहलाती है।"

एनसाइक्लोपीडिया ब्रिटेनिका में लिखा है, वैज्ञानिक पद्धति एक सामूहिक शब्द है जो उन अनेक प्रक्रियाओं को व्यक्त करता है जिनकी सहायता से विज्ञानों का निर्माण होता है व्यापक अर्थ में, अन्वेषण की कोई भी पद्धति जिसकी सहायता से वैज्ञानिक या अन्य निष्पक्ष तथ व्यवस्थित ज्ञान प्राप्त किया जाता है वैज्ञानिक पद्धति कहलाती है।" स्पष्ट है कि वैज्ञानिक पद्धति का सम्बन्ध व्यवस्थित ढंग से ज्ञान के संचय से है। इस पद्धति की सहायता से संचित ज्ञान के आधार पर ही कोई विषय विज्ञान का रूप ग्रहण करता है।

वैज्ञानिक पद्धति की विशेषताएं
(Characteristics of Scientific Method)

वैज्ञानिक पद्धति की प्रमुख विशेषताएं निम्नलिखित हैं :

(1) **सिद्धान्तों की स्थापना की जाती है :** वैज्ञानिक पद्धति की सहायता से कार्य–कारण सम्बन्धों की विवेचना की जाती है, तथ्यों या घटनाओं के पारस्परिक सम्बन्ध ज्ञात किये जाते हैं, वर्गीकरण या विश्लेषण किया जाता है और तत्पश्चात् सामान्य निष्कर्ष निकाले जाते हैं। इन निष्कर्षों के आधार पर ही सिद्धान्त या वैज्ञानिक नियम बनाये जाते हैं।

(2) **अवलोकन द्वारा तथ्यों को एकत्रित किया जाता है :** वैज्ञानिक पद्धति के अन्तर्गत तथ्यों के संकलन हेतु अनुसन्धानकर्ता प्रत्यक्ष निरीक्षण और अवलोकन करता है। इसमें काल्पनिक या दार्शनिक विचारों को कोई स्थान नहीं दिया जाता। इनमें तो अध्ययनकर्ता स्वयं घटना–स्थल पर पहुंचकर घटनाओं का निरीक्षण और तथ्यों का संकलन करता है। यदि समाज–

वैज्ञानिक को बाल-अपराध अथवा वेश्यावृत्ति की समस्या का अध्ययन करना है या भीड़ व्यवहार के सम्बन्ध में जानकारी प्राप्त करनी है तो वह इनसे सम्बन्धित तथ्यों को स्वयं घटनाओं का अवलोकन करते हुए एकत्रित करेगा।

(3) **भविष्यवाणी (Predicition) करने की क्षमता है :** कोई भी विषय इस कारण माना जाता है कि वह 'क्या है' के आधार पर' 'क्या होगा' बताने में अर्थात् भविष्यवाणी करने में समर्थ है। अन्य शब्दों में, वैज्ञानिक पद्धति की सहायता से संचित ज्ञान-भण्डार के आधार पर भविष्य की ओर संकेत करने की प्रत्येक विज्ञान की क्षमता है। उदाहरण के रूप में, समाज में वर्तमान में होने वाले परिवर्तन को ध्यान में रखकर समाजशास्त्र यह बता सकता है कि भविष्य में सामाजिक व्यवस्था का रूप क्या होगा, जाति-व्यवस्था किस रूप में रहेगी तथा परिवारों के कौन से प्रकार विशेष रूप से पाये जायेंगे। समाजशास्त्र के मौजूदा ज्ञान के आधार पर कहा जा सकता है कि प्राकृतिक विज्ञानों के समान यह भी भविष्यवाणी करने में काफी सीमा तक समर्थ हैं।

(4) **तर्क (Logic) की प्रधानता :** वैज्ञानिक पद्धति की एक प्रमुख विशेषता यह है कि यह तर्क पर आधारित है। तर्क तथ्य और विवेक से जुड़ा हुआ है। किसी बात को बुद्धिमत्तापूर्वक, प्रमाणित या अप्रमाणित किया जा सकता है, इसके लिए तर्क देना आवश्यक होता है, साथ ही आवश्यकतानुसार तथ्य भी दिये जाते हैं। वैज्ञानिक पद्धति के अन्तर्गत सर्वप्रथम तथ्यों के संकलन के लिए ऐसी पद्धतियों एवं उपकरणों के चुनाव पर जोर दिया जाता है जो तर्क-संगत हों, तार्किकता पर आधारित हों। साथ ही इस पद्धति के अन्तर्गत संकलित तथ्यों का विश्लेषण भी तार्किकता के आधार पर किया जाता है। इस पद्धति की सहायता से वैज्ञानिक निष्कर्षों के प्रस्तुतीकरण में भी तर्क का सहारा लिया जाता है। वैज्ञानिक पद्धति में यद्यपि अनुभव-सिद्ध प्रमाणों या तथ्यों पर जोर दिया जाता है लेकिन तार्किकता के आधार पर जो बात खरी मालूम पड़ती है, यथार्थ जान पड़ती है, उसे भी स्वीकार कर लिया जाता है। यदि कहा जाय कि वैज्ञानिक पद्धति का आधार ही तर्क या तार्किकता है तो इसमें किसी भी प्रकार की अतिशयोक्ति नहीं है।

(5) **तथ्यों का वर्गीकरण एवं विश्लेषण किया जाता है :** असम्बद्ध या बिखरे हुए आंकड़ों या तथ्यों के आधार पर कोई वैज्ञानिक निष्कर्ष निकालना

सम्भव नहीं है। सही निष्कर्ष निकालने के लिए यह आवश्यक है कि प्राप्त तथ्यों को व्यवस्थित एवं क्रमबद्ध किया जाये। इसके लिए तथ्यों को समानता के आधार पर विभिन्न वर्गों में बांटा जाता है। यह कार्य वर्गीकरण के अन्तर्गत आता है। इसके पश्चात् तथ्यों का सावधानीपूर्वक विश्लेषण किया जाता है। किसी भी विषय को विज्ञान माने का प्रमुख कारण यह है कि उसमें सही निष्कर्षों तक पहुंचने के लिए तथ्यों का वर्गीकरण एवं विश्लेषण किया जाता है।

(6) **क्या है इसका उल्लेख किया जाता है :** वैज्ञानिक पद्धति के अन्तर्गत वास्तविक घटनाओं की विवेचना की जाती है। कोई भी विज्ञान इस बात पर विचार नहीं करता कि क्या अच्छा है और क्या बुरा है अथवा क्या होना चाहिए और क्या नहीं होना चाहिए। वह तो घटनाओं या तथ्यों का यथार्थ चित्रण करता है वे जिस रूप में हैं उनका ठीक वैसा ही चित्रण करता है, 'क्या है' का ही उल्लेख करता है। उदाहरण के रूप में, विज्ञान तो सुंयक्त परिवार प्रथा या जाति–व्यवस्था का प्राप्त तथ्यों के आधार पर ठीक उसी रूप में उल्लेख करता है जिस रूप में वे हैं, न कि यह बताने का प्रयत्न कि वे अच्छी हैं या बुरी।

(7) **ज्ञान का आधार वैज्ञानिक पद्धति है :** मूर्त और अमूर्त सामाजिक तथ्यों के अध्ययन के लिए समाज–विज्ञान विभिन्न वैज्ञानिक पद्धतियों का प्रयोग करते हैं। उदाहरण के रूप में, ज्ञान प्राप्त करने या तथ्य एकत्रित करने हेतु समाजमिति (Sociometry), अवलोकन पद्धति, अनुसूची .अथवा प्रश्नावली पद्धति , सामाजिक पद्धति, वैयक्तिक जीवन अध्ययन पद्धति, आदि का प्रयोग किया जाता है। इनमें से एकाधिक पद्धतियों को काम में लेते हुए सामाजिक घटनाओं का अध्ययन किया जाता है।

(8) **कार्य-कारण सम्बन्धों की विवेचना की जाती है :** वैज्ञानिक पद्धति के अन्तर्गत घटनाओं, तथ्यों और विभिन्न समस्याओं के कार्य–कारण सम्बन्धों को जानने का प्रयत्न किया जाता है। विज्ञान तो किसी घटना या समस्या के पीछे छिपे कारणों से खोज करता है। यह तो यह मानकर चलता है कि कोई भी घटना जादुई चमत्कार से घटित नहीं होकर कुछ विशिष्ट कारणों से घटित होती है जिनका पता लगाना वैज्ञानिक का दायित्व है। कार्ल मार्क्स का वर्ग संघर्ष का सिद्धान्त कार्य–कारण के सह–सम्बन्ध को स्पष्ट करते हैं।

(9) **सिद्धान्तों की पुनर्परीक्षा सम्भव है :** समाज-विज्ञान भी भौतिकशास्त्र या रसायनशास्त्र के समान अपने सिद्धान्तों या नियमों की परीक्षा एवं पुनर्परीक्षा करने में सक्षम है। इनमें वैज्ञानिक पद्धति की सहायता से तथ्य एकत्रित किये जाते हैं और इस पद्धति से प्राप्त तथ्यों की प्रमुख विशेषता यह है कि इनकी प्रमाणिकता की जांच की जा सकती है। समाज-विज्ञानों में सिद्धान्तों की जांच करना वास्तव में सम्भव है। उदाहरण के रूप में, तथ्यों के आधार पर प्राप्त इस निष्कर्ष की कि टूटे परिवार बाल-अपराध के लिए काफी सीमा तक उत्तरदायी हैं, अलग-अलग स्थानों पर परीक्षा और पुनर्परीक्षा की जा सकती है।

(10) **सिद्धान्त सार्वभौमिक (Universal) हैं :** समाज-विज्ञान वैज्ञानिक पद्धति को काम में लेते हुए जिन सिद्धान्तों का प्रतिपादन करते हैं वे सार्वभौमिक प्रकृति के होते हैं। इसका तात्पर्य यह है कि यदि परिस्थितियां समान रहें तो समाज विज्ञानों में विकसित सिद्धान्त विभिन्न समाजों और कालों में खरे उतरते हैं। उदाहरण के रूप में, यह सिद्धान्त सार्वभौमिक रूप से ठीक पाया गया है कि पारिवारिक विघटन सामाजिक विघटन पर आधारित है।

(11) **वस्तुनिष्ठता :** वैज्ञानिक पद्धति में वस्तुनिष्ठता (Objectivity) पर विशेष बल दिया जाता है। बिना वस्तुनिष्ठता के वैज्ञानिक निष्कर्ष निकालना किसी भी रूप में सम्भव नहीं है। वस्तुनिष्ठता का तात्पर्य है–घटनाओं का अध्ययन ठीक उसी रूप में करना जिस रूप में वे है। कहने का तात्पर्य यह है कि वैज्ञानिक पद्धति का प्रयोग करते हुए अध्ययनकर्ता को प्रत्येक स्तर पर इस बात की विशेष सावधानी रखनी होती है कि उसके स्वयं के पूर्वाग्रहों, विचार, भावनाएं, पक्षपातपूर्ण दृष्टिकोण अध्ययन में बाधक नहीं बन जायें। उसे तो पूर्णतः निष्पक्ष (वस्तुनिष्ठ) होकर तथ्यों या घटनाओं का यथार्थ चित्रण करना है, निष्कर्ष निकालने हैं, प्राक्कल्पना की सत्यता या असत्यता को प्रमाणित करना है।

वैज्ञानिक पद्धति के चरण (Steps of Scientific Method)

प्रत्येक वैज्ञानिक अध्ययन क्रमबद्ध एवं व्यवस्थित होता है। वैज्ञानिक निष्कर्षों तक पहुंचने तथा नियमों एवं सिद्धान्तों का प्रतिपादन करने हेतु अध्ययनकर्ता को निश्चित चरणों से होकर गुजरना पड़ता है। जब वैज्ञानिक पद्धति की सहायता से कोई अध्ययन किया जाता है तो इस हेतु अध्ययनकर्ता को विभिन्न चरणों या सोपानों से होता हुआ सैद्धान्तीकरण (सामान्यीकरण) की अवस्था तक पहुंचना होता है। **लुण्डबर्ग** ने वैज्ञानिक पद्धति के चार चरणों का वर्णन किया है :

प्रथम, कार्यशील प्राक्कल्पना का निर्माण,

द्वितीय, अवलोकन एवं तथ्यों का आलेखन,

तृतीय, संकलित तथ्यों का वर्गीकारण एवं संगठन, तथा

चतुर्थ, सामान्यीकरण।

श्रीमती पी.वी. यंग ने वैज्ञानिक पद्धति के छः चरणों का उल्लेख किया है:

(i) अध्ययन हेतु समस्या का चुनाव,

(ii) कार्यशील प्राक्कल्पना का निर्माण,

(iii) वैज्ञानिक प्रविधियों की सहायता से समस्या या घटना का अवलोकन एवं खोज,

(iv) संकलित तथ्यों का आलेखन;

(v) तथ्यों का विभिन्न वर्गों में वर्गीकरण, तथा, सामान्यीकरण।

यहां हम वैज्ञानिक पद्धति के विभिन्न चरणों का विवरण प्रस्तुत करेंगे। ये चरण निम्नलिखित हैं :

(1) फिर सामान्य नियमों की **जांच एवं पुनर्परीक्षण** किया जाता है। निष्कर्षों एवं नियमों की जांच की जाती है, यह पता लगाया जाता है कि वे सार्वभौमिक रूप से सही हैं या नहीं अथवा उनमें किसी प्रकार के संशोधन की आवश्यकता है।

(2) तत्पश्चात् एकत्रित तथ्यों से प्राप्त निष्कर्षों के आधार पर भविष्यवाणी की जाती है, भविष्य की घटनाओं के सम्बन्ध में पूर्वानुमान लगाया जाता है।

(3) सर्वप्रथम अध्ययनकर्ता को किसी **समस्या का चुनाव** और उससे सम्बन्धित साहित्य या उपलब्ध सूचनाओं का अध्ययन करना होता है। समस्या का चुनाव काफा सोच–विचार के पश्चात् पूर्व–ज्ञान एवं पूर्व–अवलोकन को ध्यान में रखकर किया जाना चाहिए।

(4) समस्या का चुनाव कर लेने के पश्चात् **अध्ययन के उद्देश्यों का निर्धारण** किया जाता है। ये उद्देश्य सामान्य और विशिष्ट दोनों प्रकार के होते हैं।

(5) **अध्ययन–क्षेत्र एवं अध्ययन की इकाई का निर्धारण** भी वैज्ञानिक पद्धति का एक प्रमुख चरण है। अध्ययन–क्षेत्र को निश्चित कर लेना इस दृष्टि से आवश्यक है कि अध्ययनकर्ता स्वयं यह जान ले कि उसे किस क्षेत्र का अध्ययन करना है ताकि वह व्यर्थ की सामग्री एकत्रित करने से बच सके। यदि अध्ययन क्षेत्र काफी बड़ा है और क्षेत्र की प्रत्येक इकाई का

अध्ययन करना सम्भव नहीं है तो निदर्शन विधि की सहायता से कुछ इकाइयों का चुनाव कर लिया जाता है और उन्हीं का अध्ययन किया जाता है।

(6) तत्पश्चात् **सामान्यीकरण** किया जाता है, अर्थात् वर्गीकृत तथ्यों के प्रतिमान के आधार पर निष्कर्ष निकाले एवं सामान्य नियम बनाये जाते हैं। इन्हीं सामान्य नियमों को वैज्ञानिक सिद्धान्त कहा जाता है।

(7) क्षेत्र का निर्धारण कर लेने के पश्चात् अध्ययन हेतु **अध्ययन-पद्धतियों एवं उपकरणों का चुनाव** किया जाता है। अध्ययनकर्ता के उद्देश्यों एवं प्रकृति को ध्यान में रखकर यह निश्चित करता है कि उसे सूचनाएं एकत्रित करने के लिए साक्षात्कार विधि, अनुसूची अथवा प्रश्नावली का प्रयोग करना है या वैयक्तिक अध्ययन पद्धति या किसी अन्य विधि का। यदि वह साक्षात्कार विधि का प्रयोग कर रहा है तो अध्ययन के उपकरण के रूप में वह साक्षात्कार-निर्देशिका (Interview Guide) भी तैयार करता है।

(8) समस्या का चुनाव हो जाने के पश्चात् **प्राक्कल्पना का निर्माण** किया जाता है। **लुण्डबर्ग** के अनुसार प्राक्कल्पना एक कामचलाऊ निष्कर्ष या सामान्यीकरण है, जिसकी सत्यता की परीक्षा करना शेष है। प्राक्कल्पना अध्ययन की दिशा और क्षेत्र निर्धारित करने में योग देती है।

(9) अब विषय-सामग्री या घटना का **सूक्ष्म एवं सावधानीपूर्ण अवलोकन** किया जाता एवं तथ्य संकलित किये जाते हैं। अवलोकन के अतिरिक्त अध्ययन की किसी अन्य विधि का सहारा भी तथ्य-संकलन हेतु लिया जाता है। संकलित तथ्यों को लिखा जाता है।

(10) तथ्यों का **वर्गीकरण, विश्लेषण एवं व्याख्या** भी वैज्ञानिक पद्धति का प्रमुख चरण है। एकत्रित चरण है। एकत्रित तथ्यों को समानताओं के आधार पर अलग-अलग वर्गों में बांटा जाता है। फिर सारणियां तैयार की जाती हैं एवं तथ्यों का विश्लेषण किया जाता है, कार्य-कारण सम्बन्धों का पता लगाया जाता है।

इस प्रकार जब किसी विषय की अध्ययन-वस्तु इस वैज्ञानिक पद्धति (Scientific Method) को काम में लेते हुए प्राप्त की जाती है, वह विषय विज्ञान कहलाने का अधिकारी है। सही ज्ञान के संचय का आधार वैज्ञानिक पद्धति ही है। **कार्ल पियर्सन** ने लिखा है, "सत्य के लिए लघु (संक्षिप्त) मार्ग नहीं है, विश्व का ज्ञान प्राप्त करने के लिए वैज्ञानिक पद्धति के द्वार से गुजरने के अतिरिक्त कोई अन्य मार्ग नहीं है।"

सामाजिक अनुसन्धान में वैज्ञानिक पद्धति का उपयोग
(Use of Scientific Method in Social Research)

कुछ लोगों का कहना है कि सामाजिक अनुसन्धान को वैज्ञानिक नहीं माना जा सकता क्योंकि सामाजिक घटनाओं की प्रकृति बहुत जटिल है, सामाजिक घटनाएं बदलती रहती हैं, सामाजिक घटनाओं में सार्वभौमिकता का अभाव पाया जाता है, सामाजिक घटनाओं को नापा–तोला नहीं जा सकता, सामाजिक घटनाओं के कार्य-कारण सम्बन्धों को ज्ञात नहीं किया जा सकता यह भी कहा जाता है कि सामाजिक विज्ञानों के पास प्रयोगशाला नहीं हैं, वे सार्वभौमिक नियमों का प्रतिपादन नहीं कर सकते, वे भविष्यवाणी करने में असमर्थ हैं। ऐसी स्थिति में सामाजिक विज्ञानों और उनके क्षेत्र में किये जाने वाले सामाजिक अनुसन्धानों को कैसे वैज्ञानिक माना जा सकता है। वास्तविकता यह है कि आज विभिन्न सामाजिक विज्ञानों में वैज्ञानिक पद्धति का प्रयोग किया जाता है। इसकी सहायता से तथ्य एकत्रित किये जाते हैं, उन तथ्यों के आधार पर नियमों का प्रतिपादन किया जाता है और ये नियम सार्वभौमिक होते हैं। ऐसी स्थिति में यह कहा जा सकता है कि सामाजिक विज्ञानों एवं सामाजिक अनुसन्धान की प्रकृति वैज्ञानिक है। समाजशास्त्र और इसके क्षेत्र में होने वाले अनुसन्धानों की प्रकृति भी वैज्ञानिक है क्योंकि इसमें विज्ञान की सभी विशेषताएं पायी जाती हैं। विज्ञान के प्रमुख तत्व या विशेषताएं निम्नलिखित हैं :

(i) अवलोकन,

(ii) सत्यापन तथा वर्गीकरण,

(iii) सामान्यीकरण,

(iv) वैज्ञानिक प्रवृत्ति। इन पर इसी अध्याय में विज्ञान के प्रमुख तत्व या विशेषताएं शीर्षक के अन्तर्गत विचार किया जा चुका है।

समाजशास्त्रीय अध्ययनों में वैज्ञानिक–पद्धति का प्रयोग किया जाता है। इनमें तथ्य–संकलन के लिए सामाजिक सर्वेक्षण–पद्धति, वैयक्तिक जीवन–अध्ययन पद्धति, समाजमिति, अवलोकन, साक्षात्कार, अनुसूची, प्रश्नावली, आदि का उपयोग किया जाता है। इसमें ऐतिहासिक, तुलनात्मक एवं सरंचनात्मक प्रकार्यात्मक पद्धतियों का सहारा भी लिया जाता है। इनमें से उपयुक्त पद्धतियों का प्रयोग करते हुए तथ्य एकत्रित किये जाते हैं, सामाजिक घटनाओं का अध्ययन किया जाता है,

समाजशास्त्रीय अध्ययनों में 'क्या है' में रुचि ली जाती है, न कि 'क्या होना चाहिए' में। तात्पर्य यह है कि समाजशास्त्र में घटनाओं का वस्तुनिष्ट तरीके से अध्ययन किया जाता है, उनका यथार्थ चित्रण किया जाता है। उदाहरण के रूप में, जब दहेज–प्रथा पर समाजशास्त्रीय दृष्टिकोण से विचार किया जाता है तो यही

बताया जाता है कि दहेज प्रथा का वर्तमान स्वरूप क्या है, इसके लिए उत्तरदायी कारण क्या हैं, किन परिस्थितियों ने इसे प्रोत्साहन दिया, इस प्रथा का लोगों पर क्या प्रभाव पड़ता है, इसके परिणाम क्या हैं, आदि। समाजशास्त्री अपने अध्ययन में दहेज-प्रथा से सम्बन्धित इन बातों की ही विवेचना करता है, वह यह नहीं कहता है कि इस प्रथा का बन्द किया जाना चाहिए अर्थात् वह उपदेशात्मक या आदर्शात्मक बातें नहीं बताता है।

समाजशास्त्रीय अध्ययनों में कार्य-कारण सम्बन्धों की विवेचना की जाती है, प्राप्त तथ्यों के आधार पर सामान्यीकरण किया जाता है, नियम प्रतिपादित किये जाते हैं, उन नियमों का परीक्षण और पुनर्परीक्षण किया जाता हैं समाज-विज्ञानों के क्षेत्र में प्रतिपादित नियमों में सार्वभौमिकता का गुण पाया जाता है। समाजशास्त्रीय अध्ययनों की सहायता से न केवल वर्तमान भविष्य में घटित होने वाली सम्भावित घटनाओं के आधार पर भविष्यवाणी करने की क्षमता का काफी विकास कर लिया है। अत: हम कह सकते हैं कि चूंकि सामाजिक अनुसन्धानों में वैज्ञानिक पद्धति का प्रयोग किया जाता है, अत: इनकी प्रकृति वैज्ञानिक है।

निदर्शन-पद्धति (Sampling Method)

निदर्शन (Sample) सामाजिक अनुसन्धान एवं सर्वेक्षण की आधारशिला है। किसी भी प्रकार का अध्ययन करने से पूर्व अनुसन्धानकर्ता को यह तय करना होता है कि वह समूह के सभी सदस्यों से सम्पर्क स्थापित करके तथ्यों का संकलन करेगा अथवा उनमें से कुछ सदस्यों को प्रतिनिधि के रूप में चुनकर उनका अध्ययन करेगा। इस प्रकार क्षेत्र से अनुसन्धान सम्बन्धी आंकड़े दो प्रकार से एकत्रित किए जा सकते हैं :

(1) संगणना विधि द्वारा, तथा

(2) निदर्शन विधि द्वारा।

संगणना विधि (Census Method) में अनुसन्धानकर्ता समग्र (Universe) अर्थात् सम्पूर्ण क्षेत्र का अध्ययन करता है। वह उस क्षेत्र की प्रत्येक इकाई अथवा प्रत्येक सदस्य से सम्पर्क स्थापित कर जानकारी प्राप्त करता है। हमारे देश में प्रति दस वर्ष बाद की जाने वाल जनगणना में विधि का प्रयोग किया जाता है।

निदर्शन विधि (Sampling Method) में समग्र में से कुछ इकाइयों को प्रतिनिधि के रूप में चुन लिया जाता है और उनके सम्बन्ध में आवश्यक जानकारी प्राप्त की जाती है, उदाहरण के लिए, यदि हम दिल्ली विश्वविद्यालय के छात्रों के कश्मीर

समस्या पर विचार जानना चाहते हैं तो संगणना विधि में हमें दिल्ली विश्वविद्यालय के सभी छात्रों से सम्पर्क स्थापित कर सूचनाएं संकलित करनी होंगी, जबकि निदर्शन पद्धति में कुछ छात्रों को प्रतिनिधिके रूप में चुनकर उन्हीं का अध्ययन किया जायेगा। निदर्शन पद्धति का उल्लेख करने से पूर्व यहां संगणना पद्धति पर विचार कर लेना उपयुक्त रहेगा।

संगणना पद्धति (Census Method)

संगणना पद्धति अध्ययन की वह विधि है जिसके अन्तर्गत समग्र अथवा क्षेत्र की सभी इकाइयों का अध्ययन कर सूचनाएं संकलित की जाती हैं। अनुसन्धान एवं सर्वेक्षण के प्रारम्भिक वर्षों में संगणना पद्धति द्वारा ही अध्ययन किया जाता था। आज भी जिन विषयों के बारे में पूर्ण शुद्धता की आवश्यकता होती है, वहां संगणना विधि का ही उपयोग किया जाता है। इसका सबसे अधिक उपयोग जनगणना में होता है, जिसमें प्रत्येक परिवार के पास जाकर सम्बन्धित सूचनाएं एकत्रित की जाती हैं किन्तु वर्तमान में सामाजिक अनुसन्धान में संगणना विधि का प्रयोग बहुत की कम होता है।

संगणना विधि की उपयोगिता एवं गुण (Utility Merits of Census Method)

संगणना विधि का उपयोग ऐसे अनुसन्धानों के लिए किया जाता है–

(i) जिनका क्षेत्र सीमित हो,

(ii) जिनमें विविध गुणों वाली इकाइयां हों,

(iii) जब प्रत्येक इकाई का अध्ययन करना आवश्यक हो,

(iv) जहां परिशुद्धता की अत्यधिक मात्रा अपेक्षित हो, तथा

(v) जहां अनुसन्धानकर्ता के साधन पर्याप्त हों।

संगणना विधि के **प्रमुख गुण** इस प्रकार हैं :

(1) संगणना अनुसन्धान द्वारा प्राप्त तथ्य एवं सूचनाएं अधिक विश्वसनीय और परिशुद्ध होती हैं क्योंकि इसमें क्षेत्र की सभी इकाइयों का अध्ययन किया जाता है।

(2) संगणना विधि में प्रत्येक इकाई के बारे में विस्तृत जानकारी प्राप्त की जाती है। फलस्वरूप, समस्या से सम्बन्धित कोई भी पक्ष छूटता नहीं है।

(3) जब क्षेत्र की इकाइयों में अनेक विविधताएं एवं विभन्नताएं हों तब संगणना पद्धति ही अध्ययन की एक मात्र उपयुक्त विधि है।

संगणना विधि की सीमाएं (Limitations of Census Method)

संगणना विधि की अपनी कुछ सीमाएं हैं, इसलिए ही इसका उपयोग सभी अनुसन्धानों में नहीं किया जाता है और उसके स्थान पर निदर्शन पद्धति का उपयोग किया जाता है। वे सीमाएं इस प्रकार हैं :

(1) **व्यापक संगठन एवं श्रम की आवश्यकता :** इस विधि द्वारा सूचनाएं संकलित करने के लिए कई अनुसन्धानकर्ताओं की आवश्यकता होती है। साथ ही एक व्यापक संगठन बनाना भी आवश्यक है। जब अनुसन्धान-कर्ताओं की कमी हो तो इस विधि के स्थान पर निदर्शन-विधि का उपयोग किया जाता है।

(2) **अनुसन्धान की प्रकृति एवं उद्देश्य :** यदि किसी अनुसन्धान में इकाइयों में बहुत अधिक सजातीयता हो तथा निदर्शन विधि द्वारा प्राप्त निष्कर्षों में बहुत अधिक अन्तर न हो तब भी संगणना विधि का उपयोग अनुपयुक्त प्रतीत होता है।

(3) **विशाल क्षेत्र :** जब अनुसन्धान का क्षेत्र विशाल एवं विस्तृत हो तो क्षेत्र की प्रत्येक इकाई से सम्पर्क स्थापित करना सम्भव नहीं हो पाता है, ऐसी स्थिति में संगणना के स्थान पर निदर्शन पद्धति का उपयोग किया जाता है।

(4) **अधिक समय की आवश्यकता :** संगणना विधि में सभी इकाइयों से सम्पर्क करना आवश्यक होता है, जिसके लिए अधिक समय की आवश्यकता होती है। अत: कम समय में अध्ययन के लिए यह विधि उपयुक्त नहीं है।

(5) **खर्चीली विधि :** संगणना पद्धति से अध्ययन करने में अधिक धन की आवश्यकता होती है। इसीलिए इसका प्रयोग अधिकांशत: सरकार द्वारा जनगणना, आदि के लिए ही किया जाता है।

निदर्शन-पद्धति (Sampling Method)

समग्र में से कुछ इकाइयों को अध्ययन हेतु प्रतिनिधि के रूप में चुनना निदर्शन कहलाता है। निदर्शन का प्रयाग अति प्राचीन काल से होता रहा हैं। दैनिक जीवन में भी हम निदर्शन विधि का प्रयोग खूब करते हैं। गृहणियां चावल पके हैं या नहीं, यह जानने के लिए कुछ चावलों का परीक्षण करके देखती हैं। इसी प्रकार से बाजार से गेहूं, चावल एवं दाल, आदि खरीदते समय बोरियों में से मुट्ठी भर दाने लेकर उनकी जांच करते हैं, अथवा आम खरीदते समय टोकरे में से आम चखकर सभी आमों के बारे में निर्णय लेते हैं। केवल एक बूंद रक्त की परीक्षा

कर डॉक्टर रोगी के रक्त के बारे में निष्कर्ष निकाल लेता है। व्यापार लोग गुड़, शक्कर, मिर्च, धनियां, रुई, कपड़ा एवं हजारों चीजों की परख के लिए ढेर में से कुछ नमूना लेकर निष्कर्ष निकालते हैं और इस निष्कर्ष को सारे ढेर पर लागू करते हैं। इस प्रकार निदर्शन का प्रयोग दैनिक जीवन में आम आदमी द्वारा व्यापक रूप से किया जाता है।

स्टीफन का मत है कि नियमित जनगणनाओं का आयोजन करने से पूर्व सदैव ही निदर्शन का प्रयोग किया जाता रहा है। सन् 1900 से पूर्व सामाजिक अनुसन्धान में निदर्शन का प्रयोग बहुत ही कम हुआ है। **बाउले** ने लन्दन में सर्वप्रथम घरों का अध्ययन करने के लिए दैव निदर्शन पद्धति का प्रयोग किया था। आज तो अनुसन्धान एवं सर्वेक्षण में निदर्शन का प्रयोग एक आवश्यक चरण बन गया है।

निदर्शन की परिभाषा एवं अर्थ (Definition and Meaning of Sampling)

विभिन्न विद्वानों ने निदर्शन को इस प्रकार से परिभाषित किया हैं :

(1) **बोगार्डस** के शब्दों में, "निदर्शन एक पूर्व निर्धारित योजना के अनुसार इकाइयों के सूमह में से निश्चित प्रतिशत का चयन है।"

(2) **सिम्पसन** तथा **काफका** के अनुसार, "एक निदर्शन समग्र का वह अंश है जिसका चयन हम अनुसन्धान के उद्देश्य के लिए करते हैं।"

(3) **गुडे** एवं **हाट** के अनुसार, "एक निदर्शन जैसा कि इसके नाम से स्पष्ट होता है, कि एक विस्तृत समूह का एक लघुत्तर प्रतिनिधि है।"

(4) **पी. वी. यंग** के अनुसार, "एक सांख्यिकीय निदर्शन सम्पूर्ण समूह अथवा योग का एक लघुकृत आकार का चित्र है जिससे कि निदर्शन लिया गया है।"

(5) **सिन पाओं येंग** के अनुसार," एक सांख्यिकीय निदर्शन सम्पूर्ण समूह का प्रतिनिधिक अंश है।"

उपर्युक्त परिभाषाओं से स्पष्ट है कि *निर्दशन बहुत बड़े समूह का एक छोटा प्रतिनिधि होता है जिसमें समूह के समस्त लक्षण विद्यमान होते हैं।* प्रतिनिधि इकाइयों के अध्ययन द्वारा प्राप्त निष्कर्षों को समस्त समग्र अथवा समूह पर लागू किया जाता है।

निदर्शन के आधार (Bases of Sampling)

प्रश्न यह उठता है कि निदर्शन में थोड़ी–सी इकाइयों को बहुत बड़े समूह का प्रतिनिधि कैसे मान लिया जाता है, इसके मूल आधार निम्नांकित हैं :

(1) **उचित परिशुद्धता** (Adequate Accuracy) : कोई भी निदर्शन शत-प्रतिशत रूप से समग्र का प्रतिनिधित्व नहीं कर सकता फिर भी पर्याप्त मात्रा में परिशुद्धता प्राप्त की जा सकती है। हमारा प्रयास यह होना चाहिए कि निदर्शन में इकाइयों की संख्या पर्याप्त हो, ताकि वह प्रतिनिधित्वपूर्ण हो सके और उनके अध्ययन से निकाले गये निष्कर्ष वास्तविक स्थिति का सही चित्रण कर सकें।

(2) **समग्र की सजायीयता** (Homogeneity of Universe) : ऊपरी तौर पर हमें व्यक्तियों एवं तथ्यों में बहुत अधिक असमानताएं दिखाई देती हैं, यहां तक कि कारखाने में बनने वाली कोई दो वस्तुएं भी पूर्णतया समान नहीं होतीं और दो जुड़वा भाई भी समान नहीं होते, फिर भी यदि हम ध्यानपूर्वक विचार करें या देखें तो ज्ञात होगा कि ऊपरी तौर पर दिखाई देने वाली इस विविधता में भी अन्तर्निहित एकता अथवा समानता है। उदाहरण के लिए, सभी मनुष्यों की बनावट में ऊपरी तौर पर अनेक विभिन्नताएं दृष्टिगोचर होती हैं, फिर भी शारीरिक दृष्टि से उनमें कई समानताएं विद्यमान हैं। यही कारण है कि निदर्शन को समग्र का प्रतिनिधि मान लिया जाता है। इस सन्दर्भ में **लुण्डबर्ग** ने लिखा है, "यदि तथ्यों में अत्यधिक एकरूपता पाई जाती है अर्थात् सम्पूर्ण तथ्यों की विभिन्न इकाइयों में अन्तर बहुत कम है तो सम्पूर्ण में से कुछ या कोई इकाई समग्र का उचित प्रतिनिधित्व करेगी।" इस प्रकार निदर्शन-विधि इस मान्यता पर आधारित है कि विविधताओं में भी समानताएं अन्तर्निहित होती हैं, जिन्हें सामाजिक घटनाओं के अध्ययन में खोजा जा सकता है।

(3) **प्रतिनिधित्वपूर्ण चुनाव की सम्भावना** (Possibility of Representative Selection) : निदर्शन इस मान्यता पर आधारित है कि सम्पूर्ण समूह में से थोड़ी-सी इकाइयों का चयन इस प्रकार किया जा सकता है कि वे समग्र का प्रतिनिधित्व कर सकें, किन्तु इसके लिए यह आवश्यक है कि निदर्शन की इकाइयों में वे सभी विशेषताएं हों जो मूल समग्र में हों।

एक श्रेष्ठ निदर्शन की आवश्यक विशेषताएं
(Essential Characteristics of A Representative Sample)

निदर्शन द्वारा सामाजिक घटनाओं के बार में हमारे निष्कर्ष कितने यथार्थ एवं वैज्ञानिक होंगे, यह बात निर्भर करती है–हमारे निदर्शन की उत्तमता एवं समग्र की प्रतिनिधित्वपूर्णता पर, अतः अध्ययन की सफलता के लिए यह आवश्यक है कि हमारे निदर्शन में निम्नांकित विशेषताओं का समावेश हो।

(1) **साधनों के अनुरूप** (According to Resources) : एक प्रतिनिधित्वपूर्ण निदर्शन वह है जो अनुसन्धानकर्ता के पास उपलब्ध साधनों के अनुरूप हो। साधनों को ध्यान में रखकर ही निदर्शन की संख्या, प्रकार और चुनाव-विधि का निश्चय किया जाना चाहिए। साधनों के अनुरूप निदर्शन न होने पर उसमें पक्षपात आने की सम्भावना रहती है।

(2) **व्यावहरिक अनुभवों पर आधारित** (Based on Practical Experiences): एक उत्तम निदर्शन का चयन करने के लिए हमें अन्य अनुभवी अध्ययन-कर्ताओं के अनुभवों का भी उपयोग करना चाहिए। यदि जिस क्षेत्र का हम अध्ययन कर रहे हैं, उसका पूर्व में भी किसी ने अध्ययन किया है तो उससे सम्पर्क कर उसक अनुभवों का लाभ उठाना चाहिए। इसी प्रकार से इसी प्रकृति के यदि कोई अन्य अनुसन्धान किये गये हों तो उनके प्रतिवेदनों एवं निदर्शन-आधारों का लाभ भी उठाया जा सकता है।

(3) **समग्र का प्रतिनिधित्व** (Representation of Universe) : एक श्रेष्ठ निदर्शन की सर्वप्रथम विशेषता यह है कि वह समग्र का प्रतिनिधित्व करे। ऐसा तभी सम्भव हो सकता है, जब समग्र की प्रत्येक इकाई को निदर्शन में सम्मिलित होने का समान अवसर प्राप्त हो। **लुण्डबर्ग** का मत है कि प्रतिनिधत्वपूर्ण निदर्शन दो बातों पर निर्भर करता है:

(i) अध्ययन तथ्यों में कितनी मात्रा में समानता पायी जाती है, तथा

(ii) निदर्शन के चुनाव में किस प्रणाली को अपनाया गया है।

श्रेष्ठ निदर्शन प्राप्त करने के लिए यह आवश्यक है कि समग्र की इकाइयों में एकरूपता लायी जाय तथा निदर्शन का चुनाव इस प्रकार किया जाय कि प्रत्येक इकाई को निदर्शन में चुने जाने की स्वतन्त्रता एवं समान अवसर प्राप्त हो।

(4) **स्वतन्त्रता** (Independence) : समग्र की सभी इकाइयां आपस में स्वतन्त्र होनी चाहिए अर्थात् निदर्शन में किसी इकाई का सम्मिलित होना किसी अन्य इकाई के सम्मिलित होने पर निर्भर न हो। दूसरे शब्दों में, समग्र की प्रत्येक इकाई को निदर्शन में चुने जाने का स्वतन्त्र एवं समान अवसर प्राप्त होना चाहिए।

(5) **पर्याप्त आकार** (Adequate Size) : श्रेष्ठ निदर्शन के लिए यह आवश्यक है कि निदर्शन की इकाइयों की संख्या पर्याप्त हो। निदर्शन में जितनी अधिक इकाइयां होंगी, परिणामों में उतनी ही अधिक परिशुद्धता आने की सम्भावना

रहेगी, यद्यपि सदैव ही यह आवश्यक नहीं है कि निदर्शन का आकार निदर्शन के प्रतिनिधित्वपूर्ण होने की गारण्टी देता हो। फिर भी यदि हमें दस हजार छात्रों का अध्ययन करना हो और उनमें से केवल दस छात्रों को ही हम प्रतिनिधि निदर्शन के रूप में चुनते हैं तो यह अपेक्षा नहीं की जा सकती कि वे सभी छात्रों की विशेषताओं का उचित प्रतिनिधत्व करेंगे। निदर्शन का आकार ही नहीं, वरन् उसके चुनाव का तरीका भी उपयुक्त होना चाहिए। इस सन्दर्भ में **पी.वी. यंग** ने लिखा है, "निदर्शन का आकार उसकी प्रतिनिधित्वता का आवश्यक बीमा नहीं है। सापेक्षिक रूप मे उचित प्रकार से चुने गये छोटे निदर्शन अनुपयुक्त तरीकों से चुने हुए बड़े निदर्शनों की अपेक्षा अधिक विश्वसनीय हा सकते हैं।"

(6) **निष्पक्षता** (Free from Bias) : एक श्रेष्ठ निदर्शन को पक्षपात एवं मिथ्या-सुझाव से स्वतन्त्र होना चाहिए अन्यथा वह प्रतिनिधित्वपूर्ण होने का दावा नहीं कर सकता। निदर्शन का चुनाव करते समय इस बात का ध्यान रहे कि वह अनुसन्धानकर्ता की रुचि, स्वार्थ, सुविधा एवं स्वेच्छा पर आधारित न हो, न ही उसमें पूर्ण-धारणा या अनुसन्धानकर्ता की असावधानी का कोई प्रभाव हो।

(7) **उद्देश्यों के अनुरूप** (According to Respirces) : एक श्रेष्ठ निदर्शन वह है जो अनुसन्धान के उद्देश्यों के अनुकूल हो। उदाहरण के लिए, यदि हम ब्यावर नगर मे बीड़ी श्रमिकों की आर्थिक-सामाजिक स्थिति का अध्ययन करना चाहते हैं और हमारे निदर्शन में हमने ऐसे श्रमिकों का चयन किया है जो बीड़ी बांधने का कार्य नहीं करते हैं तो हमारा निदर्शन व्यर्थ हो जायेगा। अतः उत्तम निदर्शन व्यर्थ हो जायेगा। अतः उत्तम निदर्शन के लिए यह आवश्यक है कि वह अनुसन्धान उद्देश्य के अनुरूप हो।

(8) **सामान्य ज्ञान तथा तर्क पर आधारित** (Based on General Knowledge and Logic) : एक उत्तम निदर्शन वह है जो सामान्य ज्ञान एवं तर्क पर आधारित हो। निदर्शन को तर्क की कसौटी पर खरा उतरना चाहिए। केवल सूत्रों और नियमों का अन्धानुकरण करने से ही आदर्श निदर्शन का चुनाव नहीं किया जा सकता। नियमों एवं सूत्रों के साथ-साथ निदर्शन के चुनाव में अनुसन्धानकर्ता को तर्क एवं सामान्य ज्ञान का भी प्रयोग करना चाहिए।

पार्टेन ने एक श्रेष्ठ निदर्शन की विशेषताओं का उल्लेख करते हुए लिखा है, "एक सर्वेक्षण में वह निदर्शन उत्तम होता है जो कुशलता, प्रतिनिधित्व, विश्वसनीयता तथा लोच की आवश्यकताओं की पूर्ति करता हो। अनावश्यक व्यय

बचाने की दृष्टि से निदर्शन को पर्याप्त छोटा होना चाहिए तथा असह्य त्रुटि को दूर करने के लिए इसे पर्याप्त बड़ा भी होना चाहिए।"

निदर्शन चुनाव प्रणाली (विधि)
(Procedure of Sample Selection)

निदर्शन का चुनाव भी उत्तम निदर्शन का एक पक्ष है। यह एक तकनीकी प्रक्रिया है जिसके लिए अनुभवी एवं प्रशिक्षित व्यक्तियों की आवश्यकता होती है। निदर्शन के चुनाव में हमें निम्नांकित प्रक्रिया से गुजरना होता है :

(1) **निदर्शन का निर्धारण** (Determination of Sample Size) : निदर्शन प्रक्रिया का चौथा चरण निदर्शन के आकार का निर्धारण है। निदश्रन का आकार बहुत छोटा या बहुत बड़ा नहीं, वरन् समग्र की संख्या एवं प्रकृति के अनुरूप उपयुक्त होना चाहिए। निदर्शन के आकार का परिशुद्धता की मात्रा, समय, लागत तथा संगठन से सीधा सम्बन्ध है। निदर्शन का आकार क्या हो, यह कई बातों पर निर्भर करता है, जैसे समग्र की सजातीयता एवं विषमता, अध्ययन की प्रकृति, अध्ययन की विधि, वर्गों की संख्या, समय एवं धन की उपलब्धि, परिशुद्धता की मात्रा, विश्वसनीयता एवं प्रामाणिकता, आदि।

(2) **निदर्शन पद्धति का चुनाव** (Selection of Sampling Method) : निदर्शन प्रक्रिया का अन्तिम चरण समग्र से निदर्शन निकालने की विधि का चयन करना है। निदर्शन पद्धति का चुनाव अध्ययन की समस्या, समग्र की प्रकृति, धन, समय एवं कार्यकर्ताओं की उपलब्धि एवं साधनों पर निर्भर करता है। निदर्शन पद्धति ऐसी हो जिसका प्रयोग आसानी से किया जा सके तथा निदर्शन निकालने में पक्षपात भी न आए। दैव निदर्शन, सविचार निदर्शन, स्तरित अथवा निर्दिष्टांश निदर्शन विधियों में से किस विधि का चुनाव किया जायेगा, यह निर्णय अनुसन्धानकर्ता को अपनी सूझबूझ एवं अनुसन्धान सम्बन्धी अपने अनुभव के आधार पर लेना होता है।

(3) **समग्र का निर्धारण** (Determination of Universe) : जिस समूह या क्षेत्र से निदर्शन का चुनाव किया जाता है, उसे समग्र कहते हैं। निदर्शन निकालने का सर्वप्रथम चरण है–समग्र को तय करना। समग्र दो प्रकार के हो सकते हैं–**निश्चित** और **अनिश्चित**। निश्चित समग्र की इकाइयों की संख्या एवं गांव तथा नगर ी जनसंख्या एवं भौगोलिक सीमा निश्चित होती है। ऐसे समग्र में इकाइयों को हम निश्चित रूप से जान सकते हैं लेकिन कई बार समग्र की इकाइयां अनिश्चित होती हैं। उदाहरण के लिए,

लक्स साबुन का प्रयोग करने वाले एवं सरिता के पाठकों की संख्या अनिश्चित है। अनिश्चित समग्र की भौगोलिक सीमा भी नहीं होती। ऐसे समग्र की अनिश्चितता का कारण इसकी निरन्तर परिवर्तनशीलता है। अत: निदर्शन के चुनाव से पूर्व हमें समग्र का निर्धारण कर लेना चाहिए। हमारा समग्र कोई भी भौगोलिक इकाई, गांव, नगर, संस्था, समुदाय एवं सामाजिक घटना हो सकता है।

(4) **स्रोत सूची** (Source List) : वह सूची जिसमें समग्र की समस्त इकाइयों के नाम होते हैं, स्रोत सूची कहलाती है। यह स्रोत सूची तैयार भी मिल सकती है और तैयार करायी भी जा सकती है। **पार्टेन** ने स्रोत-सूची प्राप्त करने के कई ठिकानों का उल्लेख किया है–

जैसे जनगणना रिपोर्ट, टेलीफोन डायरेक्ट्री, वेतन-वितरण सूची एवं करदाता, विद्यार्थियों, अध्यापकों, मकान मालिकों की सूचियां विभिन्न दफ्तरों से प्राप्त की जा सकती हैं। एक अच्छी स्रोत सूची के लिए यह आवश्यक है कि वह पूर्ण, नवीनतम, वैध, विश्वसनीय, विषयानुरूप एवं सरलता से प्राप्त की जाने वाली होनी चाहिए।

(5) **निदर्शन की इकाई का निर्धारण** (Determination of Sampling Unit): समग्र के निर्धारण के बाद दूसरा चरण निदर्शन की इकाइयों को तय करना है। हमें यह तय करना होता है कि हमारे निदर्शन की इकाई क्या होगी? यह इकाई व्यक्ति, संस्था, परिवार, समूह, व्यवसाय और निवास क्षेत्र, आदि कुछ भी हो सकती है। निदर्शन की इकाइयां चार प्रकार की होती है :

(i) भौगोलिक इकाई, जैसे : एक राज्य, जिला, नगर, गांव एवं वार्ड, आदि।

(ii) भवन सम्बन्धी इकाई : जैसे मकान, फ्लैट, कमरा, क्वार्टर, आदि।

(iii) समूह सम्बन्धी इकाई : जैसे परिवार, स्कूल, क्लब, चर्च एवं समिति, आदि।

(iv) व्यक्तिगत इकाई : जैसे व्यक्ति, स्त्री, पुरुष, श्रमिक, छात्र, अध्यापक एवं कृषक, आदि।

इकाई सदैव स्पष्ट, भ्रमरहित, निश्चित एतं विषय के अनुरूप होनी चाहिए जो अध्ययनकर्ता को आसानी से उपलब्ध हो जाय।

निदर्शन प्रणाली क गुण (महत्व)
(Merits (Importance of Sampling Method)

आधुनिक समय में निदर्शन पद्धति का प्रयोग दिनोंदिन बढ़ता जा रहा है। वर्तमान समय मे संगणना अनुसन्धान बहुत ही असुविधाजनक है, क्योंकि इसमें समय, धन तथा श्रम अधिक मात्रा में चाहिए तथा विशाल क्षेत्र के अध्ययन में यह विधि अनुपयुक्त है। इस सन्दर्भ में **ए.सी. रोजेण्डोर** लिखते हैं, "यदि सावधानी से चयन किया जाय तो निदर्शन पर्याप्त सस्ता ही नहीं रहता, वरन् एसे परिणाम देता है जो बिल्कुल सत्य होते हैं तथा कभी-कभी तो संगणना के परिणामों से भी अधिक सत्य होते हैं। अतः सावधानीपूर्वक चयन किया गया निदर्शन वास्तव में त्रुटिपूर्ण, नियोजित एवं क्रियान्वित संगणना से श्रेष्ठतर रहता है।" **प्रो. रोनाल्ड फिशर** के शब्दों में, "विभ्रमों के गणितीय सिद्धान्त पर आधारित होने के कारण निदर्शन में सूक्ष्मता व परिशुद्धता की धारणा प्रारम्भ से ही प्रधान रहती है।" निदर्शन के गुणों का उल्लेख करते हुए **गुडे** एवं **हाट** लिखते हैं, "निदर्शन वैज्ञानिक कार्यकर्ता के समय की बचत करके कार्य को अधिक वैज्ञानिक रूप प्रदान करता है। किसी एक दृष्टिकोण से एकत्रित सामग्री क विश्लेषण पर अधिक घण्टे व्यय करने की अपेक्षा वह समय को विभिन्न दृष्टिकोणों से परीक्षा करने मे प्रयोग कर सकता है। दूसरे शब्दों में, वह थोड़े मामलों का गहन अध्ययन कर सकता है।" हम अब यहां निदर्शन पद्धति के गुणों (महत्व) का उल्लेख करेंगे :

(1) **समय की बचत** (Saving of Time) : निदर्शन प्रणाली में समग्र में से कुछ इकाइयों का चयन करके उनका अध्ययन किया जाता है, इसलिए इसमें समय की बड़ी बचत होती है। समय की बचत एवं शीघ्र निर्णय आधुनिक युग की मांग है जिसे निदर्शन द्वारा ही पूरा किया जा सकता है।

(2) **धन की बचत** (Saving of Money) : निदर्शन में कम इकाइयों का अध्ययन किया जाता है, अतः इससे धन की पर्याप्त बचत होती है। सामान्यतः सभी लोगों के आर्थिक साधन सीमित होते हैं। इसलिए सरकारी अध्ययनों के अतिरिक्त धनाभाव में अनुसन्धान का संचालन एक कठिन कार्य है। निदर्शन में संगणना विधि की तुलना में स्टेशनरी, फाइलों, कार्यकर्ताओं के वेतन, यात्रा भत्ता, आदि पर कम खर्च करना पड़ता है।

(३) **श्रम की बचत** (Saving of Labour) : चूंकि निदर्शन में कम इकाइयों का अध्ययन करना पड़ता है, अतः अधिक श्रम एवं कार्यकर्ताओं की आवश्यकता नहीं होती। इस प्रकार निदर्शन श्रम की बचत को प्रोत्साहन देता है।

(4) **गहन अध्ययन** (Intensive Study) : संगणना विधि में क्षेत्र विस्तृत एवं इकाइयां बिखरी हुई होती हैं, अतः उनके बारे में मोटी-मोटी बाते ही ज्ञात की जा सकती हैं। निदर्शन में अपेक्षाकृत कम इकाइयों का अध्ययन किया जाता है, अतः उनके बारे में सूक्ष्म, विस्तृत एवं गहन जानकारी प्राप्त करना सम्भव है।

(5) **परिणामों की परिशुद्धता** (Accuracy of Results) : निदर्शन में अध्ययनकर्ता का ध्यान कुछ निश्चित इकाइयों पर ही केन्द्रित होता है, अतः उनसे प्राप्त निष्कर्ष अधिक यथार्थ एवं परिशुद्ध होते हैं। यदि निदर्शन का चुनाव सही तरीके से किया गया है तो कई बार इसके निष्कर्ष संगणना-पद्धति के निष्कर्षों से भी अधिक परिशुद्ध होते हैं।

(6) **तथ्यों की पुनर्परीक्षा** (Rechecking of Data) : किसी भी अनुसन्धान में प्राप्त निष्कर्षों की विश्वसनीयता को ज्ञात करने के लिए उनकी पुनर्परीक्षा की जाती है। चूंकि निदर्शन में कम इकाइयों का अध्ययन किया जाता है, अतः पुनः जांच के लिए उनमें से कुछ इकाइयों का चयन करके अध्ययन करना सरल होता है।

(7) **प्रशासनिक सुविधा** (Administrative Convenience) : निदर्शन में इकाइयों की संख्या कम होने के कारण प्रबन्ध एवं प्रशासन के आयोजन एवं संगठन में सुविधा रहती है। एक ओर तो अनुसन्धान में कम कार्यकर्ताओं को नियुक्त करना पड़ता है, अतः उन पर नियन्त्रण रखना भी आसान होता है और दूसरी ओर सूचनाएं संकलित करने से सम्बन्धित परेशानी भी कम हो जाती है, जिससे अनुसन्धान का संगठन सरल हो जाता है।

(8) **निदर्शन की अनिवार्यता** (Essential Use of Sampling) : कई बार सामाजिक अनुसन्धान में निदर्शन विधि का प्रयोग अनिवार्य हो जाता है। उदाहरण के लिए, जब भौगोलिक दृष्टि से क्षेत्र बहुत दूर-दूर तक फैला हो, क्षेत्र में इकाइयों की संख्या बहुत अधिक हो, प्रत्येक इकाई से सम्पर्क करना असम्भव हो तथा समग्र का पता लगाना कठिन हो तो ऐसी स्थिति में अध्ययन के लिए निदर्शन पद्धति ही एकमात्र पद्धति रह जाती है जो अध्ययन को सफल बना सकती है।

निदर्शन प्रणाली के दोष (सीमाएं)
(Demerits (Limitations) of Sampling Method)

निदर्शन प्रणाली के जहां कई गुण, लाभ एवं उपयोग हैं, वहीं यह दोषों से भी मुक्त नहीं है। इसके प्रमुख दोष या सीमाएं निम्नांकित हैं :

(1) **विशेष ज्ञान की आवश्यकता** (Need of Special Knowledge) : चूंकि निदर्शन का चयन करना एक तकनीकी प्रक्रिया है, अत: प्रत्येक व्यक्ति से यह अपेक्षा नहीं की जा सकती कि वह उत्तम निदर्शन का चयन कर पायेगा। इसके लिए अध्ययनकर्ता का प्रशिक्षित एवं अनुभवी होना आवश्यक है। निदर्शन निकालने के लिए पर्याप्त सूझबूझ अन्तर्दृष्टि, निदर्शन के सिद्धातों, उसकी कमियों एवं सीमाओं का ज्ञान होना आवश्यक है। इनके अभाव में अनुसन्धानकर्ता भयंकर त्रुटियां कर सकता है।

(2) **निदर्शन पर कायम रहने की कठिनाई** (Difficulty in Sticking to Sample) : निदर्शन में इकाइयों की संख्या कम होती है फिर भी चुनी गई इकाइयों पर कायम रहना कई बार बहुत कठिन होता है। उदाहरण के लिए, जब निदर्शन में ऐसी इकाइयों का चयन हो जाता है जो दूर–दूर बिखरी हुई हों, उनसे सम्पर्क करना कठिन हो तो ऐसी स्थिति में उन लोगों के स्थान पर अन्य लोगों का चयन करना पड़ता है। इस परिवर्तन में निदर्शन पक्षपात आने की सम्भावना रहती है।

(3) **अभिनति (पक्षपात) की सम्भावना** (Possibility of Bias) निदर्शन विधि का सबसे बड़ा दोष यह है कि इसमें पक्षपात की सम्भावना बनी रहती है। ऐसी स्थिति में निदर्शन प्रतिनिधित्वपूर्ण नहीं रहता है। निदर्शन का चुनाव करते समय किसी न किसी रूप में अध्ययनकर्ता का प्रभाव एवं पक्षपात आ ही जाता है। तब निदर्शन द्वारा प्राप्त निष्कर्ष विश्वसनीय एवं प्रमाणिक नहीं रह पाते हैं।

(4) **प्रतिनिधित्वपूर्ण निदर्शन के चुनाव में कठिनाई** (Difficult in Selecting Representative Samples) : निदर्शन तभी उपयुक्त होता है जब वह समग्र का प्रतिनिधित्व करे, किन्तु प्रतिनिधित्वपूर्ण निदर्शन का चयन स्वयं एक कठिनाई है। जब क्षेत्र में अनेक विविधताएं हों और अनुसन्धान का विषय जटिल हो तब तो प्रतिनिधि निदर्शन का चुनाव और भी अधिक कठिन होता है।

(5) **निदर्शन की असम्भावना** (Impossibility of Sampling) : जिस प्रकार से कई अध्ययनों में संगणना–पद्धति का प्रयोग असम्भव होता है, उसी प्रकार से कहीं–कहीं निदर्शन पद्धति को काम में लेना भी असम्भव होता है। उदाहरण के लिए, जब समग्र बहुत छोटा हो, उसमें अनेक विविधताएं हों और सजातीयता का अभाव हो, जब शुद्धता की शत–प्रतिशत आवश्यकता हो और प्रत्येक इकाई अध्ययन की दृष्टि से बहुत ही महत्वपूर्ण

है तो ऐसी स्थिति में निदर्शन विधि अनुपयुक्त होती है उसके स्थान पर संगणना विधि का ही प्रयोग करना पड़ता है।

उपर्युक्त सीमाओं के बावजूद भी निदर्शन के महत्व से इनकार नहीं किया जा सकता। मूल बात यह है कि निदर्शन का चयन उचित मात्रा में उचित रीति से किया जाय।

निदर्शन के प्रकार (Types of Sampling)

विभिन्न सांख्यिकीविदों एवं समाज–वैज्ञानिकों ने निदर्शन के अनेक प्रकारों का उल्लेख किया है। हम अपने अध्ययन में निदर्शन के किस प्रकार का चयन करेंगे, यह समग्र की प्रकृति, समय, धन, श्रम एवं अनुभव की उपलब्धता, आदि कई बातों पर निर्भर है। निदर्शन के चुनाव की पद्धतियों अथवा प्रकार में दैव निदर्शन, सविचार निदर्शन, वर्गीकृत निदर्शन, बहुस्तरीय निदर्शन, क्षेत्रीय निदर्शन, सुविधाजनक निदर्शन, स्वयं निर्वाचित निदर्शन, आदि प्रमुख हैं। हम निदर्शन के विभिन्न प्रकारों एवं पद्धतियों का यहां उल्लेख करेंगे।

I. दैव निदर्शन (Random Sampling)

दैव निदर्शन वह निदर्शन है जिसमें समग्र की प्रत्येक इकाई के चुने जाने के अवसर होते हैं। इसमें समग्र की इकाइयों के व्यक्तिगत महत्व को समाप्त कर उसके स्थान पर 'सम्भावना' (Possibility) को प्रतिष्ठित कर दिया जाता है, जिसमें समग्र की सभी इकाइयों के निदर्शन में चुने जाने की समान सम्भावना होती है। निदर्शन में आने के लिए प्रत्येक इकाई को स्वतन्त्रता प्रदान कर दी जाती है। इस विधि में अनुसन्धानकर्ता का झुकाव किसी इकाई विशेष के चुनाव की तरफ नहीं होता, वरन् चुनाव की सम्पूर्ण प्रक्रिया दैव एवं संयोग पर छोड़ दी जाती है। इसलिए ही इसे दैव निदर्शन कहते हैं। दैव निदर्शन को विभिन्न विद्वानों ने इस प्रकार परिभाषित किया है:

पार्टेन के अनुसार, "दैव निदर्शन विधि का उपयोग उस समय माना जाता है जब चुनाव की विधि हो कि समग्र की प्रत्येक इकाई तथा तत्व के चुने जाने का समान अवसर हो।"

हार्पर के अनुसार, "एक दैव निदर्शन वह निदर्शन है जिसका चयन इस प्रकार हुआ हो कि समग्र की प्रत्येक इकाई को सम्मिलित होने का समान अवसर प्राप्त हो।"

गुडे एवं **हाट** के अनुसार, "दैव निदर्शन में समग्र की इकाइयों को इस प्रकार क्रमबद्ध किया जाता है कि चयन प्रक्रिया उस समग्र की प्रत्येक इकाई को चुनाव की समान सम्भावना प्रदान करती है।"

यूल तथा **केण्डल** के अनुसार, "जब समग्र की प्रत्येक इकाई को निदर्शन में सम्मिलित होने क समान अवसर हों तब समग्र से इकाई का चयन दैव निदर्शन है।"

फ्रैंकयेटस के शब्दों में, "दैव निदर्शन वही होगा जिसमें समग्र की प्रत्येक इकाई को निदर्शन में सम्मिलित होने का समान अवसर हो।"

उपर्युक्त परिभाषाओं से स्पष्ट है कि दैव निदर्शन असावधानीपूर्ण, अव्यवस्थित तथा लापरवाहीपूर्ण एवं आकस्मिक नहीं होता।

आवश्यक दशाएं (Essential Conditions)

पार्टेन ने दैव निदर्शन का उपयोग करते समय निम्न बातों को ध्यान में रखना आवश्यक बताया है :

(2) चुनी हुई इकाई को न तो छोड़ जाना चाहिए और न ही उसका प्रतिस्थान करना चाहिए।

(2) समग्र की इकाइयां स्पष्ट होनी चाहिए एवं उनकी सूची तैयार की जानी चाहिए,

(3) निदर्शन चयन की विधि स्वतन्त्र होनी चाहिए,

(4) इकाइयों का आकार लगभग समान हो,

(5) प्रत्येक इकाई एक-दूसरे से स्वतन्त्र हो,

(6) अध्ययनकर्ता की प्रत्येक इकाई तक पहुंच सुलभ होनी चाहिए,

दैव निदर्शन चुनने की प्रविधियां
(Techniques of Selecting Random Sample)

दैव निदर्शन विधि के अनुसार निदर्शन निकालने की अनेक प्रविधियां हैं उनमें से कुछ अधिक प्रचलित विधियां ये हैं—लॉटरी विधि, कार्ड विधि, टिपेट विधि, ग्रिड विधि, नियमित तथा अनियमित अंकन विधि, आदि। हम यहां इन सभी का उल्लेख करेंगे।

(1) **अनियमित अंकन प्रणाली** (Irregular Marking Method) : इस विधि से निदर्शन का चुनाव करने के लिए पहले समग्र की समस्त इकाइयों की सूची बना ली जाती है तथा प्रथम और अन्तिम अंक को छोड़कर शेष इकाइयों की सूची में से निर्धारित मात्रा में अनियमित ढंग से इकाइयों पर निशान लगा दिया जाता है। उदाहरण के लिए, सौ छात्रों में से दस छात्रों का निदर्शन लेने के लिए पहले हम इन सभी के नामों की एक सूची तैयार करेंगे। तत्पश्चात एक से दस, दस से बीस, बीस से तीस और इसी प्रकार

से अन्य वर्गों में भी प्रत्येक वर्ग में से किसी भी एक इकाई पर सही का निशान लगा देंगे और इस प्रकार कुल दस इकाइयों का चयन कर लिया जायेगा। इस विधि में पक्षपात आने की सम्भावना रहती है।

(2) **लॉटरी विधि** (Lottery Method) : इस विधि में समग्र की सभी इकाइयों के नाम अथवा नम्बर कागज के छोटे-छोटे टुकड़ों पर लिखकर उन्हें मोड़ लिया जाता है। इन सभी कागज की चिटों को किसी बर्तन, बॉक्स या झोले में डाल कर अच्छी तरह से हिला दिया जाता है ताकि वे भली-भांति मिल जायें। इसके बाद निष्पक्ष व्यक्ति द्वारा अथवा स्वयं आंखें बन्द करके उतने ही कार्ड या चिट निकाल लिए जाते हैं जितनी इकाइयां निदर्शन में सम्मिलित करनी हैं। इस प्रकार जो इकाइयां दैवयोग से चुनाव में आ जाती हैं, उनका अध्ययन किया जाता है। राज्य सरकार द्वारा लॉटरी में पुरस्कार निकालने के लिए यही विधि काम में ली जाती है।

(3) **टिपेट विधि** (Tippet Method) : प्रो. टिपेट ने चार अंकों वाली 10,400, संख्याओं की एक सूची बनाई और इन संख्याओं को बिना किसी क्रम के पृष्ठों पर लिख दिया। इनमें से कुछ संख्याएं इस प्रकार हैं :

2952	6641	3992	9792	7979	5911	3170	5624
4167	9524	1545	1396	7203	5356	1300	2693
2370	7483	3408	2762	3563	1089	6913	7691
0560	5246	1112	6107	6008	8126	4433	8776
2754	9143	1405	9025	7002	6111	8816	6446

टिपेट संख्याओं से निदर्शन चुनने का तरीका इस प्रकार है—माना कि हमें 500 छात्रों का एक निदर्शन निकालना है तो पहले हम सभी 500 छात्रों के नाम को क्रमवार लिख लेंगे फिर टिपेट संख्या की पुस्तक का कोई एक पृष्ठ खोलकर उसमें से प्रथम 30 संख्याओं को नोट कर समग्र में से उन्हीं संख्याओं को अध्ययन के लिए चुन लेंगे। यदि समग्र की कुल इकाइयों की संख्या कम है तथा प्रथम तीस संख्याओं में कुछ संख्याएं अधिकतम क्रम संख्या से अधिक है तो उन्हें छोड़ दिया जायेगा और उनके स्थान पर उनके आगे वाली संख्याएं ले ली जाएंगी। टिपेट की संख्याएं अधिक वैज्ञानिक मानी जाती हैं और उनका उपयोग भी बहुत होता है। यह विधि अधिक शुद्ध है।

(4) **कार्ड या टिकट प्रणाली** (Card or Ticket Method) : कार्ड प्रणाली लॉटरी विधि का ही परिवर्तित रूप है। इसमें समग्र की सभी इकाइयों के

नाम, नम्बर अथवा कोई प्रतीक एक ही रंग, आकार और मोटाई के कार्डों अथवा टिकटों पर अंकित कर दिया जाता है। इन कार्डों को एक ड्रम में डालकर खूब हिलाया जाता है और एक कार्ड निकाल लिया जाता है। इसके बाद फिर ड्रम को हिलाया जाता है और दूसरा कार्ड निकाला जाता है। इस प्रकार यह क्रिया उतनी ही की जाती है जितने कार्ड हमें निकालने हैं। इस विधि से जो कार्ड निकाले जाते हैं, उनसे सम्बन्धित इकाइयों का अध्ययन किया जाता है। लॉटरी विधि एवं कार्ड प्रणाली मूल अन्तर यह है किय लॉटरी में आंखे बन्द करके, चिटें निकाली जाती हैं जबकि इस विधि में आंखे खुली रखकर कार्ड निकाले जाते हैं। इस विधि का उपयोग, करते समय यह सावधानी रखनी चाहिए कि सभी कार्डों का आकार, रंग–रूप और मोटाई एक जैसी हो अन्यथा उने चयन में पक्षपात आ सकता है।

(5) **ग्रिड प्रणाली** (Grid System) : इस विधि का उपयोग भौगोलिक क्षेत्र के चुनाव के लिए किया जाता है। यदि किसी नगर, प्रदेश या क्षेत्र में से कुछ इकाइयों का चयन करना हो तो पहले उस क्षेत्र का नक्शा तैयार किया जाता है। इस नक्शे पर ग्रिड प्लेट को रखा जाता है। यह ग्रिड प्लेट सेल्युलायड अथवा किसी पारदर्शक पदार्थ से बनी होती है। इस प्लेट में वर्गाकार खाने बने रहते हैं लिन पर नम्बर लिखे होते हैं। यह पहले से ही तय कर लिया जाता है कि निदर्शन में कितनी इकाइयों का चयन करना है, उतने ही वर्गों को पहले से काट लिया जाता है। ग्रिड को मानचित्र पर रखकर जितने कटे हुए भागों पर मानचित्र का क्षेत्र आता है उन पर निशान लगा दिया जाता है और उन्हें ही निदर्शन का क्षेत्र मानकर अध्ययन किया जाता है।

(6) **नियमित अंकन प्रणाली** (Regular Marking Method) : इस विधि में पहले समग्र की सभी इकाइयों को किसी विशेष ढंग, काल अथवा स्थान, आदि के अनुसार व्यवस्थित कर लिया जाता है। इसके बाद यह निश्चय कर लिया जाता है कि समग्र में से हमें कितनी इकाइयों का चयन निदर्शन हेतु करना है। साथ ही एक इकाई से दूसरी इकाई के बीच की संख्यात्मक दूरी को भी तय कर लिया जाता है। इस विधि में इकाइयों की संख्या ज्ञात करने के लिए निम्न सूत्र का प्रयोग किया जाता है :

समग्र का आकार/निदर्शन का आकार

इकाइयों की संख्या निश्चित कर लेने के बाद निदर्शन का अंकन किया जाता है। उदाहरण के लिए, यदि हमें सौ विद्यार्थियों में से दिये विद्यार्थियों

का चयन करना है तो पहला, दसवां, बीसवां, तीसवां, और इसी क्रम में दस विद्यार्थियों का चयन किया जायेगा।

किसी प्रकार से काल, स्थान, एवं परिस्थिति के अनुसार भी समग्र की इकाइयों को व्यवस्थित करके उनमें से निदर्शन का चुनाव कर लिया जाता है। इस प्रणाली में पक्षपात की कोई सम्भावना नहीं रहती।

दैव निदर्शन प्रणाली के गुण (Merits of Random Sampling)

दैव निदर्शन प्रणाली के प्रमुख गुण या लाभ अग्रांकित हैं :

(i) इस विधि में प्रत्येक इकाई के चुने जाने के समान अवसर होते हैं, अत: यह विधि प्रतिनिधत्वपूर्ण है तथा इसमें समग्र की अधिकाधिक विशेषताएं विद्यमान होती हैं।

(ii) यह विधि एक वैज्ञानिक विधि है जैसा कि एकॉफ कहते हैं, "दैव निदर्शन एक प्रकार से समस्त वैज्ञानिक निदर्शन का आधार है।"

(iii) यह निदर्शन की सबसे सरल विधि है।, इसमें जटिल अथवा गूढ़ सिद्धान्तों का पालन नहीं करना पड़ता है।

(iv) इस विधि में निष्पक्षता का गुण मौजूद है और निदर्शन के चुनाव में किसी को भी प्राथमिकता नहीं दी जाती है। अत: इसमें पक्षपात आने की सम्भावना नहीं रहती है।

(v) इस विधि में समग्र, धन और श्रम की भी पर्याप्त बचत होती है, अत: यह विधि मितव्ययतापूर्ण है।

(vi) इस विधि में इकाइयों के चयन में यदि किसी प्रकार की कोई त्रुटि या अशुद्धता रह गई हो तो उसका पता लगाना सरल है।

दैव निदर्शन प्रणाली के दोष (सीमाएं)
(Demerits or Limitations of Random Sampling)

दैव निदर्शन प्रणाली के निम्नांकित दोष हैं :

(i) इस विधि में समग्र की सूची होना आवश्यक है, किन्तु कई बार यह सूची उपलब्ध नहीं हो पाती तब इस विधि द्वारा निदर्शन ग्रहण करना सम्भव नहीं होता है।

(ii) यदि समग्र बहुत छोटा हो अथवा कुछ इकाइयां इतनी महत्वपूर्ण हों कि उनका निदर्शन में समावेश अनिवार्य हो तो ऐसी स्थिति में दैव निदर्शन उपयुक्त नहीं होता।

(iii) जब समग्र में बहुत अधिक विविधताएं हों और सजातीयता का अभाव हो तब भी यह विधि उपयुक्त नहीं होती।

(iv) जब समग्र का विस्तार बहुत अधिक हो और इकाइयां दूर-दूर तक फैली हों तब भी उनसे सम्पर्क करना कठिन होता है।

(v) दैव निदर्शन में विकल्प की सम्भावना नहीं होती, विकल्प के लिए इकाइयों में परिवर्तन करना होता है। ऐसी स्थिति में दैव निदर्शन अवैज्ञानिक और पक्षतापूर्ण हो जाता है।

इन कमियों अथवा दोषों के बावजूद भी दैव निदर्शन प्रणाली के कुछ गुण हैं जिनके कारण इस विधि का बहुत अधिक उपयोग होता है। इस सन्दर्भ में या-लून-याऊ ने लिशा है, "दैव निदर्शन निश्चित रूप से एक क्षम्य प्रणाली है, यदि समग्र विशाल न हो तथा यदि निदर्शन इकाइयां का चुनाव सम्बन्धित रूप से सरल व कम खर्चीला हो तो यह उन विशाल समग्रों के लिए व्यावहारिक प्रणाली है जिनके तत्वों का केन्द्रीकरण एक छोटे क्षेत्र में ही हो।"

II. उद्देश्यपूर्ण या सविचार निदर्शन विधि (Purposive Sampling Method)

जब अनुसन्धानकर्ता जानबूझ कर किसी विशिष्ट उद्देश्य से समग्र में से अध्ययन हेतु कुछ इकाइयों का चुनाव करता है तो उसे उद्देश्यपूर्ण अथवा सविचार निदर्शन कहते हैं। इस प्रकार के चुनाव में चुनने वाले की इच्छा, उसका निर्णय तथा उद्देश्य ही प्रधान होता है, आकस्मिकता पर कुछ भी नहीं छोड़ा जाता। इस विधि का मुख्य आधार यह है कि अनुसन्धानकर्ता पहले से ही समग्र की इकाइयों के बारे में परिचित होता है। एडोल्फ जैन्सन के शब्दों में, "सविचार निदश्रन से तात्पर्य इकाइयों के समूह को इस प्रकार चुनने से है कि चुने हुए वर्ग मिलकर जहां तक हो सके, वही औसत अथवा अनुपात प्रदान करे जो समग्र में है।"

जहोदा तथा **कुक** के शब्दों में, "उद्देश्यपूर्ण निदर्शन के पीछे यह आधारभूत मान्यता हाती है कि उचित निर्णय तथा प्रयुक्त कुशलता के साथ व्यक्ति निदर्शन में सम्मिलित करने हेतु उन मामलों को चुन सकता है तथा इस प्रकार ऐसे निदर्शनों का विकास कर सकता है जो उसकी आवश्यकताओं के अनुसार सन्तोषजनक हैं।" इस तरह सविचार अथवा उद्देश्यपूर्ण निदर्शन में अनुसन्धानकर्ता अपने उद्देश्य को ध्यान में रखते हुए उन्हीं इकाइयों का चयन करता है जो क्षेत्र का सर्वाधिक प्रतिनिधित्व करती हों।

सविचार निदर्शन के लक्षण (Characteristics of Purposive Sampling)

(i) इसमें अनुसन्धानकर्ता समग्र की प्रकृति, गुणों तथा इकाइयों की विशेषताओं से पूर्व परिचित होता है, अतः वह यह जानता है कि किन इकाइयों को चुनना अध्ययन की दृष्टि से लाभप्रद होगा।

(ii) सविचार निदर्शन में निदर्शनों का चुनाव इस तरह से किया जाता है कि वे अध्ययन के उद्देश्यों की पूर्ति करें।

(iiii) इस प्रकार क निदर्शन में चूंकि अनुसन्धानकर्ता अपनी इच्छानुसार निदर्शनों का चुनाव करता है, अतः पक्षपात की सम्भावना भी अधिक रहती है।

सविचार निदर्शन के गुण (Merits of Purposive Sampling)

(i) यह अध्ययन पद्धति कम खर्चीली है क्योंकि इसमें निदर्शन का आकार बहुत छोटा होता है।

(ii) इस विधि में निदर्शन का आकार बहुत छोटा, किन्तु अपेक्षाकृत अधिक प्रतिनिधत्वपूर्ण होता है।

(iii) यह विधि ऐसे अनुसन्धानों में विशेषरूप से उपयोगी होती है जिनमें समग्र की कुछ इकाइयों का चुना जाना विशेष रूप से उपयोगी होता है। उदाहरण के लिए, यदि हम भारत में लोहा और इस्पात उद्योग का सर्वेक्षण करना चाहते हैं तो हमें टाटा लौह और इस्पात कम्पनी का अवश्य अध्ययन करना होगा। यदि इसके स्थान पर हम दैव निदर्शन विधि अपनाते तो टाटा कम्पनी का चुनाव हो भी सकता है और नहीं भी।

(iv) यह विधि पूर्वगामी अध्ययनों में विशेष लाभदायक है।

सविचार निदर्शन के दोष (Demerits of Purposive Sampling)

सविचार निदर्शन के जहां कई गुण हैं, वहीं यह दोषों से भी मुक्त नहीं है। **पार्टेन** लिखते हैं, "समस्त संख्याशास्त्रियों को सविचार निदर्शन के पक्ष में एक शब्द भी नहीं कहना है।" **ने मैन** (Ney Man) ने इस विधि का 'बेकार' माना है। **स्नेडेकोर**' ने इस प्रणाली के निम्नांकित दोषों का उल्लेख किया है :

(1) इसमें इकाइयों के चुनाव में न्यायपूर्ण महत्व होता है।

(2) इसमें इकाइयों के चुनाव में पक्षपात आने की पूरी-पूरी सम्भावना बनी रहती है, अतः परिणाम अवैज्ञानिक और अशुद्ध हो जाते हैं।

(3) निदर्शन की अशुद्धता का पता लगाने की जो मान्यताएं प्रचलित हैं, उनमें से एक भी इस विधि में नहीं पायी जाती।

(4) इस विधि में अध्ययनकर्ता को समग्र का पहले से ज्ञान होना चाहिए जो सदैव सम्भव नहीं होता।

(5) इस प्रणाली द्वारा निष्कर्षों में परिशुद्धता की मात्रा बहुत कम होती है।

(6) इसके आधार पर सम्पूर्ण समग्र की विशेषताओं को नहीं समझा जा सकता।

III. स्तरित या वर्गीकृत निदर्शन (Stratified Sampling)

यह विधि दैव निदर्शन और सविचार निदर्शन का मिश्रित रूप है, अतः इसे मिश्रित निदर्शन भी कहते है इस विधि का प्रयोग दैव निदर्शन और सविचार निदर्शन दोनों के लाभों को एक साथ प्राप्त करने के लिए किया जाता है। इसमें सर्वप्रथम समग्र को विचारपूर्वक कई सजातीय वर्गों में विभाजित कर दिया जाता है और उसके बाद प्रत्येक वर्ग में से विभाजित कर दिया जाता है और उसके बाद प्रत्येक वर्ग में दैव निदर्शन विधि से इकाइयों का चुनाव किया जाता है। उदाहरण के लिए, यदि हमें अजमेर या जयपुर नगर में जाति व्यवस्था का अध्ययन करना है तो पहले हम सम्पूर्ण नगर को विभिन्न जातियों में बांट देंगे और उसके पश्चात् प्रत्येक जाति या समूह में से दैव निदर्शन विधि से निश्चित मात्रा में इकाइयों का चयन करेंगे।

इस विधि का प्रयोग उसी समय किया जाता है जब समग्र की सभी इकाइयां सजातीय न हों। जिन इकाइयों क समान लक्षण हों, उन्हें एक वर्ग के अन्तर्गत रख लिया जाता है। तत्पश्चात् प्रत्येक वर्ग में से निश्चित मात्रा में निदर्शन चुन लिया जाता है। *स्तरित निदर्शन विधि का प्रयोग करते समय हमें निम्नांकित सावधानियां बरतनी चाहिए :*

(i) समग्र की सभी विशेषताओं का ज्ञात करके उसे उनके आधार पर विभिन्न स्तरों में वर्गीकृत कर लिया जाय।

(ii) प्रत्येक स्तर का आकार इतना बड़ा अवश्य हो जिसमें से निदर्शन हेतु इकाइयों का चयन किया जा सके।

(iii) विभिन्न स्तरों (वर्गों) में पूर्णरूपेण सजातीयता हो अर्थात् प्रत्येक वर्ग में आने वाली इकाइयों में एकरूपता हो तथा एक वर्ग समग्र के एक ही गुण का प्रतिनिधित्व करे।

(iv) विभिन्न स्तरों या वर्गों में से इकाइयों का चुनाव उसी अनुपात में किया जाय जिस अनुपात में उनकी संख्या समग्र में है।

(v) वर्ग स्पष्ट तथा सुनिश्चित होने चाहिए ताकि प्रत्येक इकाई किसी न किसी वर्ग में आ जाय और कोई भी इकाई एक से अधिक वर्गों में न आए।

(vi) वर्गों का निर्माण अध्ययन विषय की प्रकृति के अनुरूप हो।

स्तरित निदर्शन के प्रकार (Types of Stratified Sampling)

स्तरित निदर्शन के प्रमुख तीन प्रकार हैं :

(1) **असमानुपातिक स्तरित निदर्शन** (Disproportionate Stratified Sampling) : इस विधि में प्रत्येक वर्ग में से समान संख्या में इकाइयां चुनी जाती हैं। इस बात का ध्यान नहीं रखा जाता है कि उनका समग्र में क्या अनुपात है।

(2) **भारयुक्त स्तरित निदर्शन** (Stratified Weighted Sampling) : इस विधि में उपर्युक्त दोनों विधियों का मिश्रण पाया जाता है। इस विधि में पहले प्रत्येक वर्ग में से समान संख्याओं का चुनाव किया जाता है। उसके बाद अधिक संख्या वाले वर्गों की इकाइयों को अधिक भार प्रदान करके उनका प्रभाव बढ़ा दिया जाता है। यह भार उसी अनुपात में प्रदान किया जाता है, जिस अनुपात में वर्ग की इकाइयां समग्र में होती है।

(3) **अनुपातिक स्तरित निदर्शन** (Proportionate Stratified Sampling) : इस विधि के अनुसार प्रत्येक वर्ग में से निदर्शन हेतु उतनी ही इकाइयों का चयन किया जाता है जिस अनुपात में वर्ग की कुल इकाइयां समग्र में हैं।

स्तरित निदर्शन के गुण (Merits of Stratified Sampling)

स्तरित निदर्शन विधि के निम्नांकित गुण हैं :

(i) इस विधि के द्वारा निदर्शन निकालने वाले को निदर्शन के चुनाव में अधिक नियन्त्रण प्राप्त हो जाता है। इसमें समग्र के प्रत्येक वर्ग की इकाइयों को निदर्शन में स्थान प्राप्त हो जाता है और किसी वर्ग के छूटने की सम्भावना नहीं रहती। दैव निदर्शन में यद्यपि प्रत्येक इकाई के चुने जाने की सम्भावना रहती है, फिर भी कई बार महत्वपूर्ण वर्ग छूट भी जाते हैं, जबकि स्तरित निदर्शन में ऐसा नहीं होता है।

(ii) यदि वर्गीकरण उचित प्रकार से किया गया है तो थोड़ी इकाइयों से ही प्रतिनिधि इकाइयों का चुनाव हो सकता है, जबकि दैव निदर्शन में प्रतिनिधित्वता के लिए इकाइयों का पर्याप्त मात्रा में चुना जाना आवश्यक है।

(iii) इस विधि में इकाइयों का प्रतिस्थापन बहुत ही सरल है। यदि प्रारम्भिक निदर्शन में चुनी हुई किसी इकाई से सम्पर्क स्थापित नहीं किया जा सकता हो तो उसके स्थान पर उसी वर्ग में से दूसरी इकाई चुन ली जाती है। इस परिवर्तन से निदर्शन के प्रतिनिधत्वपूर्ण होने या न होने पर कोई असर नहीं पड़ता।

(iv) वर्गीकरण द्वारा निदर्शन का चुनाव इस प्रकार से किया जा सकता है कि निदर्शन की अधिकांश इकाइयां भौगोलिक दृष्टि से केन्द्रित हों। ऐसे अध्ययन में धन व समय की बचत हो सकती है। दैव निदर्शन में इकाइयां बिखरी होने के कारण इकाइयों के चुनाव में इस प्रकार का नियन्त्रण नहीं रहता।

स्तरित निदर्शन के दोष (Demerits of Stratified Sampling)

इस विधि के दोष निम्नांकित हैं :

(i) स्तरित निदर्शन में एक गुण रखने वाली इकाइयों का एक वर्ग बनाया जाता है, किन्तु किसी इकाई में एकाधिक गुण होने पर कठिनाई आती है कि उसे किस वर्ग में रखा जाय।

(ii) यदि वर्गों का निर्माण उचित प्रकार से नहीं किया गया है तो निदर्शन के चुनने में पक्षपात आने की सम्भावना रहती है। ऐसा भी हो सकता है कि कुछ वर्गों में से अधिक इकाइयों का चुनाव कर लिया जाय और कुछ वर्गों में से कम का। ऐसी स्थिति में निदर्शन प्रतिनिधित्वपूर्ण नहीं रह पाता है।

(iii) यदि वर्गों से इकाइयों का चुनाव असमानुपातिक आधार पर किया गया है तो बाद में भार का प्रयोग करना पड़ता है। भार प्रदान करते समय व्यक्ति का पक्षपात भी आ सकता है तथा अनुचित भार प्रदान करने पर इकाइयां प्रतिनिधत्वपूर्ण नहीं रह जाती हैं।

(iv) प्रतिनिधित्वपूर्ण होने के लिए निदर्शन का समानुपातिक होना आवश्यक है, किन्तु भिन्न–भिन्न वर्गों के आकार में यदि बहुत अधिक भिन्नता है तो उनमें समानुपात का गुण लाना कठिन होता है। साथ ही चुनाव करने वाले व्यक्ति की व्यक्तिगत रुचि का भी निदर्शन के चुनाव पर प्रभाव पड़ता है।

अन्य प्रकार के निदर्शन (Other Types of Sampling)

उपर्युक्त तीन प्रमुख प्रकार के निदर्शनों क अतिरिक्त कुछ अन्य प्रकार इस प्रकार हैं :

(1) **स्वयं चयनित (निर्वाचित) निदर्शन** (Self-Selected Sampling) **:** कई बार निदर्शन का चुनाव नहीं किया जाता, वरन् सम्बन्धित व्यक्ति स्वयं ही निदर्शन में सम्मिलित होने का प्रस्ताव करता है। इसलिए ही इसे स्वयं चयनित निदर्शन कहते हैं। उदाहरण के लिए, कोई साबुन कम्पनी यह जानना चाहती है कि उसके साबुन को कितने लोगों ने पसन्द किया है तो रेडियो, टेलीविजन एवं समाचार–पत्रों द्वारा इसकी घोषणा करवा दी जाती है कि

लोग अमुक साबुन के बारे में अपनी राय अमुक पते पर भेजें। कई बार समाचार-पत्रों में प्रश्नावली प्रकाशित करवा दी जाती है जिसे इच्छुक व्यक्ति भरकर सम्बन्धित संस्था या व्यक्ति को भेज देते हैं।

(2) **क्षेत्रीय निदर्शन** (Area Sampling) : इस विधि में समग्र को पहले छोटे-छोटे क्षेत्रों में विभाजित करते हैं, तत्पश्चात् सम्पूर्ण क्षेत्र का ही अध्ययन किया जाता है। चूंकि इसमें इकाइयों के एक समूह का अध्ययन किया जाता है, इसलिए इसे संभाग निदर्शन (Cluster Sampling) भी कहते हैं। इसे स्पष्ट करते हुए **मोजर** एवं **कालटन** लिखते हैं, "जब इकाइयों के सम्पूर्ण समूह को ही निदर्शन के रूप में चुन लिया जाता है, तब यह चयन प्रक्रिया 'संभाग निदर्शन' कहलाती है।" क्षेत्रीय निदर्शन का उपयोग कृषि उपयोग कृषि क्षेत्रों के अध्ययन के लिए विशेष रूप से किया जाता है। अपराधी क्षेत्र एवे जनसंख्या अध्ययनों के लिए भी इस विधि का प्रयोग किया जाता है।

(3) **निर्दिष्टांश अथवा अभ्यांश निदर्शन** (Quota Sampling) : यह वर्गीय निदर्शन का ही एक रूप है। इसमें सर्वप्रथम समग्र को कई वर्गों में विभाजित किया जाता है। फिर प्रत्येक वर्ग में से चुनी जाने वाली इकाइयों की संख्या तय कर ली जाती है। इस निश्चित संख्या को ही निर्दिष्टांश (Quota) कहते हैं। इसके बाद अनुसन्धानकर्ता प्रत्येक वर्ग में से निर्धारित मात्रा मे अपनी इच्छानुसार इकाइयों का चुनाव कर लेता है। **जहोदा** तथा **कुक** के अनुसार, "निर्दिष्टांश निदर्शन का प्राथमिक लक्ष्य एसे निदर्शन का चयन करना है जो ऐसे समग्र का लघु रूप है जिसका सामान्यीकरण किया जाना है, अत: इसे समग्र का प्रतिनिधत्व करने वाला कहा गया है।" उदाहरण के लिए, एक महाविद्यालय के छात्रों का इस विधि से अध्ययन करने के लिए पहले सभी छात्रो को कला, विज्ञान और वाणिज्य संकायों में विभाजित कर दिया जाता है, उसके बाद प्रत्येक संकाय में से 50-50 छात्रों का चयन अध्ययनकर्ता अपनी इच्छानुसार कर लेता है। चूंकि इस विधि में अध्ययनकर्ता को इकाइयों क चुनाव की स्वतन्त्रता होती है। इस सन्दर्भ में **फ्रेंकयेटस** ने लिखा है, "इस विधि में पक्षपात की हर समय सम्भावना बनी रहती है। अत: उन अनुसन्धानों में जिनमें पूर्ण पक्षपात रहित निष्कर्षों की अपेक्षा की जाती हो, निर्दिष्टांश विधि को अनुसन्धान की एक उपयोगी विधि के रूप में प्रयुक्त नहीं किया जाना चाहिए।" **मोजर** कहते हैं कि यह विधि देखने में सरल है, किन्तु अध्ययनकर्ताओं पर कठोर नियन्त्रण

लागू करती है। फिर भी यह विधि धन और समय की दृष्टि से कम खर्चीली है

(4) **बहुस्तरीय निदर्शन** (Multi-Stage Sampling) : इस विधि का प्रयोग बहुत बड़े क्षेत्र से निदर्शन निकालने के लिए किया जाता है। चूंकि इस विधि में निदर्शन का चुनाव कई स्तरों के गुजरने के बाद किया जाता है, इसलिए इसे बहुस्तरीय निदर्शन कहा जाता है। इस विधि से यदि हम किसी बड़े नगर का अध्ययन करना चाहते हैं तो उसक लिए हमें निम्नांकित स्तरों से गुजरना होगा :

(i) सम्पूर्ण नगर को कई क्षेत्रों या वार्डों में बांटा जायेगा। ये क्षेत्र क्षेत्रफल की दृष्टि से एवं निवासियों की दृष्टि से समान होने चाहिए।

(ii) प्रत्येक क्षेत्र में से कुछ गृह–समूहों का चुनाव दैव निदर्शन के आधार पर किया जाय।

(iii) प्रत्येक गृह–समूह में से कुछ परिवारों का चुनाव दैव निदर्शन के आधार पर किया जाय।

(iv) प्रत्येक परिवार में से एक व्यक्ति को अध्ययन के लिए चुना जाय।

इस प्रकार इस विधि मे अन्तिम चुनाव कई चरणों में जाकर होता है। इस विधि में स्तरित निदर्शन विधि एवं दैव निदर्शन विधि दोनों का प्रयोग किया जाता है। यदि सावधानीपूर्वक इसका प्रयोग किया जाय तो इसमें दोनों के लाभ प्राप्त हो सकते हैं तथा कम से कम इकाइयों से ही अधिकाधिक प्रतिनिधित्व प्राप्त किया जा सकता है।

(5) **सुविधाजनक निदर्शन** (Convenience Sampling) : जैसाकि इसके नाम से ही स्पष्ट है, इस विधि में निदर्शन का चुनाव अध्ययनकर्ता की सुविधानुसार किया जाता है। अनुसन्धानकर्ता निदर्शन का चुनाव करने से पूर्व, समय, धन, श्रम, इकाइयों से सम्पर्क करने की सुविधा, स्रोत सूची की उपलब्धता, आदि बातों को ध्यान में रखता है। इसे अनियमित, आकस्मिक, अवसरवादी तथा लापरवाहीपूर्ण निदर्शन भी कहते हैं। इस विधि के अवैज्ञानिक एवं पक्षतापूर्ण होते हुए भी कई बार अध्ययन हेतु इसी का प्रयोग किया जाता है। इस विधि का उपयोग तब किया जाता है तब–

(i) समग्र पूर्णतया स्पष्ट न हो,

(ii) जब निदर्शन की इकाइयां स्पष्ट न हों, तथा

(iii) जब स्त्रोत सूची अप्राप्य हो। यह विधि सरल, मितव्ययी, गहन अध्ययन एवं यथार्थ निदर्शन की सम्भावना के गुण रखती है।

निदर्शन की समस्याएं (Problems of Sampling)

निदर्शन के चयन में अनुसन्धानकर्ता को तीन प्रकार की समस्याओं का सामना करना पड़ता है–

(I) निदर्शन के आकार की समस्या,

(II) अभिनित निदर्शन की समस्या, तथा

(III) निदर्शन की विश्वसनीयता की समस्या।

हम यहां इन तीनों ही समस्याओं का उल्लेख करेंगे।

(I) निदर्शन के आकार की समस्या (Problem of the Size of the Simpling)

निदर्शन की सबसे बड़ी समस्या उसके उचित आकार की है। यदि निदर्शन बड़े आकार का है तो उसके अध्ययन में अधिक समय, धन और श्रम खर्च होगा और यदि निदर्शन बहुत छोटा है तो उसके प्रतिनिधित्पूर्ण एवं विश्वसनीय होने में सन्देह रहेगा। अत: निदर्शन का आकार 3 प्रतिशत से 5 प्रतिशत तक होना चाहिए। निदर्शन के आकार को कई बातें प्रभावित करती हैं, वे निम्न प्रकार हैं :

(1) **इकाइयों का वितरण :** यदि समग्र की इकाइयां विस्तृत भौगोलिक क्षेत्र में फैली हुई हैं तो समय, धन व श्रम की दृष्टि से छोटा निदर्शन उपयुक्त होगा और यदि समग्र भौगोलिक दृष्टि से छोटा है तो निदर्शन बड़ा लिया जा सकता है।

(2) **परिशुद्धता की मात्रा :** सामान्यत: ऐसा माना जाता है कि बड़ा निदर्शन अधिक परिशुद्ध और प्रतिनिधित्वपूर्ण होता है, किन्तु यदि सही तरीके के चुनाव किया जाता है तो छोटा निदर्शन भी विश्वसनीय एवं प्रतिनिधित्वपूर्ण हो सकता है।

(3) **समग्र की प्रकृति :** यदि समग्र की इकाइयां पर्याप्त सजातीय हों तो छोटा निदर्शन भी पर्याप्त, प्रतिनिधित्वपूर्ण एवं विश्वसनीय हो सकता है, किन्तु यदि समग्र में विषमताएं अधिक हैं तो निदर्शन बड़े आकार का होना चाहिए।

(4) **उपलब्ध साधन :** यदि हमारे पास पर्याप्त मात्रा में समय, धन, शक्ति और कार्यकर्ता हैं तो निदर्शन का आकार बड़ा लिया जा सकता है। यदि साधनों की कमी है तो निदर्शन का आकार छोटा लेना होगा।

(5) **अध्ययन प्रणाली :** यदि हम प्रश्नावली द्वारा किसी क्षेत्र का अध्ययन करते हैं तो निदर्शन का आकार बड़ा भी हो सकता है, किन्तु इसके स्थान पर यदि हम अनुसूची, साक्षात्कार अथवा वैयक्तिक अध्ययन पद्धति का प्रयोग करते हैं तो निदर्शन का आकार छोटा होना चाहिए क्योंकि इसमें समय, धन व श्रम अधिक खर्च होता है।

(6) **निदर्शन के प्रकार :** निदर्शन के प्रकार पर भी उसका आकार निर्भर करता है। दैव निदर्शन में निदर्शन का आकार बड़ा होना चाहिए, ताकि विभिन्न गुणों वाली अधिकाधिक इकाइयों का चुनाव हो सके, इसके विपरीत वर्गीय तथा उद्देश्यपूर्ण निदर्शन में छोटा आकार ही पर्याप्त होता है।

(7) **वर्गों की संख्या :** यदि समग्र में विभिन्न प्रकार के वर्गों में अधिक भिन्नताएं हों तो हमें प्रत्येक वर्ग में से निदर्शन का आकार बड़ा लेना होगा और यदि वर्गों में पर्याप्त समानता हो तो छोटा निदर्शन ही पर्याप्त होगा।

(8) **अध्ययन की प्रकृति :** यदि हमें गहन अध्ययन करना हो तो छोटा निदर्शन लेना होगा, लेकिन विस्तृत और सामान्य प्रकृति के अध्ययन के लिए बड़ा निदर्शन लिया जा सकता है।

वास्तव में निदर्शन के आकार के लिए कोई निश्चित नियम, प्रतिशत या कोई संख्या नहीं है। अनेक परिस्थितियां निदर्शन के आकार को प्रभावित करती हैं। इस सन्दर्भ में **पार्टेन** ने उचित ही लिखा है, "अनावश्यक खर्चे से बचने के लिए निदर्शन काफी छोटा और असहनीय अशुद्धि से बचने के लिए पर्याप्त बड़ा होना चाहिए।"

(II) अभिनति निदर्शन की समस्या (Problem of Biased Sample)

एक श्रेष्ठ निदर्शन के लिए आवश्यक है कि वह प्रतिनिधित्वपूर्ण, निष्पक्ष और मिथ्या झुकाव से रहित हो, ऐसा न होने पर वह निदर्शन अभिनतिपूर्ण निदर्शन कहा जाता है। एक निदर्शन में अभिनति निम्नलिखित कारणों के आ सकता हैं :

(1) **त्रुटिपूर्ण दैव निदर्शन :** दैव निदर्शन विधि द्वारा इकाइयों के चयन में भी पक्षपात की सम्भावना रहती है, उदाहरण के लिए, यदि चिटें या गोलियां जिनका उपयोग दैव निदर्शन के लिए किया जाता है, छोटी–बड़ी अथवा विभिन्न रंगों की हैं अथवा उन्हें पूरी तरह से हिलाया या मिलाया नहीं गया है तब भी बड़ी चिटों और ऊपर पड़ी चिटों के चुने जाने की सम्भावना अधिक रहेगी। इस स्थिति में भी निदर्शन पक्षतापूर्ण हो जाता है।

(2) **अध्ययन विषय की प्रकृति :** कई बार अध्ययन विषय जटिल, असमान, विविधतापूर्ण, परिवर्तनशील, एकदम नया अथवा बिखरा हुआ तो एसी

स्थिति में निदर्शन के चुनाव में हम उन्हीं इकाइयों को चुनते हैं जो सुविधापूर्ण हों। यह स्थिति भी निदर्शन को पक्षतापूर्ण बना देती है।

(3) **दोषपूर्ण वर्गीकरण :** यदि वर्गीय निदर्शन में ऐसे वर्गों का चुनाव कर लिया जाता है जो अस्पष्ट, असमान और अनुपयुक्त हों तब भी अभिनति आ सकती है। इसी तरह से यदि वर्ग में असमान संख्या वाली इकाइयों में से समान संख्या में इकाइयां चुन ली जाती हैं तब भी वह असन्तुलित और दोषपूर्ण हो जाता है।

(4) **अपूर्ण स्त्रोत सूची :** यदि स्त्रोत सूची जिसमें समग्र की समस्त इकाइयां लिखी होती हैं, अपूर्ण, पुरानी, अनुपयुक्त अथवा अधूरी हैं, तब भी निदर्शन का चुनाव प्रतिनिधित्वपूर्ण नहीं होगा। यह स्थिति भी निदर्शन को अभिनतिपूर्ण बनाती है।

(5) **छोटा आकार :** यदि निदर्शन का आकार छोटा है तो उसमें समग्र की कई महत्वपूर्ण इकाइयों के छूट जाने की सम्भावना रहती है, तब वह निदर्शन प्रतिनिधित्पूर्ण नहीं रह जाता है।

(6) **सविचार निदर्शन :** इस प्रकार के निदर्शन में अध्ययनकर्ता अपनी इच्छानुसार इकाइयों का चयन करता है। इसमें वह ऐसी इकाइयों का चुनाव कर सकता है जिनसे सम्पर्क करना सरल हो। वह असुविधाजनक और कठिनाई से मिलने वाली इकाइयों को छोड़ देता है। ऐसी स्थिति में निदर्शन अभिनतिपूर्ण होता है।

(7) **इकाइयों का अनुचित त्याग या प्रतिस्थापन :** कई बार निदर्शन में चुने गये व्यक्तियों से सम्पर्क करना कठिन होता है या वे सहयोग देने से इन्कार करते हैं, तब उन्हें छोड़ दिया जाता है या उनके स्थान पर दूसरी इकाइयों को चुन लिया जाता है। दोनों ही स्थितियों में निदर्शन में पक्षपात की सम्भावना रहती है।

(8) **कार्यकर्ताओं द्वारा चुनाव :** कई बार कार्यकर्ताओं को यह अनुमति दे दी जाती है कि वे निदर्शन की इकाइयों का चुनाव अपनी इच्छानुसार करें। ऐसी स्थिति में भी चयन में पक्षपात आ सकता है।

(9) **सुविधापूर्ण निदर्शन विधि :** जब अध्ययनकर्ता को यह स्वतन्त्रता दे दी जाती है कि वह अपनी सुविधानुसार निदर्शन का चुनाव कर ले तब वह अन्य बातों की अपेक्षा अपनी सुविधा को अधिक महत्व देता है। ऐसी स्थिति में निदर्शन प्रतिनिधित्वपूर्ण नहीं रह जाता है।

विभिन्न प्रकार से आने वाली अभिनति (Bias) को दूर करने के लिए निम्नांकित उपाय अपनाए जा सकते हैं–

(1) अनुसन्धानकर्ता का अनुभव, कुशलता और योग्यता प्राप्त होनी चाहिए।

(2) उसे अध्ययन समस्या का पूर्ण ज्ञान होना चाहिए।

(3) निदर्शन विधि विषय एवं उद्देश्य के अनुरूप होनी चाहिए।

(4) निदर्शन का आकार पर्याप्त होना चाहिए।

(5) अध्ययन वैज्ञानिक और पक्षपातरहित होना चाहिए।

(III) निदर्शन की विश्वसनीयता की समस्या (Problem of Reliability of Sample)

निदर्शन का चुनाव कर लेने के बाद यह प्रश्न उठता है कि जिन इकाइयों का चुनाव किया गया है, वे विश्वसनीय हैं अथवा नहीं। विश्वसनीयता से तात्पर्य है कि वे समग्र का कितना प्रतिनिधित्व करती हैं और क्या उनके लक्षण समग्र के लक्षण माने जा सकते हैं तथा निदर्शन इकाइयों के अध्ययन के निष्कर्षों को किस सीमा तक समग्र पर लागू किया जा सकता है। एक विश्वसनीय निदर्शन में निम्नांकित गुण होने चाहिए–

(1) उसका आकार पर्याप्त हो,

(2) उसका चुनाव उपयुक्त विधि से हो,

(3) समग्र का विभाजन इकाइयों की समानता एवं सजातीयता के आधार पर किया जाय,

(4) त्रुटि माप योग्य हो।

निदर्शन की विश्वसनीयता की परख
(Test of Reliability of Sample)

चुने हुए निदर्शनों की विश्वसनीयता को परखने के लिए निम्नांकित उपाय अपनाए जा सकते हैं :

(1) **अध्ययन परिणामों की तुलना** (Comparison of Findings) : किसी एक विधि द्वारा निकाले गये निदर्शनों के अध्ययन से प्राप्त निष्कर्षों की तुलना किसी दूसरी विधि द्वारा चयनित निदर्शनों के अध्ययन के निष्कर्षों से की जाती है इससे भी हमें मूल निदर्शन के विश्वसनीय होने का पता लग सकता है।

(2) **निदर्शन का निदर्शन** (Sampling from Sampling) : निदर्शन की विश्वसनीयता की परख का एक तरीका यह है कि चुने हुए निदर्शन में से कुछ इकाइयों का चुनाव दैव निदर्शन द्वारा किया जाता है और उनकी तुलना मूल निदर्शन से की जाती है। यदि इस उपनिदर्शन में मूल निदर्शन के गुण है तो निदर्शन को विश्वसनीय माना जाता है।

(3) **सर्वेक्षण की पुनरावृत्ति** (Repetition of Survey) : यद्यपि यह एक कठिन कार्य है, फिर भी सम्भव हो तो लगभग मिलते-जुलते सर्वेक्षणों की पुनरावृत्ति करके उनमें लिए गये निदर्शनों की तुलना करके विश्वसनीयता की जांच की जा सकती है।

(4) **समान्तर निदर्शन** (Parallel Sampling) : इस विधि में समग्र से किसी अन्य विधि द्वारा दूसरा निदर्शन चुन लिया जाता है और दोनों ही निदर्शनों के सांख्यिकी मापों, मूल्यों, विचरण, आवृत्ति एवं बंटन, आदि की तुलना की जाती है। यदि दोनों में पर्याप्त सीमा तक समानता है तो निदर्शन विश्वसनीय माना जाता है। समानता का अर्थ एकदम समानता से नहीं, वरन् पर्याप्त मात्रा में समानता से है।

(5) **समग्र से तुलना** (Parallel Sampling) : कभी-कभी समग्र की बहुत-सी विशेषताओं जैसे लिंग अनुपात, आयु, आदि का वितरण ज्ञात होता है। यदि इस प्रकार की माप का पता है तो निदर्शन की इकाइयों की उनसे तुलना की जाती है और दोनों में पर्याप्त समानता होने पर निदर्शन विश्वसनीय माना जाता है।

(6) **महत्व परीक्षण** (Significance Tests) : **मोजर** ने निदर्शन की विश्वसनीयता के जांच के लिए प्रमाप त्रुटि (Standard Error) के आधार पर निदर्शनों के महत्व का परीक्षण करने का सुझाव दिया है।

11

वैज्ञानिक घटनाओं के वैज्ञानिक अध्ययन की आवश्यकता
(Need of Scientific Study)

प्रस्तावना (Introduction)

किसी भी घटना के अध्ययन करने के लिए उस घटना की सत्यता की जांच करना अति आवश्यक हैं। घटना के तथ्य तक पहुंचना उसके बारे में अध्ययन करना बहुत ही अनिवार्य है। कोई घटना जिस रूप में घटित होती है, ठीक उसी रूप में उसे ग्रहण करना ही वस्तुनिष्ठ अध्ययन (Objective Study) है। इसके विपरीत, जहां अध्ययनकर्ता किसी घटना को अपने विचारों, भावनाओं, पूर्वाग्रहों, कल्पना, व्यक्तिगत पक्षपात, आदि से प्रभावित होकर उन्हीं के अनुरूप ग्रहण करता है, वहां उसे व्यक्तिनिष्ठ अध्ययन (Subjective Study) कहते हैं। इस प्रकार के अध्ययन के आधार पर वैज्ञानिक निष्कर्ष नहीं निकाले जा सकते क्योंकि वैज्ञानिक निष्कर्ष तो वस्तुनिष्ठ या यथार्थ तथ्यों व घटनाओं पर आधारित होते हैं। वैज्ञानिक या वस्तुनिष्ठ अध्ययन व्यक्ति-प्रधान नहीं होकर तथ्य-प्रधान होते हैं। ये तथ्य वास्तविक अवलोकन, परीक्षण एवं विश्लेषण पर निर्भर करते हैं। विज्ञान चूंकि सत्य की खोज़ का एक माध्यम हैं, अत: वह सदैव वस्तुनिष्ठ अध्ययनों पर ही जोर देता है। लेकिन घटनाओं या तथ्यों के अध्ययन में वस्तुनिष्ठता की प्राप्ति उतनी आसान हीं है जितनी साधारणत: सोची जाती है। इसका कारण यह है कि अध्ययनकर्ता स्वयं उस समाज, समूह, घटना या समस्या का एक अंग होता है जिसका कि वह अध्ययन कर रहा होता है। अत: अध्ययन में व्यक्तिगत पक्षपात के समाविष्ट होने की सम्भावना रहती है। इसके अलावा, उत्तरदाता भी एक ही घटना या समान तथ्यों के संम्बन्ध में अलग-अलग प्रतिक्रयाएं व्यक्त करते हैं क्योंकि प्रत्येक के सोचने-विचारने एवं कार्य करने का अपना-अपना ढंग होता है जो उनके व्यक्तित्व से सम्बन्धित होता है। ऐसी स्थिति में एक ही समस्या या घटना के सम्बन्ध में वे भिन्न-भिन्न सूचनाएं

देते हैं। इनमें व्यक्तिगत अभिनिति (Bias) या पक्षपात के आने की काफी सम्भावना रहती है। इसका कारण यह मान्यता है कि व्यक्ति वर्तमान का अध्ययन अपनी भूतकाल की आंखों से निरीक्षण द्वारा करता है। तात्पर्य यह है कि व्यक्ति के भूतकाल के अनुभव, उसका प्रशिक्षण, उसकी मानसिक व शारीरिक दशा, तापक्रम आदि उसे किसी घटना को एक विशेष रूप में देखने, समझने और व्यकत करने को प्रेरित करते हैं। ऐसी दशा में अध्ययन वस्तुनिष्ठ नहीं होकर व्यक्तिनिष्ठ हो जाता है और इस प्रकार के अध्ययन को वैज्ञानिक नहीं कहा जा सकता। अत: स्पष्ट है कि *सत्य तक पहुंचने के लिए वैज्ञानिक अध्ययन आवश्यक है और वैज्ञानिक अध्ययन के लिए वस्तुनिष्ठता की प्राप्ति अत्यन्त आवश्यक है।*

प्राकृतिक विज्ञानों में वस्तुनिष्ठता प्राप्त करना सरल है क्योंकि उसकी विषय-वस्तु ऐसी होती है जिसे अध्ययनकर्ता के विचार, भावनाएं, आदि प्रभावित नहीं कर सकते। उसकी अभिनति या पक्षपात अध्ययन के परिणामों को प्रभावित नहीं कर पाते। इसके विपरीत, सामाजिक घटनाओं के अध्ययन में वस्तुनिष्ठ दृष्टिकोण अपनाना अर्थात् तटस्थ भाव से अवलोकन, परीक्षण व विश्लेषण करना बहुत कठिन है यद्यपि, सामाजिक घटनाएं जटिल, अर्मूत व परिवर्तनशील हैं परन्तु, इन सबके उपरान्त भी अध्ययनकर्ता वस्तुनिष्ठ दृष्टिकोण अपनाकर उनका अध्ययन कर सकता है। इसके लिए आवश्यकता इस बात की है कि वह व्यक्तिगत पक्षपात एवं पूर्वाग्रहों को अध्ययन से पूर्णत: पृथक रखे। मैक्स वेबर का कहना है कि यदि समाजशास्त्र को विज्ञान के रूप में प्रतिष्ठित करना है तो हमें प्राकृतिक विज्ञानों के समान सामाजिक विज्ञानों में वस्तुनिष्ठ दृष्टिकोण अपनाकर आगे बढ़ना होगा। इस हेतु तटस्थ दृष्टिकोण अपनाना पड़ेगा; व्यक्तिगत विचारों, अभिवृत्तियों, धारणाओं, पूर्वाग्रहों, मूल्यों, आदि से पूर्णत: मुक्त होना पड़ेगा। ऐसा करने पर ही हम सामाजिक घटनाओं का उनके वास्तविक या यथार्थ रूप में अध्ययन कर सकेंगे। अत: *वैज्ञानिक अध्ययन के लिए मूल आवश्यकता वस्तुनिष्ठता है।* अत: हमें वस्तुनिष्ठता का ज्ञान होना अति आवश्यक है, वस्तुनिष्ठता का अर्थ, स्वरूप एवं उसकी प्रकृति का अध्ययन करना चाहिये।

वस्तुनिष्ठता का अर्थ (Meaning of Objectivity)

तथ्यों के आधार पर अवलोकन, संकलन एवं विश्लेषण ही वस्तुनिष्ठता है। सामाजिक घटना का यथार्थ रूप में देखना और उसी रूप में व्यक्त कर देना ही वस्तुनिष्ठता है तात्पर्य यह है कि जहां अध्ययनकर्ता स्वयं के विचारों, भावनाओं, अभिवृत्तियों, मूल्यों, पूर्वाग्रहों, आदि से मुक्त रहकर घटनाओं का सूक्ष्म अवलोकन करता है, तथ्य संकलित करता है और उनके आधार पर निष्कर्ष निकालता है तो

हम कह सकते हैं कि अध्ययन में वस्तुनिष्ठता है। चाहे अध्ययन के आधार पर प्राप्त निष्कर्ष अच्छे हों या बुरे, उचित हों या अनुचित, मन को प्रसन्नता देने वाले हों या कष्ट पहुंचाने वाले, परन्तु अनुसन्धानकर्ता उन्हें उसी रूप में प्रस्तुत कर देता है जिस रूप में वे हैं। वह उनमें न तो अपनी ओर से कुछ जोड़ता है, न कुछ घटाता है और न ही कुछ छिपाता है। वह तो सत्य की खोज करता है और उसे सत्य रूप में ही प्रकट कर देता है। अन्य शब्दों में हम कह सकते है कि वस्तुनिष्ठता सत्य की खोज से सम्बन्धित है और घटनाओं को उनके वास्तविक रूप में प्रकट करना ही वस्तुनिष्ठता है।

वस्तुनिष्ठता का अर्थ स्पष्ट करते हुए **प्रो. ग्रीन** ने लिखा है, "प्रमाणों या तथ्यों का निष्पक्ष रूप से परीक्षण करने की इच्छा और योग्यता ही वस्तुनिष्ठता है।" इस परिभाषा में दो बातों पर जोर दिया गया है, वह एक तो निष्पक्ष अध्ययन की इच्छा पर और दूसरा योग्यता पर। इसका तात्पर्य यह है कि घटनाओं को उनके यथार्थ रूप में देखने और व्यक्त करने की अनुसंन्धानकर्ता में दृढ़ इच्छा होनी चाहिए। योग्यता का तात्पर्य तटस्थ दृष्टिकोण अपनाकर यानि स्वयं के विचारों, भावनाओं, मूल्यों, संस्कारों, पूर्व-धारणाओं, आदि से पूर्णतः मुक्त होकर वैज्ञानिक दृष्टिकोण बनाये रखते हुए अध्ययन करने से है।

लावेल जे. कार ने लिखा है, "वस्तुनिष्ठता का अर्थ है कि विभिन्न प्रकार की घटनाओं से युक्त संसार किसी व्यक्ति के विश्वासों, आशाओं अथवा भयों से स्वतन्त्र एक वास्तविकता है जिसका सब कुछ हम अन्तर्दृष्टि एवं कल्पना से नहीं, बल्कि, वास्तविक अवलोकन के द्वारा ही समझ सकते हैं।" इस परिभाषा से स्पष्ट है कि घटनामय संसार का अध्ययन निष्पक्ष अवलोकन द्वारा ही सम्भव है जिसमें अध्ययनकर्ता के स्वयं के विचारों, मूल्यों, विश्वासों, आशाओं, इच्छाओं व कल्पनाओं का कोई महत्व नहीं है।

फेयरचाइल्ड के अनुसार, "वस्तुनिष्ठता का तात्पर्य एक ऐसी योग्यता से है जिसके द्वारा अध्ययनकर्ता या अनुसन्धानकर्ता अपने को उन स्थितियों से अलग रख सके जिनका वह स्वयं एक भाग है एवं किसी भी प्रकार की प्रतिबद्धता (लगाव) या भावना के बजाय निष्पक्ष एवं पूर्वाग्रहों से स्वतन्त्र होकर तर्कों के आधार पर विभिन्न तथ्यों को उनके स्वाभाविक रूप में अवलोकित कर सके।"

उपर्युक्त परिभाषाओं के आधार पर हम कह सकते हैं कि *निष्पक्ष रहकर घटनाओं को उनके यथार्थ रूप में देखना और ठीक उसी रूप में उनका चित्रण कर देना ही वस्तुनिष्ठता* (Objectivity) है। अध्ययनकर्ता को पक्षपात-रहित दृष्टिकोण, यथार्थ अवलोकन एवं प्रस्तुतीकरण वस्तुनिष्ठता के मूल आधार हैं।

वस्तुनिष्ठता का महत्व (Importance of Objectivity)

अध्ययन या अनुसन्धान का मुख्य उद्देश्य प्रामाणिक निष्कर्षों अर्थात् ज्ञान की प्राप्ति है। यह उसी समय सम्भव है जब अध्ययन पूर्णत: वैषयिक या वस्तुनिष्ठ हो। यदि निष्पक्ष रूप से अवलोकन नहीं किया गया है, तथ्यों का संकलन सही रूप में नही किया गया है, यदि उन तथ्यों के विश्लेषण मं कहीं भी व्यक्तिगत अभिनिति या पक्षपात आ गया है तो ऐसी स्थिति में जो निष्कर्ष निकाले जाएंगे, वे वैज्ञानिक, प्रमाणिक या वस्तुनिष्ठ नहीं हो सकते। जब निष्कर्षों में वस्तुनिष्ठता का अभाव होगा तो यथार्थ ज्ञान प्राप्त नहीं किया जा सकेगा, सत्य तक नहीं पहुंचा जा सकेगा। अत: घटनाओं की सत्यता का पता लगाने के लिए अध्ययनों में, विशेषकर सामाजिक अनुसन्धानों में वस्तुनिष्ठता का होना अत्यन्त आवश्यक है। इसका कारण यह है कि व्यक्ति जिस घटना, समाज, समूह अथवा समस्या का अध्ययन करना चाहता है, वह स्वयं भी उसे किसी न किसी रूप में जुड़ा होता है, उसका अंग होता है। उसके स्वयं के भावनाएं, संस्कार, मूल्य एवं अभिवृत्तियां उसे सामाजिक घटनाओं का निष्पक्ष होकर अध्ययन करने में बाधा पहुंचाते हैं। इस स्थिति पर काबू पाना ही वस्तुनिष्ठता को प्राप्त करना है। वस्तुनिष्ठता के अभाव में कोई भी अध्ययन वैज्ञानिक नहीं हो सकता। वास्तविकता यह है कि अध्ययन या अनुसन्धान की सफलता उसकी वैज्ञानिकता पर ही निर्भर करती है और वैज्ञानिकता का आधार वस्तुनिष्ठता ही है। *वस्तुनिष्ठता का महत्व एवं वैज्ञानिक अध्ययन की आवश्यकता निम्नलिखित विवेचना से स्वत: ही स्पष्ट हो जाएगी :*

(1) **सामाजिक समस्याओं के समाधान हेतु** (To get social problems solved) : आज के आधुनिक जटिल समाजों में अनेक सामाजिक समस्याएं व्याप्त हैं। ये समाजरूपी शरीर में रोग के समान हैं। जब तक इनसे छुटकारा प्राप्त नहीं किया जाता, तब तक समाज को स्वस्थ नहीं बनाया जा सकता, उसे प्रगति की ओर आगे नहीं बढ़ाया जा सकता, विभिन्न प्रकार की समस्याओं की यथार्थ जानकारी वैज्ञानिक अध्ययनों की सहायता से ही प्राप्त हो सकती है। ऐसे अध्ययनों में वस्तुनिष्ठता का होना नितान्त आवश्यक है।

(2) **प्रतिनिधित्वपूर्ण तथ्यों को प्राप्त करने हेतु** (To get adequate reresentative data) सामाजिक घटनाओं के सम्बन्ध में प्रतिनिधि तथ्य प्राप्त करने के लिए निदर्शन प्रणाली (Sampling Method) की सहायता से अध्ययन हेतु इकाइयों का चुनाव किया जाता है। यह चुनाव पक्षपात-रहित होना चाहिए, पूर्ण वस्तुनिष्ठता के साथ होना चाहिए, अन्यथा

समग्र का प्रतिनिधत्व करने वाली इकाइयों का चुनाव नहीं किया जा सकेगा। इसके अलावा, ऐसे तथ्यों का संकलन किया जाना चाहिए जो समग्र (Universe) की सभी विशेषताओं का पूरी तरह प्रतिनिधत्व करते हों। तथ्य संकलन हेतु प्रश्नावली, अनुसूची, साक्षात्कार, अवलोकन, वैयक्तिक अध्ययन-पद्धति आदि में से किसी एक का चुनाव कर प्रतिनिधि तथ्यों को एकत्रित किया जाना चाहिए। इसके लिए आवश्यक है कि तथ्य-संकलन की प्रविधियों का चुनाव एवं प्रयोग सुविधानुसार नहीं बल्कि वस्तुनिष्ठता के साथ किया जाए अन्यथा प्रतिनिधि तथ्यों को प्राप्त नहीं किया जा सकेगा।

(3) **समाजशास्त्रीय अध्ययनों को वैज्ञानिक बनाने हेतु** (To make sociological studies scientific) : कुछ लोगों का मानना है कि समाजशास्त्रीय अध्ययन वैज्ञानिक नहीं होते एवं समाजशास्त्र विज्ञान नहीं है। उनकी इस प्रकार की मान्यता का प्रमुख कारण सामाजिक घटनाओं की जटिल प्रकृति एवं अध्ययनकर्ता का व्यक्तिनिष्ठ दृष्टिकोण है। सामाजिक घटनाओं के अध्ययन में वस्तुनिष्ठ दृष्टिकोण अपनाना कठिन अवश्य है क्योंकि अध्ययनकर्ता के व्यक्तिगत विचार, पूर्वाग्रह, अभिवृत्तियां एवं पसन्द-नापसन्द अध्ययन की यथार्थता या वैज्ञानिकता को समाप्त कर देते है। लेकिन यदि अनुसन्धानकर्ता में वस्तुनिष्ठता बनाये रखने का दृढ़ संकल्प हो तो सामाजिक घटनाओं का वस्तुनिष्ठ तरीके से अध्ययन किया जा सकता है। यदि अध्ययनकर्ता में सामाजिक घटनाओं की वास्तविकताओं को खोज निकालने की बलवती इच्छा है और वह निरन्तर इस दिशा में प्रयत्नशील है तो समाजशास्त्रीय अध्ययनों को वैज्ञानिक बनाया जा सकता है। इस हेतु आवश्यक है कि तथ्यों का यथार्थ चित्रण किया जाए, वैज्ञानिक पद्धति व नियमों का पूर्णतः पालन किया जाए। यदि अध्ययन में तटस्थ भाव को बनाये रखते हुए घटनाओं सहित चित्रण किया जाए तो किसी भी अध्ययन को वैज्ञानिक बनाया जा सकता है।

(4) **वैज्ञानिक पद्धति के सफल प्रयोग हेतु** (For scessful use of scientific method) : सत्य तक पहुंचने के लिए वैज्ञानिक पद्धति का प्रयोग आवश्यक है। परन्तु केवल इस पद्धति के प्रयोग से प्रामाणिक या वैज्ञानिक निष्कर्ष प्राप्त नहीं किए जा सकते हैं। यदि वस्तुनिष्ठता के साथ इस पद्धति का प्रयोग किया जाता है तो यथार्थ ज्ञान प्राप्त किया जा सकता है और अध्ययन में वैज्ञानिकता लायी जा सकती है। वास्तव में देखा जाए तो वैज्ञानिक पद्धति

और वस्तुनिष्ठता एक ही सिक्के के दो पहलू हैं। वैज्ञानिक पद्धति में सामाजिक घटनाओं का अवलोकन, वर्गीकरण, विश्लेषण तथा सत्यापन आता है, परन्तु यदि इनमें से किसी भी स्तर पर वस्तुनिष्ठता की कमी है तो वैज्ञानिक निष्कर्ष नहीं निकाले जा सकेंगे, अध्ययन में वैज्ञानिक पद्धति के सफल प्रयोग के लिए वस्तुनिष्ठता अत्यन्त आवश्यक है।

(5) **तथ्यों के सत्यापन हेतु** (For getting data verified) : पुनः परीक्षा या सत्यापनशीलता वैज्ञानिकता की एक महत्वपूर्ण कसौटी है और इस कसौटी पर कोई भी अध्ययन तभी खरा उतरता है जब अनुसन्धान प्रत्येक चरण पर वस्तुनिष्ठता का सहारा लिया गया हो। अध्ययन में वस्तुनिष्ठता का तात्पर्य यही है कि वह पूर्णतः तथ्यों पर आधारित है, न कि अध्ययनकर्ता के स्वयं के पक्षपातपूर्ण विचारों, भावनाओं या पूर्व-धारणाओं पर। जहां किसी अध्ययन में इस बातों का समावेश हो जाता है, वहां उस अध्ययन के निष्कर्ष वैज्ञानिक या प्रामाणिक नहीं रह जाते। ऐसे निष्कर्षों की पुनः परीक्षा और सत्यापन नहीं किया जा सकता। अतः तथ्यों के सत्यापन एवं वैज्ञानिक निष्कर्षों की प्राप्ति हेतु वस्तुनिष्ठता अत्यन्त आवश्यक है।

(6) **अनुसन्धानकर्ता पर नियन्त्रण बनाये रखने हेतु** (To maintain control over the investigator) : अनुसन्धानकर्ता जिस समाज, समूह, सामाजिक घटना या समस्या का अध्ययन करता है, उससे किसी न किसी रूप में सामान्यतः सम्बन्धित होता है। ऐसी स्थिति में उसके स्वयं के विचार, भावनाएं अभिवृत्तियां, पूर्वाग्रह, आदि अध्ययन में बाधक बन सकते हैं। इस स्थिति से छुटकारा प्राप्त करने के लिए यह आवश्यक है कि अध्ययन में सर्वत्र वैज्ञानिकता बनाये रखी जाए। यह वैज्ञानिकता ही अध्ययनकर्ता पर नियन्त्रण रखकर उसे वस्तुनिष्ठ दृष्टिकोण अपनाकर अध्ययन-कार्य करने के लिए प्रेरित कर सकती है। वस्तुनिष्ठता के आधार पर ही वह सत्य का पता लग सकता और वैज्ञानिक निष्कर्ष प्राप्त कर सकता है।

(7) **निष्पक्ष निष्कर्षों की प्राप्ति हेतु** (To get unprejudiced conclusions): सामाजिक अनुसन्धान की सार्थकता इसी बात में है कि प्राप्त निष्कर्ष निर्भर-योग्य हों। यदि अनुसन्धान के आधार पर प्राप्त निष्कर्ष प्रामाणिक नहीं हैं, यदि उनकी सत्यता की जांच नहीं की जा सकती है, यदि उनके आधार पर नियमों एवं सिद्धान्तों का प्रतिपादन नहीं किया जा सकता है तो ऐसे अनुसन्धान की कोई उपयोगिता नहीं है। किसी अध्ययन या अनुसन्धान के माध्यम से प्रामाणिक एवं निष्पक्ष निष्कर्षों की प्राप्ति हेतु

प्रारम्भ से अन्त तक वस्तुनिष्ठता को बनाये रखना आवश्यक है। इसके अभाव में अनुसन्धान निरर्थक हो जाएगा। अत: अध्ययनकर्ता वस्तुनिष्ठ दृष्टिकोण अपनाकर ही निष्पक्ष निष्कर्ष प्राप्त कर सकता है और ऐसे निष्कर्ष ही किसी विषय को विज्ञान की श्रेणी में ला खड़ा करते हैं।

(8) **अनुसन्धान के नये क्षेत्रों का पता लगाने हेतु** (To explore new fields of investigation) : जब कोई अध्ययनकर्ता वैज्ञानिक अध्ययन की दिशा में आगे बढ़ता है तो तथ्यों का पता लगाने या सामाजिक घटनाओं को सही परिप्रेक्ष्य में समझने के लिए उसे वस्तुनिष्ठ दृष्टिकोण अपनाना होता है। जब अध्ययनकर्ता निष्पक्ष होकर किसी घटना या समस्या का अध्ययन करता है तो उसके सम्बन्ध में अनेक अज्ञात तथ्यों का पता चलता है, उससे सम्बन्धित कई रहस्यों की जानकारी मिलती है, कई नवीन पक्ष प्रकाश में आते हैं जिनके सम्बन्ध में अनुसन्धानकर्ता ने पहले कभी सोचा भी नहीं था। सामाजिक घटनाओं या समस्याओं के सम्बन्ध में नवीन पक्षों की जानकारी अनुसन्धान के नये क्षेत्रों को विकसित करने में योग देती है। भविष्य में अध्ययनकर्ता इन नवीन पक्षों को लेकर अनुसन्धान की नयी योजनाएं बना सकता है। यह सब कुछ उसी समय सम्भव है जब अध्ययन पूर्णत: वस्तुनिष्ठ एवं वैज्ञानिक हो।

(9) **भ्रान्तियों की समाप्ति हेतु** (To get rid of fallacies) : भ्रान्त धारणाएं अनेक व्यक्तियों व समूहों के बीच कई वार तनाव एवं संघर्ष उत्पन्न कर देती हैं। इस प्रकार की धारणाएं जाति, प्रजाति, धर्म, भाषा, सम्प्रदाय, संस्कृति, प्रान्त या क्षेत्र, आदि से सम्बन्धित होती हैं। सामान्य ज्ञान के आधार पर व्यक्ति भ्रान्त धारणाओं को सही मान बैठता है क्योंकि उसके पास सत्यता को जानने का कोई आधार नहीं होता। वैज्ञानिक अध्ययनों के आधार पर प्राप्त निष्कर्षों की सहायता से ही भ्रान्त धाारणाओं को दूर किया जा सकता है। विश्व मे काफी लम्बे समय तक एक भ्रान्त धारण यह प्रचलित रही है कि श्वेत प्रजाति ही सर्वश्रेष्ठ प्रजाति हो तथा लोगों को सभ्य बनाने और उन पर शासन करने का उसी प्रजाति को अधिकार है। अब वैज्ञानिक अध्ययनों के आधार पर यह प्रमाणित हो चुका है कि कोई भी प्रजाति अन्य की तुलना मं श्रेष्ठ या हीन नहीं है। अत: भ्रान्त धारणाओं से छुटकारा प्राप्त करने के लिए वैज्ञानिक अध्ययन आवश्यक है।

(10) **वास्तविक ज्ञान की वृद्धि हेतु** (To enrich real knowledge) : अज्ञानता रूपी अन्धकार को दूर करना विज्ञान का प्रमुख काम है और यह काम

उसी समय उत्तमता के साथ पूरा किया जा सकता है जब वस्तुनिष्ठ दृष्टिकोण अपनाकर सामाजिक घटनाओं के सम्बन्ध में अधिक से अधिक मात्रा में यथार्थ जानकारी प्राप्त की जाए। जब इस प्रकार की जानकारी बढ़ेगी तो परिणामस्वरूप सामाजिक जीवन के सम्बन्ध में हमारे ज्ञान में दिनोंदिन वृद्धि होती जाएगी। इससे लोगों को कुरीतियों एवं भ्रान्त धारणाओं से छुटकारा मिल सकेगा। अत: वास्तविक ज्ञान की प्राप्ति हेतु अध्ययनकर्ता को सजग रहते हुए अपने स्वयं के विचारों और पूर्व-धारणाओं पर नियन्त्रण रखना होगा। इसके लिए उसे वस्तुनिष्ठ दृष्टिकोण अपनाना होगा।

वस्तुनिष्ठता प्राप्त करने में कठिनाइयां (Difficulties in Achieving Objectivity)

सामाजिक अनुसन्धानों में वस्तुनिष्ठता की प्राप्ति आवश्यक है परन्तु, इसके मार्ग में कुछ बाधाएं हैं। सामाजिक अनुसन्धानों का विषस सामाजिक घटनाएं ही हैं और ये घटनाएं अमूर्त, परिवर्तनशील, गुणात्मक, विभिन्नतापूर्ण एवं जटिल होती हैं। इसके विपरीत, भौतिक विज्ञानों की अध्ययन-वस्तु इस प्रकार की होती है कि उनके साथ अध्ययनकर्ता का किसी प्रकार का कोई व्यक्तिगत लगाव या राग-द्वेष नहीं होता है। अत: उनका वस्तुनिष्ठता के साथ अध्ययन करना सम्भव होता है। सामाजिक अनुसन्धान में अध्ययनकर्ता के लिए अपने स्वंय के समाज, समूह, जाति, धर्म, परम्पराओं व मूल्यों का पक्षपात-रहित होकर अध्ययन करना कठिन रहता है क्योंकि वह स्वयं भी इनसे किसी न किसी रूप में सम्बन्धित होता है। यहां हम वस्तुनिष्ठता की प्राप्ति के मार्ग में आने वाली कठिनाइयों पर विचार करेंगे जो निम्न प्रकार है :

(1) **नैतिक आदर्श व मूल्य** (Moral ideals and values) : अनुसन्धान-कार्य में अनुसन्धानकर्ता के स्वयं के नैतिक मूल्यों का कोई स्थान नहीं होना चाहिए अन्यथा, वह तथ्यों को तोड़-मरोड़कर प्रस्तुत कर सकता है और ऐसी स्थिति में अध्ययन की वस्तुनिष्ठता समाप्त हो सकती है। लुण्डबर्ग ने इस स्थिति के सम्बन्ध में लिखा है कि अध्ययन में गलतियों का एक अधिक सामान्य और कम सचेत स्रोत वैज्ञानिक की, और विशेषकर समाज वैज्ञानिकों की, यह प्रवृत्ति है कि वे समुदाय की प्रचलित नैतिक संहिता (Code of Morals) या नैतिकता सम्बन्धी स्वयं के विचारों को तथ्यों के संकलन एवं उन्हें तोड़-मरोड़कर रखने हेतु प्रभावित होने की छूट दे देते हैं। स्पष्ट है कि अनुसन्धानकर्ता के स्वयं के नैतिक आदर्श एवं मूल्य वस्तुनिष्ठता की प्राप्ति में बाधक हैं।

(2) **अध्ययन में अति जल्दबाजी** (Overhurry in research work) : जल्दबाजी में सफलतापूर्वक अनुसन्धान कार्य सम्पन्न करना तो दूर रहा, सामान्य कार्य भी बिगड़ जाता है। सामाजिक घटनाओं की प्रकृति ही कुछ ऐसी होती है कि उनका धैर्यपूर्वक लम्बे समय तक अध्ययन करना होता है, तभी कहीं प्रमाणिक तथ्य प्राप्त किए और सही निष्कर्ष निकाले जा सकते है। इसके विपरीत जहां किसी अनुसन्धान को इसलिए जल्दबाजी में पूरा किया जाता है कि अनुसन्धानकर्ता के पास समय की कमी है या अध्ययन के निष्कर्ष शीघ्र ही किसी सरकारी या गैर-सरकारी एजेन्सी के सम्मुख प्रस्तुत करने हैं, वहां ऐसी दशा में अध्ययन में वस्तुनिष्ठता नहीं आ पाती। यही कारण है कि अनेक विकास-कार्यक्रमों का मूल्यांकन वस्तुनिष्ठ तरीके से नहीं हो पाता।

(3) **भावात्मक प्रवृत्तियों का प्रभाव** (Effect of emotional) : प्रत्येक व्यक्ति के अपने कुछ सामाजिक एवं सांस्कृतिक मूल्य होते हैं, नैतिकता सम्बन्धी धारणाएं होती हैं। वह प्रारम्भ से ही कुछ बातों का अच्छा और कुछ को बुरा मानने लग जाता है। व्यक्तित्व-निर्माण की प्रक्रिया के दौरान उसकी जो भावात्मक प्रवृत्तियां बन जाती हैं, वे उसके व्यवहार-प्रतिमानों के प्रभावित करती हैं। ऐसी स्थिति यदि कोई अध्ययनकर्ता संयुक्त परिवार, जाति-व्यवस्था, अस्पृश्यता, वेश्यावृत्ति, छात्रों मे अनुशासनहीनता, आदि का अध्ययन करता है तो उसकी भावात्मक प्रवृत्तियां उसके वस्तुनिष्ठ तरीके से अध्ययन करने कठिनाई उत्पन्न करती हैं।

(4) **असत्य प्रतिमाएं** (False idols) : **फ्रांसिस बेकन** का कहना है कि अनुसन्धान कर्ता कई असत्य प्रतिमाओं से प्रभावित होकर अध्ययन के दौरान कुछ त्रुटियां कर बैठता है। आपने ऐसी चार प्रतिमाओं का उल्लेख किया है : गुफा की प्रतिमाएं, न्यायालय की प्रतिमाएं, बाजार की प्रतिमाएं एवं जनजाति की प्रतिमाएं। गुफा की प्रतिमाओं के अन्तर्गत उन त्रुटियों को लिया गया है जो अनुसन्धानकर्ता अपने संकीर्ण या एकाकी विचारों के कारण किसी वस्तु या घटना को समझने के सम्बन्ध में कर बैठता है। न्यायालयों की प्रतिमाओं के अन्तर्गत वे गलतियां आती हैं जो एक अनुसन्धानकर्ता केवल शब्दों पर बहुत अधिक भरोसा करने के कारण कर बैठता है। बाजार की प्रतिमााओं में वे त्रुटियां आती हैं जो एक अनुसन्धानकर्ता प्रथा, परम्परा, रुढ़ि, आदि पर जरूरत से ज्यादा जोर देने एवं उन्हीं के आधार पर निष्कर्ष निकालने के कारण कर बैठता है। जनजाति की प्रतिमाओं के अन्तर्गत वे

त्रुटियां आती हैं जो एक अनुसन्धानकर्ता अपने विशेष प्रकार से सोचन-विचारने एवं देखने के तरीके के कारण कर बैठता है। इन सब परिस्थितियों में अपने एकाकी दृष्टिकोण एवं सीमित ज्ञान के क्षेत्र से बाहर निकलकर वस्तुनिष्ठता के साथ कुछ निष्कर्ष निकालना अनुसन्धानकर्ता के लिए कठिन हो जाता है।

असत्य प्रतिमाओं के अलावा समाज में प्रचलित कुछ ऐसी धारणाएं भी होती हैं जिनका कोई तार्किक आधार तो नहीं होता, परन्तु जो अनुसन्धान-कर्ता के अध्ययन को प्रतिकूल रूप से प्रभावित करती हैं। उदाहरण के रूप में, यदि अनुसन्धानकर्ता इस धारणा पर विश्वास करके आगे बढ़ता है कि अस्पृश्य समझी जाने वाली जातियों का बौद्धिक-स्तर निम्न होता है तो इसके फलस्वरूप, उसके द्वारा प्राप्त निष्कर्षों में वस्तुनिष्ठता की निश्चित् रूप से कमी पायी जाएगी।

(5) **मिथ्या-झुकाव (अभिनिति) एवं पूर्वाग्रह** (Bias and predudices): लुण्डबर्ग ने लिखा है कि मिथ्या-झुकाव (अभिनिति) तथा पूर्वाग्रह सभी विज्ञानों में जटिलता पैदा करने वाले कारक हैं, लेकिन सामाजिक विज्ञानों की तुलना में भौतिक विज्ञानों में उनका महत्व काफी कम हैं। इसका मुख्य कारण यह है कि भौतिक विज्ञानों की विषय-वस्तु सामान्य उद्वेगात्मक भाव-ग्रन्थियों (Common Emotional Complexes) के प्रभाव से काफी मुक्त होती है जबकि सामाजिक घटनाएं प्राय: इससे प्रभावित होती हैं और इसी कारण सामान्य इन्द्रियों द्वारा भौतिक तथ्यों का प्रत्यक्ष ज्ञान बहुत कुछ एक-समान या समरूप होता है। लुण्डबर्ग के इस कथन से स्पष्ट है कि सामाजिक विज्ञानों में भौतिक विज्ञानों की तुलना में मिथ्या-झुकाव एवं पूर्वाग्रहों का प्रभाव काफी अधिक होता है और इसी वजह से सामाजिक अध्ययनों में वस्तुनिष्ठता की प्राप्ति बहुत कठिन हैं। भौतिक घटनाओं का अध्ययन बिना किसी प्रकार के मिथ्या-झुकाव व पूर्वाग्रहों के सुगमता से किया जा सकता है क्योंकि इनके साथ अध्ययनकर्ता का न तो कोई भावात्मक लगाव या राग-द्वेष होता है और न ही ऐसे अध्ययन से प्राप्त निष्कर्ष अध्ययनकर्ता क विचारों, भावनाओं, मूल्यों, परम्पराओं, धर्म, संस्कृति, आदि को किसी भी रूप में ठेस पहुंचाते हैं। इसके विपरीत, सामाजिक घटनाओं सें अध्ययनकर्ता भी सम्बन्धित होता है। अपने मिथ्या झुकाव के कारण या तो वह कुछ सामाजिक घटनाओं व समस्याओं के पक्ष में हो सकता है या विपक्ष में। परिणामस्वरूप, वस्तुनिष्ठता की प्राप्ति में बाधा उत्पन्न हो जाती है। पूर्वाग्रहों का तात्पर्य यह है कि अध्ययनकर्ता

किसी घटना, विषय-वस्तु, व्यक्ति, समस्या, आदि के सम्बन्ध में पहले से ही किसी पूर्ण-धारणा से ग्रसित होता है। पूर्व-धारणाएं उसे निष्पक्ष रूप से अध्ययन करने, सोचने-विचारने और निष्कर्ष निकालने में बाधा उत्पन्न करती हैं। यदि एक अनुसन्धानकर्ता संयुक्त परिवार को अच्छा समझता है तों संयुक्त परिवार के अध्ययन के दौरान अपने इस पूर्वाग्रह या पूर्व-धारणा के आधार पर वह ऐसे तथ्यों की अवहेलना कर सकता है जिनसे ऐसे निष्कर्ष निकलते हों कि संयुक्त परिवार की बजाय एकाकी परिवार अधिक अच्छे हैं। यहां वह तटस्थ होकर या वस्तुनिष्ठता के साथ अपने पूर्वाग्रहों के कारण अध्ययन नहीं कर पाता है।

(6) **सामान्य ज्ञान का प्रभाव** (Influence of general knowledge) : हार्ट का कथन पूर्णत: सही है कि वस्तुनिष्ठता का सम्बन्ध वास्तविक ज्ञान से है, न कि सामान्य ज्ञान से। लेकिन कई बार अनुसन्धानकर्ता सामान्य ज्ञान को ही वास्तविक ज्ञान समझने की गलती कर बैठता है। ऐसी स्थिति में अध्ययन में वस्तुनिष्ठता नहीं आ सकती। उदाहरण के रूप में, यदि कोई अनुसन्धानकर्ता अपने सामान्य ज्ञान के आधार पर कोई प्राक्कल्पना बना लेता है तो परिणामस्वरूप, वह जाने-अनजाने ऐसे तथ्यों के संकलन पर जोर देता है जो उसकी प्राक्कल्पना को ही प्रमाणित करने में योग दें और वह अन्य तथ्यों को जान-बूझकर छोड़ देता है। ऐसी स्थिति में वस्तुनिष्ठता की प्राप्ति बहुत कठिन है।

(7) **विशिष्टतामूलक भ्रान्ति** (Particularistic fallacy) : अध्ययन में वस्तु-निष्ठता की कमी का एक मुख्य कारण विशिष्टतामूलक भ्रान्ति है। इसका तात्पर्य यह है कि अध्ययनकर्ता किसी सामाजिक घटना के पक्ष या कारक को ही महत्वपूर्ण एवं निर्णायक मानकर उसी पर जोर देता है। यही विशष्टतामूलक भ्रान्ति है। इसके परिणामस्वरूप, अध्ययन में वस्तुनिष्ठता नहीं आ सकती और उसके आधार पर प्राप्त निष्कर्ष वैज्ञानिक नहीं हो सकते। उदाहरण के रूप में, यदि अनुसन्धानकर्ता यह कहे कि 'बाल-अपराध' के लिए बुरी संगति ही उत्तरदायी है, अथवा यह कहे कि धर्म-परिवर्तन का एकमात्र कारण निर्धनता है, तो ऐसी स्थिति में वह अन्य पक्षों या कारकों की अवहेलना करेगा, परिणामस्वरूप अध्ययन में वस्तुनिष्ठता नहीं आ पाएगी।

(8) **अनुसन्धानकर्ता का व्यक्तिगत स्वार्थ** (Vested interest of the researcher) : व्यक्तिगत स्वार्थ व्यक्ति को अन्धा बना देता है। यह स्वार्थ ही

वस्तुनिष्ठता का सबसे बड़ा शत्रु है। स्वार्थ के आगे व्यक्ति असत्य को भी आंख मूंदकर स्वीकार कर लेता है। ऐसी स्थिति में अनुसन्धानकर्ता तटस्थ होकर न तो तथ्यों का संकलन कर सकता और न ही वैज्ञानिक निष्कर्ष निकाल सकता है। वह या तो ऐसे तथ्यों का संकलन करता है जो उसके स्वार्थों के अनुरूप हों या वह तथ्यों को इस प्रकार से तोड़-मरोड़कर प्रस्तुत करता है कि उनसे ऐसे निष्कर्ष निकल सकें जो उसके स्वार्थों की पूर्ति में सहायक हों। ये दोनों ही स्थितियां वस्तुनिष्ठता के मार्ग में बाधक हैं। जब अनुसन्धानकर्ता अध्ययन में अपने स्वार्थ को सर्वोपरि मान बैठता है तो वह वस्तुनिष्ठ ढंग से अध्ययन कर ही नहीं सकता।

(9) **स्वार्थ-समूह का दबाव** (Pressure of interest groups) **:** स्वार्थ-समूहों का दबाव या हस्तक्षेप भी वस्तुनिष्ठता की प्राप्ति में कठिनाई पैदा करता है। स्वार्थ-समूहों के अन्तर्गत प्रथम, आर्थिक दृष्टि से सम्पन्न व्यक्ति और द्वितीय, सत्ताधारी या राजनीतिक-रूप से शक्तिशाली व्यक्ति आते हैं। यदि किसी अनुसन्धान के निष्कर्षों को बदलवा देने में समर्थ हो जाते हैं या ऐसे निष्कर्षों को प्रकाश में ही नहीं आने देते। कभी-कभी अनुसन्धानकर्ता ऐसे सम्पन्न लोगों के दबाव में आकर तथ्यों को इस प्रकार प्रस्तुत करते हैं कि उनके हितों को किसी प्रकार की कोई चोट नहीं पहुंचे। श्रमिकों से सम्बन्धित अध्ययनों में स्वार्थ-समूहों के दबाव के कारण ही वस्तुनिष्ठता नहीं आ पाती।

(10) **सजातिवाद** (Ethnocentrism) **:** इसका तात्पर्य यह है कि व्यक्ति अपने समूह, समाज, जाति, प्रजाति, भाषा, क्षेत्र, धर्म, संस्कृति, आदि को सर्वश्रेष्ठ मानकर चलता है। इसी धारणा के वशीभूत होकर जब अनुसन्धानकर्ता कोई अध्ययन करता है तो वह अपने समाज की परम्पराओं, मूल्यों, आदर्शों, संस्थाओं, धर्म, संस्कृति, आदि को सर्वोत्तम प्रमाणित करने का और अन्य लोगों के सामाजिक एवं सांस्कृतिक जीवन को अपने से नीचा दिखाने का प्रयत्न करता है। इस प्रकार के प्रयत्न का तात्पर्य यही है कि अध्ययन में वस्तुनिष्ठता नहीं आ पायेगी, अनुसन्धानकर्ता निष्पक्ष दृष्टिकोण अपनाकर अध्ययन नहीं कर सकेगा।

किसी एक राजनीतिक विचारधारा से प्रतिबद्धता और उसे ही सर्वश्रेष्ठ मानने की भूल वस्तुनिष्ठता के मार्ग में बहुत बड़ी बाधा है। ऐसा अध्ययनकर्ता विषय का पक्षपातरहित होकर अध्ययन नहीं कर सकता। स्पष्ट है कि सजातिवाद वस्तुनिष्ठता की प्राप्ति में बाधक है।

(11) **सामाजिक घटनाओं की जटिल प्रकृति** (Complex nature of social Phenomena): सामाजिक घटनाओं की जटिल प्रकृति के कारण सामाजिक अनुसन्धान में वस्तुनिष्ठता की प्राप्ति कई बार कठिन हो जाती है। सामाजिक घटनाएं परिवर्तनशील हैं। इनमें समय के साथ-साथ परिवर्तन आते रहते हैं। इसका कारण यह है कि सामाजिक घटनाओं से सम्बन्धित विभिन्न व्यक्तियों में अनेक भिन्नताएं, पायी जाती हैं; उनके व्यक्तित्व, विचार, भावनाएं, मूल्य, परिस्थितियां एवं भूमिकाएं, आदि भिन्न-भिन्न होते हैं। ऐसी स्थिति में विभिन्न व्यक्तियों के बीच पनपने वाले सामाजिक सम्बन्ध भी जटिल हो जाते हैं। ऐसी दशा में अध्ययनकर्ता कई बार स्वयं के विचारों, विश्वासों, भावनाओं एवं मूल्यों के आधार पर सामाजिक घटनाओं के सम्बन्ध में निष्कर्ष निकालता है। परिणामस्वरूप, अध्ययन में वस्तुनिष्ठता नहीं आ पाती।

(12) **प्रशिक्षण का अभाव** (Lack of training) : अनुसन्धानकर्ता के लिए सम्पूर्ण अनुसन्धान प्रक्रिया से भली-भांति परिचित होना आवश्यक है, अन्यथा, अनुसन्धान में किसी भी स्तर पर अभिनिति आ सकती है। अध्ययन की वस्तुनिष्ठता समाप्त हो सकती है। अतः अनुसन्धानकर्ता के लिए पूर्णतः प्रशिक्षित होना आवश्यक है उसे इस दृष्टि से प्रशिक्षित होना चाहिए कि समग्र का निर्धारण कैसे किया जाए, इकाइयों को कैसे चुना जाए, तथ्य-संकलन हेतु कौन-सी प्रविधि अपनायी जाए, प्राप्त तथ्यों का विश्लेषण कैसे किया जाए, विभिन्न तथ्यों में सह-सम्बन्ध कैसे बताया जाए। साधारणतः देखा यह जाता है कि अधिकांश अनुसन्धानों में कार्यकर्ताओं के प्रशिक्षण पर पूरा ध्यान नहीं दिया जाता, फलस्वरूप अध्ययनों में वस्तुनिष्ठता नहीं आ पाती।

मिथ्या-झुकाव या पक्षपात में उद्वेगों या भावनाओं का काफी प्रभाव होता है और इसी कारण किसी के भी पक्ष या विपक्ष में बिना सोचे-विचारे राय व्यक्त कर दी जाती है जिसमें तार्किकता का अभाव होता है। दूसरी ओर जब किसी व्यक्ति, वस्तु, समस्या, घटना, सिद्धान्त, आदि के सम्बन्ध में हम अपने मन में पहले से ही कोई धारणा बना लेते हैं और उसी के परिप्रेक्ष्य में तथ्यों का मूल्यांकन करते हैं तो इसे पूर्वाग्रह (Prejudice) के नाम से पुकारते हैं। मिथ्या-झुकाव तथा पूर्वाग्रह दोनों के अर्थ से स्पष्ट है कि ये वस्तुनिष्ठ अध्ययन के मार्ग में बाधक हैं। इसके प्रभाव से व्यक्ति खुले दिल और दिमाग से काम नहीं कर सकता। यहां हमें यह भी विचार करना है कि *मिथ्या-झुकाव (पक्षपात) एवं पूर्वाग्रहों के आधार क्या हैं, इनके स्रोत कहां है? ये स्रोत निम्नलिखित हैं :*

(1) **अनुसन्धानकर्ता का मिथ्या-झुकाव** (Bias of Researcher) : कई बार स्वयं अनुसन्धानकर्ता अभिनिति का स्रोत बन जाता है। उसकी पूर्व-धारणाएं या पक्षपातपूर्ण विचार उसके वस्तुनिष्ठ तरीके से सोचने-विचारने और निष्कर्ष प्रस्तुत करने में बाधक बन जाते हैं। ऐसी स्थिति में वह कुछ महत्वपूर्ण तथ्यों को छोड़ देता है और अपने विचारों एवं भावनाओं के अनुरूप निष्कर्ष निकाल लेता है। अध्ययनकर्ता की स्वयं की रुचि-अरुचि, विषय से जरुरत से ज्यादा भावात्मक लगाव, उसकी नैतिक धारणाएं, आदर्श, मूल्य, धार्मिक एवं सांस्कृतिक मान्यताएं, आदि उसमें मिथ्या-झुकाव का स्रोत बन जाते हैं।

(2) **सूचनादाताओं के पूर्वाग्रह** (Prejudices of Informants) : अनुसन्धानकर्ता तथ्य-संकलन के लिए केवल अवलोकन का सहारा नहीं ले सकता। उसे सूचनादाताओं से मिलकर उनके प्रश्न पूछकर भी कई सूचनाएं या तथ्य एकत्रित करने होते है। सूचनादाता भी सामाजिक प्राणी ही होते हैं। उनके भी हित-अहित, रुचि-अरुचि, राग-द्वेष, विचार, अनुभव, मूल्य, परम्पराएं, पूर्वाग्रह, आदि होते हैं। ऐसी स्थिति में अध्ययन से सम्बन्धित सूचना-प्राप्ति हेतु उनसे जो कुछ पूछा जाता है, उसका उत्तर वे पूर्णत: सत्य नहीं हों, जिनमें सच या झूठ का मिश्रण हो या जिन्हें बढ़ा-चढ़ाकर प्रस्तुत किया गया हो। ऐसी स्थिति में इस प्रकार की सूचनाओं पर आधारित निष्कर्ष वस्तुनिष्ठ नहीं हो सकते। पिडिंगटन ने निम्न बातों के आधार पर यह समझाने का प्रयत्न किया है कि सूचनादाता स्वयं मिथ्या-झुकाव या अभिनति का स्रोत कैसे होते हैं :

(अ) सूचनादाता जिन बातों को नहीं बताना चाहते, उनके सम्बन्ध में या तो वे झूठ बोल सकते हैं या यह बहाना बना सकते हैं कि इस सम्बन्ध में वे कुछ भी नहीं जानते।

(ब) कभी-कभी अपने किसी स्वार्थ के कारण सूचनादाता कुछ तथ्यों को बढ़ा-चढ़ाकर प्रस्तुत कर सकते हैं या कुछ बातों को जान-बूझकर छिपा सकते हैं।

(स) कई बार शिष्टाचार के कारण सूचनादाता ऐसी सूचनाएं ही देते हैं जो अनुसन्धानकर्ता की मजाक उड़ाने के उद्देश्य से भी सूचनादाता कुछ बातों को नहीं जानते हुए भी यह प्रदर्शित करने के लिए कि वह सब कुछ जानता है, गलत सूचनाएं भी देता है।

(य) कई उत्तरदाता संकोच या लज्जा के कारण कुछ प्रश्नों का उत्तर जानते हुए भी नहीं देते हैं।

वस्तुनिष्ठता प्राप्त करने के साधन एवं विधियां
(Means and Methods for Achieving Objectivity)

उपर्युक्त विवरण से स्पष्ट है कि सामाजिक घटनाओं से सम्बन्धित अध्ययनों में वस्तुनिष्ठता बनाये रखना काफी कठिन है। परन्तु, इसका यह तात्पर्य नहीं है कि वस्तुनिष्ठता प्राप्त करना असम्भव है। इसके लिए सर्वाधिक आवश्यक यह है कि अनुसन्धानकर्ता स्वयं पर नियन्त्रण रखे, अपने को पूर्वाग्रहों से मुक्त रखे और वैज्ञानिक दृष्टिकोण सर्वत्र बनाये रखे।

आज अनुभव व अनुसन्धान के आधार पर ऐसी विधियां व साधनों का विकास हो चुका है जो सामाजिक घटनाओं के अध्ययन में वस्तुनिष्ठता प्राप्त करने में योग देते हैं। यहां हम उन्ही का संक्षेप में उल्लेख करेंगे।

(1) **अन्तर-वैज्ञानिक पद्धति का प्रयोग** (Application of interdisciplinary method) : विभिन्न विज्ञानों के सहयोग पर आधारित अध्ययन को ही अन्तर-वैज्ञानिक अध्ययन करते हैं और समाज विज्ञानों में वर्तमान में इस प्रकार के अध्ययनों का महत्व बढ़ता ही जा रहा है। आजकल यह स्पष्टत: महसूस किये जाने लगा है कि किसी भी घटना के लिए कोई एक ही कारक उत्तरदायी नहीं है। उदाहरणार्थ, अपराध, निर्धनता या भ्रष्टाचार जैसी समस्याओं के लिए सामाजिक, आर्थिक, राजनीतिक, सांस्कृतिक एवं मनोवैज्ञानिक कारक उत्तरदायी है। जब तक इन कारकों को भली-भांति नहीं समझ लिया जाता, तब तक किसी समस्या, घटना या विषय का यथार्थ व वस्तुनिष्ठ ज्ञान प्राप्त नहीं कियां जा सकता। यही कारण है कि विभिन्न विज्ञानों के बीच दिनोंदिन सहयोग बढ़ता ही जा रहा है। परिणामस्वरूप, सामाजिक घटना सम्बन्धी अध्ययन अधिकाधिक वस्तुनिष्ठ एवं यथार्थ होते जा रहे हैं।

(2) **मिश्रित सांस्कृतिक उपागम का उपयोग** (Use of cross-cultural approach) : जब कभी किसी सांस्कृतिक क्षेत्र से सम्बन्धित किसी घटना या समस्या का अध्ययन विभिन्न सांस्कृतिक क्षेत्र से सम्बन्धित लोग (विशेषज्ञ) करते हैं तो वे यह कार्य अधिक निष्पक्षता एवं वस्तुनिष्ठता के साथ कर सकते है। अध्ययन किये जाने वाले सांस्कृतिक क्षेत्र से सम्बन्धित अनुसन्धानकर्ता में पक्षपात व मिथ्या-झुकाव हो सकता है, लेकिन जब अन्य सांस्कृतिक क्षेत्र से सम्बन्धित अनुसन्धानकर्ता अध्ययन

कार्य करते हैं तो वस्तुनिष्ठता की पूरी-पूरी सम्भावना रहती है। यही मिश्रित सांस्कृतिक **उपागम** कहलाता है।

(3) **पारिभाषिक शब्दों एवं आवधारणाओं का मानकीकरण** (Standardization of terms and concepts) : समाजशास्त्र में सामान्यत: बोलचाल के शब्दों का प्रयोग किया जाता है जिनका कई बार समान अर्थ नहीं लगाया जाता है। परिणामस्वरूप, समाजशास्त्रीय अध्ययनों के आधार पर प्राप्त निष्कर्ष में स्पष्टता का अभाव पाया जाता है। इस स्थिति से बचने के लिए यह आवश्यक है कि समाजशास्त्र में जिन पारिभाषिक शब्दों एवं अवधारणाओं का प्रयोग किया जाए, उनका मानकीकरण किया जाए, उनका सभी लोगों के द्वारा सभी स्थानों पर समान अर्थों में प्रयोग किया जाए। इससे सामाजिक घटनाओं के अध्ययन में वस्तुनिष्ठता आ सकेगी।

(4) **क्षेत्रीय कार्यकर्ताओं पर कम से कम निर्भरता** (Minimum dependency of field investigators) : जहां वैयक्तिक अनुसन्धान-कार्यों में स्वयं अनुसन्धानकर्ता द्वारा तथ्यों का संकलन किया जाता है, वहां वह अपने को नियन्त्रित करके पूर्वाग्रहों व मिथ्या-झुकाव से बच सकता है। लेकिन जहां अनुसन्धान-कार्य हेतु तथ्यों का संकलन अनेक क्षेत्रीय कार्यकर्ताओं द्वारा एक-साथ किया जाता है, वहां अभिनिति या पक्षपात से बचने के लिए यह आवश्यक है कि उन्हें किसी भी प्रकार की वैयक्तिक स्वतन्त्रता नहीं दी जाए और उन पर पूरा नियन्त्रण रखा जाए।

(5) **दैव निदर्शन के उपयोग को प्रधानता** (Priority of the use of random sampling): अध्ययन में वस्तुनिष्ठता लाने की दृष्टि से आवश्यक है कि समग्र में से इकाइयों का चुनाव दैव निंदर्शन विधि द्वारा इकायों का चुनाव करने से अध्ययनकर्ता के पक्षपात या मिथ्या-झुकाव के अध्ययन में सम्मिलित होने की सम्भावना समाप्त हो जाती है और साथ ही प्रतिनिधि इकाइयों का चुनाव हो जाता है।

(6) **प्रश्नावली व अनुसूची का प्रयोग** (Use of questionnaire and schedule): प्रश्नावली व अनुसूची में निर्धारित प्रश्न होते है, मानक शब्दावली का इनमें प्रयोग किया जाता है। परिणमस्वरूप, सभी सूचनादाता प्रश्नों के समान अर्थ लगाते हैं और उनके द्वारा उत्तर भी प्रमापीकृत होते हैं। इनके प्रयोग का लाभ यह है कि स्वयं अनुसन्धानकर्ता पर भी नियन्त्रण रहता है, वह मनमाने ढंग से प्रश्न नहीं पूछ पाता है। इससे अध्ययन में वस्तुनिष्ठता बनी रहती है।

(7) **यान्त्रिक साधनों का प्रयोग** (Application of mechanical devices): तथ्यों के संकलन, सारणीयन एवं विश्लेषण हेतु यान्त्रिक साधनों का उपयोग अध्ययन में वस्तुनिष्ठता के बढ़ाने में योग देता है। तथ्यों के संकलन में फोटोग्राफ व टेप-रिकार्डर काफी सहायक है। तथ्यों के सारणीयन एवं विश्लेषण में पंचिग मशीन, सार्टर, कैल्कुलेटर व कम्प्यूटर, आदि का विशेष उपयोग होता है। इन यान्त्रिक साधनों के प्रयोग का सबसे बड़ा लाभ यह है कि अध्ययन में तथ्यों को तोड़-मरोड़कर प्रस्तुत नहीं किया जा सकता, उनमें कोई परिवर्तन नहीं किया जा सकता। अत: अध्ययनकर्ता पर नियन्त्रण बना रहता है और अध्ययन में वस्तुनिष्ठता आ जाती है।

(8) **प्रयोगात्मक पद्धति का उपयोग** (Use of experimental method): सामाजिक घटनाओं के अध्ययन में अधिक से अधिक वस्तुनिष्ठता लाने के उद्देश्य से प्रयोगात्मक पद्धति का प्रयोग दिनोंदिन बढ़ता जा रहा है। जहां इस पद्धति का प्रयोग किया जाता है, वहां दो समान समूहों का चुनाव कर लिया जाता है। इनमें से एक को नियन्त्रित समूह और दूसरे प्रयोगात्मक समूह के रूप में रखा जाता है। नियन्त्रित समूह में किसी भी प्रकार का कोई परिवर्तन नहीं लाया जाता जबकि प्रयोगात्मक समूह में किसी एक कारक के द्वारा परिवर्तन लाने का प्रयास किया जाता है। यहां प्रयोगात्मक समूह में एक कारक के प्रभाव को देखा जाता है। तत्पश्चात् नियन्त्रित व प्रयोगात्मक समूहों की एक-दूसरे से तुलना की जाती है। यदि तुलना के आधार पर प्रयोगात्मक समूह में कोई अन्तर पाया जाता है तो इससे स्पष्ट हो जाता है कि यह परिवर्तन अमुक कारक का प्रभाव है। स्पष्ट है कि सामाजिक घटनाओं के अध्ययन में वस्तुनिष्ठता लाने में प्रयोगात्मक पद्धति का काफी योग है।

(9) **सांख्यिकीय अनुमापों का प्रयोग** (Use of statistical measurements): यदि अध्ययन के निष्कर्षों का सामान्य विवरण के रूप में ही प्रस्तुत किया जाए तो अध्ययन में वस्तुनिष्ठता आ सकती है क्योंकि इसमें अध्ययनकर्ता तथ्यों को तोड़-मरोडकर अपनी इच्छानुसार प्रस्तुत कर सकता है। इस कमी को सांख्यिकीय गणनाओं एवं सांख्यिकीय अनुमापों द्वारा दूर किया जा सकता है। सांख्यिकीय अनुमापों की सुगमता से जांच भी की जा सकती है। इसी वजह से सामाजिक गणनाओं व सांख्यिकीय अनुमापों का प्रयोग सामाजिक घटनाओं के अध्ययन में दिनोंदिन बढ़ता ही जा रहा है।

(10) **समूह अनुसन्धान पद्धति का प्रयोग** (Use of group research method): पक्षपात, मिथ्या-झुकाव व व्यक्तिनिष्ठता को कम करने या समाप्त करने की दृष्टि से सामूहिक अनुसन्धान पद्धति का विशेष महत्व है। इस पद्धति का प्रयोग दो रूपों में किया जा सकता है।

प्रथम, एक सामूहिक घटना का अध्ययन अलग-अलग रूप में तथा अलग-अलग समय पर दो या अधिक अनुसन्धानकर्ताओं द्वारा एक ही पद्धति को काम में लेते हुए किया जाता है। फिर सब अनुसन्धानकर्ता मिलकर निष्कर्ष निकालते हैं।

द्वितीय, एक ही अध्ययनकर्ता दो समान क्षेत्रों में एक ही घटना का अध्ययन समान पद्धति को काम में लेता हुआ करता है। फिर वह प्राप्त निष्कर्षों की तुलना करता है तथा यथार्थ स्थिति का पता लगाता है। इससे अध्ययन में वस्तुनिष्ठता आने की सम्भावना अधिक रहती है।